मीराँबाई की सम्पूर्ण पदावली

मीराँबाई की सम्पूर्ण पदावली

(आलोचना एवं टीका सहित)

सम्पादक

डॉ. रामकिशोर शर्मा

प्रोफेसर (पूर्व अध्यक्ष)

हिन्दी विभाग, इलाहाबाद विश्वविद्यालय, इलाहाबाद

एवं

डॉ. सुजीत कुमार शर्मा

अध्यक्ष, हिन्दी विभाग

बेनीमाधव सिंह डिग्री कॉलेज

विगहिया, इलाहाबाद

लोकभारती प्रकाशन

लोकभारती प्रकाशन
पहली मंजिल, दरबारी बिल्डिंग, महात्मा गांधी मार्ग
प्रयागराज-211 001
वेबसाइट : www.lokbhartiprakashan.com
ईमेल : info@lokbhartiprakashan.com

शाखाएँ : 1-बी, नेताजी सुभाष मार्ग, दरियागंज
नई दिल्ली-110 002
अशोक राजपथ, साइंस कॉलेज के सामने
पटना-800 006 (बिहार)
1, अनमोल सोराबजी संतुक लेन, मरीन लाइंस
मुम्बई-400002

प्रथम संस्करण : 2013
चतुर्थ संस्करण : 2024

जे.के. आर्ट प्रेस
प्रयागराज द्वारा मुद्रित

मूल्य : ₹ 600

MEERABAI KI SAMPOORN PADAVALI
by Dr. Ramkishore Sharma

ISBN : 978-81-8031-756-9

श्रद्धेय रामानन्दाचार्य रामनरेशाचार्य

को

सादर समर्पित

भूमिका

मीराँबाई अत्यन्त लोकप्रिय भक्त कवयित्री हैं। गायकों एवं भक्तों के अलावा सामान्य जन के बीच इनके पदों की स्वीकृति रही है। विभिन्न प्रदेशों में प्रचार-प्रसार के कारण पदों में प्रक्षेप ही नहीं किये गये बल्कि मीराँ के भाव से मिलते-जुलते पदों की रचनाएँ भी की गयीं। गायकों ने अपनी सुविधा से पदों में तोड़-मरोड़ भी किया। अत: मीराँ के द्वारा रचित पदों के मूल पाठ का निर्धारण अत्यन्त कठिन हो गया। प्रथम चरण में पदों की व्यापक खोज की गयी और बड़ी संख्या में उनका संकलन किया गया। दूसरे चरण में काट-छाँट हुई, फिर पदों की संख्या बहुत घटा दी गयी। पदों की भाषा के विषय में भी विद्वानों में मतैक्य नहीं हो सका। मैंने प्रस्तुत पदावली में मीराँबाई की पदावलियों के पाठों को स्व विवेक से ग्रहण किया है। सम्प्रति स्त्री-अस्मिता के लिए स्त्रियाँ स्वयं संघर्षरत हैं। वे हर क्षेत्र में पुरुषों के समान अधिकार की आकांक्षा रखती हैं। स्त्रियों के ऐतिहासिक, सांस्कृतिक एवं साहित्यिक अवदान की नये सिरे से खोज हो रही हैं। वर्तमान परिस्थिति में मीराँबाई का अध्ययन विशेष रूप से प्रेरणादायक हो गया है। अधिकाधिक पाठक, छात्र एवं अध्येता मीराँ को समझना चाहते हैं। मैंने नवीन आवश्यकताओं के अनुकूल मीराँ के व्यक्तित्व एवं कृतित्व के मूल्यांकन का प्रयत्न किया है। मीराँ के पदों की सम्यक् व्याख्या करके पाठकों के लिए सुलभ बनाया है। मीराँ के व्यक्तित्व और कवि रूप को हर परिस्थिति में तादात्म्य भाव से देखने से मीराँ की दृढ़ता, साहस एवं संघर्ष को नहीं समझा जा सकता है। मीराँ यदि कहती हैं कि 'हेरी म्हा तो दरद दिवाँणी' तो इसका तात्पर्य यह नहीं कि वह प्रेम में पागल होकर इधर-उधर भटकती रहती थीं। ठीक उसी तरह जब कबीर कहते हैं कि 'सुखिया सब संसार है खाये और सोये दुखिया दास कबीर है जागे और रोये।' इसका नितान्त अभिधार्थ ग्राह्य नहीं है। मीराँ में रचनात्मक सजगता है और गोपी भाव का स्वतन्त्र चित्रण है। चूँकि वह स्त्री थीं अत: गोपी भाव को उनके ऊपर ज्यों-का-त्यों आरोपित करने की भूल विद्वानों ने की है। मीराँ के कृतित्व के अनुशीलन में कुछ नये संकेत अवश्य हैं।

अत: मेरा विश्वास है कि मीराँ के अध्ययन में यह पुस्तक छात्रों तथा प्राध्यापकों के लिए उपादेय अवश्य होगी। जिन विद्वानों की रचनाओं से पाठ ग्रहण किया गया है उनके प्रति आभार।

माघी पूर्णिमा, 2013
408-ए/15 जी, बक्शी खुर्द,
दारागंज, इलाहाबाद-211006

प्रो. रामकिशोर शर्मा
हिन्दी-विभाग, इलाहाबाद
विश्वविद्यालय, इलाहाबाद

अनुक्रम

मीराँबाई

(जीवन-वृत्त और समीक्षा)

जीवन-वृत्त—मीराँ का जीवन-परिचय अन्य सन्तों तथा भक्तों की तरह अप्रामाणिक सूचनाओं पर ही आधारित है। भारतीय रचनाकारों में वैसे ही आत्म-विज्ञापन की प्रवृत्ति नहीं रही, नारी का जीवन उसकी अपेक्षा और ही गोपनीय रहा। ससुराल में तो उसका वास्तविक नाम भी अप्रचलित हो जाता था, वहाँ उसे मायके के स्थान अथवा रूप-रंग, कद आदि के आधार पर नया नाम प्राप्त होता है। ऐसी सामाजिक परम्परा के बीच मीराँ के विषय में यदि अनुमानाश्रित परिचय की रूपरेखा निर्मित की गयी तो उसे अनुचित नहीं कहा जा सकता है। साहित्येतिहासकारों तथा विद्वानों ने बड़े श्रम से मीराँ के विषय में जो सूचनाएँ संकलित की हैं उन्हीं के आधार पर उनके जीवन की रूपरेखा प्रस्तुत की जा सकती है। मीराँ जोधपुर बसानेवाले राव जोधा जी के पौत्र राव रत्नसिंह की पुत्री थीं। इन्हें कुड़की, बाजोली आदि बारह गाँव जागीर में मिले थे। रत्नसिंह कुड़की में रहते थे। श्री विद्यानन्द शर्मा डीडवाना के अनुसार 'मीराँ की माँ कुसुम कुँवरि थीं और नाना कैलन सिंह थे। भक्तप्रवर जयमल मीराँ के चचेरे भाई थे।'

मीराँ का जन्म संवत् 1555, संवत् 1560, संवत् 1561 माना जाता है। डॉ. सी. एल. प्रभात ने विभिन्न स्रोतों की छान-बीन करके मीराँ की जन्मतिथि संवत् 1561 निर्धारित की है। मीराँ का निधन संवत् 1603 में हुआ था।

गोपाल कृष्ण के साथ मीराँ की लगन से सम्बद्ध अनेक किंवदन्तियाँ हैं। कहा जाता है कि मीराँ को बचपन से ही कृष्ण का इष्ट हो गया था। एक साधु ने कृष्ण की प्रतिमा मीराँ के हठ करने पर दे दी थी जिसके प्रति उनकी आसक्ति बढ़ती गयी। चार-पाँच वर्ष की अवस्था में मीराँ की माँ का देहावसान हो गया फिर वह अपने पितामह राव दूदा जी के पास मेड़ता में रहने लगीं। अपने चचेरे भाई जयमल के साथ ही मीराँ की शिक्षा-दीक्षा हुई।

पिता रत्नसिंह युद्धादि में अधिक व्यस्त रहते थे। अत: मीराँ की देखभाल उनके परिवार के राव वीरमदेव जी करते थे। मीराँ का विवाह महाराणा साँगा के पुत्र कुँवर भोजराज के साथ संवत् 1573 में हुआ। मीराँ मेवाड़ आकर पति

के साथ सुखपूर्वक रहने लगीं। यहाँ इन्हें मेड़तणीं कहा जाता था। मीराँ अपने साथ गिरधर की मूर्ति भी ले आयी थीं। मीराँ के पति का देहान्त विवाह के अल्प समय बाद संवत् 1575-1580 के बीच हो गया। इस दु:खद घटना के बाद मीराँ के जीवन में बड़ा परिवर्तन उपस्थित हुआ। उन्होंने अपनी सम्पूर्ण भावना से अजर-अमर अविनाशी कृष्ण को ही अपना पति मान लिया। पाँच वर्ष बाद पिता रत्नसिंह एवं श्वसुर महाराणा साँगा का भी देहान्त हो गया। एक के बाद एक पारिवारिक रिश्ते के टूटने के कारण मीराँ सांसारिकता से विरक्त होती गयीं। उन्होंने स्वप्न में कृष्ण का वरण कर लिया और अपने को पूर्वजन्म की गोपी मानने लगीं। मीराँ मन्दिरों में जाकर साधु-सन्तों के साथ भजन गाने लगीं और भाव-विभोर होकर नृत्य करने लगीं। महाराणा साँगा के उत्तराधिकारी और मीराँ के देवर रत्नसिंह धर्मनिष्ठ शैव और वैष्णव दोनों को माननेवाले और सुशासक थे। संवत् 1588 में बूँदी के शासक सूरजमल ने इन्हें मार दिया। इसके बाद विक्रमाजीत को राजगद्दी मिली। यही राणा जी हैं जिन्होंने मीराँ को बहुत कष्ट दिया। जहर का प्याला इनके द्वारा ही भेजा गया और पिटारी में सर्प भी इन्हीं ने भेजा था, मीराँ के अनेक पदों में इसकी चर्चा मिलती है।

मीराँ ने राणा से सन्त्रस्त होकर मेवाड़ छोड़ दिया। भ्रमण करती हुई मीराँ वृन्दावन पहुँचीं। कहा जाता है कि वहाँ उनकी भेंट रूप गोस्वामी से हुई थी। मीराँ ने अपने तर्क से रूप गोस्वामी को प्रभावित भी किया था। गोस्वामी किसी महिला से नहीं मिलते थे, मीराँ ने उनसे कहा था कि मैं तो समझती थी कि वृन्दावन में भगवान् कृष्ण ही एकमात्र पुरुष हैं और अन्य सभी लोग गोपी या स्त्री रूप हैं, इस कथन से रूप गोस्वामी तुरन्त मीराँ से मिलने आ गये थे। अन्त में मीराँ द्वारिका चली गयीं वहीं रणछोड़ जी (श्री कृष्ण) के मन्दिर में स्वर्गवासी हो गयीं।

भक्तिकाल में मीराँ की ख्याति दूर तक फैल गयी थी। मीराँ के विषय में अनेक किंवदन्तियाँ भी गढ़ ली गयीं। किंवदन्तियाँ भले ही ऐतिहासिक तथ्यों पर आधारित न हों किन्तु उनसे इतना अवश्य जाहिर होता है कि मीराँ अपनी विद्रोही चेतना के कारण लोकप्रिय अवश्य हो गयीं थीं। महात्मा व्यासदास ने अपने भक्त परिवार का उल्लेख 'बानी' में किया है उसमें मीराँ का नाम भी सम्मिलित है—

इतनौ है सब कुटुम हमारौ।
सेना, धना, अरु नामा, पीपा, कबीर, रैदास चमारौ॥
रूप सनातन कौ, सेवक गंगल भट्ट सुढारौ।
सूरदास, परमानन्द, मेहा, मीराँ भक्ति विचारौ॥

नाभादासकृत भक्तमाल में एक छन्द आता है—

सदृश गोपिका प्रेम प्रगट कलिजुगहिं दिखायो।
निर अंकुस अति निडर रसिक जस रसना गायो॥

दुष्टनि दोष विचारि मृत्यु को उद्दिम कीयो।
बार न बाँको भयो गरल अमृत ज्यों पीयो॥
भक्ति निसान बजाय कै काहूँ ते नाहिंन लजी।
लोकलाज कुल शृंखला, तजि मीराँ गिरिधर भजी॥

प्रियादास ने संवत् 1768-69 में इसकी टीका लिखी और उसमें मीराँ से सम्बन्धित किंवदन्तियों को समाविष्ट कर लिया। राधावल्लभ सम्प्रदाय के ध्रुवदास ने भक्त नामावली में मीराँ के विषय में चार दोहे लिखे, उन्होंने मीराँ की एक सखी ललिता का भी नामोल्लेख किया है। 'चौरासी वैष्णवन की वार्त्ता' में मीराँ का उल्लेख आता है। मीराँ के यहाँ विराजे गोविन्द दुबे का कई दिनों तक रहना वल्लभाचार्य को अच्छा नहीं लगा था, इसका उल्लेख मिलता है। एक अन्य स्थल पर ज़िक्र है कि कृष्णदास अधिकारी ने मीराँ की भेंट इसलिए अस्वीकृत कर दी थी कि वह महाप्रभु वल्लभाचार्य की सेवक नहीं हैं। महाराष्ट्र के सन्त तुकाराम ने उद्धव, अक्रूर, व्यास निवृत्तिनाथ, ज्ञानदेव, सोपान, चांगदेव, नामदेव, रैदास, कबीर, सूरदास, चोखामेला आदि सन्तों की परम्परा में मीराँ के प्रति भी श्रद्धा-भक्ति निवेदित की है। इन उल्लेखों से स्पष्ट है कि मीराँ मध्यकाल में स्त्री अस्मिता को प्रमाणित करनेवाली यशस्वी महिला के रूप में प्रतिष्ठित हुई थीं। लोकजागरण की चेतना के प्रसार में उनकी भक्ति-साधना की पहचान सहज ढंग से नहीं बनी। इसके लिए उन्हें जोख़िम भरा संघर्ष करना पड़ा। वह सभी सन्तों-भक्तों का आदर-सम्मान करती थीं किन्तु अपनी स्वतन्त्रता की कीमत पर वह किसी सम्प्रदाय के महन्त के अधीन नहीं हुईं। अपने समय के बड़े शक्तिशाली आचार्य एवं भक्तों के संरक्षक वल्लभाचार्य के सम्प्रदाय में वह सम्मिलित नहीं हुईं। इसके लिए उन्हें अपमान भी सहना पड़ा। स्त्री-पुरुष की असमानता की सामाजिक एवं सामन्ती दृष्टि का वह निरन्तर विरोध करती रहीं। उन्हें पारिवारिक स्तर पर सबसे यातना एवं पीड़ा को भोगना पड़ा। मीराँ का सम्बन्ध सामन्ती परिवार से था अतः उनका संघर्ष अन्य जाति-वर्ग से आनेवाली भक्तिनों की तुलना में अधिक तीव्र था। जिनके पास भक्ति की शक्ति होती है वे विपरीत परिस्थितियों में भी अपना रास्ता बनाते जाते हैं, उनका आत्मबल इतना सुदृढ़ होता है कि वे निर्भय होकर अपने मनोवांछित मार्ग पर बढ़ते जाते हैं। कबीर के अनेक पद ऐसे मिलते हैं जिनमें सिकन्दर लोदी द्वारा उन्हें गंगा में फेंकवाने तथा हाथी के द्वारा कुचलवाने का यत्न किया गया है। तुलसीदास को लोकभाषा में लिखने के कारण पण्डितों के कोप का भाजन बनना पड़ा। लेकिन मीराँ की लड़ाई इन सबसे भिन्न और कठिन थी। अबला होते हुए भी उन्होंने सामन्ती व्यवस्था को कड़ी चुनौती दी। जैसा अनेक पदों में उल्लेख मिलता है मीराँ ने सांसारिक लोभ, मोह, सुख-सुविधा, राजमहल, आभूषण, मूल्यवान् वस्त्र सब-कुछ स्वेच्छा से त्याग दिया, यही नहीं राणा के द्वारा भेजे गये विष को भी आँख

बन्द करके गिरिधर का नाम लेकर पी लिया। मीराँ के साथ जो भी घटित हुआ उसकी अनुभूति केवल मीराँ को ही नहीं हुई बल्कि व्यापक लोकमानस उससे संवेदित हुआ फलस्वरूप मीराँ के साथ हुए कटु व्यवहारों के आधार पर उन्हीं भावों की पुनरावृत्ति करते हुए लोक द्वारा मीराँ-भाव के पदों की सृष्टि हुई। चमत्कारी घटनाओं का प्रभाव लोकमानस पर अधिक पड़ता है बल्कि काल एवं देश के अनुसार उसमें कुछ-न-कुछ नया भी जुड़ता जाता है। मीराँ के प्राणान्तक क्लेशों की कथाएँ भक्तों तथा जन साधारण की कल्पना से निर्मित हुई हैं लेकिन विषपान एवं साँप का पिटारा भेजने की घटना अन्त:साक्ष्य से पुष्ट है। भगवानदास तिवारी का कहना है कि 'संसार में हर साधु और योगी साधु और योगी नहीं होता। उनमें कुछ असाधु एवं प्रच्छन्न भोगी भी होते हैं। ऐसे किसी जोगी ने जब 'साँवलिया म्हारो छाय रहा परदेस' को 'जोगिया छाइ रह्याँ परदेस...' गाकर मीराँ की मूल भावना को विकृत रूप में गली-गली में गाया होता तो मीराँ इससे बदनाम हुई होंगी। लोग कह्याँ मीराँ 'बिगड़ी'-जैसी अभिव्यक्ति ऐसे ही कलुषित परिवेश की प्रेरणा से मीराँ की वाणी में आयी है। फिर भी मीराँ ने सन्त समागम नहीं त्यागा।' ('मीराँ' का काव्य, पृ. 37) श्रीमती पद्मावती शबनम इन पदों के आधार पर जोगी-विशेष के प्रति मीराँ की गहन दाम्पत्य संसक्ति का अनुमान किया है। 'मेरी धारणा है कि योगी भी कृष्ण के प्रति ही सम्बोधन है। कृष्ण को योगेश्वर माना भी जाता है। मीराँ विरह भावों के आवेग में योगियों की तरह निर्लिप्त कृष्ण को योगी कहकर सम्बोधित करती रही होंगी।'

कहा जाता है कि मीराँ ने पारिवारिक पीड़ा से व्यथित होकर मार्गदर्शन के लिए तुलसीदास को एक पत्र लिखा। पत्र की भाषा इस प्रकार थी—

श्री तुलसी सुख निधान दु:ख हरन गोसाईं।
बारहिं बार प्रनाम करूँ, अब हरो सोक समुदाई॥
घर के स्वजन हमारे जेते, सबन उपाधि बढ़ाई।
साधु-संग अरु भजन करत, मोहिं देत कलेस महाई।
बालपने तें मीराँ कीन्हीं, गिरधरलाल मिताई।
सो तो अब छूटत नहिं क्योंहूँ, लगी लगन बरियाई॥
मेरे मात पिता के सम हो, हरिभक्तन सुखदाई।
हमको कहा उचित करिबो है, सो लिखिये समझाई॥

वेलवेडियर प्रेस से छपी 'मीराँबाई की शब्दावली' में यह पद उपलब्ध है। तुलसी ने इसके उत्तर में जो पद लिखा था वह सर्वविदित है—

जाके प्रिय न राम बैदेही।
तजिये ताहि कोटि बैरी सम जद्यपि परम सनेही॥

मीराँ और तुलसी के इस पत्र-व्यवहर को नि:सन्दिग्ध मान्यता नहीं है। प्रमुख तर्क है कि मीराँ का निधन संवत् 1603 में हो गया था अत: संवत् 1616 में पत्र-व्यवहार करना सम्भव नहीं है।

गेय परम्परा से कुछ पद ऐसे प्राप्त होते हैं जिनमें जीव गोस्वामी, चैतन्य महाप्रभु, रैदास, रघुनाथ गोस्वामी, वीठलदास, हरिदास दर्जी, गजाधर पुरोहित आदि को मीराँ का गुरु निर्दिष्ट किया गया है। मीराँ स्वतन्त्र साधिका थीं। इन सबके प्रति उनके मन में सम्मान भाव था किन्तु किसी एक व्यक्ति को उन्होंने अपना गुरु नहीं बनाया। नाभादास के 'भक्तमाल' की प्रियादास टीका में तथा राघवदास के भक्तमाल की टीका में अकबर, तानसेन तथा मीराँ की भेट का उल्लेख है जिसे प्रामाणिक नहीं माना जाता है।

मीराँ अन्तिम समय में वृन्दावन से द्वारका चली गयीं। राज-परिवार के पुरोहित आदि उन्हें मनाने के लिए द्वारका गये। मीराँ के वापस आने से मना करने पर वे हठ करने लगे। ब्राह्मणों के धरने से दु:खी होकर पहले ललिता ने फिर मीराँ ने देह त्याग दिया। कहते हैं कि मीराँ कृष्ण का ध्यान करते-करते कृष्णमय हो गयी थीं। यह घटना संवत् 1603 की है। गौरीशंकर हीराचन्द्र ओझा, मुन्शी देवीप्रसाद, आचार्य रामचन्द्र शुक्ल, डॉ. रामकुमार वर्मा सभी ने इसकी पुष्टि की है।

मीराँ का अर्थ—मीराँबाई का शाब्दिक तात्पर्य क्या है, इसके सम्बन्ध में भी कई मत प्रचलित हैं। हिन्दी के किसी रचनाकार के विषय में नाम को लेकर इतना ऊहापोह कहीं नहीं मिलता है। मीराँ शब्द के विषय में पीताम्बरदत्त बड़थ्वाल का विचार है कि यह फारसी 'मीरा' से व्युत्पन्न हुआ है। सन्तों ने इसे ईश्वरवाची माना है उस आधार पर मीराँबाई का अर्थ है ईश्वर की पत्नी। एक किंवदन्ती है कि अजमेर के मीराँ शाह की मनौती के कारण मीराँ का जन्म हुआ था इसी कारण उनके नाम के आधार पर माता-पिता ने मीराँबाई नाम रखा। इसका समर्थन हरिनारायण पुरोहित ने किया है किन्तु इसका कोई ऐतिहासिक पुष्ट आधार उपलब्ध नहीं होता है। केशवराम काशीराम शास्त्री मीराँ शब्द को संस्कृत मिहिर, मिहिरा, मिरा, मीराँ से विकसित मानते हैं। ब्रजरत्न दास फारसी मीर को भारोपीय परिवार की अन्य भाषाओं में मीर (जर्मन, डच), मेअर (लैटिन) मेर (फ्रेंच) आदि रूपों में निर्दिष्ट करते हैं। आप्टे के संस्कृत कोश में मीराँ का अर्थ नदी या जलाशय है, ललिताप्रसाद शुक्ल इसमें कुछ अधिक काल्पनिक तत्त्व जोड़ते हैं, वे मेडता को मीरता मानते हैं, ता का अर्थ लक्ष्मी है जिसे सौन्दर्य या ऐश्वर्य माना जा सकता है। इस तरह मीराँ का अर्थ सुन्दर जलाशय होगा! इन वितण्डाओं से कुछ खास निकलता नहीं है। फिर भी यदि नाम का अर्थ करना आवश्यक ही है तो कह सकते हैं कि मीराँ प्रधान और श्रेष्ठ का सूचक है। यह राजस्थान में प्रचलित एक सामान्य नामवाची शब्द है।

मीराँ की रचनाएँ—जो रचनाकार जितना अधिक लोकप्रिय होता है उतना अधिक उसके कृतित्व का देशकाल के अनुसार रूपान्तरण होता है। मीराँ के पद गेय थे अत: एक प्रान्त से दूसरे प्रान्त में साधु, सन्तों तथा गायकों के द्वारा मौखिक ढंग से प्रचारित-प्रसारित होते रहे। मीराँ सर्जनात्मक चेतना को भी उद्वेलित करती हैं इसलिए उनके गीतों को विविध सम्प्रदायों की रचनात्मक मनीषा ने रूपान्तरित ही नहीं किया बल्कि उनकी भावनाओं के विपरीत भी रचकर मीराँ के नाम पर प्रचारित कर दिया। असली मीराँ मीराँभाव में विलीन हो गयीं अत: यह पता लगाना कठिन हो गया कि कितने पद मीराँ ने रचे थे और कितने पद परवर्ती रचनाकारों ने रच दिये। मुन्शी देवीप्रसाद ने मीराँ की चार रचनाओं का उल्लेख किया है—1. नरसीजी रो माहेरो, 2. गीत गोविन्द की टीका, 3. फुटकर पद, 4. राग सोरठा पद संग्रह। मीराँबाई का मलार और गर्वागीत दो अन्य रचनाओं का उल्लेख भी मिलता है। उपर्युक्त रचनाओं को भाषा, भाव आदि की दृष्टि से प्रामाणिक नहीं माना गया है। मीराँ के साहित्य पर अनुसन्धान करनेवाले डॉ. भगवानदास तिवारी का विचार है कि मीराँ की प्रामाणिक पदावली डाकोर और काशी की हस्तलिखित प्रतियों में विद्यमान है। 'डाकोर और काशी की हस्तलिखित प्रतियों में मीराँ के मूल पदों की संख्या 103 है, मीराँ सुधा सिन्धु में गेय परम्परा से प्राप्त प्रक्षेपों से बोझिल मीराँ नामधारी 1312 पद हैं, तो देश-विदेश के हस्तलिखित गुटकों, चौपड़ियों और मौखिक परम्परा में मीराँ रे प्रभु गिरधर नागर या मीराँ के प्रभु हरि अविनासी छापवाले 5197 पद विद्यमान हैं। (मीराँ का काव्य, पृ. 44) आचार्य परशुराम चतुर्वेदी ने 'मीराँबाई की पदावली' में 201 पदों को संकलित किया है।

मीराँ के पदों में पाठ भेद होने के लिए प्रादेशिक भेद तथा मौखिक गेय परम्परा को जिम्मेदार ठहराया गया है उनके औचित्य पर प्रश्न चिह्न लगाये बिना एक सम्भावना से इनकार नहीं किया जा सकता है कि मीराँ ने कुछ पदों को दुबारा कुछ विस्तार से तथा कुछ परिवर्तन के साथ गाया होगा। आत्मोल्लास या उन्माद के क्षणों में गाये जानेवाले गीतों में गायक को इसकी सुध-बुध कहाँ रहती है कि वह अपने पूर्व कथन को दुहरा रहा है। सूरदास के पदों में भी भावों की पुनरावृत्ति है किन्तु सूर बड़ी सावधानी तथा तत्परता से एक ही तरह के भाव को भिन्न-भिन्न तरह के शब्दों में ढालते हैं। सूर में पाण्डित्य है और पर्याप्त भाषिक सजगता भी है। मीराँ में सर्जनात्मक बौद्धिक चेष्टा बहुत कम है। उन्होंने अपने जीवन में घटित हुए कटु एवं तीक्ष्ण अनुभवों को वाणी दी है, राणा के द्वारा जो व्यवहार किया गया था, यदि मीराँ भावावेश के क्षणों में उनका कई पदों में स्मरण करती हैं और भगवद् कृपा की महिमा का अनुभव करती हैं तो इसमें आश्चर्य की बात नहीं है। ऊदा जी या अन्य सम्बन्धियों ने मीराँ को राज्योचित मर्यादित आचरण करने की सीख अवश्य दी होगी, मीराँ उन स्मृतियों को काव्यबद्ध कर सकती हैं।

मीराँ के काव्य का अनुशीलन करते हुए विद्वानों ने एक चूक अवश्य की है। मीराँ के जीवन और कविता के अन्तर को पूरी तरह मिटाकर मीराँ का मूल्यांकन करने का प्रयत्न किया गया। मीराँ कृष्ण के प्रति पूर्णतया समर्पित थीं, भक्ति की गहन अनुभूति को ही वह अपने पदों में व्यक्त करती हैं लेकिन वह कबीर, सूर, तुलसी आदि की तरह अनेक काव्य रूढ़ियों तथा प्रतीकों का सहारा लेती हैं। व्यक्ति मीराँ, भक्त मीराँ और कवि मीराँ में भले ही कम अन्तर हो लेकिन अन्तर है। इस अन्तर को स्वीकार करके ही मीराँ को समझना अधिक सार्थक हो सकता है।

मीराँ का व्यक्तित्व भक्ति आन्दोलन की प्रेरणाओं से निर्मित हुआ। भक्ति-साधना ने दलितों तथा स्त्रियों को न केवल मुक्ति का मार्ग बताया बल्कि सम्मानपूर्वक जीवन-जीने का विकल्प भी सुझाया। अत: भक्ति आन्दोलन तथा मीराँ पर विस्तार से विचार की आवश्यकता है।

भक्ति आन्दोलन और मीराँ

भारतीय चिन्तन में पुनर्जन्म का सिद्धान्त प्राय: सभी दार्शनिक सम्प्रदायों में मान्य है। चौरासी लाख योनियों में जन्म-मृत्यु के दु:सह दु:ख से गुजरने के बाद मानव-जीवन मिलता है। मानव योनि में ही जीव को मुक्त होने का अवसर प्राप्त होता है। ज्ञान, कर्म, यज्ञ, तप आदि किसी भी साधन से उसे मुक्त होने की साधना करनी चाहिए। वेद-मार्ग को मुक्ति का उत्तम मार्ग माना गया। वेद-मार्ग में यज्ञ-यजन के साथ ही औपनिषदिक ज्ञान-चिन्तन को भी समाहित किया जा सकता है। अशिक्षा के कारण शूद्र और स्त्रियों के लिए वेद-मार्ग सुलभ नहीं था बल्कि कहीं-कहीं इसकी वर्जनाएँ भी दिखायी देती हैं। भक्ति आन्दोलन के ठीक पहले जैन, बौद्ध आदि दार्शनिक, धार्मिक परम्पराओं में विरक्तिप्रधान धर्माचरण के कारण स्त्रियों के मनोनुकूल स्थितियाँ नहीं थीं। जैन साध्वी किसी पुरुष को ही नहीं छोटे बालक को भी नहीं छू सकती है। शृंगार और वात्सल्य भाव को पूरी तरह त्यागकर क्या सामान्य स्त्री साधनारत हो सकती है। बौद्ध संघों में लम्बे विचार-मन्थन के बाद स्त्रियों को स्थान दिया गया था, साथ ही यह भी शंका थी कि संघ बहुत दिन नहीं चल सकेंगे, हुआ भी वही, संघ टूट गये। सिद्धों तथा नाथों ने योग साधना का भी प्रचार-प्रसार किया था, नाथों ने विशेष रूप से। सिद्धों के यहाँ स्त्री को मुद्रा के रूप में ग्रहण किया गया, वह साधना की सहयोगिनी या साधन तो बनी किन्तु स्वयं साधिका नहीं बन सकी। इसीलिए सिद्धों में स्त्रियों की उपस्थिति नगण्य है। नाथों ने तो ब्रह्मचर्य पर इतना जोर दिया कि कोई भी योगी स्त्री के साथ रहकर योग साधना कर ही नहीं सकता था। पण्डित हजारीप्रसाद द्विवेदी का विचार है कि 'इस साहित्य की सबसे बड़ी कमजोरी इसका रूखापन और गृहस्थ के प्रति अनादर का भाव था। फिर भी यह दृढ़ कण्ठ

उत्तरी भारत के धार्मिक वातावरण को शुद्ध और उदात्त बनाने में बड़ा सहायक हुआ।' (हिन्दी साहित्य, पृ. 38) हिन्दी साहित्य के आदिकाल में महायान शाखा में भी भक्ति का प्रभाव आने लगा था। भगवान् बुद्ध की मूर्तिपूजा प्रचलित हो गयी थी। गृहस्थी में रहकर भी निर्वाण-प्राप्ति सम्भव माना जाने लगा था। बौद्ध धर्म हिन्दू धर्म से प्रभावित होता गया। कहने का तात्पर्य है कि सामाजिक समता एवं ब्राह्मणों के वर्चस्व को चुनौती देनेवाले धर्मों में भी भक्ति भाव का स्फुरण होने लगा था। उत्तर भारत में भक्ति की परम्परा अत्यन्त प्राचीन है। वेदों में विष्णु, इन्द्र, शिव, मरुत्, सविता आदि प्राकृतिक शक्तियों की स्तुति की गयी है और उनसे सुखमय तथा सम्पन्न जीवन की याचना की गयी है। धीरे-धीरे दैवी शक्तियों के एक विराट् रूप की परिकल्पना की गयी और सभी शक्तियों को उसी का विस्तार माना गया। वैष्णव धर्म में मान्य आराध्य के प्रति स्तुति, कृतज्ञता, निवेदन, दैन्य आदि भाव वैदिक मन्त्रों में देखा जा सकता है। वेदों को अपौरुषेय माना गया है। ऋषि मन्त्रों के द्रष्टा थे, रचयिता नहीं। भक्ति आन्दोलन में जिस सामान्य व्यक्ति की सर्जनात्मक साझेदारी है उस तरह की भक्ति वैदिकयुगीन नहीं है। गीता में श्रीकृष्ण ने कहा है कि—सर्वधर्मान्परित्यज्य मामेकं शरणं व्रज। अहं त्वां सर्वपापेभ्यो मोक्षयिष्यामि मा शुचः ॥ (गीता 18.66) समस्त प्रकार के धर्म का परित्याग करके मेरी शरण में आओ। मैं समस्त पापों से तुम्हारा उद्धार करूँगा। शोक मत करो।'

पुराणों में भक्ति, कथा रस तथा नैतिकता का अद्‌भुत समन्वय किया गया है। पुराणों में वैदिक परम्परा का चिन्तन कथा रस में घुल-मिलकर व्यक्त हुआ है। पुराणों के पढ़ने और सुनने का अधिकार चारों वर्णों को था। शुरू में इनके वाचन तथा व्याख्या का अधिकार सूतों और मागधों का था। इनकी लोकप्रियता से आकर्षित होकर धीरे-धीरे उच्चकुलीन ब्राह्मणों ने इन पर भी अपना अधिकार जमा लिया। अनेक निर्गुण सन्तों ने पौराणिकता के प्रति जो विरोध दर्ज किया है उसका प्रमुख कारण ब्राह्मणत्व के वर्चस्व को नकारना है।

भक्ति के स्वरूप निर्धारण में उपनिषदों, नाथों (योग-साधना), शैव, वैष्णव भक्ति-परम्परा, सूफी-साधना सभी का सम्मिलित प्रभाव है। उत्तर भारत की भक्ति-प्रणाली केवल दक्षिण से आगत स्रोत का ही विकास नहीं है बल्कि इसमें अनेक शास्त्रीय तथा लोकपरम्पराओं का समावेश है जिनकी परम्परा पूर्ववर्ती है।

भक्ति आन्दोलन का आरम्भ दक्षिण से माना जाता है। दक्षिण के 12 आलवार (जो ईश्वर प्रेम और भक्ति में डूबे थे) प्रसिद्ध हैं। इनकी रचनाओं का संकलन 'दिव्य प्रबन्धम्' में हुआ है। आलवारों में सात ब्राह्मण थे, एक क्षत्रिय, एक महिला तथा तीन निम्न जाति के थे। इसका तात्पर्य यह है कि आलवारों में वर्ण के आधार पर ऊँच-नीच का भेदभाव नगण्य था। नाम या शठकोप शूद्र थे इसके बावजूद उनके शिष्य उन्हें विष्णु का अवतार मानते थे। शठकोप ने तिरुविरुत्तम्, तिरुवाशिरियम्, पेरिय

तिरुअन्तादि, तिरुवायमोलि की रचना की। इन्हें क्रमशः ऋग्वेद, यजुर्वेद, अथर्ववेद तथा सामवेद का सार माना जाता है। इनमें परमात्मा के स्वरूप, गुण, ऐश्वर्य तथा आत्मोद्धार एवं लोकोद्धार के भाव व्यक्त किये गये हैं। सन्त परकाल चौथे वर्ण के थे किन्तु इनकी रचनाओं में उच्च वर्ण के प्रति किसी तरह का द्वेष या विरोध का भाव नहीं है। भगवान् के विभिन्न विग्रहों के प्रति भी इनमें निष्ठा है। इनकी कुछ रचनाओं में परमात्मा को पति और आत्मा को पत्नी मानकर भी स्तुतियाँ की गयी हैं।

भक्ति आन्दोलन में नारी की महत्त्वपूर्ण उपस्थिति उल्लेखनीय है। आण्डाल उपर्युक्त आलवारों में महत्त्वपूर्ण हैं। कहा जाता है कि विष्णुचित्त को एक कन्या तुलसी के पौधे के पास मिली थी। कालान्तर में यही लड़की गोदा या आण्डाल नाम से ख्यात हुई। इसने पूर्ण निष्ठा से ईश्वर भक्ति की। वह शृंगार करके अपना निरीक्षण करती थी कि क्या वह कृष्ण के योग्य हो गयी। वह कृष्ण को पति रूप में प्राप्त करना चाहती थी। उसके इस स्वभाव से प्रेरित होकर विष्णुचित्त ने श्री रंगनाथ से आण्डाल का विवाह कर दिया। तमिल में विष्णुचित्त को रंगनाथ का श्वसुर मानकर कुछ वन्दना के छन्द भी रचे गये हैं। आण्डाल ने कृष्ण से विवाह किया, दक्षिण भारतीय आचार्यों तथा नागरिकों ने इसका विरोध नहीं किया लेकिन मीराँ ने अविनाशी कृष्ण को अपना पति बनाया तो उन्हें पारिवारिक एवं सामाजिक स्तर पर कड़े विरोध का सामना करना पड़ा। गोदा या आण्डाल की विरह-व्यथा को अंकित करनेवाली निम्नलिखित पंक्तियाँ द्रष्टव्य हैं—

ऍनपु उरुहि इन—वेल् नेंड्डु-कणगल
इमै पोरुन्दा पल नालुम,
पोनपुरै मेनि -क् करुल-क्-कोडि-उडै-प
पुण्णियनै वर -क् -कूवाय्॥

(भक्ति आन्दोलन और सन्त रज्जब-उद्धृत पृ. 5)

(हड्डी पिघल जाती है, बरछा सम युगल दीर्घ लोचन बहुत दिनों से पलक नहीं मारते (झपाते)। दु:ख-सागर में फँस वैकुण्ठ कहलानेवाली एक नौका को नहीं पाकर भटक रही हूँ। प्रियजन के वियोग से होनेवाली पीड़ा तुम भी जानती हो। कोकिल! इस प्रकार कूक उठो, जिससे सुवर्ण समान शरीरवाला गरुड़ध्वज पुण्य (प्रभु) आ जाये।)

कर्नाटक की भक्त कवयित्री अक्क महादेवी शिव की पति रूप में उपासना करती थी। इसकी भावना आण्डाल के समरूप है। दोनों में समर्पण तथा आकुलता के भाव मिलते हैं। कश्मीर में ललद्य (लल्लेश्वरी) के वाख (वाक्, वाणी) प्रसिद्ध हैं। यह साधिका आण्डाल तथा अक्क से भिन्न है। ललद्य पर योग साधना तथा उपनिषदों के अद्वैतवाद का गहरा प्रभाव है। वह परमज्योति को देह के अन्दर खोजने का प्रयत्न

करती है। वह ओऽम् का साक्षात्कार करके नित्य तत्त्व को प्राप्त करना चाहती है। सांसारिक भोग तथा आनन्द को त्यागकर मन और इन्द्रियों को वशीभूत करके प्राणायाम के द्वारा कुण्डलिनी जागरण तथा शिव तत्त्व के एकाकार के चित्र उनकी वाणी में उपलब्ध होते हैं—उनके आराध्य शिव हैं लेकिन उनका मानना है कि—

शिवा कीशवा या ज़ि
कमलज़नाथ नामधारि युहु
मैं अबलि कॉस्यतन भव रॅज़
सुहहा सुहहा सु शिववाह ॥

शिव केशव रूप में हो या कमल निवासी ब्रह्म हो। अथवा जो भी रूप धारण करे, मुझ बलहीन को मुक्त करे, आवागमन से, चाहे वह हो, चाहे वह हो वह शिव ही है। केशव, ब्रह्मा आदि को वह शिव का ही रूप मानती हैं। शिव समदर्शी हैं, सूर्य की किरणों की तरह वे उत्तम-अनुत्तम सभी स्थलों में प्रवेश करते हैं। अर्थात् उनकी कृपा का अधिकारी हर प्रकार के जीव होते हैं। शिव मातृरूप, भार्यारूप तथा प्राणहर्त्ता भी हैं। संसार नामी तवा बहुत गर्म है। मूढ़ इसे सुखद समझते हैं और इसी में झुलस जाते हैं। योगमुद्रा को पहचाननेवाला योगी ही उसे पहचान पाता है। इनके यहाँ शिव और शक्ति का भी अद्वैत अंकित हुआ है। साधक को जब चण्डी की पहचान होती है तभी शिव की शक्ति की पहचान होती है। चण्डी के माध्यम से वह नारी शक्ति को ही प्रतिष्ठित करती हैं। ललद्य को लल नाम ऐसे ही नहीं मिला। उसने मन के मैल को गला दिया, जला दिया। इच्छाओं का गला घोट दिया। तब कहीं वह नाम मिला जिसे लल (ललिता) कहते हैं—

मल व्वन्दि गोलुम/जोलुम, जिगर मोरुम/तेलि लल नाव द्राम/येलि दॅल्य त्रोवमस तॅती ॥ (ललद्य मेरी दृष्टि में—विमला रैणा–पृ. 83)

लल ने लोकनिन्दा की परवाह नहीं की। यद्यपि आगे-पीछे खूब निन्दा हुई। वह अद्वैत में समाहित होकर पूर्ण ध्यानमग्न एवं निर्विकार चित्त हो गयी थी—(वही, पृ. 151) शीत सलिल की तरह वह जगत् और सत्ता को एक तत्त्व के रूप में देखती है। चेतना के प्रकाश से चराचर जगत् शिवमय दिखायी देने लगता है। वह देवमूर्ति तथा सूक्ष्म आत्मा में भी अभेदत्व का दर्शन करती हैं।

भक्ति की सैद्धान्तिक और व्यावहारिक दोनों प्रकार की प्रतिष्ठा में रामानुजाचार्य की महत्त्वपूर्ण भूमिका है। रामानुज अत्यन्त उदार आचार्य थे। सुरेन्द्रनाथ दास गुप्त के अनुसार 'रामानुजाचार्य के एक गुरु कांचीपूर्ण शूद्र थे। रामानुजाचार्य का जीवन उथल-पुथल से भरा था। उनका पन्थ उदार था। यद्यपि वह दीक्षा और पूजा की विधियों का पालन करते थे लेकिन उन्होंने अपने पन्थ में जैनियों, बौद्धों, शूद्रों यहाँ तक कि अछूतों को भी स्थान दिया'—रामानुज ने शंकर के अद्वैतवाद का खण्डन करके विशिष्टाद्वैत

का प्रतिपादन किया। समाज-सुधार के क्षेत्र में उन्हें न तो नितान्त रूढ़िवादी कहा जा सकता है न सम्यक् क्रान्तिकारी। उन्होंने भक्ति के रंगमंच पर सभी जातियों को एकत्रित करके महत्त्वपूर्ण कार्य किया। जातिवाद के विरुद्ध दक्षिण के अन्य लोगों ने भी आवाज बुलन्द की। तमिल देश के तिरुमूलर (एक जाति) एकेश्वरवाद का नारा बुलन्द कर रहे थे। नम्मलवर की घोषणा थी कि जन्म-जाति से कोई ऊँच-नीच नहीं है। भक्ति और ब्रह्मज्ञान के आधार पर ही मनुष्य समाज में ऊँचा-नीचा स्थान प्राप्त करता है। शैव भक्त पट्टकिरियार ने समाज में भ्रातृत्ववाद की आवाज उठायी थी। रामानुज ने जिस भक्ति का प्रवर्तन किया था वह सगुण भक्ति थी। निम्बार्क ने भक्ति को मुक्ति का साधन माना और द्वैताद्वैतवाद का प्रतिपादन किया। इस सम्प्रदाय में राधा-कृष्ण की युगल उपासना मान्य थी। मध्वाचार्य द्वैतवादी थे और लक्ष्मी और विष्णु की उपासना में आस्था रखते थे। दक्षिण में इनका अधिक प्रभाव है। विष्णु स्वामी शुद्धाद्वैतवाद के प्रवर्तक थे, स्वामी वल्लभाचार्य ने इस सिद्धान्त को अपनाया था तथा पुष्टिमार्गीय भक्ति का प्रचलन किया था। महाराष्ट्र का वारकरी सम्प्रदाय विष्णु स्वामी से प्रभावित है। इस सम्प्रदाय के कवियों में सोमेश्वर, चक्रधर, नामदेव, ज्ञानदेव, जयदेव, मुक्ताबाई उल्लेखनीय हैं। यहाँ भी एक स्त्री साधिका उपस्थित है।

उत्तर भारत में भक्ति आन्दोलन विकसित करने में रामानन्द का योगदान उल्लेखनीय है। रामानन्द विशिष्टाद्वैतवादी माने जाते हैं। दिनकर ने लिखा है कि 'तीर्थयात्रा के क्रम में रामानन्द ने सारे देश का भ्रमण किया। दक्षिण में तो वे वर्षों रहे। रामभक्ति पर श्रद्धा रामानन्द को दक्षिण में ही हुई और वहीं से वे रामभक्ति का प्रसाद उत्तरवालों के लिए लाये।' (संस्कृति के चार अध्याय, पृ. 383)। रामानन्द ने मानवमात्र को भक्ति का अधिकारी माना। इनके शिष्यों में हर जाति तथा वर्ग के शिष्य थे। स्त्रियों के लिए इन्होंने भक्ति का मार्ग प्रशस्त किया। रामानन्द के समकालीन वाराणसी निवासी रशीउद्दीन के ग्रन्थ 'तज़कीरतुल फुकरा' से एक उद्धरण डॉ. नन्दकिशोर पाण्डेय ने अपनी पुस्तक में उद्धृत किया है। उन्हें यह उद्धरण श्रीमठ स्मारिका से प्राप्त हुआ। 'उसी पुरी (वाराणसी) में पंचगंगा घाट पर एक प्रसिद्ध महात्मा हैं। तेज के पुंज और परम योगेश्वर। वे वैष्णव मत के सर्वमान्य आचार्य हैं। वे ब्रह्म निष्ठा और सदाचार के साक्षात् स्वरूप हैं। परमात्म तत्त्व के रहस्य को पूरी तरह जानते हैं। भगवद्भक्त और आध्यात्मिक ज्ञानी समाज में उनका बहुत प्रभाव है...उनका नाम स्वामी रामानन्द है। उनकी शिष्य मण्डली की संख्या 500 से अधिक है जिनमें 12 उनके विशेष कृपापात्र हैं—कबीर, पीपा आदि।' (सन्त रज्जब, पृ. 91) रामानन्द के शिष्यों में कबीर जुलाहा थे जो उस समय इस्लाम को स्वीकार करनेवाली जाति थी, पीपा राजपूतवंशी थे, रैदास (रविदास) चमार जाति के थे।' धना जाट एवं सेन नाई थे। पद्मावती एवं सुरसुरी (सुरसुरानन्द की पत्नी) स्त्रियाँ थीं। 'इस प्रकार शूद्र और नारी आण्डाल को लेकर जो भावनात्मक साधना दक्षिण भारत में प्रवर्तित

हुई वह शास्त्रीय विचारधारा के सहारे उत्तर भारत की स्थितियों में यहाँ भी शूद्र और नारी को अपनी परिधि में ग्रहण करती हुई भारतीय इतिहास के सर्वाधिक व्यापक और दूरगामी आन्दोलन में पर्यवसित हुई।' (मीराँ का काव्य—डॉ. विश्वनाथ त्रिपाठी, पृ. 33)

रामानन्द के शिष्यों में कबीर सर्वाधिक प्रतिभाशाली और तेजस्वी थे। दलित समीक्षक धर्मवीर का मानना है कि रामानन्द ब्राह्मण कबीर के गुरु नहीं हो सकते हैं। इस विवाद से न तो कबीर का महत्त्व बढ़ता है और न रामानन्द का। कबीर को विधवा ब्राह्मणी के गर्भ से उत्पन्न तथा नीरू-नीमा नामक जुलाहा का पालित पुत्र माना जाता है। वे अपने पारिवारिक व्यवसाय बुनाई का कार्य करते हुए भक्ति-साधना में रत थे। बाह्याडम्बरों के खिलाफ डटकर खड़ा होने में कबीर को सिद्धों ने धारदार भाषा दी। सदाचरणों की प्रतिष्ठा के लिए नाथों ने अपने विरागपूर्ण जीवन की साधना दी। अपने-पराये के प्रति भेद-भाव मिटानेवाले भारतीय अद्वैतवादी दर्शन ने कबीर को सम्यक् अभेद दृष्टि दी। कबीर की अक्खड़ता और रुक्षता में सूफियों ने प्रेम का अमृत डाला। रामरस के मेल से कबीर ने ऐसा धार्मिक पाक तैयार किया जिसमें लोक, परलोक, दर्शन, ज्ञान, कर्मयोग, भक्ति सभी साधना-प्रणालियाँ अन्तर्लीन होकर आस्वाद्य हो गयीं। अनपढ़ होते हुए (जैसा विद्वान् लोग मानते हैं) भी कबीर ज्ञानयोग-जैसे जटिल साधनों को स्वीकार करते हैं। कबीर ब्रह्म और आत्मा के सम्बन्धों तथा तत्सम्बन्धित अनुभवों को लोक-फलक पर सहज-सरल प्रतीकों में उतारने का प्रयत्न करते हैं। माया के विषय में सैद्धान्तिक नहीं बल्कि व्यावहारिक स्थितियों को बिम्बों एवं प्रतीकों में रचकर जन-सुलभ बनाते हैं। बाह्याडम्बरों, जाति-पाँति, सम्प्रदाय, ऊँच-नीच आदि का विरोध करके कबीर मानवीय समता तथा समानता की लड़ाई को सार्थक ढंग से अग्रसर करते हैं। देश-काल, परिस्थिति एवं भाव के अनुकूल काव्य की भाषा गढ़ने में कबीर सिद्धहस्त हैं। कबीर ऐसे सन्त हैं जिन्हें कालान्तर में अवतारी पुरुष होने की मान्यता कबीरपन्थियों द्वारा दी गयी। आज की जन जागृति में कबीर की प्रासंगिकता अधिक मान्य हुई है। पंजाब क्षेत्र में गुरुनानक ने भक्तिभाव की अलख जगायी, इनके विचार कबीर के समतुल्य हैं लेकिन इनमें वैसी खण्डन-मण्डन की प्रवृत्ति नहीं है। 'गुरुग्रन्थ साहिब' तथा 'नानक वाणी' में इनकी रचनाओं का संकलन किया गया है। हिन्दू धर्म की शाखा के रूप में सिक्ख मत एक स्वतन्त्र सम्प्रदाय बन गया। इसके विकास में गुरु अंगद, अमरदास, रामदास, अर्जुनदेव, तेगबहादुर, गुरु गोविन्दसिंह आदि का योगदान है।

सन्त दादूदयाल ने भी ब्रह्म सम्प्रदाय की स्थापना की। इनका व्यक्तित्व बड़ा प्रभावशाली था। इनके पन्थ में हिन्दुओं तथा मुसलमानों दोनों का समान आकर्षण था। दादू के जन्म, जाति, क्षेत्र आदि के विषय में अनेक मत मिलते हैं। दादू के बावन प्रमुख शिष्य माने जाते हैं। इनके शिष्यों में रचनात्मक प्रतिभा प्रभूत मात्रा में थी। ये राम और

अल्लाह के अभेदत्व पर प्रकाश डालते हैं और अधिकांशतः शालीन भाषा में अपने भाव को व्यक्त करते हैं। इनका प्रभावक्षेत्र राजस्थान है। दादू के शिष्यों में रज्जब, बषना, वाजिद आदि थे। दादू पन्थ से अनेक राजकुमार जैसे आमेर के श्यामदास, सुन्दरदास, हरिदास जुड़े। 'राजपुत्रों के कारण नागा जमाअत का गठन हुआ। नागा जमाअत में बड़ी संख्या में ब्राह्मण, मीणा, कुर्मी तथा जाट जाति के लोग थे। नागा सेना युद्धों में भाग लेती थी। धर्म रक्षा का यह यत्न सिक्खों की तरह ही है। नागा साधु केवल लड़ाकू ही नहीं थे बल्कि इनमें कई रचनाकार भी थे। सुन्दरदास के शिष्य प्रह्लाददास ने साखियाँ, अरिल्ल, सोरठे लिखे। हरिदास ने छप्पय लिखा। मंगलदास ने गुरु पद्धति, तर्क खण्डना, वंश-दीपिका लिखा। दादू के शिष्यों में रज्जब की सर्जनशीलता सराहनीय है। रज्जब नाम साधना पर विशेष बल देते हैं। बाह्य आचरण को सुमिरन में बाधक मानते हैं। निर्वैरता तथा अहिंसा के प्रति इनका विशेष आग्रह है।

हरिदास निरंजनी ने निरंजनी सम्प्रदाय की स्थापना की। यह सम्प्रदाय नाथमत एवं सन्तमत की कड़ी माना जाता है। जम्भनाथ, सन्त सिंगाजी, मलूकदास, धरनीदास, पलटू साहब, दयाबाई, सहजोबाई, दरिया साहब आदि सन्तों की लम्बी परम्परा है जो रीतिकाल तक चलती रही है। मीराँ का सम्बन्ध सगुण भक्ति परम्परा से है। राजस्थान तथा हिन्दी प्रदेश के कुछ भागों में चरणदासी सम्प्रदाय का प्रभाव रहा है। यह सम्प्रदाय निर्गुणवादी न होकर कृष्ण-राधा की युगल उपासना में विश्वास रखता था। चरणदास का एक दोहा है—

ऋतुरूपा सब सखी हैं, युगल रुचि अनुसार।
अष्टयाम सेवत रहत, अपनो तन-मन वार॥

ये लोग अपनी भक्ति को सखी सम्प्रदाय के समीप ले जाना चाहते हैं। इस सम्प्रदाय से सम्बद्ध रामसखी का 'नित्य राघव मिलन' ग्रन्थ इसका प्रमाण है। इस सम्प्रदाय की चर्चा इसलिए करने की आवश्यकता है कि इससे अनेक स्त्री-भक्तों की सम्बद्धता थी। इस सम्प्रदाय की स्थापना संवत् 1779 मानी जाती है। चरणदास का जन्म संवत् 1760 में मेवात प्रदेश के डेहरा गाँव में कुंजो देवी की कोख से हुआ, इनके पिता मुरलीधर धूसर भार्गववंशी थे। चरणदास के बचपन का नाम रंजीत था।

चरणदासी सम्प्रदाय में सन्त दयाबाई भक्त एवं कवयित्री थीं। रमाबाई का जन्म संवत् 1785 वि. के आसपास हुआ था। 'दयाबोध' नामक ग्रन्थ इनकी वाणियों का संग्रह है। बिठूर और उसके आसपास दयाबाई के अनेक मन्दिर, मठ और उपासना-स्थल स्थापित हुए थे। इनका मानना है कि—

सतगुरु ब्रह्म स्वरूप है, मानुष भाव मत जान।
देह भाव माने दया, तो हैं पसु समान॥ (सन्तवाणी संग्रह, पृ. 168)

'विनय मालिका' में इनके स्फुट पदों का संकलन है। दयाबाई निर्गुण और सगुण दोनों में आस्था रखती हैं। इन्होंने श्रीकृष्ण तथा राधा के लीलागान भी किये हैं। एक पद द्रष्टव्य है—

मोहन मो पै कही न जाई, दिव्य दृष्टि अति प्यारी।
बसि गई हिरदय माँहि, हमारे निकसत नाहिं निकारे॥
कहा करूँ कित जाऊँ सखी री, हरि बिन रह्यो न जाई।
दासी दया चरण पर वारी, आनि मिलो सुखदाई॥

उनके काव्य में विरह-व्यथा का मार्मिक चित्रण है। वह मूर्तिपूजा का विरोध करती हैं। अविनाशी, निर्गुण, निराकार ब्रह्म की उपासना पर अधिक बल देती हैं। लगता है कि मीराँ की कृष्ण भक्ति ने दयाबाई को भी प्रभावित किया है।

सहजोबाई चरणदास की प्रमुख शिष्या थीं और दिल्ली की बड़ी गद्दी की संस्थापिका थीं। ये चरणदास की फुफेरी बहन थीं। इनका समय संवत् 1740-1820 के बीच माना जाता है। 11 वर्ष की अवस्था में इनका विवाह हो रहा था, इनका श्रृंगार किया जा रहा था, तभी चरणदास इनके यहाँ पहुँचे और कहा कि,

सहजो तनिक सुहाग पर, कहा गुदाए सीस।
मरना है रहना नहीं, जाना बिरचे बीस॥

फिर इन्होंने विवाह से इनकार कर दिया। इसी समय आतिशबाजी से भड़के घोड़े के भागने से इनके होनेवाले पति की मृत्यु हो गयी। इनकी आस्था और दृढ़ हो गयी और ये विरक्त हो गयीं। जोगजीत सिंह ने लीलासागर में लिखा है—

दया क्षमा की मूरत मानो, ज्ञान ध्यान परिपूरण जानो।
साधुन की ऐसी सुखदाई, मानो भक्ति रूप धरि आयी॥
प्रेम लगन तागे अधिकाई, करमा अरु मीराँ मनु आयी॥

सहजोबाई के भी करीब 12 शिष्य बने जिनमें लक्ष्मीबाई तथा सुमतिबाई दो स्त्रियाँ थीं। सहज प्रकाश के अलावा इनकी एक रचना और उपलब्ध है, जिसका नाम है 'सहजोबाई की वाणी'। सहजो ने गुरु महिमा, परोपकार, प्रेम, क्षमा, विनम्रता, अहिंसा आदि की महत्ता बतायी है।

सन्त नूपीबाई सन्त आत्माराम इकांगी की पुत्री थीं। आजीवन अविवाहित रहकर इन्होंने भक्ति का प्रचार किया। सखी भाव की भक्ति के प्रति इनमें विशेष निष्ठा थी। इन्होंने ईश्वरीय प्रेमानुभूति का मार्मिक चित्रण किया है। युगल श्यामा-श्याम के स्वरूप वर्णन के अनेक पद इन्होंने रचे हैं। सुषुम्ना मार्ग से प्रिय के पास पहुँचने की यौगिक एवं निर्गुण साधना तथा राधा-कृष्ण की भक्ति निर्गुण तथा सगुण की मिली-जुली आस्था का प्रमाण है। कृष्ण के विषय में निम्नलिखित पंक्तियाँ कितनी सहज एवं आकर्षक हैं—

गौर स्याम सुन्दर मन भावन निरखि काम रति लाजे।
निज जन जीवन प्राण अधारे देखि दूर दुःख भाजे॥
हँसि हेरत चितचोर रसीले पट भूषण तन साजे।
नूपीबाई दासी चरण की गावत सहित समाजे॥

सन्त अखेराम की शिष्या खुशालाबाई विदुषी एवं विरक्त सन्त थीं। अखेराम की रचनाओं को लिपिबद्ध करने का कार्य इन्होंने किया था। इनकी अपनी रचना 'बुद्ध विलास' है। इनका रचनाकाल सं. 1837 वि. है।

सन्त मलनीबाई सहजोबाई की शिष्या थीं। सहजो ने इन्हें जागीर की व्यवस्थापिका बनाया था। इनकी दो शिष्याएँ गंगाबाई और नलनीबाई इनका सहयोग करती थीं। लक्ष्मीबाई, मैनाबाई, कोकिलाबाई उल्लेखनीय सन्त महिलाएँ हैं। इनका समय संवत् 1770 से 1950 तक माना जाता है। जयपुर के सरस निकुंज में प्रेमदास के संग्रहालय में इनके सैकड़ों पद संगृहीत हैं। ज्ञानवती बाई प्रेम साधना में लीन भक्त थीं। आत्माराम एवं लक्ष्यदास की वाणियों में बीच-बीच में इनके पद मिलते हैं। गुरु महिमा तथा आराध्या महारानी राधा के प्रति सखी भाव की भक्ति का निवेदन किया गया है। इनकी रचना का एक दृष्टान्त देखिये—

जप नहिं जानूँ तप कहिं ठानूँ तीरथ कूँ नहिं जाऊँगी।
गुरु मेरे मोहिं अग्यो दीनी राधेश्याम मनाऊँगी॥

सन्त बीराँबाई मानदास की शिष्या थीं। इनके द्वारा रचित फुटकल पद मिलते हैं। कृष्ण के प्रति निवेदन करते हुए मीराँ कहती हैं—

बस रहे मेरे प्राण मुरलिया बस रहे मेरे प्राण।
आ मुरुली में कामण धोर्‌यो उन व्रजवासी कान्ह॥

सन्त ज्ञानाबाई के कुछ पद मिलते हैं। होली गीत की कुछ पंक्तियाँ इस प्रकार हैं—

होरी खेलूँगी बरजोरी कन्हैया तोकूँ जान न देऊँगी।
और सखी सब हार गयी हैं मैं तोसों बदलो लेऊँगी॥

भक्तमाल में एक छप्पय में अनेक भक्तिनों का नामोल्लेख है—

सीता, झाली, सुमति, शोभा, प्रभुता, उमा, भटियानी
गंगा, गौरी, कुँवरि उबीठा, गोपाली, गणेश दे रानी
कला, लखा, कृतगढ़ौ, मानमती, शुचि सतिभामा
यमुना, कोली, रामा, मृगा, देवा, दे भक्तन विश्रामा
जुगजेवा, कीकी कमला, देवकी, हीरा, हरिचेरी पोषे भगत
कलियुग युवती जन भक्त राज महिमा सब जानै जगत।

(भक्तमाल, 104)

इन युवतीजन भक्तों में मीराँ तथा पूर्व लिखित बहुत-सी कवयित्रियों के नाम नहीं हैं, सम्भव है कि अनेक की स्थिति भक्तमाल की रचना के बाद रही हो।

सूफी आन्दोलन में भी आरम्भिक स्तर पर (सातवीं से नवीं सदी के आरम्भ तक) राबिया का नाम मिलता है। राबिया कहती है कि—हे खुदा के रसूल! तुम्हें कौन प्यार नहीं करता? किन्तु परमेश्वर के प्रेम से मेरा हृदय इतना परिपूर्ण है कि मेरे हृदय में अन्य किसी के लिए प्रेम अथवा घृणा का भाव आता ही नहीं। भारत में सूफी धर्म के 14 सम्प्रदायों का उल्लेख मिलता है। भारतीय और फारसी प्रेम कथाओं तथा साधना-प्रणालियों के समन्वय से विकसित सूफी काव्य की लोकप्रियता उनमें लोक तत्त्वों की सम्यक् उपस्थिति के कारण है। कवि लोकभाषा, लोक-आस्था, लोक-काव्य की प्रकृति तथा लौकिक प्रेम के माध्यम से अलौकिक प्रेम की व्यंजना का सार्थक प्रयास करते हैं। सूफी कवियों ने नारी को ईश्वर का प्रतीक बनाकर उनकी महत्ता को निर्दिष्ट किया।

भक्ति आन्दोलन में निर्गुणपन्थियों ने वर्ण-व्यवस्था को तोड़ने तथा नारी को मुक्ति का मार्ग सुझाने का कार्य किया। स्त्रियों ने इसमें स्वयं बढ़-चढ़कर भागीदारी की। सगुण भक्तों ने भी नारी के अधिकार का संघर्ष अपने तरीके से तथा शास्त्रीय आधार पर सक्रिय किया। सूरदास, तुलसीदास ने स्त्रियों को ही ध्यान में रखकर योग-साधना का बहिष्कार किया जबकि गीता में योग को स्वीकार किया गया है। सूरदास ने भ्रमरगीत में गोपियों के माध्यम से प्रेमाभक्ति एवं सगुण लीला के आनन्द में नारियों की स्वाभाविक भागीदारी को प्रतिपादित किया। निर्गुण तथा योग दोनों को ही उन्होंने नारियों के लिए दु:साध्य बताया। कृष्ण तथा राम दोनों ही अपने भक्तों के दु:ख निवारण एवं पाप के विनाश के लिए कृत संकल्प हैं। तुलसीदास के रामचरितमानस में अछूत गुह, वनवासी शबरी, राक्षसराज का भाई विभीषण, वानरराज सुग्रीव, हनुमान, गिद्धराज जटायु, रावण की पत्नी मन्दोदरी सभी राम के साथ अपना लगाव व्यक्त करते हैं।

भक्ति में नारी भाव की प्रधानता है। भक्ति स्वयं ही नारी-रूप है। माया भी नारी रूप है। इसी तर्क से भक्ति जहाँ रहती है माया वहाँ नहीं रहती है क्योंकि 'मोह न नारि नारि के रूपा।' तुलसीदास तथा कबीर दोनों नारी को महत्त्व देते हैं। कबीर नारी बनकर ही ईश्वर की भक्ति में प्रवृत्त होते हैं, अपने समय के सामन्तों और अन्य भोगी वृत्ति के लोगों को आगाह ही नहीं बल्कि चेतावनी देते हैं कि जो नारी के कामिनी रूप को ही देखते हैं उनका विनाश निश्चित हैं। कामासक्त देह चाहे स्त्री की हो या पुरुष की दोनों ही नरक के समान हैं। निष्काम हुए बिना राम का सुमिरन सम्भव नहीं होता है। कनक और कामिनी दोनों ही अग्नि की ज्वाला हैं, इन्हें देखने मात्र से शरीर जलने लगता है—

एक कनक अरु कामिनी, दोऊ अगिनि की झाल।
देखे ही तन प्रजलै, परस्याँ ही पैमाल॥

तुलसी रचित रामचरितमानस के प्रतिनायक रावण के कथन को तुलसी का पद्य मानकर उन्हें नारी-निन्दक माना गया। रावण यज्ञ का विध्वंस करता था, सच कहनेवाले को अपमानित करता था और मन्दोदरी के समझाने पर उसे भला-बुरा कहना चाहा लेकिन मति विभ्रम के कारण नारी की बुराई में भी उसके मुँह से कुछ ऐसी बातें निकलीं जो नारी के अवगुण नहीं गुण हैं। रावण कहता है—

नारि सुभाव सत्य कवि कहहीं, अवगुन आठ सदा उर रहहीं॥
साहस, अनृत, चपलता, माया, भय अबिबेक असौच अदाया॥

साहसी होना गुण है या अवगुण, चपलता चंचलता का पर्याय है जो गतिशीलता का परिचायक जो जीवन्तता और फुर्तीलेपन का द्योतक है। उद्भव, स्थिति, संहार का जो कारण है वह माया है। सीता भी माया ही हैं। सीता के ही चक्कर में रावण विनाश की ओर जा रहा है। बुरे कर्मों तथा अनिष्टकारी तत्त्वों से भयभीत होना आवश्यक है। राम के वास्तविक रूप को मन्दोदरी पहचानती है इसीलिए वह भावी अनिष्ट को भी समझ रही है। असौच का अर्थ अपवित्र, अशुद्ध होता है, नारी समय-विशेष में अशुद्ध मानी जाती है, वह प्राकृतिक व्यवस्था है अन्यथा किस तर्क से वह अशुद्ध है। नारी स्वभाव से दयालु होती है अत: अदाया का क्या औचित्य है। तुलसीदास अथवा अन्य मध्यकालीन भक्त नारी का यदि विरोध करते हैं तो वह भक्ति की मूल चेतना से अलग है। भक्तों का ही प्रयत्न है कि नामकरण में स्त्री पहले पुरुष बाद में आता है जैसे-सीताराम, राधेश्याम आदि। तुलसी ने पहले वाणी की वन्दना की बाद में विनायक की, पहले भवानी की वन्दना की फिर शंकर की, पहले सीता की वन्दना की फिर राम की। भरत वशिष्ठ आदि की तुलना में शबरी के अन्दर संशयहीन भक्ति है, वह राम से भक्ति की दृढ़ता की याचना नहीं करती है। उसे पूर्ण विश्वास है कि वह राम की पूर्ण भक्तिन है।

पूर्वोत्तर भारत में भक्ति के प्रचारक शंकरदेव का नामोल्लेख आवश्यक है। शंकरदेव को पूर्वोत्तर का रामानन्द माना जाता है। तीर्थाटन करते हुए इन्होंने भारत की भावनात्मक एकता न केवल समझा बल्कि उसमें सहयोग भी किया। इनका समय 1449-1568 ई. के बीच माना जाता है। इन्होंने असमी और ब्रजबुलि में अपनी रचनाएँ प्रस्तुत कीं। नाटक तथा गीत दो प्रमुख विधाओं को इन्होंने समृद्ध किया है। शंकरदेव जातीय समता को प्रतिपादित करते हुए कहते हैं कि किरात, कछारी, खासी, गारो, मिरि, यवन, कंक, गोवाल, कुवाच, म्लेच्छ, चाण्डाल, सभी कृष्ण सेवकों की संगति में पवित्र हो जाते हैं। वे भक्ति का लाभ प्राप्त करते हैं और संसार से तरकर वैकुण्ठ को प्रस्थान करते हैं—

किरात कछारी खासी गारो मिरि
यवन कंक गोवाल
असम मुलुक, रजक, तुरुक
कुवाच, म्लेच्छ, चण्डाल
आनो यत नर कृष्ण सेवकर
संगत पवित्र हय
भकति लमिया संसार तरिया
बैकुण्ठे सुखे चलय।

शंकरदेव के शिष्य माधवदेव ने भक्ति आन्दोलन में सक्रिय भूमिका का निर्वाह किया। इन्होंने भी नाट्यविधा को अपनाया। विष्णु और विष्णु भक्त में कोई अन्तर न मानकर मनुष्य की महत्ता को ईश्वर के समकक्ष लाने का साहस कम सराहनीय नहीं है। तुलसीदास की तरह इन्होंने भी शैव और वैष्णवों के पारस्परिक भेद को समाप्त करने का प्रयत्न किया। माधवदेव शंकरदेव के ही स्वर-में-स्वर मिलाकर कहते हैं कि भक्ति के क्षेत्र में वर्णाश्रम का भेदभाव नहीं है। यहाँ ब्राह्मण, क्षत्रिय, शूद्र, स्त्री, अन्त्यज सभी को समान अधिकार है—

ब्राह्मण क्षत्रिय वैश्य यत शूद्र चय।
स्त्री अन्त्य जाति आनो अनेक आछय।
नाहिं वर्णाश्रम आत नियम विचार।
हरिनाम कीर्त्तन सबाको अधिकार।

हरिनाम कीर्त्तन से चाण्डाल और अन्त्यज सभी शुद्ध हो जाते हैं। माधवदास के इस विचार का प्रत्यक्ष दृष्टान्त वाराणसी निवासी रविदास (रैदास) हैं। रैदास चमड़े का काम करते थे किन्तु ईश्वर भक्ति के कारण ब्राह्मणों के लिए भी वन्दनीय हो गये थे। अपने स्वाभिमान तथा सम्मान के कारण रैदास में वर्ण-व्यवस्था को लेकर उस तरह का आक्रोश नहीं दिखायी देता जैसा कि कबीर में है।

बंगाल में बाउलों की भी एक लम्बी परम्परा है। इसमें हिन्दू तथा मुसलमान दोनों सम्मिलित थे। मुसलमानों को 'आउल' कहा जाता था। बाउलों ने अपना सम्बन्ध चैतन्य महाप्रभु से जोड़ा है। प्रो. हरिश्चन्द मिश्र ने बंगाल के बाउलों पर महत्त्वपूर्ण कार्य किया है। उनकी पुस्तक का नाम है 'बंगाल के बाउल और उनका काव्य'। लालनशाह फकीर प्रसिद्ध बाउल हैं। ये लोकगायक तथा प्रेम की मस्ती में बावले (उन्मत्त) थे। इनमें शृंगार का भी पुष्ट भाव मिलता है। लालन की अभिव्यक्ति कबीर के समकक्ष दिखायी देती है। कबीर का इन पर प्रभाव भी माना जा सकता है।

सगुण भक्ति धारा से भी सम्पूर्ण भारतीय जनमानस आप्लावित हुआ है। राम और कृष्ण का उदात्त अवतारी चरित्र का काव्यात्मक एवं कलात्मक प्रस्तुतीकरण

सभी भारतीय भाषाओं में दृष्टिगत होता है। वाल्मीकि रामायण के 'राम' काल एवं स्थानभेद के अनुसार अलग-अलग स्वरूप धारण करते गये हैं। अधिकांश भाषाओं में उनके ब्रह्मत्व को स्वीकार किया गया और अपने-अपने प्रदेश के सांस्कृतिक आदर्शों को उनके चरित्र में रूपायित करने की चेष्टा की गयी है। भारतीय मनीषा राम को मुख्यत: तीन रूपों में, प्रत्यक्ष करती है। पहला निर्गुण ब्रह्म के रूप में, दूसरा सगुण ब्रह्म के रूप में, तीसरा महापुरुष के रूप में। नास्तिक सम्प्रदायों में भी राम को अपनाया गया है। तमिल में 'कम्बरामायण' (12वीं सदी), एषुत्तच्छन कृत मलयाल्म चित्र रामायण, तेलुगु का रंगनाथ रामायण, महाराष्ट्री में रचित एकनाथ का भावार्थरामायण, उड़िया में बलराम चरित रामायण, बँगला का कृतिवास रामायण उल्लेखनीय हैं।

राम भक्ति काव्य की अपेक्षा कृष्ण भक्ति का लोक के स्तर पर अधिक प्रचार-प्रसार हुआ। कृष्ण के चरित्र में स्वाभाविकता अधिक है। भागवत पुराण में कृष्ण की लोकरंजनकारी बाल तथा किशोर लीलाओं का विस्तृत वर्णन मिलता है। महाभारत के नीतिविशारद कृष्ण की तुलना में लीलावतारी कृष्ण अधिक लोकप्रिय हुए। कृष्ण के चरित तथा लीलाओं को लेकर काव्यसृजन की व्यापक परम्परा भारतीय भाषाओं में है। 'तमिल प्रबन्धम्' में पेरियालवार तिरुमोली, तिरुप्पावै, नाच्चियार तिरुमोली की कृष्ण सम्बन्धित रचनाएँ संकलित हैं। तेलुगु के आन्ध्रमहाभारत की रचना नक्षय, तिक्कम, ऐराप्रेग्मण्ड तीन कवियों ने की। इस कृति में कृष्ण के लौकिक तथा अलौकिक रूपों का वर्णन किया गया है। पोतन, मण्डिकि सिंगन, तिरूकाम, विजय राघव, चिन्तिलिपूडि एल्लनाय आदि नें भी कृष्ण कथा के आधार पर तेलुगु भाषा में रचनाएँ कीं। मलयालम में एज्रतच्छन चेरुश्शेरी तथा कुचन नय्यार ने कृष्ण भक्तिकाव्य रचा। कन्नड़ में वैष्णव पुराणों के आधार पर रुद्रभट्ट ने 'जगन्नाथ विजय' नामक ग्रन्थ लिखा। तेरहवीं सदी में सोमनाथ ने अक्रूर चरित्र, वीरनारायण ने गदुगिन भारत, श्री पादराय ने भ्रमरगीत, वेणुगीत, गोपीगीत, तिम्मण ने 'कृष्ण राय भारत' की रचना की। मराठी कृष्ण काव्य रचयिताओं में जानबाई, एकनाथ, मुक्तेश्वर, बामन पण्डित श्रीधर के नाम प्रसिद्ध हैं। गुजरात प्राचीन काल से ही वैष्णवपीठ के रूप में प्रसिद्ध रहा है। नयर्षि, मयण, मालण, नरसी मेहता का रचनात्मक योगदान उल्लेखनीय है।

कृष्ण भक्ति का प्रचार-प्रसार साम्प्रदायिक स्तर पर सुनियोजित ढंग से किया गया है। कृष्ण भक्ति के अनेक सम्प्रदायों में वल्लभ सम्प्रदाय, निम्बार्क सम्प्रदाय, चैतन्य सम्प्रदाय, राधावल्लभी सम्प्रदाय, हरिदासी या सखी सम्प्रदाय उल्लेखनीय हैं। वल्लभ सम्प्रदाय से ही सूरदास, नन्ददास, कृष्णदास, ध्रुवदास, छीत स्वामी, गोविन्द स्वामी, कुम्भनदास, परमानन्ददास आदि अष्टछाप के कवियों की सम्बद्धता थी। श्रीभट्ट, हरिव्यास देव, परशुराम देव आदि कृष्ण भक्त निम्बार्क सम्प्रदाय से जुड़े थे।

महाप्रभु चैतन्य ने बंगाल तथा आस-पास के क्षेत्रों में कृष्ण भक्ति का प्रसार किया। भक्तिरस की प्रतिष्ठा में इस सम्प्रदाय की विशेष देन है। इस सम्प्रदाय के प्रमुख कवि माधवदास, श्रीरामराय, सूरदास मदन मोहन, गदाधर भट्ट तथा माधुरीदास जी हैं।

राधावल्लभी सम्प्रदाय में युगल उपासना पर बल दिया गया है। इस सम्प्रदाय के प्रवर्तक स्वामी हित-हरिवंश माने जाते हैं। दामोदरदास, ध्रुवदास, चन्दसखी, वृन्दावनदास इस सम्प्रदाय के प्रमुख कवि हैं। स्वामी हरिदास ने राधा, कृष्ण की उपासना का प्रचार सखीभाव से किया। सखीभाव में तन्मय भावना की चरम स्थिति है, इसमें स्वकीया, परकीया का भेद सम्भव नहीं है।

नरोत्तमदास, मीराँ, रसखान आदि भक्त कवि सम्प्रदाय मुक्त माने गये हैं। नरोत्तमदास की प्रसिद्ध रचना है 'सुदामाचरित' जिसमें सुदामा की गरीबी का चित्रण मार्मिक ढंग से किया गया है। रसखान मुसलमान होते हुए भी कृष्ण की भक्ति के प्रति पूर्णतया समर्पित थे। इन्होंने कृष्ण के बाल रूप तथा प्रणय लीलाओं का मनोहरी चित्रण किया है। सम्पूर्ण भक्ति आन्दोलन में मीराँ की स्थिति विशिष्ट दिखायी देती है। नारी के प्रति पुरुष मानसिकता के विरुद्ध विद्रोह करने तथा भक्ति की अद्‌भुत शक्ति से अपने वैधव्य की पीड़ा को उदात्त बनाने तथा अपने समय में ही व्यापक ख्याति अर्जित करने में मीराँ ने बड़े संघर्ष के साथ सफलता हासिल की थी। भक्ति आन्दोलन वर्ण-व्यवस्था के बीच सामंजस्य बिठाने तथा हाशिये के समाज को तथाकथित उच्च वर्ण के समकक्ष प्रतिष्ठा दिलाने का आन्दोलन रहा है।

मीराँ की भक्ति

मीराँ सगुण कृष्ण की उपासिका हैं। उनकी भक्ति माधुर्य भाव की है। उन्होंने पूरी तन्मयता से गोपीभाव को आत्मसात् किया था। भक्तिकाल में कान्ताभाव की भक्ति की विशेष प्रतिष्ठा थी। कबीर-जैसे अक्खड़ सन्त भी इस भाव से अभिभूत थे। एक युवती जिस तरह से अपने पति के प्रति पूर्ण समर्पण एवं राग रखती है उस तरह का समर्पण भाव अन्य प्रकार के रागात्मक सम्बन्धों में परिलक्षित नहीं होता है। यदि कोई पुरुष स्त्रीभाव से भक्ति करता है तो उसे स्त्री-भावों का अस्वाभाविक आरोपण करना पड़ता है। वह स्त्री से जुड़े अनुभवों के आधार पर ईश्वरीय प्रेम और विरह का चित्रण करता है लेकिन स्त्री आराध्य पुरुषोत्तम से अत्यन्त स्वाभाविक तरीके से जुड़कर आत्मानुभूति करती है, उसे सांसारिक पुरुष से बेहतर अविनाशी पुरुष का सान्निध्य प्राप्त करने के लिए अधिक दूरारूढ़ कल्पना नहीं करनी पड़ती है। स्त्री की नैसर्गिक वृत्ति है कि उसका होनेवाला पति अति सुन्दर, गुणवान्, दयालु तथा उसकी हर पीड़ा और हर समस्या का निदान प्रस्तुत करनेवाला हो। मीराँ गोपीभाव से जिस नट नागर गोपाल का वरण करती हैं वह रूपवान् तो है ही रति ऊर्जा का स्रोत भी

है। मीराँ राजसी परिवार में पली-बढ़ी थीं। सांसारिक पतियों की सामान्य मृत्यु के अलावा उनके अनुभव-क्षेत्र में ऐसे पति थे जो युद्ध करते हुए असमय ही काल कवलित हो जाते थे। मीराँ के कोमल हृदय पर युद्धरत राजपूतों के सिर पर मँडरानेवाली मृत्यु की विशिष्ट प्रतिक्रिया थी। उनके अपने पति का भी असमय में देहावसान हो गया था। अत: मीराँ अविनाशी पति का वरण करने के लिए संकल्पबद्ध थीं। वह कहती हैं—

मीराँ के प्रभु हरि अविनासी, चेरी भई बिन मोल॥

मीराँ ने अपने आराध्य नन्दलाल को अपने मन में बसा लिया था। जिस छवि को उन्होंने अपने मन में साकार किया था वह इस प्रकार है—

बस्याँ म्हारे णेणणमाँ नन्दलाल।
मोर मुगट मकराक्रत कुण्डल अरुण तिलक सोहाँ भाल।
मोहन मूरत साँवराँ सूरत णेणा बण्या विशाल।
अधर सुधा रस मुरली राजाँ उर बैजन्ती माल।
मीराँ प्रभु सन्ताँ सुखदायाँ भगत बछल गोपाल॥

सिर पर मयूर पंख का मुकुट धारण किये हुए, मकर के आकृति के कुण्डलों को कानों में पहने हुए, मस्तक पर लाल तिलक से तिलकित, विशाल नेत्रोंवाले, श्याम देहवाली मोहनी मूर्तिवाले, ओठों पर विराजित मुरली से अमृत स्वर को प्रस्फुटित करनेवाले, हृदय पर बैजयन्ती की माला को डाले हुए, सन्तों को सुख देनेवाले भक्त वत्सल कृष्ण की अविनाशी एवं नित्य सौन्दर्यमयी छवि मीराँ के नेत्रों में समायी है।

मीराँ अपने को राधा या गोपी रूप ही समझती थीं। वह जन्म-जन्म से कृष्ण के चरणों की दासी रही हैं अत: उनकी प्रीति अतिशय पुरातन है। यद्यपि मीराँ ने स्वप्न में कृष्ण से विवाह किया है किन्तु फिर भी लोकदृष्टि से वह क्वाँरी ही हैं—

मोती चौक पुरावाँ णेणाँ, तण मण डाराँ वारी।
चरण सरण री दासी मीराँ, जणम जणम री क्वाँरी॥

मीराँ की भाव-चेतना में स्वकीया-परकीया का द्वन्द्व दिखायी देता है। भक्त और भगवान् के अद्वैत एवं द्वैतभाव की मन:स्थिति जिस तरह सन्तों में दृष्टिगत होती है, उसका हलका आभास मीराँ में भी है। मीराँ की मधुरा भक्ति में प्रेयसी और परिणीता भावों का अद्‌भुत सामंजस्य है। वह कृष्ण के चरणों की सेविका हैं। उनका यह भाव मध्यकालीन अन्य भक्तों के दास्यभाव से इसीलिए किंचित् भिन्न है। भारतीय नारी के पत्नीत्व के आदर्श में ही सेवा का भाव निहित है। सेवाभाव में अहंकार का लेश नहीं रहता है। मीराँ पूरी तरह से अहंकार त्यागकर कृष्ण से जुड़ने की चेष्टा करती हैं।

नारद भक्ति सूत्र में उल्लिखित ग्यारह आसक्तियों के चित्र मीराँ में उपलब्ध होते हैं। मीराँ शास्त्र का अध्ययन करके फिर तदनुकूल अपने भावों को सचेष्ट रचा होगा

ऐसा अनुमान करना उचित नहीं है। लेकिन भक्तिभाव की अभिव्यक्ति के जितने माध्यम अथवा तरीके थे उनको उन्होंने अपने समकालीन भक्तों से अवश्य जाना-समझा था।

1. गुण माहात्म्यासक्ति—गुणों के प्रति आकर्षित होना मन की सात्त्विक वृत्ति है। कृष्ण कृपानिधान हैं, ऊँच-नीच का भेदभाव किये बिना वे सबका उद्धार करते हैं। गजराज, गणिका, अजामिल, कुब्जा, सदन आदि की रक्षा के दृष्टान्त पुराणों में उपलब्ध हैं। द्रौपदी की लाज रखनेवाले, प्रह्लाद की रक्षा करनेवाले, विपत्तिग्रस्त दरिद्र सुदामा को सम्पत्तिवान् बनानेवाले कृष्ण मीराँ की विनती क्यों नहीं सुनेंगे। मीराँ कहती हैं—

गिरधारी शरणां थारी आया, राख्याँ किरपा निधाण।
अजामील अपराधी तार्‌याँ तार्‌याँ नीच सदाण॥
डूबताँ गजराज राख्याँ गणका चढ़्याँ विमाण।
अवर अधम बहुता थें तार्‌याँ भाख्या सुणत सुजाण॥

सज्जनों एवं सन्तों की संगति में रहकर मीराँ ने इन पौराणिक सन्दर्भों का श्रवण किया था और उनके मन में ईश्वर के गुणों के प्रति पूर्ण आस्था हो गयी थी। जहाँ अन्य भक्त सांसारिक कष्टों का सामान्यीकृत रूप प्रस्तुत करते हैं, वहीं मीराँ नितान्त वैयक्तिक और मार्मिक प्रसंग का ज़िक्र करती हैं। जिसका घर-परिवार ही दुश्मन हो गया हो उसकी विनती हृदय की व्यथा का ही इज़हार हो जाती है—

मीराँ दासी अरजाँ करता म्हारो सहारो णा आण।

2. रूपासक्ति—मन रूप का लोभी होता है। उसकी स्वाभाविक वृत्ति को ईश्वरोन्मुख करने के लिए प्रेमास्पद का अपूर्व सौन्दर्यवान् होना आवश्यक है। जब प्रेमी को सर्वोत्कृष्ट सौन्दर्य का दर्शन हो जाता है तो उस पर वह सदा के लिए लुब्ध हो जाता है। सुन्दर बदन, कमलवत् लोचन, बाँकी चितवन मीराँ के नेत्रों में समा गयी है। कृष्णलीला की न जाने कितनी छवियाँ हैं जो उनके मानस में उभरती है। मदन मोहन के रूप का आस्वादन करते हुए नेत्र भौंरे की तरह स्थिर हो गये हैं। नटवर नागर कृष्ण की वंशी-वादन की मुद्रा तो अतिशय लुभावनी है। मीराँ का मन कृष्ण की लीलाओं में सहचर बन गया है। रूपासक्ति का एक पद प्रस्तुत है—

म्हा मोहणरो रूप लुभाणी।
सुन्दर बदण कमल दल लोचण, बाँका चितवण णेणा समाणी।
जमणा किणारे कान्हा धेनु चरावाँ, बंशी बजावाँ मीट्ठाँ वाणी।
तण मण, धण गिरधर पर वाराँ, चरण कँवल मीराँ बिलमाणी।

3. पूजासक्ति—मीराँ कृष्ण के मन्दिर में जाकर दर्शन, अर्चन तथा पूजन करती थीं। कृष्ण की पूजा-अर्चना में छप्पन भोग, छत्तीस व्यंजन के अर्पण का ज़िक्र कुछ

पदों में किया गया है। वह हरि मन्दिर में नृत्य करती हैं। विविध भोगों को प्रतिगा के समक्ष रखकर मीराँ निवेदन करती हैं—

थें जीम्या गिरधरलाल।
मीराँ दासी अरज कर्‌याँ छै, म्हारों लाल दयाल।
छप्पण भोग छतीसाँ बिंजण, पावाँ जण प्रतिपाल।
राजभोग आरोग्याँ गिरधर, सणमुख राखाँ थाल।
मीराँ दासी सरणाँ ज्याशी, कीज्याँ बेग निहाल॥

4. स्मरणासक्ति—नाम स्मरण का माहात्म्य सभी भक्तों ने स्वीकार किया। नाम साधना सगुण और निर्गुण का सेतु है। मीराँ भी कबीर, तुलसी आदि की तरह मानती थीं कि नाम स्मरण से जीवों के कोटि-कोटि पाप नष्ट हो जाते हैं। मीराँ इसीलिए अपने आराध्य कृष्ण के नाम का निरन्तर स्मरण करती रहती थीं। नामामृत का रसास्वादन करनेवाली मीराँ कहती हैं—

म्हारो मण साँवरो णाम रट्‌याँ री।
साँवरों णाम जपाँ जग प्राणी, कोट्याँ पाप कट्या री।
जणम जणम री खताँ पुराणी, णाम स्याम मट्या री।
कणक कटोराँ इम्रत भर्‌याँ पीवताँ कूण नट्या री।
मीराँ रे प्रभु हरि अविनासी, तण मण स्याम पट्या री।

संसार में जो कुछ भी दृश्य है वह सब नश्वर है। तीर्थ, व्रत, ज्ञान कथा, काशी में करवत व्रत लेना आदि से कुछ सिद्ध नहीं होता है। चरण-कमलों के भजन के आगे सभी तरह के आडम्बर व्यर्थ प्रतीत होने लगते हैं। इसीलिए मीराँ का सम्बोधन है—

भज मण चरण कँवल अविणासी।
जेताई दीसाँ धरण गगन माँ, तेताई उठि जासी॥

5. दास्यासक्ति—पीछे संकेत किया गया है कि मीराँ की दास्यासक्ति कान्ता भाव की आदर्शात्मक स्थिति है। मीराँ एक आदर्श भारतीय नारी की तरह अपने अविनाशी पति के चरणों की दासी बनी रहना चाहती हैं। उनका यह दासी भाव कृष्ण प्रेम की तरह जन्म-जन्मान्तर का है। कान्ता भाव से भिन्न कोटि का दासी भाव भी उनके पदों में व्यक्त हुआ है। वह गिरधारी से प्रार्थना करती हैं कि वे मीराँ को चाकर (नौकर) रख लें। चाकर बनकर मीराँ बाग लगायेंगी, नित्य उठकर कृष्ण का दर्शन करेंगी। वृन्दावन की कुंज गलियों में कृष्ण की लीला का गान करेंगी। वेतन के रूप में मीराँ सिर्फ दर्शन चाहती हैं। अपने मालिक से भाव भगति की जागीर पाने की इच्छा करती हैं। मीराँ कहती हैं—

म्हाणे चाकर राखाँजी, गिरधारी लाला चाकर राखाँजी।
चाकर रहस्यूँ बाग लगास्यूँ णित उठ दरसण पास्यूँ॥
बिन्द्रावन री कुंज गलिन माँ गोबिन्द लीला गास्यूँ।
चाकरी में दरसण पास्यूँ, सुमिरण पास्यूँ खरची॥

6. **कान्तासक्ति**—मीराँ की भक्ति की प्रधान आसक्ति कान्ता भाव की है। मीराँ अपने को कृष्ण की परिणीता मानती हैं। उनका कृष्ण के साथ विवाह स्वप्न में घटित हुआ है। दूल्हा ब्रजनाथ के साथ छप्पन करोड़ बाराती आये थे। स्वप्न में ही तोरण बाँधा गया, स्वप्न में ही पाणिग्रहण हुआ, स्वप्न में ही मीराँ को अचल सौभाग्य प्राप्त हुआ। पूर्व जन्म का भाग्य था जिससे मीराँ को इतनी बड़ी उपलब्धि हुई—

माई म्हाँणे सुपणा माँ परण्याँ दीनानाथ।
छप्पण कोटाँ जणाँ पधार्‌याँ दूल्हो सिरी ब्रजनाथ।
सुपणा माँ तोरण बँध्यारी सुपणा माँ गह्या हाथ।
सुपणा माँ म्हारे परण गया पायाँ अचल सोहाग।
मीराँ रो गिरधर मिल्यारी, पुरब जनम रो भाग।

इस तरह के आध्यात्मिक विवाह का चित्रण कबीरदास ने भी किया है। उनके प्रसिद्ध पद 'दुलहिन गावहु मंगलाचार हमारे घर आये राजा राम भरतार' में इसी तरह का भाव समाहित है।

सख्यासक्ति—मीराँ का सख्य भाव सूर आदि के सख्य भाव से आता है। प्रभु कृष्ण यद्यपि अपने भक्तों के मित्र हैं लेकिन मीराँ ने उन्हें पति रूप में वरण किया है अत: वे उनके लिए सर्वस्व हैं।

वात्सल्यासक्ति—मीराँ के काव्य में वात्सल्यासक्ति उपलब्ध नहीं है।

आत्मनिवेदन—भक्तगण सांसारिक दु:खों के निवारण हेतु ईश्वर से निवेदन करते हैं। उन्हें संसार में आराध्य के अलावा कोई दूसरा सहारा दिखायी नहीं देता है। भक्त पूरी तरह से भगवान् के शरण जाकर दैन्य भाव की अभिव्यक्ति करता है। प्रपत्तिभाव या शरणागति भक्ति की छह शर्तें हैं—

अनुकूलस्य संकल्प: प्रतिकूलस्य वर्जनम्।
रक्षिस्यतीति विश्वासो गोप्तृत्ववरणं तथा।
आत्मनिक्षेपकार्पण्ये षड्विधा शरणागति:॥

अनुकूल का संकल्प, प्रतिकूल का त्याग, रक्षा का विश्वास, गोप्तृत्व वरण, आत्मनिक्षेप, कार्पण्य आदि शरणागति की छह रूप हैं।

अनुकूल का संकल्प—मीराँ ने कृष्ण की भक्ति पाने के लिए दृढ़ संकल्प किया था। इस संकल्प की रक्षा के लिए उन्हें मध्यकाल के सभी भक्तों की तुलना में अधिक पीड़ा भोगनी पड़ी है। कृष्ण की शरण में वह पूरी निष्ठा एवं पूरे मन से गयी हैं। उनके

बिना उनका जीना भी सम्भव नहीं है। मीराँ कहती हैं—

मण म्हारो लग्याँ गिरधारी जगराँ बोल सह्याँ।
मीराँ रे प्रभु अबिनासी, थारी शरण गह्याँ॥

प्रतिकूल का त्याग—भक्ति भाव के बाधक तत्त्वों का त्याग के बिना शरणागति भक्ति सबल नहीं होती है। मीराँ ने अपनी ससुराल का त्याग इसलिए कर दिया था कि वहाँ भक्ति के प्रतिकूल वातावरण था। यही नहीं सगे- सम्बन्धियों को भी त्यागने में उन्हें कोई मोह नहीं रहा। लोकलाज, कुल-मर्यादा, साज-शृंगार एवं जग की सभी सुख-सुविधाओं से मुक्त होकर मीराँ शरणागत हुई थीं।

रक्षा का विश्वास—मीराँ को पूर्ण विश्वास था कि कृष्ण उनकी रक्षा करेंगे। इसी विश्वास के कारण ही उन्होंने राज्यसत्ता को चुनौती दी। राणा ने विष का प्याला भेजा, मीराँ उसको हँसते-हँसते पी गयीं। सर्प की पिटारी को गले से लगा लिया जो शालग्राम की प्रतिमा बन गयी। रक्षा के विश्वास का प्रतिफलन मीराँ के सन्दर्भ में घोषित रूप से हुआ है। इससे मीराँ की भक्ति की प्रामाणिकता सिद्ध होती है।

आत्मनिक्षेप—इसका तात्पर्य है कि भगवान् के प्रति अपने को पूरी तरह समर्पित कर देना। मीराँ कृष्ण के प्रति पूरी तरह समर्पित हो गयी थीं। उन्होंने यहाँ तक मान लिया था कि वह कृष्ण के हाथों बिक गयी हैं। मीराँ कहती हैं कि—

हरि म्हारा जीवण प्राण अधार।
और आसिरो णा म्हारा थें विण, तीनूं लोक मँझार॥

मीराँ अपना तन-मन सभी उसी अमूल्य निधि के प्रति न्योछावर कर चुकी थीं।

कार्पण्य—कार्पण्य का अर्थ है दैन्य। भक्त अपनी दीनता-हीनता का प्रदर्शन करते हुए भगवान् से अपने उद्धार का निवेदन करता है। दैन्य के अन्तर्गत वह अपने को पापी दु:खी-पीड़ित मानता है। संसार की रीति-नीति मीराँ को सुहाती नहीं है। वह संसार-सागर को पार करने के लिए कृष्ण का सहारा चाहती हैं। कार्पण्य को व्यक्त करनेवाला मीराँ का निम्न पद उल्लेखनीय है—

हरि बिन कूँण गति मेरी।
तुम मेरे प्रतिपाल कहिये, म्हे रावरी चेरी।
आदि अन्त निज नाँव थारो, हीया में फेरी।
बेरि बेरि पुकारि कहूँ, प्रभु आरति है तेरी।
यौ संसार बिकार सागर, वीच में घेरी।
नाव फाटी प्रभु पाल बाँधो, बूड़त है बेरी॥

तन्मयतासक्ति—इस अवस्था में भक्त भगवान् का ध्यान करते हुए उनमें लीन हो जाता है। इस अवस्था में आत्मा-परमात्मा का भेद मिट जाता है। वह लोक-व्यवहार की मर्यादाओं का पालन करने में असमर्थ हो जाता है। मीराँ भक्ति-भाव

में लीन होकर ऐसा आचरण करती थीं जो लोकदृष्टि से निन्दनीय थे। लेकिन भगवान् के रूप, गुण तथा विविध लीलाओं के आनन्द में मग्न मीराँ को संसार की सुधि ही कहाँ थी। वह कृष्ण भाव में रंजित होकर पग में घुँघरू बाँधकर लोक-लाज त्यागकर साधु-सन्तों के बीच नृत्य करती हैं। मीराँ की तन्मयता में भक्त और भगवान् का अभेद निर्गुण सन्त कबीर की तरह नहीं है। उनका भक्त रूप सदैव सबल रहता है।

परम विरहासक्ति—मीराँ की भक्ति में विरह की व्यथा अधिक मार्मिक एवं नैसर्गिक है। श्याम के बिना मीराँ का जीवन दूभर है। जब से उन्होंने कृष्ण के सौन्दर्य पर तन-मन न्योछावर किया तब से खान-पान रुचिकर नहीं लगता। प्रियतम के आगमन की प्रतीक्षा में वह व्यग्र रहती हैं। उनको लगता है कि साँवरे के बिना तड़प-तड़पकर उनके प्राण चले जायँगे। कृष्ण के बिना रातें उनींदी ही बीतती हैं। विरह से शरीर क्षीण हो गया है, विरहिणी अपने पति को पत्र भी नहीं लिख सकती है। ऋतुएँ विरहिणी को और अधिक व्यथित करती हैं। मीराँ ने परम विरह के अनेक भावों को लोक जीवन से ग्रहण किया है। उनकी जीवनानुभूति एवं लोकानुभूति का अद्‌भुत समन्वय विरह के पदों में हुआ है। मीराँ का दर्द सभी भक्तों का दर्द है और उस विरहिणी का भी दर्द है जिसका प्रियतम साथ छोड़कर चला गया है। मीराँ कहती हैं कि—

हेरी म्हा तो दरद दिवाँणी म्हाराँ दरद न जाण्याँ कोय।
घायल री गत घायल जाण्याँ, हियड़ो अगण सँजोय॥

मीराँ ने प्रेम की बेल को आँसुओं से सींच-सींचकर हरा-भरा किया है। वह कहती हैं—

अँसुवाँ जल सींच सींच प्रेम बेल बूयाँ।
दध मथ घृत काढ़ लयाँ डार दयाँ छूयाँ॥

नवधा भक्ति—भागवत पुराण में भक्ति के नव प्रकार बताये गये हैं

श्रवणं कीर्त्तनं विष्णोः स्मरणं पादसेवनम्।
अर्चनं वन्दनं दास्यं सख्यं आत्मनिवेदनम्॥

श्रवण, कीर्त्तन, स्मरण, पादसेवन, अर्चन, वन्दन, दास्य, सख्य, आत्मनिवेदन। मीराँ के काव्य में नवधा भक्ति के सभी रूप विद्यमान हैं।

1. श्रवण—मीराँ सन्तों के बीच बैठकर भगवान् के गुणों की कथा का श्रवण करती थीं। भक्ति के माध्यमों को उन्होंने साधु-सन्तों की संगति में ही सीखा था। वह स्पष्ट कहती हैं कि—

म्हाँ सुण्याँ हरि अधम उधारण।
अधम उधारण भव तारण।

अजामिल, गणिका, गजराज, द्रौपदी आदि के उद्धार की कथा, कृष्ण की लीला के विविध रूपों का परिचय श्रवण से ही सम्भव हुआ था।

2. कीर्त्तन—मीराँ साधुओं एवं सन्तों के साथ कृष्ण का कीर्त्तन किया करती थीं। उनका विश्वास था कि गोविन्द के गुणगान से ही भवसागर के पार जाना सम्भव होगा। राजा के रूठने से नगर त्यागना पड़ा था किन्तु त्रिलोक स्वामी हरि के रूठने के बाद व्यक्ति कहाँ जायेगा। उन्हें भजन के बिना मानव-जीवन नीरस प्रतीत होता था इसीलिए तो वह दिन-रात गुणगान करती थीं—

गायाँ गायाँ हरि गुण निसदिन, काल ब्याल री बाँची।
स्याम विणा जग खाराँ लागाँ, जगरी बाताँ काँची॥

3. स्मरण—भगवान् के नाम स्मरण का तात्पर्य है उनके द्वारा किये गये अलौकिक कार्यों का स्मरण। नाम के माहात्म्य को समझकर मीराँ नाम पर लुब्ध हो गयी थीं—

पिया थारै नाम लुभाणी जी।
नाम लेताँ तिरताँ सुण्याँ, जग पाहण पाणी जी।

नाम स्मरण से ही अनेक पापियों का उद्धार हुआ है। मीराँ भी तद्वत् चाह रखती हैं। उनका कथन है कि—

म्हारो मण साँवरो णाम रट्याँ री।
साँवरो णाम जपाँ जग प्राणी, कोट्याँ पाप कट्या री।

पादसेवन—पादसेवन का तात्पर्य है आराध्य के चरणों की सेवा। चरणों की सेवा केवल प्रतिमा प्रक्षालन तक सीमित नहीं है बल्कि श्री चरणों में भक्त का सेवाभाव से समर्पण और अभिलाषा ही पादसेवन है। मीराँ कहती हैं कि हे मन! तू हरि के चरणों का स्पर्श कर, वे चरण सुन्दर, शीतल, कमलवत् कोमल और संसार की ज्वाला (दैहिक, दैविक, भौतिक ताप) को हरनेवाले हैं—

मण थें परस हरि रे चरण।
सुभग सीतल कँवल कोमल, जगत ज्वाला हरण।

मीराँ कृष्ण के चरणों में तल्लीन हो गयीं थीं। उन्हें संसार अच्छा नहीं लगता था क्योंकि उन्होंने इस रहस्य को जान लिया था कि संसार माया है और स्वप्नवत् है—

म्हारा लगाँ लगण सिरि चरणाँ री।
दरस विणा म्हाँणे कछू णा भावाँ जग माया या सुपणा री॥

5. अर्चन—मीराँ विधि-विधानपूर्वक कृष्ण की अर्चना (पूजा) करती थीं। छप्पन भोग, छत्तीस व्यंजन थाल में रखकर कृष्ण से निवेदन करती हैं कि वह उन्हें कृत्य-कृत्य करें। कभी-कभी कल्पना में पिय आगमन का अहसास करती हुई मीराँ कहती हैं—

म्हारे आँगण स्याम पधाराँ, मंगल गावाँ नारी।
मोती चौक पुरावाँ णेणाँ, तण मण डाराँ वारी॥

6. वन्दन—भव बन्धन से मुक्ति के लिए ईश्वर से प्रार्थना (वन्दना) करती हुई मीराँ कहती हैं कि हे गिरधारी! तेरे बिना मेरी कौन खबर लेगा। भवसागर की धार तीक्ष्ण है, भक्त के लिए वह अगम है अत: उससे पार करने का अनुग्रह कीजिये—

भो समुन्द अपार देखाँ, अगम ओखी धार।
लाल गिरधर तरण तारण, वेग करस्यो पार॥

7. दास्य—मीराँ कृष्ण के चरणों की दासी हैं। दोनों का जन्म-जन्म का साथ है। उनकी कामना है कि उन्हें कृष्ण अपने पास चाकर रख लें जिससे उन्हें सेवा करते हुए नित्य दर्शन लाभ हो सकें—

म्हाणे चाकर राखाँजी, गिरधारी लाला चाकर राखाँजी।
चाकर रहस्यूँ बाग लगास्यूँ नित उठ दरसण पास्यूँ॥

8. सख्य भाव—मीराँ कृष्ण को अपना पति मानती हैं। वह उनके जनम-जनम के साथी हैं। जीवनसाथी यहाँ पति का ही पर्याय है—

म्हाँरो जणम जणम रो साथी थाँने णा विसर्‌याँ दिन राती।

9. आत्मनिवेदन—मीराँ का सम्पूर्ण काव्य मिलन की लालसा, आत्मोद्धार के लिए कृष्ण की पुकार है। कृष्ण के रंग में रंजित मीराँ दिन-रात मिलन के लिए उत्कण्ठित एवं व्यथित रहती हैं। मीराँ की भक्ति-साधना में कायिक, वाचिक तथा मानसी तीनों रूप उपलब्ध होते हैं।

कायिक भक्ति—मीराँ की कायिक प्रयत्नों में पूरी निष्ठा थी। मन्दिरों में जाकर कृष्ण का दर्शन, अर्चन, पूजन, भोग लगाना, आरती करना, झाँझ, मृदंग एवं करताल के संगीत के साथ भाव-मग्न होकर नृत्य करना मीराँ की भक्ति के कायिक प्रयत्न हैं। यत्न करके साधुओं की संगति में जाना और जिस स्थान पर भगवद्‌भक्ति के विरोधी रहते हैं उस स्थान को त्याग अन्यत्र वास करना भी कायिक भक्ति साधना है।

वाचिक भक्ति—नाम महिमा का गान-कीर्त्तन, गुण कथन, ईश्वर के समक्ष अपनी दीनता-हीनता व्यक्त करते हुए उद्धार के लिए आत्मनिवेदन करना वाचिक भक्ति है। पीछे विस्तार से इन प्रसंगों का उद्‌घाटन किया गया।

मानसी भक्ति—ईश्वर का स्मरण, विरह व्यथा की आन्तरिक अनुभूति, उसके मिलन तथा वियोग की मानसी कल्पना, उसकी याद में तल्लीन रहना आदि मानसी भक्ति है। निम्नलिखित पद में तीनों तरह की भक्ति का समावेश है—

स्याम मिलण रे काज सखी, उर आरत जागी।
तलफ तलफ कल णा पड़ाँ, बिरहानल लागी।
निसदिन पन्थ निहाराँ पिवरो, पलक णा पल भर लागी।
पीव पीव म्हाँ रटाँ रैण दिन लोक लाज कुल त्यागी।

विरह भवंगम डस्याँ कलेजा लहरि हलाहल जागी।
मीराँ व्याकुल अति अकुलाणी स्याम उमंगा लागी।

मीराँ के काव्य की अन्तर्वस्तु

मीराँ के काव्य का वर्ण्य-विषय भक्तिभाव है। भक्ति-साधना में प्रवृत्त होना राजघराने से जुड़ी हुई महिला के लिए कठिन समस्या थी। उसके पूजा-पाठ की व्यवस्था राजमहल के भीतर हो सकती है लेकिन उसके बाहर जाकर सन्तों-महात्माओं के बीच रहना, राजकुल की मर्यादा के विरुद्ध था। अत: मीराँ को पारिवारिक स्तर पर पर्याप्त विरोध सहना पड़ा। उनके अनेक पदों में विरोध तथा यातनाओं का वर्णन हुआ है। काव्य की वर्ण्य-सामग्री को निम्नलिखित शीर्षकों में बाँटा जा सकता है—

1. वैयक्तिक जीवन का संघर्ष—मीराँ के मन में बचपन से ही कृष्ण के प्रति आकर्षण हो गया था। राणा के साथ उनका विवाह एक लौकिक संयोग मात्र था। राणा कुँवर भोजराज की अल्प समय में मृत्यु हो गयी। विनाशी पति के वियोग की व्यथा ने अविनाशी पति के प्रति मीराँ के आकर्षण को बढ़ा दिया। मीराँ को राणा विक्रमाजीत ने बहुत दु:ख दिया। मीराँ ने अनेक पदों में राणा द्वारा दिये गये कष्टों का उल्लेख किया है। राणा के द्वारा भेजे गये विष के प्याले का बार-बार उल्लेख होने का प्रमुख कारण कृष्ण की कृपा का इज़हार करना है। सम्भव है कि मीराँ भाव के विस्तार के कारण इसमें अनेक प्रसंगों का प्रक्षेप किया गया हो। मीराँ को कुल-मर्यादा के अनुकूल आचरण करने के लिए घर-परिवार तथा सगे-सम्बन्धियों ने तरह-तरह से समझाया। मीराँबाई और ऊदाबाई के संवाद से सम्बन्धित कुछ पद मिलते हैं। ऊदा प्रश्न करती हैं और मीराँ जवाब देती हैं। उसका प्रश्न है कि भाभी, तूने माया, राजपाट, उत्कृष्ट महल, दक्षिणी मूल्यवान् साड़ी क्यों त्याग दिया। भूमि पर शयन करने तथा भूखी मरने से भगवान् नहीं मिलेंगे। मीराँ उत्तर देती हैं—

खीर-खाँड को भोजन जीमो भाभी ओढ़ो दिखणी चीर।
राणा सों बर पाइयो ये भाभी, सब महलायं थांरो सीर॥

मीराँ इसी संवाद में संसार की नश्वरता, धन, वैभव की क्षणिकता का उल्लेख करती हैं।

मीराँ राजा, रानी तथा सखियों की वर्जनाओं पर भी प्रकाश डालती हैं—

मान लो जी म्हारी, अब मीराँ म्हारी थानै सखियाँ बरजै सारी।
राजा बरजै, राणी बरजै, बरज बरज सब हारी॥

मीराँ के जीवन-संघर्षों और द्वन्द्वों का चित्रण इन पदों में है। सम्भव है बाद में अन्य रचनाकारों ने इन्हें रचा हो।

मीराँ अनेक पदों में माई, सखी, राणा आदि सम्बोधन से अपनी भावनाओं की अभिव्यक्ति करती हैं। राणा के देश को छोड़ने के कारणों पर प्रकाश डालती हैं। कृष्ण की तलाश में वृन्दावन की कुंज गलियों में भटकने, मन्दिरों में दर्शन के लिए जाने तथा घुँघरू पहनकर नृत्य करने का वर्णन करती हैं। मीराँ ने हर तरह का श्रृंगार एवं आभूषण त्याग दिया था। वह ऐसे देश को कूड़ा मानती हैं जहाँ साधु नहीं बसते हैं। भक्ति के बल पर मीराँ सिसौदिया वंश को ललकारती भी हैं—

सीसोद्यो रूठ्यो तो म्हाँरो काँईं करलेसी।
म्हें तो गुण गोविन्द का गास्याँ, हो माई॥

मीराँ की आत्माभिव्यक्ति का दूसरा क्षेत्र है कृष्ण के प्रति अपने प्रेम, मिलन की उत्कण्ठा, प्रतीक्षा, वियोग की व्यथा का चित्रण। विरह वर्णन में काव्यशास्त्रीय उपादानों तथा लोकगीत की परम्परा को आत्मसात् किया गया है। मीराँ अन्य भक्तों की तरह पुनर्जन्म के सिद्धान्त को मानती थीं। यही नहीं पति-पत्नी का रिश्ता सात जन्मों का होता है, इस लोकादर्श के प्रति भी उनकी पूर्ण निष्ठा थी। इसीलिए वह कृष्ण के साथ अपने पुरातन सम्बन्ध का निर्देश करती हैं। जिसने अविनाशी पति का वरण किया है उसका सुहाग अमर है—

वरणाँ बर्याँ बापुरी, जणम्या जणम णसाय।
बर्याँ साजण साँवरो री, म्हारो चुड़ली अमर हो जाय।

मीराँ ने कृष्ण मिलन का वर्णन कम, वियोग का वर्णन अधिक किया है। कृष्ण के पर्यायों के अलावा वह राम तथा जोगिया को भी कई पदों में प्रियतम के स्थान पर सम्बोधित करती थीं। मीराँ की मानसिक दशा सामान्य स्त्री की नहीं थी, वह उदात्त भावलोक में जीनेवाली महिला थीं। लोक निन्दा, पारिवारिक क्लेश, ईश्वर के प्रत्यक्षीकरण की भावना उन्हें बेचैन किये रहती थी। इसीलिए वह एक स्थान पर टिककर चैन नहीं पाती थीं। लोक के व्यंग्य बाणों से छलनी मीराँ ने कृष्ण की तलाश करते-करते स्वयं को मिटा दिया।

मीराँ की काव्यवस्तु का तीसरा आयाम है कृष्ण की लीलाओं का वर्णन। लीला-वर्णन में वह रचनाकार के रूप में तल्लीन तो होती हैं किन्तु कतिपय सन्दर्भों में गोपी, राधा, यशोदा आदि भावों का तटस्थ वर्णन भी करती हैं। डॉ. भगवानदास तिवारी का कथन है कि 'मीराँ ने विष्णु के रूप में कृष्ण के भक्तोद्धारक अनेक अवतारों का उल्लेख तो किया है किन्तु इतरेतर कृष्ण भक्तों की भाँति कृष्ण की माखनचोरी लीला, पनघट लीला, चीरहरण लीला, या कुंजगलियों में गोपियों के साथ छेड़-छाड़ आदि का वर्णन नहीं किया है।' वे परम वैष्णवी, परम साध्वी, कुलांगना थीं, अतः सलज्ज कुलवधू की भाँति उन्होंने कृष्ण को व्रज वणता रो कन्त, तो माना किन्तु व्रज वनिताओं और कृष्ण की

प्रेमलीलाओं का उल्लेख नहीं किया।' (मीराँ का काव्य, पृ. 79) जिस महिला ने पुरुष सत्तात्मक समाज द्वारा आरोपित तथा कथित पारिवारिक आदर्शों को तोड़ दिया हो, जो पर्दे के भीतर की दुनिया को त्यागकर साधु-सन्तों के बीच खुलकर रहने, गाने, नृत्य करने का संकल्प ले लिया हो, जो कृष्ण के प्रति अपनी प्रेम भावना के अनेक रूपों का खुलेआम चित्रण किया हो उसने कृष्णलीला के कुछ क्षेत्रों को अश्लील या मर्यादाहीन मानकर वर्णन नहीं किया, यह कथन मीराँ की भाव प्रवृत्ति एवं रचनात्मक प्रवृत्ति दोनों के विपरीत है। मीराँ की वृहत्पदावली तथा परशुराम चतुर्वेदी द्वारा सम्पादित मीराँ पदावली में चीरहरण लीला, पनघट लीला के वर्णन से सम्बन्धित पदों का संकलन है, मैंने भी इस पदावली में इन पदों को स्थान दिया है। पनघट लीला में मर्यादित तथा व्यंजनात्मक भाव चित्रण है जिसमें गोपी कहती है—

हूँ जल भरने जात थी सजणी, कलस माथे धर्‌यो।
साँवरी सी किसोर मूरत, कछुक टोनो कर्‌यो।
लोक लाज बिसारि डारी, तबही काज सर्‌यो।

चीरहरण लीला का चित्रण अपेक्षाकृत अधिक यथार्थपरक है। गोपी खीझकर कहती है—

आज अनारी ले गयो सारी, बैठी कदम की डारी, हे माय।

यही नहीं छेड़-छाड़ का वर्णन भी उपलब्ध होता है। कृष्ण ने गोपी की चीर झटक दी, बेसर (नाक का आभूषण) साड़ी में उलझकर मुड़ गया। सिर के बाल बिखरकर कुण्डल से उलझ गये। गोपी दही बेचने जा रही थी, उसकी दही कृष्ण ने खा ली। मटकी फोड़ दी और भुजाओं में भर लिया—

दधि मेरो खायो, मटकिया फोरी, लीणो भुज भर साथ।
लपट झपट मोरी गागर पटकी, साँवरे सलोने लोने गात॥

मीराँ ने कृष्ण की लीला के अनेक प्रसंगों को तटस्थ भाव से रचा है। उनमें गोपी-कृष्ण, राधा-कृष्ण के प्रेम सम्बन्धों तथा उलाहना, विरह आदि का चित्रण है। ब्रज की गोपी की कृष्ण-भाव में तल्लीनता का निम्नलिखित पद इसी तरह का है—

या व्रज में कछू देख्यो री टोना।
ले मटुकी सिर चली गुजरिया, आगे मिले बाबा नन्दजी के छोना।
दधि को नाम बिसरि गयी प्यारी, 'ले लेहु री कोई स्याम सलोना'।

मुरली, भ्रमरगीत, सुदामा, शबरी आदि प्रसंगों के पद भी मिलते हैं। विरह के सन्दर्भ में मीराँ ने वर्षा, होली आदि का चित्रण विरह के उद्दीपन रूप में किया है।

भाव-व्यंजना

मीराँ का काव्य भक्ति-भाव से आप्लावित है। उनकी मधुराभक्ति का ताना-बाना श्रृंगार से ही निर्मित होता है। मीराँ श्रृंगार के संयोग तथा वियोग दोनों का चित्रण करती

हैं। उनके शृंगार का स्थायी भाव भगवद्रति है। सामान्य नायक-नायिका की रति (राग भावना) से पृथक् यह आध्यात्मिक रति भाव है। इसमें लोकानुभूति का रूपान्तरण परानुभूति में होता है। पात्रों, घटनाओं के साथ सर्जक का अद्‌भुत साम्य हो जाने के कारण वैयक्तिक भाव एवं वस्तुपरक भाव में अन्तर नहीं रह जाता है। मीराँ स्वयं नायिका हैं और कृष्ण नायक हैं। मीराँ कृष्ण के जिस रूप पर सम्मोहित एवं समर्पित हैं वह पौराणिक मिथक या भक्त कवियों द्वारा निर्मित काव्य प्रतिमा या मन्दिरों में निर्मित मूर्ति या चित्रकला द्वारा सृजित कृष्ण की छवि है। यदि इस किंवदन्ती को सत्य मान लिया जाय कि मीराँ का बचपन से ही कृष्ण के प्रति आकर्षण हो गया था तो उसे भी पारिवारिक धार्मिक संस्कार ही माना जायगा। भक्तिकाल से पूर्व ही राधा-कृष्ण या गोपी कृष्ण की प्रेमकथा के व्यापक मनोहारी चित्रण मिलते हैं। मीराँ यदि गोपी या राधा के प्रेम का चित्रण करती हैं तो स्त्री होने के नाते वह भाव मीराँ के लिए भी यथावत् स्वीकार कर लिया जाता है। मीराँ के काव्य की भाव-भंगिमा के विश्लेषण में यही सबसे बड़ी कठिनाई है। कबीर, जायसी, सूर आदि भी प्रेमानुभूति या भक्ति शृंगार का चित्रण करते हैं लेकिन पुरुष भक्त होने के नाते इनके काव्य की अर्थ-व्यंजना के लिए किसी अन्य पात्र अथवा रूपक तत्त्व का निर्देश कर दिया जाता है। कबीर जब कहते हैं कि 'दुलहिनी गावहु मंगलचार। हम घरि आये हो राजा रांम भरतार।' फिर राम के साथ अपने विवाह का वर्णन करते हैं तो पाठक या आलोचक अपनी ओर से आत्मारूपी स्त्री या नायिका जोड़कर कबीर के मिलन तथा विरह की व्याख्या करते हैं। कबीर के 'विरह कौ अंग' की भी यही स्थिति है। वहाँ रात्रि जागरण, प्रतीक्षा, जंगल-जंगल पिय की खोज, रुदन, पाण्डुता आदि काव्यशास्त्रीय विरह दशाओं का विधान दिखायी देता है। इसका यह अर्थ कदापि नहीं है कि कबीर ने जो कुछ लिखा है वह सब उनके आचरण का शत-प्रतिशत प्रतिरूप है। कबीर का एक दोहा है—

कबीर तन मन यौं जल्या, बिरह अगनि सूँ लागि।
मृतक पीड़ न जाँणई, जाणेंगी यहु आगि॥

विरह की आग से क्या कबीर का तन-मन पूरी तरह जल गया था। वह मृत हो गये थे। मृतक पीड़ा समझ भी नहीं सकता। जलानेवाली आग ही पीड़ा की साक्षी रहेगी। मेरी दृष्टि में यह विरह की चरम अनुभूति का काव्यात्मक एवं शास्त्रीय रूपान्तरण है जो रचयिता की आत्मानुभूति से अलग विरह की चरम अनुभूति से गुजरनेवाली नायिका की मरण दशा का चित्र है। इसी तरह अन्य मिलन या विरह के प्रसंगों में कबीर जो वर्णन करते हैं उन्हें विरहिणी नायिका के अनुभवों से जोड़कर देखने पर काव्यार्थ अधिक सटीक एवं विश्वसनीय रहता है। इसी तरह सूर के पदों में सम्पूर्ण भाव चित्रण के बाद 'सूर' का नाम जुड़ता है। पदों में ज्यादातर गोपी या राधा का नाम नहीं जोड़ा गया है। प्रश्न

है कि सूर जिस मिलन या विरह का वर्णन कर रहे हैं वह गोपियों का विरह है या सूर का विरह है। उत्तर स्पष्ट है। कृष्ण मिलन तथा विरह की अनुभूति पहले गोपियों को हुई थी जैसा कि पूर्वग्रन्थों में रचनाकारों ने रचा है। उस मिलन के आनन्द तथा विरह की व्यथा को सूरदास ने पुनः अनुभव किया। उन्होंने अपने मानस का गोपियों के मानस से या विरहिणी स्त्रियों के मानस में तल्लीन किया। एक तरह से सूर का शृंगार वर्णन अनुभव का अनुभव है भले ही वह अधिक मौलिक तथा प्रभावशाली है। सूर का एक पद उद्धृत है—

ऊधौ मन न भये दस बीस।
एक हुतो सो गयौ स्याम संग, को अवराधै ईस।
इंद्री सिथिल भईं केसव बिनु, ज्यौं देही बिनु सीस॥
* * *
सूर हमारै नन्दनन्दन बिनु, और नाहिं जगदीस॥

पद का सम्पूर्ण कथ्य गोपी के पद्य में जितना सार्थक है, उतना ही सूर के पद्य में भी। कुछ पदों में स्त्रीलिंग के प्रयोग से यह स्पष्ट होता है कि वक्ता गोपी है। लिंग भेद के कारण सूर के शृंगार भाव और गोपी के शृंगार भाव में अन्तर किया जाता है। मीराँ और गोपी में लिंग भेद नहीं है जिस तरह कथन के स्तर पर कबीर की आत्मारूपी विरहिणी और सामान्य विरहिणी में लिंग भेद नहीं होता है। लेकिन इतना तो स्पष्ट रहता है कि वक्ता कबीर पुरुष हैं। अतः बाध्य होकर भक्त के सामान्य जीवन के आचरण एवं अनुभव तथा काव्यानुभव में अन्तर किया जाता है। अतः मीराँ की भाव-व्यंजना को पूरी तरह से आत्म-व्यंजना मानना न्यायसंगत नहीं है। मीराँ ने कृष्ण के साथ अपनी प्रेम भावना को सामान्य नारी की प्रेम-भावना के समरूप ही सृजित किया है, यदि कहीं कोई अन्तर है तो आलम्बन भेद के कारण है। जैसे लौकिक काव्य में नायक-नायिका की सत्ता कवि द्वारा कल्पित एवं रचित होती है, उनके संसारी अस्तित्व की सम्भावना मात्र रहती है, उसी तरह अलौकिक नायक (भगवान्) और लौकिक प्रेमी भक्त जो नायिका के रूप में अपने को कल्पित एवं प्रस्तुत करता है उनकी लोक सम्भाव्यता अत्यन्त क्षीण रहती है। मीराँ के मन में सुन्दर बदन, कमल दल नेत्र, बाँकी चितवन, यमुना के किनारे गाय चराते तथा वंशी बजाते कृष्ण की छवि उभरती है। मीराँ कृष्ण की छवि पर न्योछावर हो जाती हैं। विद्वानों का मानना है कि मीराँ के पदों में आलम्बन कृष्ण के दर्शन से रति का स्थायी भाव जागृत हो जाता है। कृष्ण, मनोहर छवि जिसका वर्णन मीराँ ने अनेक पदों में किया है शृंगार के उद्दीपक तत्त्व हैं। वंशी बजाना तथा अन्य तरह की लीलाओं द्वारा रति भाव का ही उद्दीपन होता है। चरणों में न्योछावर होना, चंचलता, मस्ती आदि संचारी अनुभाव हैं। गिरधर के रंग में रँगी हुई मीराँ पाँच रंगों का चोला (वस्त्र) पहनकर झुरमुट में

खेलने (प्रेमक्रीड़ा करने) जाती हैं। अभिसार का यह चित्र लोक तथा शास्त्र में दोनों द्वारा प्रमाणित है किन्तु मीराँ रहस्यवाद का आरोप करके पूरे पद की सामान्य संगति बिगाड़ देती हैं—

म्हारा पियाँ म्हारे हीयड़े बसताँ णा आवाँ णा जाती।
मीराँ रे प्रभु गिरधर नागर मग जोवाँ दिण राती॥

यदि मीराँ इस तथ्य से अवगत हैं कि उनका पिया उनके हृदय में मौजूद है और उन्हें कहीं जाना-आना नहीं पड़ता है तो वह गोकुल की कुंज गलियों में किसको ढूँढ़ने जाती हैं। निर्गुणवादी कबीर में जहाँ आत्मा-परमात्मा की एकता का अनुभव अधिक प्रखर है, लेकिन विरह-भाव की अभिव्यक्ति के लिए द्वैत का सहारा लिया गया है। मीराँ के यहाँ तो यह भाव और भी चटकीला है। प्रेमी और प्रेमिका दो अलग-अलग सत्ताएँ हैं। मीराँ कृष्ण को रिझाने का प्रयत्न करती हैं, प्रतिमा के आगे नृत्य करती हैं, कृष्ण के साथ होली खेलने का वर्णन करती हैं। ये सब कल्पना के मिलन चित्र हैं या गोपीभाव के आरोपण हैं—

रंग भरी राग भरी राग सूँ भरी री।
होली खेल्याँ स्याम सँग रँग सूँ भरी री॥

मिलन के प्रसंग में प्रेयसी भाव की व्यंजना अधिक होती है गिरधर के घर जाकर उसके रूप पर लुब्ध होना तथा उसकी इच्छा के अनुसार खेलना, खाना, पहनना, उठना, बैठना पूर्ण निष्ठावान् आज्ञाकारिणी पत्नी के भाव का ही चित्र है—

मैं तो गिरधर के घर जाऊँ।
गिरधर म्याँरो साँचो प्रीतम, देखत रूप लुभाऊँ॥

लम्बी प्रतीक्षा के बाद कृष्ण का आगमन होता है। मीराँ ज्योतिषी को बधाई देती हैं, उनका मन आनन्द से भर उठता, प्राणों को सुख का धाम मिल जाता है। पाँच सखियाँ मिलकर प्रियतम को रिझाने में लग जाती हैं, प्रिय को देखते ही प्यारी दु:ख भूल जाती है, उसकी मनोकामना पूर्ण हो जाती है। मिलन के महासुख में प्रकृति भी सहयोग करती है, काली-पीली बदली में बिजली चमकने लगती है, दादुर, मोर, पपीहा, कोयल बोलने लगती हैं। कृष्ण के गृह आगमन के साथ घनघोर गर्जना होती है। मीराँ कृष्ण के प्रति जो भी न्योछावर कर दें, वह कम ही है। आगमन के साथ होली का उत्सव-जैसा अनुभव होता है। मीराँ सम्पूर्ण प्रकृति को आमन्त्रित करती हैं। साँवरिया के साथ शय्या पर मिलन का यह अवसर बड़े भाग्य से मिला है। मीराँ संयोग के चित्रण में आत्मा-परमात्मा के मिलन का संकेत तो देती हैं किन्तु दैहिक मिलन का आडम्बर नहीं रचती हैं। मिलन को आन्तरिक आनन्दानुभूति तक सीमित रखती हैं। सामान्य नायक-नायिका के मिलन और आध्यात्मिक मिलन में यही अन्तर है। प्रियतम का प्रत्यक्ष हो जाना ही मिलन-सुख की पराकाष्ठा है। मीराँ कहती हैं—

बादला रे थे जलर भर्‌या आज्यो।
झर झर बूँदाँ बरसाँ आली कोयल सबद सुनाज्यो।
गाज्याँ बाज्याँ पवन मधुरयो, अम्बर बदराँ छाज्यो।
सेझ सवाँर्‌या पिय घर आस्याँ सखियाँ मंगल गास्यो।
मीराँ रे प्रभु हरि अविणासी, भाग भल्याँ जिण पास्यो॥

भक्ति-शृंगार में संयोग की स्थितियाँ अल्प होती हैं। देह रहते जीव और ब्रह्म का मिलन क्षणिक अनुभूतियों पर निर्भर करता है। अविनाशी प्रियतम का अन्तिम मिलन देह-त्याग के बाद ही सम्भव है। आत्मा और परमात्मा के बीच का अन्तराल तथा सांसारिक पीड़ा तथा संघर्ष की अनिवार्यताएँ शृंगार की वियोग दशा के उद्‌दीपन का कार्य करती हैं।

मीराँ के हृदय में श्याम ने ऐसा तीर मारा कि विरह की आग जल उठी। चंचल चित्त प्रेम की जंजीर में बँधकर अचंचल हो गया। इस पीड़ा को केवल पीड़ित व्यक्ति जानता है या जिसने पीड़ा दी है वह जानता है। दोनों नेत्रों से अश्रुपात होता है, प्राणों में धैर्य धारण करने की क्षमता नहीं रहती है। परमात्मा के साथ आत्मा के सम्बन्धों का ज्ञान ईश्वर कृपा से ही होता है। बाण की तरह तीक्ष्ण कृपा दृष्टि मन के कल्मष को छिन्न-भिन्न करके निष्कलुष बना देती है। मन में प्रिय मिलन की तीव्र उत्कण्ठा जागृत हो जाती है। मीराँ के दिल में जब से यह उत्कण्ठा जागी है, वह निरन्तर प्रिय मिलन को तड़पती हैं। मीराँ के काव्य में विरह की विविध दशाओं का अंकन हुआ है। वह एक रचनाकार की तरह मध्यकालीन काव्य-रूढ़ियों के अनुसार अपने अनुभवों को कवित्व में ढालती हैं। उनमें शास्त्रीयता एवं पाण्डित्य का विशेष आग्रह या प्रदर्शन का भाव भले ही नहीं है लेकिन वह काव्य-सृजन के प्रति सचेष्ट नहीं हैं ऐसा कहना तर्कसंगत नहीं है। उनमें विरह की शास्त्रीय दशाओं के चित्रण हुए हैं।

मीराँ के मानस में प्रिय मिलन की उत्कट लालसा है। वह बार-बार कहती हैं कि पिया के बिना जीना ही सम्भव नहीं है। प्रिय मिलन की आस में वह प्रतीक्षारत रहती हैं। निश-दिन रास्ता देखती हैं—

निस दिन जोवाँ बाट कब रूप लुभावाँ।
मीराँ रे प्रभु आसा थारी दासी कण्ठ लावाँ॥

लम्बी **प्रतीक्षा** के बाद भी जब प्रियतम से मिलन नहीं हुआ तो मीराँ की **लालसा** का रूपान्तर गहरे उद्वेग में हो गया। **उद्वेग** में मन व्याकुल हो जाता है, खान-पान के प्रति अरुचि हो जाती है। मीराँ कहती हैं—

खाण पाण म्हाँरे णेक ण भावाँ, नैणा खुला कपाट।
थें आयाँ बिण सुख णा म्हारो, हिवड़ो घणो उचाट॥

तन-मन की बेचैनी होने पर नींद कैसे आ सकती है अत: विरहिणी **जागरण दशा** में पहुँच जाती है। मीराँ कहती हैं—

सइयाँ, तुम विणि नींद न आवै हो।
पलक पलक मोहि जुग से बीते, छिनि छिनि बिरह जरावै हो।
प्रीतम विधि तिम जाइ न सजणी, दीपक भवण न भावै हो।
फूलन सेझ सूल होइ लागी, जागत रैणि बिहावै हो।

विरहिणी रात में भी प्रियतम की प्रतीक्षा में रत रहती है। निरन्तर जागरण, बेचैनी और व्यग्रता से विरहिणी का तन क्षीण हो जाता है। **तनुता** को भी विरह की चौथी दशा माना गया है। देह की क्षीणता के बाद भी प्रिय मिलन की अभिलाषा से प्राण देह में अटके हैं। मीराँ कहती हैं—

अंग खीण व्याकुल भयाँ मुख पिय पिय वाणी हो।

विरहिणी के भाव को आत्मसात् करते मीराँ '**जड़ता**' की उस स्थिति का चित्रण करती हैं जिसमें किंकर्त्तव्यविमूढ़ता आ जाती है। उनकी सुध-बुध खो गयी है। जैसे किसी को काला नाग डस लिया हो उसी तरह मीराँ को कृष्ण के विरह का भुवंगम डस लिया।

कहा करौं कित जावाँ सजणी, म्हातो स्याम डसी।
मीराँ रे प्रभु कबरे मिलोगों, नित नव प्रीत रसी॥

व्यग्रता का भाव मीराँ के अनेक पदों में अंकित है। प्रिय के विछोह में प्राण कलपते रहते हैं। एक रात छह महीने के बराबर हो जाती है—

थे विछड्या म्हाँ कलपाँ प्रभुजी, म्हारो गयो सब चैण।
मीराँ रे प्रभु कब रे मिलोगो, दुख मेटण सुख दैण॥

विरह की व्यथा की अनेक स्थितियों के पश्चात् मीराँ **व्याधि** दशा का चित्रण करती हैं। देह का सूखना, नैनों की ज्योति का गायब हो जाना, शरीर का पीला पड़ जाना जिसे पाण्डुता कहते हैं। मीराँ कहती हैं कि—

पानाँ ज्यूँ पीली पड़ी री, लोग कह्याँ पिंडवाय।

विरहिणी रूप में मीराँ सूरदास की गोपी की तरह कहती हैं कि मेरी पीड़ा आन्तरिक है, उसका इलाज साँवले कृष्ण ही कर सकते हैं।

लौकिक पति के वियोग की पीड़ा को सभी समझ सकते हैं किन्तु आध्यात्मिक विरह की वेदना सर्वजन सुबोध नहीं है। कोई भगवद्भक्त ही इस विरह का अनुभव कर सकता है। रोग का निदान करनेवाला वैद्य भी कहीं बाहर नहीं रहता है बल्कि वह विरहिणी के देह के अन्दर ही है। भक्त कवियों द्वारा चित्रित विरह का यह रूप विचित्र ही है—

को विरहिणी को दुःख जाँणै हो।
जा घट विरह सोह लखिहै, कै कोई हरिजन मानै हो।
रोगी अन्तर वैद बसत है, वैद ही ओखद जाँणै हो॥

विरह व्यथा की अतिशयता के कारण मीराँ का विरही मन मूर्च्छित हो जाता है। चातक की तरह दिन-रात पी-पी की रट लगाकर स्वाति नक्षत्र की बूँदों के बिना मूर्च्छित हो जाता है। जैसे मछली जल से बाहर आने पर तड़प-तड़पकर अपनी सुध-बुध खो देती है उसी तरह मीराँ विरहिणी के रूप में इसी तरह के अनुभव से गुजरती हैं। मरण दशा विरह की अन्तिम दशा है। मीराँ कहती हैं कि ईश्वर से विमुक्त विरहिणी तड़प-तड़पकर प्राण गँवा देती है—

तलफाँ तलफाँ जियराँ जायाँ कब मिलियाँ दीनानाथ।

विरह के अन्य दशाओं में अभिलाषा, चिन्ता, स्मृति, गुणकीर्त्तन, उल्लास की भी गणना की जाती है। अभिलाषा लालसा का ही समभाव है। मीराँ दिन-रात प्रियतम की चिन्ता अर्थात् उन्हें पाने की सोच में डूबी रहती है। चिन्ता अभावात्मक भाव है। जिस व्यक्ति या वस्तु को पाने की इच्छा हो उसके अभाव की वेदनात्मक सोच ही चिन्ता है। स्मृति की दशा का सम्बन्ध प्रिय की याद में मग्न रहने से है। विरहिणी प्रिय के साथ बिताये गये अनेक क्षणों का स्मरण करते हुए दुःख का अनुभव करती है। मीराँ कृष्ण के रूप, गुण, उदारता तथा विरुद का स्मरण करती हैं। वास्तव में मीराँ का प्रेम विरहप्रधान है। यहाँ संयोग पूरी तरह कल्पना पर आधारित है। मीराँ साधुओं की संगति में तथा अवसरानुकूल एकान्त में कृष्ण के उद्धारक रूप, भक्त-वत्सलता, उनकी आनन्दमयी लीला तथा उनके रूप सौन्दर्य का कीर्त्तन (गुणकीर्त्तन) करती रहती हैं। मीराँ के ज्यादातर पदों में पिय के आगमन की पुकार, विरहिणी की विवशता, निरीहता, एकाकीपन एवं पूर्ण समर्पण-भाव की व्यंजना है। निरन्तर स्मृति, प्रतीक्षा, उन्मत्तता, सांसारिक निरर्थकता, रूपाकर्षण की चेतना आदि की अभिव्यक्ति निम्नलिखित पद में एक साथ होती है—

म्हाँरो जणम जणम रो साथी थाँने णा बिसर्‌याँ दिन राती,
थाँ देख्याँ विण कल णा पड़ताँ जाणे म्हारो छाती।
ऊँचाँ चढ़चढ़ पन्थ निहार्‌याँ कलप कलप अँखियाँ राती।
भो सागर जग बन्धण झूँठाँ कुलरा न्याती।
पल पल थारो रूप निहाराँ निरख-निरख मदमाती।
मीराँ रे प्रभु गिरिधर नागर, हरि चरणाँ चित्त राती॥

मीराँ के शृंगार वर्णन में संयोग और वियोग के भाव एक-दूसरे से गुँथे रहते हैं। कृष्ण की छवि सदैव उनके ध्यान में रहती है, कृष्ण सदैव उनके हृदय में विराजित रहते हैं।

मीराँ कृष्ण की प्रतिमा के समक्ष नाच-नाचकर तथा कीर्त्तन गाकर उन्हें रिझाना चाहती हैं। ऐसे पदों में विरह की उल्लास दशा की व्यंजना होती है।

विरह वर्णन का वैशिष्ट्य—मीराँ का विरह वर्णन भक्त का भगवान् से बिलगाव के अनुभव से उद्‌भूत है। इसमें मीराँ की कुछ निजी अनुभूति है, कुछ भक्तों की सामान्य मानसिकता है और इन सबसे अधिक लोकनारी के जीवन की अनुभूतियाँ हैं। मीराँ ने विरह दशाओं का जो चित्र प्रस्तुत किया है उन सबको मीराँ के जीवन का आचरण मानना अनुचित है। मीराँ रात-दिन रोती रहती थीं, अनिद्रा में करवटें बदलती रहती थीं, दादुर, मोर, पपीहा के बोलने पर उनका विरह द्विगुणित हो जाता था, फिर वह इन जीवों को धिक्कारने लगती थीं। कृष्ण को अपनी देह में उपस्थित मानकर भी वह पागलों की तरह वृन्दावन की कुंज-गलियों में उनको खोजती रहती थीं, उन्हें अपने घर आने के लिए पत्र लिखती थीं, या ज्योतिषी से आगमन का शुभ मुहूर्त्त पूछने जाती थीं। ऊँचे स्थान पर चढ़कर रास्ता निहारती थीं। इस तरह के सारे वर्णन काव्यशास्त्रीय रूढ़ियाँ हैं जो भक्तिकालीन कवियों द्वारा प्रयुक्त की गयी हैं। मीराँ भक्त थीं, उनके जीवन में अनेक विषमताएँ तथा समस्याएँ थीं, उनका आचरण सामान्य नारी से विशिष्ट था लेकिन उनकी सम्पूर्ण काव्यानुभूति को जीवनानुभूति का शत-प्रतिशत प्रतिरूप मानना उचित नहीं है।

मीराँ के काव्य में गीति तत्त्व

गद्य की तुलना में यदि कविता प्राचीनतर है तो कविता की तुलना में गीत प्राचीनतर हैं। गीत मानव-मन के संवेगों का प्राचीनतम अभिव्यक्ति का भाषिक माध्यम है। गीत की अभिव्यक्ति में मानवीय संवेगों अर्थात् दु:ख-सुखात्मक अनुभूतियों का विशेष योगदान रहता है। इसलिए गीत को परिभाषित करते समय इन्हीं तत्त्वों पर ध्यान केन्द्रित किया जाता है। महादेवी वर्मा का विचार है कि 'सुख-दु:ख की भावावेशमयी अवस्था का विशेष गिने-चुने शब्दों में स्वर-साधना के उपयुक्त चित्रण कर देना ही गीत है। गीत यदि दूसरे का इतिहास न कहकर वैयक्तिक सुख-दु:ख ध्वनित कर सके तो उसकी मार्मिकता विस्मय की वस्तु बन जाती है, इसमें सन्देह नहीं।' अंग्रेजी कवि वर्ड्सवर्थ की मान्यता है कि 'गीत हृदय की उद्दाम भावनाओं का सहज उच्छलन हुआ करता है।' कवि शेली कहता है कि 'हमारा मधुरतम गीत वह है जो गहन दु:खों को व्यक्त करे।' इसी भाव से मिलता-जुलता कथन है महाकवि सुमित्रानन्दन पन्त का—

वियोगी होगा पहला कवि, आह से उपजा होगा गान।
निकलकर आँखों से चुपचाप बही होगी कविता अनजान।।

डॉ. चार्ल्स की मान्यता है 'विशुद्ध काव्य जिसमें अनिवार्यत: काव्यात्मक गुण होते हैं गीत काव्य होता है। किसी रचना में जितना अधिक गीतात्मकता की वृद्धि होती

है उतना ही काव्यात्मक हो जाती है। कुल मिलाकर कह सकते हैं कि 'वैयक्तिक सुख-दुःखात्मक अनुभूतियों एवं विचारों की अलंकृत या अनलंकृत कोमल एवं ललित पदों में संगीतमय सीमित आयाम की लयात्मक अभिव्यक्ति गीत है।'

उपर्युक्त परिभाषाओं के आलोक में मीराँ का काव्य विशुद्ध रूप से गीति काव्य हैं। गीति काव्य-रचना की एक लम्बी भारतीय परम्परा में मीराँ के गीत अपना अनुपम स्थान रखते हैं। प्राचीन भारतीय वैदिक संहिताएँ गेय काव्य ही हैं। वेदों का उदात्त, अनुदात्त, स्वरित आदि का ध्यान रखते हुए गायन किया जाता है। सामवेद तो प्रमुख रूप से गेयता पर आधारित ऋचाओं का संकलन है। वाल्मीकि द्वारा रामायण, कुशीलवों द्वारा गेय रूप में प्रस्तुत किया जाता रहा है। कालिदास का ऋतुसंहार, मेघदूत, अमरुक का अमरुक शतक, पालि भाषा में निबद्ध थेर-थेरी गाथा, जयदेव रचित गीत गोविन्द, सिद्धों के चर्यापद, विद्यापति पदावली, कबीरादि सन्तों के निर्गुण पद, सूरदास, नन्ददास आदि के कृष्णलीला के पद आदि मीराँ के पूर्व रचे जा चुके थे। इस तरह मीराँ के समक्ष गीति-काव्य की एक लम्बी तथा सशक्त परम्परा थी। मीराँ ने अपने प्रेम की उल्लासमयी पीड़ा को संगीतमय पदों में इस तरह ढाला कि व्यापक लोकसमाज उनके साथ स्वर मिलाकर गा उठा। मीराँ के गीत के स्वर भारत के अनेक प्रदेशों में अलग-अलग धुनों में, अलग-अलग भाषा में रूपान्तरित होकर गूँजने लगे।

मीराँ का कोमल नारी हृदय बचपन से ही कृष्ण के प्रति आकर्षित था। संसार की विषम परिस्थितियों एवं पारिवारिक मर्यादाओं के अनुपालन हेतु पड़ते दबावों तथा आघातों के बीच संघर्ष करती हुई मीराँ की आन्तरिक बेचैनी और पीड़ा बढ़ती गयी। पीड़ा के अतिशय आवेग में यदि उसकी तरल अभिव्यक्ति नहीं होती तो मनुष्य के मस्तिष्क की नसें फट जाती हैं। आँसुओं का प्रवाह पीड़ा को गलाकर बहा देता है। मीराँ के अधिकांश गीतों में प्रत्येक वर्ण आँसू का ही रूपान्तरण है। जयशंकर प्रसाद ने 'आँसू' के आरम्भ में लिखा है—

जो घनीभूत पीड़ा थी, मस्तक में स्मृति सी छायी।
दुर्दिन में आँसू बन वह आज बरसने आयी।

मीराँ के मस्तिष्क में पति के असामयिक निधन की पीड़ा थी, राणा के द्वारा अनेक प्रकार से सताये जाने की पीड़ा थी, साधुओं-संन्यासियों के बीच एक राजरानी की सुन्दर स्त्री काया के साथ भजन-कीर्त्तन करते हुए अपने सतीत्व की रक्षा की चुनौतियाँ थीं, बड़े-बड़े महन्तों द्वारा स्त्री-भक्त होने का तिरस्कार भी था, सांसारिक यातनाओं का सिलसिला मस्तक में स्मृति बनने का अवसर ही कहाँ देता था। पीड़ा का आघात हृदय सरोवर को सदैव अशान्त एवं विक्षुब्ध किये रहता था। अतः जीवन का अनुभव कविता का अनुभव बनकर गीत में ढलता रहता था। जिन घटनाओं का मीराँ के जीवन

पर अधिक मार्मिक प्रभाव था, उन्हें वह कभी विस्मृत नहीं कर पाती थीं अतः गीतों में उनकी पुनरावृत्ति होती रहती थी। मीराँ को महाकवि कहलाने की चिन्ता नहीं थी, अतः वह अपने गीतों में पुनरुक्ति दोष से बचने का प्रयत्न नहीं करती हैं। राणा द्वारा विष भेजने तथा मीराँ द्वारा उसका पान करने की घटना का उल्लेख कई पदों में हुआ है।

मीराँ जिस भाव लोक में विचरण कर रही थीं उनमें से अधिकांश उनके जीवन के आचरण का यथार्थ था। अतः उनमें अनुभूति की सच्चाई है। मीराँ के गीतों में आत्माभिव्यक्ति प्रधान है लेकिन उनकी आत्मानुभूति में नारी मात्र की पीड़ा का समावेश है। निजता के बावजूद उसका सहज साधारणीकरण सम्भव है। मीराँ ने कृष्ण के जिस विग्रह को स्वीकार किया है, उसके जिस तरह के रूपसौन्दर्य पर सम्मोहित हैं वह सम्पूर्ण मध्यकालीन जनमानस का चिर-परिचित नाम और रूप है। चित्रकला, मूर्तिकला के द्वारा भी उस कृष्ण को सजाया-सँवारा गया है, उसी सर्वमान्य चित्र को मीराँ अपने गीतों में मूर्त करती हैं। जिसके प्रति भक्ति भाव से युक्त गृहस्थ समर्पित हैं वह कृष्ण एक तरह से पौराणिक कथाओं, महाभारत तथा भक्ति-गीतों के द्वारा जनमानस में बहुत पहले से प्रतिष्ठित और विख्यात हैं। इतना अन्तर अवश्य है कि वे अभी तक गोपी-कृष्ण या राधा-कृष्ण के प्रेम गीतों को सुनते आये हैं। अब मीराँ-कृष्ण के गीतों को सुनने का अवसर मिला है। गोपी या राधा पौराणिक सच्चाई हैं किन्तु मीराँ ऐतिहासिक सच्चाई हैं, जो उनके समय में घटित प्रेम का यथार्थ है। अतः अधिक विश्वसनीय, ग्रहणीय और नूतन है।

मीराँ के गीतों में संक्षिप्तता का विशिष्ट गुण है। वह जिस भाव को उठाती हैं, आदि से अन्त तक उसी का निर्वाह करती हैं। नेत्रों ने जब से कृष्ण को देखा है तब से एक क्षण भी उन्हें भुलाया नहीं। मोहन मीराँ के मन में बस गया है, वह अपने तन-मन की सुध भूल गयी हैं। रूप रस से नेत्र तृप्त नहीं हुए, पाने की लालसा से वह डगर-डगर खोजकर श्रान्त हो गयीं। वह कृष्ण के हाथ बिक गयीं। उससे जग एवं कुल की मर्यादा छूट गयी। कृष्ण के रूप का प्रभाव, फिर उसको पाने की बेचैनी तन-मन से पूर्ण समर्पण, फलस्वरूप कुल की मर्यादाओं का सहज त्याग। एक छोटे-से गीत में मुख्य भाव के साथ अन्य सहयोगी भावों की लड़ियाँ कितनी कुशलता से पिरोयी गयी हैं, कहते नहीं बनता। 'हाथ बिकने' का मुहावरा मीराँ का प्रिय मुहावरा है। सम्पूर्ण पद इस प्रकार है—

आली री म्हारे णेणाँ बाण पड़ी।
चित्त चढ़ी म्हारे माधुरी मूरत, हिवड़ा अणी गड़ी।
कब री ठाड़ी पंथ निहाराँ, अपने भवण खड़ी।
अटक्याँ प्राण साँवरो प्यारो, जीवन मूर जड़ी।
मीराँ गिरधर हाथ बिकाणी, लोग कह्याँ बिगड़ी॥

मीराँ के गीतों में वर्णनात्मकता कम आन्तरिक भाव-व्यंजना अधिक है। वह भावाभिव्यक्ति के लिए आडम्बरों का विधान नहीं करती हैं। अनुभावों का सहज-सरल संकेत से भावों का तीव्र प्रभाव अंकित हो जाता है। कृष्ण के मीठे वचन हृदय पर किस तरह असर डालते हैं, उसके लिए कायिक अनुभाव का संकेत ही पर्याप्त है,

सबदाँ सुणताँ छतियाँ काँपाँ मीठो थारो वैण॥

मीराँ अपने गीतों में अलग-अलग तरह के द्वन्द्व तथा तनावों को रूपायित करती हैं। संसार के लोग मीराँ को कटु वचन सुनाते हैं, निन्दा करते हैं, मारने का उपक्रम करते हैं नश्वर वस्तुओं के प्रति प्रलोभन देते हैं, अस्थायी सम्बन्धों की दुहाई देते हैं, इन सबके विपरीत मीराँ कृष्ण का मधुर वचन सुनती हैं, भक्तों की रक्षा के लिए कृत संकल्प कृष्ण की आध्यात्मिक सान्त्वना का विश्वास पाती हैं, अविनाशी एवं वास्तविक आनन्ददाता पति का सपने में वरण करती हैं, नश्वरता को त्यागकर शाश्वत सुख तथा सम्बन्धों के प्रति आसक्त होती हैं। अन्य भक्त कवियों की तुलना में मीराँ का द्वन्द्व उनका भोगा हुआ यथार्थ है देखा हुआ नहीं, अत: गीतों की मार्मिकता का रहस्य भी यही है। मीराँ हरिगुण गाकर मस्त हैं और राणा विष का प्याला भेज रहा है जिसने नाम का प्याला पी लिया है उसकी देह में विष का क्या असर हो सकता है—

विष को प्यालो राणो जी भेज्यो, द्यो मेड़तणी णे पाय,
कर चरणामृत पी गयी रे, गुण गोविन्द रा गाय।
पिया पियाला नाम का रे, और न रंग सोहाय।
मीराँ कहै प्रभु गिरधर नागर, काचो रंग उड़ाय॥

डॉ. विश्वनाथ त्रिपाठी का यह कथन अत्यन्त महत्त्वपूर्ण है, 'मीराँ का नाचना, गाना विषम स्थितियों की उपज था और उनके लिए विषम स्थितियाँ उत्पन्न करता था। इसीलिए यह नाच-गाना एक ओर सांसारिकता से लिप्त लोगों के नाच-गाने से भिन्न था और इसीलिए यह नाच-गाना रीतिकालीन नायिकाओं के नाच-गान से भिन्न था।'

प्रो. सी. एल. प्रभात मीराँ के गीति तत्त्व को कवि के व्यक्तित्व की प्रत्यक्ष व्यंजना मानते हुए लिखते हैं कि 'मीराँ में तो वैयक्तिकता और आत्मगतता बहुत अधिक है, पर उनका यह वैशिष्ट्य वैचित्र्य की सीमा की ओर कहीं नहीं बढ़ा। उनकी संवेदनशीलता सर्वत्र व्यापक मानवीय स्तर की है। उनकी अनुभूति के क्षणों में युग-युग के सत्य ध्वनित हैं। इसलिए जहाँ उनकी वैयक्तिकता उनके पदों को मार्मिकता प्रदान करती है, वहीं मूलभूत अनुभूतियाँ उन्हें लोक संवेद्य भी बना देती हैं।' वैयक्तिक अनुभवों का सामाजिक अनुभवों में रूपान्तरण तथा कालगत सीमा का उल्लंघन करके कालातीत हो जाने के कारण मीराँ के गीत अपने समय में लोकप्रिय हुए और धीरे-धीरे उनकी लोकप्रियता की समृद्धि ही हुई, ह्रास नहीं हुआ।

गीत में संगीत का सहज समावेश मीराँ के पदों की विशिष्टता है। आचार्य हजारीप्रसाद द्विवेदी का विचार है कि 'अस्तु काव्य एवं संगीत दोनों के आस्वादन का माध्यम एक ही है। केवल अन्तर इतना है कि एक का आधार नाद का स्वर-व्यंजनात्मक स्वरूप है, दूसरे का नाद का आरोह-अवरोह।' रामचन्द्र शुक्ल कहते हैं कि—'नाद सौन्दर्य से कविता की आयु बढ़ती है।' कर्णप्रिय तथा मधुर नाद संगीत का आधार माना गया है। संगीत में गायन, वादन तथा नृत्य तीनों का समावेश होता है। 'संगीत की नादात्मक ध्वनियाँ भावों को जागृत करके मन को आह्लादित करती हैं परन्तु गीत की ध्वनियुक्त शब्दावलियाँ बुद्धि और कल्पना को भी जागृत करके मानसिक परितोष प्रदान करती हैं।' (मीराँ काव्य का गीतात्मक विवेचन, डॉ. माधुरी नाथ पृ. 152) निःसन्देह मीराँ के पद अपने सांगीतिक सौन्दर्य के कारण ही श्रोताओं तथा पाठकों को मुग्ध करते हैं। पद शैली का संगीत से गहरा सम्बन्ध है। इसमें अन्य छन्दों की तुलना में प्रयोग एवं गायन की स्वतन्त्रता रहती है। रागों के अनुसार मात्रा को घटाया-बढ़ाया जा सकता है। मीराँ ने भाव-विह्वलता में पदों का गायन किया है, इसके बावजूद उनमें पंक्तियों तथा लय का सहज निबन्धन दिखायी देता है। इतना अवश्य है कि पदों की पंक्तियों में असमानता है। मीराँ के कुछ पदों में 'टेक' की आवृत्ति से अद्भुत ध्वनि सौन्दर्य आ जाता है। टेकवाले पदों में प्रथम पंक्ति छोटी होती है, उसकी आवृत्ति कई बार की जा सकती है, जैसे—

माई री म्हा लियाँ गोविन्दा मोल।
थें कह्याँ छाणे म्हाँ काँचोड्डे लिया बजन्ता ढोल॥

मीराँ 'लय' का उचित व्यवहार करती हैं। द्रुतलय के छोटे-छोटे चरणों की प्रयोग विधि का सौन्दर्य द्रष्टव्य है—

रंग भरी राग भरी राग सूँ भरी री।

खीझ एवं कसक की अभिव्यक्ति हेतु विलम्बित लय का प्रयोग हुआ है। इस लय में स्वर की गति मन्द होती है, जैसे—

होली पिया विण म्हाणेणा भावाँ घर आँगणाँ न सुहावाँ।

शान्त एवं सौम्य भावों की व्यंजना के लिए मीराँ मध्यम लय का व्यवहार करती हैं। मीराँ का प्रसिद्ध पद इसी लय से युक्त है—

म्हारा री गिरधर गोपाल दूसराँ णा कूयाँ।
दूसराँ णाँ कूयाँ साधाँ सकल लोक जूयाँ॥

तुक—मीराँ के पदों में तुक या अन्त्यानुप्रास का मंजुल एवं प्रभावोत्पादक प्रयोग है। तुक के द्वारा लय पर नियन्त्रण रखा जाता है और नादात्मक सौन्दर्य संवर्द्धन करते हुए संगीत के अनुकूल बनाया जाता है। जैसे—

म्हाँ गिरधर आगाँ णाच्या री।

णाच णाच म्हाँ रसिक रिझावाँ, प्रीति पुरातण जाँच्या री।

णाच्या, जाँच्या आदि तुक निर्वाह की दृष्टि से ही प्रयुक्त हैं।

मीराँ के पदों को अनेक रागों की दृष्टि से गेय बनाया गया है। आचार्य परशुराम चतुर्वेदी ने पदावली में राग तिलंग, ललित, हमीर, कान्हरा, त्रिवेनी, गूजरी, नीलाम्बरी, कामोद, मुल्तानी, मालकोस, झिंझोटी, पटमंजरी, गुनकली, माँड़, धानी, पीलू बरवा, पूरिया कल्याण, खम्माच, अगना, पहाड़ी, पीलू, जौनपुरी, लोहानी, बिहागरा, बिलावल, सुख सोरठ, सोरठ श्याम कल्याण, रामकली, दरबारी, मलार, विहाग, पूरिया धनाश्री, जोगिया, होली, सावन, सावनी सारंग, सारंग, बागेश्वरी, आनन्द भैरव, भैरवी, देश, टोड़ी, असावरी, देस, लावनी, अलैया, प्रभावती, प्रभाती, सिंध भैरवी, भीमपलासी, कोसी, कलिंगड़ा, परज, सुहा, कनड़ी, छाया टोड़ी, काफी, कान्हरी, हंस नारायण, झँझोटी, मारू, शुद्ध सारंग, छाया, हमीर, रागश्री, दुर्गा, धमार आदि।

मीराँ की काव्यभाषा

मीराँबाई के पदों में राजस्थानी, ब्रजभाषा, गुजराती के अलग-अलग प्रयोग मिलते हैं, कुछ पदों में पंजाबी, खड़ीबोली तथा पूर्वी बोलियों का भी मिश्रण हुआ है। मीराँ मेवाड़ की रहनेवाली थी कुछ दिनों तक वह वृन्दावन में रहीं और अन्तिम दिनों में द्वारिकापुरी जाकर कृष्णमय हो गयीं। मध्यकालीन सन्तों एवं भक्तों की भाषिक योजना के अनुकूल यदि मीराँ ने साधु संगत से अथवा स्थानीय वक्ताओं के सम्पर्क से अपनी काव्यभाषा में विभिन्न भाषाओं का प्रयोग किया है तो इसमें कोई आश्चर्य नहीं है। राजस्थानी, ब्रजभाषा दोनो ही पश्चिमी अपभ्रंश की परम्परा में आती हैं, यदि हिन्दी साहित्य के आदिकाल में राजस्थानी मिश्रित पिंगल का व्यापक प्रचलन था तो मध्यकाल में ब्रजभाषा सम्पूर्ण हिन्दी प्रदेश में ही नहीं बल्कि बंगाल, उड़ीसा, पंजाब, असम, गुजरात आदि प्रान्तों में काव्यभाषा के रूप में व्यवहृत होती थी। इतना अवश्य है कि ब्रजभाषा पर क्षेत्रीय बोलियों का व्यापक प्रभाव रहा है। मीराँ के पदों का अनुशीलन करने से ज्ञात होता है कि मीराँ मध्यकालीन काव्यरूढ़ियों एवं सृजनात्मक प्रणालियों से सम्यक् रूप से परिचित थीं, अत: यह असम्भव नहीं है कि उन्होंने व्यापक काव्यभाषा ब्रजभाषा को ग्रहण किया हो और अपनी मातृभाषा के प्रभाव को ग्रहण करते हुए पदों का सृजन किया हो लेकिन यह निश्चित रूप से नहीं कहा जा सकता कि कबीर आदि की तरह मीराँ के पद जिस रूप में उपलब्ध हैं वे उसी रूप में रचे गये थे। मीराँ की लोकप्रियता निरन्तर बढ़ती गयी थी, अन्य रचनाकारों ने मीराँ के भावसाम्य के आधार पर अनेक पदों की रचनाएँ कीं। गायकों ने भी अपनी सुविधा के अनुसार परिवर्तन-परिवर्द्धन किया अत: मीराँ की काव्यभाषा की आधारभूत बोली का निर्णय करना अत्यन्त जटिल कार्य हो गया। डॉ. भगवानदास तिवारी हिन्दी,

गुजराती आदि विद्वानों के मतों का विश्लेषण और परीक्षण करते हुए डाकोर और काशी की प्रतियों के आधार पर यह निर्णय देते हैं—'आधुनिक राजस्थानी के पद मीराँ के पद नहीं हैं। ब्रजभाषा में भी मीराँ ने पद नहीं रचे। अतः आधुनिक गुजराती तथा अन्य भाषाओं में प्राप्त मीराँ के तथाकथित सभी पद प्रक्षिप्त हैं। वे मीराँ भाव से प्रभावित साधु, सन्तों और गायकों की रचनाएँ हैं, मीराँ की नहीं, अतः उन्हें 'मीरा' की अपेक्षा मीराँ भाव की रचना मानना चाहिए। अद्यावधि प्राप्त प्रमाणों के अनुसार मीराँ ने केवल 103 पद प्राचीन पश्चिमी राजस्थानी में ही गाये थे, अतः वे ही मीराँ के प्रामाणिक पद हैं।' डाकोर और काशी की हस्तलिखित प्रतियों की प्राचीनता इसका एक प्रमाण है। डॉ. सी. एल. प्रभात ने मीराँ के जीवन और साहित्य पर गम्भीर अनुसन्धान करके निष्कर्ष निकाला कि सबसे प्राचीन मानी जानेवाली डाकोर की प्रति अपने मूल रूप में उपलब्ध नहीं है या पं. ललिताप्रसाद शुक्ल के पास उसकी फोटो प्रति न होकर किसी असावधान लिपिकार द्वारा की गयी प्रतिलिपि है, इस प्रति में भाषा-सम्बन्धी दोष बहुत हैं। उन्होंने अविचलदास द्वारा लिपिबद्ध किये गये पदों को अधिक प्रामाणिक माना है (मीराँ जीवन और काव्य, पृष्ठ 400) ब्रजभाषा में मीराँ द्वारा अपने पदों की रचना के सन्दर्भ में डॉ. भगवानदास तिवारी से भिन्न मत देते हैं। मैंने भी यही तर्क दिया है कि मीराँ के समय में ब्रजभाषा के प्रति कृष्ण भक्तों का धार्मिक लगाव था, ब्रजभाषा का अधिकांश राज्यों में एकच्छत्र राज्य था। सी. एल. प्रभात निष्कर्ष रूप में कहते हैं 'अतः इसमें कोई आश्चर्य की बात नहीं है कि ब्रजवासी श्याम सलोने के प्रणय में अपना सर्वस्व समर्पित कर सभी से नाता तोड़ देनेवाली मीराँ ने, अपने भक्तिभाव के लिए मातृभाषा के साथ ब्रजभाषा को भी अपनाया होगा। गुजराती के प्रयोग के विषय में भी डॉ. प्रभात का मत सकारात्मक है—"मीराँ ने अपने जीवन के अन्तिम दस-बारह वर्ष द्वारका में बिताये थे। वहीं उन्होंने शरीर त्यागा। द्वारकाधीश का मन्दिर उनकी आराधना का केन्द्र था। वहाँ वे नित्य पूजा-अर्चन के लिए जाती थीं। वहीं वे भजन-कीर्त्तन करतीं और भक्तों के बीच अपने पद गाती होंगी। इसमें भी कोई सन्देह नहीं है कि उनके अधिकांश श्रोता गुजरातीभाषी सद्गृहस्थ होते होंगे। ऐसी स्थिति में क्या वे कभी-कभी गुजराती नहीं बोलती होंगी। गाते-गाते अपने पदों के गुजराती रूपान्तर नहीं करती होंगी? (मध्यकालीन राजस्थानी और गुजराती का पारस्परिक सम्बन्ध देखते हुए यह रूपान्तरण बहुत सरल हैं।) एक दशक तक गुजरात-वास करने के बाद क्या उनकी लोकधर्मी सर्जनात्मक प्रतिभा ने लोक के माध्यम से गीत नहीं गाये होंगे या प्रवचन नहीं किया होगा? इसमें से किसी का उत्तर नकारात्मक नहीं हो सकता।" (मीराँ : जीवन और काव्य, डॉ. सी. एल. प्रभात, पृ. 399) गुजराती, राजस्थानी दोनों भाषाएँ अपभ्रंश से निःसृत हैं अतः दोनों में ब्रजभाषा का विकास भी पश्चिमी क्षेत्र के शौरसेनी अपभ्रंश से माना जाता है। मीराँ की मातृभाषा मारवाड़ी और ब्रजभाषा में काफी साम्य है, अतः निष्कर्ष रूप में कहा

जा सकता है कि मीराँ ने राजस्थान में प्रचलित काव्यभाषा पिंगल जिसका उत्तरवर्ती रूप ब्रजभाषा है, काव्यभाषा के रूप में ग्रहण किया, उसमें अपनी मातृभाषा के प्रभाव को भी समाहित किया, उन्होंने द्वारिका प्रवास के समय जनसाधारण की सुविधा के लिए गुजराती में भी पदों की रचना की। मीराँ के पदों में निम्नलिखित ध्वनिगत विशेषताएँ दृष्टिगत होती हैं—

1. सामान्य 'ल' के स्थान पर मूर्द्धन्य 'ळ' का प्रयोग हुआ है। किन्तु लिपि कारणों में इसके स्थान पर 'ड़' लिखा है। जैसे—ड़ोक, जड़, बेड़, प्याड़ा, फेड़। कुछ लिपिकारों ने सामान्य 'ल' का प्रयोग किया है, जैसे, सील, चल्या, लोग आदि।

2. इसी तरह सामान्य 'न' के स्थान पर 'ण' का प्रयोग हुआ है। यह प्रवृत्ति ज्यादातर शब्द के मध्य या अन्त में आनेवाली ध्वनियों के लिए दृष्टिगत होती है। जैसे—मगण शरणयासी, जाण, हेण, मोहण, पाणी। शब्दारम्भ में कुछ अपवादों को छोड़कर 'न' अपने मूल रूप में है, जैसे—नर, नेहरी, निहारा, जीवन।

3. मीराँ की काव्यभाषा में मानक हिन्दी या ब्रजभाषा 'स' के स्थान पर 'श' के प्रयोग दिखायी देते हैं, जैसे—शब, शुख, श्याम आदि।

राजस्थानी में मूर्द्धन्य ध्वनियों की प्रधानता रहती है। मीराँ ने इसीलिए इस तरह के ध्वनि प्रयोग किये हैं। मूल खड़ीबोली में भी 'न' का 'ण' और 'ल' का मूर्द्धन्य (ळ) हो जाता है। मीराँ की भाषा की यह प्रवृत्ति खड़ीबोली से साम्य रखती है। ब्रजभाषा में संज्ञा पद आकारान्त के स्थान पर प्रायः ओकारान्त हो जाते हैं। मीराँ में इस तरह के प्रयोग अत्यल्प हैं। सर्वनामों में ओकार की प्रवृत्ति अवश्य देखी जाती है, जैसे—म्हारों, मेरो। विशेषण भी ओकारान्त है, जैसे—मतवारो, साँवरो। स्त्री प्रत्ययों में 'ई' का प्रयोग परिनिष्ठित हिन्दी के समान जैसे—दासी, छुटी। मीराँ ने शब्दों के दो ही लिंगों को अपनाया है—पुँल्लिग तथा स्त्रीलिंग।

पश्चिमी राजस्थानी तथा ब्रजभाषा दोनों में दो वचन होते हैं—एकवचन और बहुवचन। बहुवचन बनाने के लिए 'आँ' जैसे—नैनाँ, या जैसे—डोरियाँ, बादलाँ। क्रिया और कर्त्ता के लिंग, वचन की समानता के कारण एक ही तरह के बहुवचनीय प्रत्यय का प्रयोग कतिपय स्थलों पर हुआ है।

"नन्दनन्दन मण भायाँ बादलाँ णभ छायाँ।
इत घण गरजाँ उत घण लरजाँ चमकाँ बिज्जु डरायाँ।"

मीराँ ने अपनी काव्यभाषा में राजस्थानी के परसर्गों का अधिक प्रयोग किया है। कर्त्ता, कर्म एवं सम्प्रदान तीनों में ही 'ने' 'नु' के प्रयोग मिलते हैं। कर्म कारक में 'को', 'कौ', 'कु' 'रु', 'ही' प्रयुक्त हैं।

"साँवरया ने, साँवरिया णे जणम को ताकू ताथनै।

करण व अपादान कारक में सु, से, ते, तैं विभक्तियों के प्रयोग अधिकरण कारक में मे, मैं, म, इ, ए, पै, पर, परि, बीच, मा, महि, मैं, मझार आदि

विभक्तियाँ प्रयुक्त हैं। जैसे—''गगणम, चाकरिम, गिरधर पर, मुपरि, बन बन बिच फिरूँ री।''

सम्बन्ध कारक में रो, रे, को, नु, का, की, मी, दी, नी आदि प्रयोग है। जैसे—

पिय रो पन्थ निहारता सब रैण विहाणी री।'

जैसे—म्हाँसुँ, माँसू, क्या सूँ, क्या शूं, सांवड्या शूं, राग शू।

कई स्थलों पर बिना परसर्गों की काव्य पंक्तियाँ रची गयी हैं, जैसे—''सबदा, सुणता, छतियाँ कापाँ।'' इसमें को, से आदि विभक्ति चिह्नों का लोप है। अपादान, सम्बन्ध, अधिकरण सभी तरह के प्रयोगों में परसर्गों के लुप्त रहने की प्रवृत्ति है। उदाहरणस्वरूप निम्नलिखित पंक्तियाँ उद्धृत की जा सकती हैं—

अपादान कारक—नैणा झर्‌याँ दो नीर।

सम्बन्ध कारक—विरह अनड़ लागाँ उर अन्तर।

अधिकरण कारक—बाँका चितवण नैणा समाणी। म्हारे सीश बिराजाँ हो।

मीराँ ने ऐसे सर्वनामों का प्रयोग किया है जो राजस्थानी भाषा से सम्बन्धित हैं। कुछ प्रयोग ब्रजभाषा से समरूपता प्रदर्शित करते हैं। उत्तम पुरुष—'हौं (ब्रजभाषा) मीराँ के यहाँ हूँ के रूप में व्यवहृत है। इसके अन्य कारकीय रूपान्तरण मोसूँ, म्हाँसूँ, में, मने, म्हाने, मोकूँ, मोपरि, मो, म्हाँरो, म्हारा, म्हारी आदि हैं। इनमें 'मो' म्हाँरो आदि प्रयोग ब्रजभाषा में भी उपलब्ध हैं। मध्यम पुरुष में थे, तुम, तोसो, तोसे, थारो, रावरो आदि के प्रयोग उपलब्ध हैं। रावरो पूर्वी बोलियों का सर्वनाम है लेकिन इसका प्रयोग पश्चिम में भी हुआ है। अन्य पुरुष या प्रथम पुरुष के प्रयुक्त सर्वनाम इस प्रकार हैं—

में, वो, यो, कुणा।

वो— वह, वो, सो, ऊ, ओहि, उण।

यो—यह, यो, ये, ए, इन, इणा।

कुणा—कौन, कुणा, किस।

जो, जौन— जो, जे, जा जिस।

मीराँ के पदों में क्रिया प्रयोगों की प्रमुख विशेषताएँ इस प्रकार हैं—

1. संज्ञार्थक क्रिया के अन्त में 'न' के स्थान पर ज्यादातर 'ड़ो' प्रत्यय मिलता है। जैसे—करड़ो, मिलड़ो, बोलड़ो। कहीं-कहीं 'नो' भी है, जैसे—पढ़नो, जाणनो।

2. कर्मवाच्य बनाने के लिए 'इजै' प्रत्यय का प्रयोग है, जैसे—पुरड़िजै। यह प्रत्यय कहीं-कहीं कर्तृवाच्य के अर्थ में भी प्रयुक्त होता है। वर्तमान एवं विध्यर्थ क्रियाओं के प्रयोग इस प्रकार हैं—जाऊँ, बड़ावत, सातवैआय, रीझै, लोथाई। वर्तमानकालिक कृदन्त 'त' का प्रयोग बहुत कम है। उसके स्थान पर 'वाँ' प्रत्ययान्त प्रयोग अधिक हैं, जैसे—

"हेली पिया विण म्हाणेणा भावाँ घर आँगणाँ न सुहावाँ।
दीपा जोयाँ चोक पुरावाँ हेली, पिया परदेस सजावाँ।"

बहुवचन में चालाँ, कराँ, धराँ, जाड़ाँ आदि प्रयोग हैं। भविष्यत् काल के लिए ज्यादातर 'स' प्रत्यय का प्रयोग है। जैसे—रहस्यो, गासो। कहीं-कहीं 'ला' प्रत्ययों का भी प्रयोग है, जैसे—पावेली, करोला आदि। सामान्यभूत स्त्रीलिंग विकाड़ी, विल्माड़ी, मोह्याँ, मिल्याँ। अनुनासिक क्रियाएँ एकवचन की सूचक हैं, जैसे—क्रिड्याँ, छाड़ें, खुहयाँ। उदाहरण के लिए निम्नलिखित पंक्तियाँ देखें—

"तण मण जीवण प्रीतम वार्याँ, थारे रूप लुभावाँ।
निस दिन जोवाँ बाट मुरारी, कब री दरसण पावाँ।"

पदों में लय की निर्मिति पर अधिक ध्यान रखने के कारण पूर्वकालिक क्रिया का प्रयोग आज्ञार्थ के लिए और कहीं-कहीं वर्तमान के लिए भी हुआ है। जैसे—

"बाबल वैद बुलाइया री, म्हाँरी बाँह दिखाय।
बैदा मरम ण जाणाँ री, म्हाँरो हिवड़ो करकाँ जाय।"

तिङ्गतीय वर्तमानकालिक प्रयोग आवय, मानय, दिलावय आदि ब्रजभाषा के समरूप हैं। कहीं-कहीं खड़ीबोलीवाले प्रयोग भी मिल जाते हैं, जैसे—तज गया, पियो पियारी। वाक्य-विन्यास में मीराँ राजस्थानी एवं ब्रजभाषा की अपेक्षा गुजराती का अधिक अनुसरण करती हैं।

मीराँ ने ज्यादातर सहज, सरल भाषा का व्यवहार किया है। उन्होंने स्वाभाविक रीति से प्रतीकों और बिम्बों का विधान किया है। डॉ. सी. एल. प्रभात का कथन है—"मीराँ के प्रतीक मूलतः मानवीय, सामाजिक और प्रकृतिपरक हैं। इस महिला के भीतर एक सनातन नारी है, जिसने एक सनातन पुरुष का वरण किया है। प्रेम उनका एकमात्र बन्धन है। वही उनका धर्म और दर्शन भी है।" मीराँ के लिए कृष्ण, राधा और गोपियाँ मिथक नहीं हैं, बल्कि मीराँ के जीवन की सच्चाई हैं। वह अपने को राधा के प्रतीक के रूप में उपस्थित नहीं करतीं, क्योंकि राधा परकीया हैं। वह कृष्ण की परणीता हैं। उनकी जनम-जनम की दासी हैं। उनका पत्नी भाव तत्कालीन सामाजिक मर्यादाओं के अनुकूल है। प्रेम के अनुभव में पपीहा, कोयल, दादुर आदि के सन्दर्भों को ग्रहण करते हुए भी उनमें प्रतीकात्मकता का सन्दर्भ नहीं रखा गया।

काव्यभाषा को सर्जनात्मक रूप देने के लिए मीराँ ने बिम्ब योजना की। मीराँ ज्यादातर सूक्ष्म, लघु, अलंकृत बिम्बों का प्रयोग करती हैं। वह तुलसी और सूरदास की तरह बिम्ब विधान में पाण्डित्य प्रदर्शन का प्रयत्न नहीं करतीं। उनके सहज बिम्ब भावों को अधिक सघन एवं ग्राह्य बना देते हैं। जब बिम्ब का सहज चित्र अंकित करते हुए मीराँ पृथ्वी की तृप्ति और अपनी अतृप्ति का प्रभावशाली वर्णन करती हैं।

"बादल देखा झरी स्याम मैं बादल देखा झरी।
काली पीली घट्या उमड़्या बरस्या चार घरी।
जित जोया तित पाणी पाणी प्यासी भूम हरी।
म्हारा पिया परदेस्या बसताँ, भीज्याँ बार खरी।
मीराँ रे प्रभु हरि अविणासी करस्यो प्रीत खरी।"

मीराँ को वर्षा का बिम्ब अधिक प्रिय है। व्याकुलता और तड़प को 'मीण' के द्वारा व्यक्त किया गया है। संसार-सागर में अकेले डूबते रहने का बिम्ब अत्यन्त सार्थक है।

"पाणी पीर णा जाणई मीण तलफि तज्याँ देह।"

मीराँ अपनी भाषा को सर्जनात्मक बनाने के लिए अलंकारों का प्रयोग करती हैं। अलंकारों के प्रयोग में भाव, रूप तथा प्रभाव साम्य को ध्यान में रखती हैं। सादृश्यमूलक अलंकारों के प्रभावशाली प्रयोग मीराँ के काव्य में उपलब्ध होते हैं। रूपक, उपमा, उत्प्रेक्षा आदि उनके प्रिय अलंकार हैं। रूपक अलंकार का निम्नलिखित उदाहरण द्रष्टव्य है—

"अँसुवाँ जल सींच सींच प्रेम बेलि बूयाँ।"
"भो समुन्द अपार देखाँ, अगम ओखी धार।
लाल गिरधर तरण तारण, वेग करस्यो पार।"

साम्यमूलक अलंकार के अन्तर्गत उत्प्रेक्षा का सुन्दर प्रयोग द्रष्टव्य है—
"कुण्डल झलकाँ कपोल अलकाँ लहराई।
मीणा तज सरवर ज्यों मकर मिलण धाई।"

मीराँ वैषम्यमूलक अलंकारों का प्रयोग करके चमत्कार दिखाना नहीं चाहतीं। जिन स्थलों पर विरोधमूलक शब्दों की योजना है, वहाँ विरोधी शब्द एक-दूसरे के तनाव से अधिक भाव-व्यंजना करने में समर्थ हुए हैं, जैसे—

"कमल दल लोचणा थें नाच्याँ काल भुजंग।"

इस पंक्ति में कृष्ण की कोमलता और उनके द्वारा किये गये कार्य की उत्कटता की व्यंजना है। काव्यलिंग अलंकार का विधान करते हुए मीराँ कृष्ण भाव की अनश्वरता और संसार की नश्वरता का चित्र खींचती हैं।

"भज मण चरण कँवल अविणासी।
जेताई दीसाँ धरण गगन माँ, तेताई उठ जासी।"

अपने भाव को तीव्रता प्रदान करने के लिए मध्यकालीन कवि अतिशयतामूलक अलंकारों का इस्तेमाल करते हैं। मीराँ भी पारम्परिक काव्यरूढ़ियों के परिप्रेक्ष्य में अतिशयता का सहारा लेती हैं, लेकिन उनके द्वारा प्रयुक्त ऊहाभाव को उत्कर्ष प्रदान करती हैं, हास्यास्पद नहीं बनातीं। जैसे—

1. *'विरह नागण मोरी काया डसी है, लहर लहर जीव जावै।*

2. *"गिणता गणता घँस गयी रे म्हाँरा, आँगलिया री रेख।*
आयाँ णा री मुरारी।"

मीराँ के अतिशयतामूलक कथन ज्यादातर मुहावरों से जुड़े हैं इसलिए उनकी अर्थ प्रतीति स्वाभाविक है—

"म्हाँने घर होता जाज्यो महाराज।
णेण बिछास्यूँ हिवड़ो डास्यूँ सर पर राख्याँ विराज।"

मीराँ ने अपने काव्य में लोकोक्तियों का प्रयोग बहुत कम किया है। जिन लोकोक्तियों को उन्होंने ग्रहण किया, उन्हें विशिष्ट बनाया। जैसे—

"दीपक जाण्या पीर णा पतंग जल्या जल खेह।"

मुहावरों का प्रयोग अपेक्षाकृत अधिक है, जैसे—मग जोवाँ, पन्थ निहाराँ, हाथ बिकाणी, दरद डोल्या, लाज राख्याँ, रंग राचा, बाँट जोआँ, बाँह गह म्हाँरी लाज, बुझ्याँ बात, तनक ण तोड्याँ जाय। अलंकारों की अपेक्षा शब्द-विधान में वर्णों का चयन और योजना अधिक महत्त्वपूर्ण होती है। मीराँ अपने पदों को स्वयं गाकर प्रस्तुत करती थीं। अत: उनके द्वारा चयनित ध्वनियों के संयोजन में विशिष्ट नाद सौन्दर्य दिखायी देता है। शब्दों की पुनरावृत्ति भाव की अनुगूँज की निर्मिति करता है। ध्वनियों के द्वारा सम्पूर्ण दृश्य को मूर्त करने की कला मीराँ के पदों में परिलक्षित होती है, जैसे—

"बरसाँ री बदरिया सावन री, सावण री मणभावण री।
सावन माँ उमग्यो म्हारो मण री, भणक सुण्या हरि आवण री।"
रंग भरी राग भरी राग सूँ भरी री।
होली खेल्या श्याम सँग रँग सूँ भरी री।
उड़त गुलाल लाल बादला री रंग लाल।
पिचकाँ उड़ावाँ रंग-रंग री झरी री।"

मीराँ अनुप्रास के नियोजन में अधिक सतर्कता बरतती हैं। इसीलिए उनके पदों में वर्ण मैत्री अधिक परिलक्षित होती है। 'वन्दना' का निम्नलिखित पद द्रष्टव्य है—

"मण थें परस हरि रे चरण।
सुभग सीतल कँवल कोमल, जगत ज्वाला हरण।"

मीराँ का मुख्य भाव प्रेम है जिसे माधुर्य भक्ति भी कह सकते हैं। माधुर्य भाव की व्यंजना में माधुर्य गुण का सहज सन्निवेश हो जाता है। ज्यादातर पदों में मीराँ अपनी

वियोग व्यथा और कृष्ण के साथ अपनी चरम आसक्ति को व्यक्त करती हैं। इसलिए माधुर्य भाव का ही अधिकतर विस्तार हुआ है। कृष्ण की कालियवध, चाणूर मुष्टिक वध-जैसे कुछ स्थल हैं, जहाँ ओजगुण दिखायी देता है।

शब्द शक्ति—शब्दों के अर्थ का ज्ञान तीन प्रकार से होता है—

1. अभिधा
2. लक्षणा
3. व्यंजना

मीराँ के काव्य में अभिधा और लक्षणा परस्पर विरोधी रूप में कम सहयोगी रूप में अधिक कारगर हैं। मीराँ ज्यादातर अपने हृदय के भाव को सामान्य व्यवहार में आनेवाले अर्थ तत्त्व से जुड़े शब्दों से व्यक्त करती हैं। साधारण कथन में भी अर्थ-व्यंजना का कौशल मीराँ के पदों में दृष्टिगत होता है, जैसे—

"बस्याँ म्हारे णेणणमाँ नन्दलाल।
मोर मुगट मकराक्रत कुण्डल अरुण तिलक सोहाँ भाल।"

इस पद में 'बस्याँ' क्रिया सामान्य अर्थ से अलग लाक्षणिक अर्थ देनेवाली है। आँखों का धर्म है देखना। देखते समय दृश्य वस्तु की प्रतिमा आँखों में निर्मित हो जाती है। आँख बन्द कर लेने पर वह प्रतिमा खत्म हो जाती है। 'बस्याँ' से मीराँ यह बोध कराना चाहती हैं कि कृष्ण को वह देखें या न देखें उनकी छवि सदैव उनकी आँखों में निवास करती है। व्यंजना है कि कृष्ण से उनका सदैव संयोग रहता है और उसकी उपस्थिति का उन्हें निरन्तर एहसास होता है। स्थूल रूप से वह अनुपस्थित रहता है, अत: वियोग का अनुभव होता है। संयोग एवं वियोग का यह वैचित्र्य केवल एक क्रिया के द्वारा अंकित करने की कला मीराँ में है। इसी तरह उनके एक पद की निम्नलिखित पंक्तियाँ द्रष्टव्य हैं—

"रेजा रेजा भयो करेजा अन्दर देखो धँसिके।
मीराँ तो गिरधर बिन देखे, कैसे रहे घर बसिके।"

इन पंक्तियों में कलेजे का टुकड़े-टुकड़े होना और अन्दर घुसकर देखने के लिए सहेली को आमन्त्रित करना। दोनों में ही अभिधा बाधित है। लोक में इस तरह के प्रयोग सामान्यत: दिखायी देते हैं, जैसे—कलेजा टुकड़े-टुकड़े होना, छलनी होना आदि। यहाँ वस्तु सत्य उतना महत्त्वपूर्ण नहीं है, जितना भाव सत्य। अतिशय वेदना को व्यंजित करने के लिए फारसी शब्दावली का वर्ण-मैत्री के साथ किया गया प्रयोग मीराँ को श्रेष्ठ रचनाकार की श्रेणी में पहुँचा देता है। इसी तरह कृष्ण की बड़ी-बड़ी आँखों पर न्योछावर हो जाना और उनके द्वारा देखे जाने का वर्णन मीराँ देह भाषा की अद्‌भुत व्यंजना के साथ करती हैं—

"हे मा बड़ी बड़ी अँखियन वारो, साँवरो मो तन हेरत हँसिके।
भौंह कमान बान बाँके लोचन, मारत हियरे कसिके।"

मीराँ के सम्पूर्ण काव्य में भाव व्यंजना की ही प्रधानता है। मीराँ क्रिया के व्यंजक प्रयोग में अधिक कुशल हैं, जैसे—

1. *"थारो रूप देख्याँ अटकी।*
   कुल कुटुम्ब सजण सकल बार बार हटकी।"
2. *"निकट बंकट छब अटके।*
   म्हारे णेणा निपट बंकट छब अटके।"

छन्द-विधान

मीराँ के काव्य में छन्दों का अनायास विधान किया गया है। भावातिरेक में मीराँ अपने गीतों को प्रस्तुत करती थीं, अतः छन्द के प्रति बेपरवाह रहना स्वाभाविक है। डॉ. भगवानदास तिवारी छन्द की दृष्टि से मीराँ के काव्य पर विचार करना अनावश्यक मानते हैं। आचार्य परशुराम चतुर्वेदी का मत भी कुछ इसी तरह का है—"पदावली के अन्तर्गत आये हुए पदों को ध्यानपूर्वक देखने से पता चलता है कि मानो उनकी रचना पिंगल के नियमादि को दृष्टि में रखकर नहीं की गयी थी अथवा उनके विशेष रूप से गाने योग्य होने के कारण पीछे से उनमें संगीत की सुविधाओं के अनुसार परिवर्तन कर दिये गये हैं। पिंगल की दृष्टि से नाप-जोख करने पर पदावली का कदाचित् कोई भी पद नियमानुसार बना हुआ प्रतीत नहीं होता। किसी में मात्राएँ बढ़ती हैं, तो किसी में घट जाती हैं, किसी में दो-तीन शब्द बढ़ जाते हैं तो कहीं यति भंग का दोष आ जाता है और कहीं-कहीं पर नियमादि की उपेक्षा के कारण यह कहना कठिन हो जाता है कि किसी पंक्ति वा किन पंक्तियों के किन लक्षणों को दृष्टि में रखकर परीक्षा की जाय।" कुछ व्यतिक्रम के बावजूद मीराँ के काव्य में छन्दों के प्रयोग हुए हैं। **सारछन्द** मीराँ का प्रिय छन्द है। इसमें 16 और 12 मात्राओं पर यति होती है, कुल 28 मात्राएँ होती हैं। इस छन्द का उदाहरण इस प्रकार है—

थें विण म्हारे कोण खबर ले, गोबरधण गिरधारी।

मीराँ के पदों में सार के पश्चात् **सरसी छन्द** की आवृत्ति दूसरे नम्बर पर है। इस छन्द में कुल 27 मात्राएँ होती हैं और 16-11 पर यति होती है। मीराँ का निम्नलिखित पद इसी छन्द का उदाहरण है—

छोड़ मत जाज्यो जी महराज।
म्हा अबला बल म्हारों गिरधर, थे म्हारों सरताज।

ताटंक छन्द—तीस मात्राओंवाले इस छन्द का प्रयोग मीराँ ने अपने पदों में किया है इसमें 16-14 मात्राओं पर यति होती है। अन्त में 3 गुरु होते हैं, इसका उदाहरण इस प्रकार है—

साँवरो म्हारो प्रीत णिभाज्यो जी॥ टेक॥
थें छो म्हारो गुण रो सागर, औगुण म्हाँ बिसराज्यो जी।

विष्णु छन्द—16 और 10 मात्राओं पर यति के साथ कुल 26 मात्राओं का यह छन्द होता है, उदाहरणस्वरूप—

स्याम म्हाँ बाँहणियाँ जी गह्याँ ॥ टेक ॥
भो सागर मझधाराँ बूड्याँ, थारी सरण लह्याँ।

मीराँ ने सतर्कतापूर्वक दोहों की रचना नहीं की परन्तु जाने-अनजाने उनके पदों के बीच में इसका कलात्मक प्रयोग मिलता है। दोहा मध्यकालीन सन्तों का अत्यन्त प्रिय छन्द था। ज्यादातर 13-11 मात्राओंवाले दोहा छन्द का व्यवहार मीराँ करती हैं जैसे—

बदन चन्द परगासताँ, मन्द मन्द मुसकाय = (13, 11 मात्राएँ)
सकल कुटुम्बा बरजताँ, बोल्या बोल बनाय = (13, 11 मात्राएँ)

दोहे को गीतात्मक बनाने के लिए रे, री भी जोड़े गये हैं।

चौपाई या चौपई—मीराँ ने इस छन्द पद्धति का प्रयोग बहुत कम किया है।

समान सवैया—यह 16 एवं 16 मात्राओं के विराम से युक्त 32 मात्राओंवाला छन्द है। इस छन्द के सात उदाहरण मीराँ पदावली में मिलते हैं। कहीं-कहीं इनमें छन्दगत दोष भी हैं, उदाहरणार्थ निम्नलिखित पद प्रस्तुत किया जा सकता है—

जेताई दीसाँ धरण गगण माँ, तेताई उठि जासी।
तीरथ बरताँ ग्याँण कथन्ताँ, कहा लयाँ करवत कासी।

शोभन छन्द—24 मात्राओं के इस छन्द में 14 और 10 पर यति होती है। मीराँ ने इसके प्रयोग में भी थोड़ी स्वतन्त्रता बरती हैं। निम्नलिखित पद शोभन छन्द का उदाहरण है—

लाल गिरधर तरण तारण, बेग करस्यो पार।
दासि मीराँ लाल गिरधर, जीवणा दिन च्यार।

इसके अलावा मीराँ में कुण्डल, उपमान छन्द के भी प्रयोग मिलते हैं।

मीराँ के छन्दों के प्रयोग पर दृष्टिपात करने से यह तथ्य स्पष्ट होता है कि मीराँ ने जिस तरह सामाजिक मर्यादाओं के कड़े बन्धन को अस्वीकार किया उसी तरह से छन्द के बन्ध को भी ढीला किया। उन्हें छन्दों के विधि-विधान का ज्ञान तो था लेकिन अपनी मौज में उन्हें वह बाधास्वरूप ग्रहण नहीं करती। छन्द के प्रति वह बहुत-कुछ स्वच्छन्दता से काम लेती हैं।

स्त्री-विमर्श और मीराँ

स्त्री-विमर्श मुख्य रूप से उत्तर आधुनिक युग का ऐसा वैचारिक नारी-आन्दोलन है जिसमें ज्ञान और अध्ययन के विभिन्न अनुशासनों में पारिवारिक, सामाजिक एवं राष्ट्रीय जीवन में स्त्री की उपस्थिति, प्रतिभागिता, सहयोग और उसके महत्त्व की

विवेचना एवं स्थापनाओं पर ध्यान केन्द्रित किया जाता है। सम्पूर्ण इतिहास में पुरुषों के द्वारा नारी के शोषण, असमानता के विरुद्ध उठायी गयी आवाजों को फिर से सुनने और समझने की चेष्टा की जा रही है। स्त्री-विमर्श का आन्दोलन पश्चिमी जगत् से आया है लेकिन भारतीय परिस्थिति एवं परम्परा में स्त्रीत्व की छवियाँ विदेशी सन्दर्भों से भिन्न रही हैं। भारतीय संस्कृति हजारों वर्षों से अपना अस्तित्व एवं महत्त्व बनाये हुए है। इसका प्रमुख कारण है कि स्त्री और पुरुष के बीच विकसित हुई असमानताओं को समय-समय पर कम करने की चेष्टाएँ होती रही हैं। विभिन्न राजनीतिक, सामाजिक मान्यताओं एवं परिवर्तनों के क्रम में नारी की स्वतन्त्रता कभी बाधित हुई, कभी कम हुई, लेकिन स्त्री-पुरुष की पूर्ण समानता की स्थितियाँ कभी नहीं रहीं। पुरुष चूँकि दैहिक रूप से अधिक शक्तिशाली होता है इसलिए वह नारी को अपने अधीन बनाये रखने का ही प्रयत्न करता रहा। आधुनिक समय में नारी के सशक्तीकरण के लिए ऐतिहासिक परिप्रेक्ष्य में ऐसी नारियों के चरित्र और उनके साहसिक कार्यों को उजागर करने की अपेक्षा महसूस की जा रही है।

स्त्री-आन्दोलन मुख्यतया पुरुषों के विरोध में नहीं है और न स्त्रियाँ पुरुष बनने का प्रयत्न कर रही हैं। डॉ. अनामिका का कथन है कि 'स्त्री और पुरुष की लड़ाई का व्याकरण सामन्तों और आसामियों, पूँजीपतियों और मजदूरों, औपनिवेशिक ताकतों और शोषितों के बीच की लड़ाई के व्याकरण से अलग है। स्त्री और पुरुष के बीच की यह लड़ाई दो वर्गों, दो नस्लों, दो जातियों, दो दलों, दो राष्ट्रों के बीच की लड़ाइयों से तुलनीय नहीं है। सम्पन्न और विपन्न, ऊँच और नीच, शासक और शासित, गोरे और काले के बीच जो जंग छिड़ी है, उनमें प्रतिपक्षियों के हित-निकाय (इण्टरेस्ट ग्रूप) अलग-अलग हैं, इसलिए हार-जीत वहाँ एक अलग ही मायने रखती है। लेकिन स्त्री और पुरुष के बीच की लड़ाई में दो पीढ़ियों के बीच की लड़ाई की तरह हित-निकाय अलग-अलग नहीं होते। दोनों का हित-निकाय एक ही होता है—परिवार।'[1] स्त्री के संघर्ष में परिवार के हित की उपेक्षा भले ही न हो लेकिन उसका संघर्ष यहीं तक सीमित नहीं है। स्त्री जिसे घर के अन्दर का काम सौंपा गया था वह घर से बाहर निकलकर पुरुषों द्वारा किये जानेवाले उन सभी साहसिक एवं कठिन कामों में अपनी उपस्थिति दर्ज करने के लिए बेचैन है। शासन, प्रशासन, अनुसन्धान, पुलिस, सेना आदि विभिन्न क्षेत्रों में महिलाओं की सशक्त भागीदारी हो रही है और अधिकाधिक होने की कोशिश की जा रही है लेकिन इस आन्दोलन का मूलभूत मुद्दा पितृसत्तात्मक समाज में पल रहे पुरुषों को उस पूर्वाग्रह से मुक्त करना है जिसमें वह मानता है कि स्त्रियाँ उनसे हीनतर हैं और दोनों के जीवन जीने के मापदण्ड, तरीके, आदर्श एवं मान्यताएँ और मूल्य अलग-अलग हैं।

---

1. स्त्रीत्व का मानचित्र, अनामिका-पृ. 10

स्त्री-विमर्श में एक तरह से अनुचित रूप से स्त्रियों के ऊपर थोपे गये कृत्रिम आदर्शों और बन्धनों से मुक्ति का आग्रह प्रमुख है। स्त्री उस सिद्धान्त को भी नकारने का साहस रखती है जिसमें यह माना गया है कि पुरुष के बिना स्त्री का जीवन अधूरा या असम्भव है। स्त्री-विमर्श के परिप्रेक्ष्य में यदि मीराँ के काव्य का मूल्यांकन किया जाये तो बहुत-से सकारात्मक सूत्र मिल सकते हैं। मीराँ ने राजसत्ता को चुनौती दी थी। मध्यकालीन परिवेश में जिन सामन्ती आदर्शों एवं बन्धनों में नारी को जीने-मरने के लिए विवश किया जाता था उनकी खिलाफत करने का साहस मीराँ ने सफलतापूर्वक किया। उनके समय में आज जैसे संचार-माध्यम अर्थात् रेडियो, टेलीविजन, समाचार-पत्र आदि नहीं थे और न तो नारियों के संगठन होते थे जिनमें सभी महिलाएँ मिलकर एक साथ अपने शोषण और दासता के खिलाफ विरोध प्रदर्शन कर सकें। मीराँ के समय में भक्ति-आन्दोलन एक ऐसा विकल्प था जिससे जुड़कर नारी-स्वातन्त्र्य एवं नारी-अस्मिता की लड़ाई लड़ी जा सकती थी। ईश्वरवादी एवं आस्तिक धार्मिक सामन्तों या सामन्ती जीवनमूल्यों के समर्थकों के विरुद्ध ईश्वरीय शक्ति एवं कृपा को ही अस्त्र बनाया जा सकता था। मीराँ ने भगवद्भक्ति से अमोघ शक्ति अर्जित किया था और इसी हथियार के सहारे उन्होंने राणा के खिलाफ जंग छेड़ दी थी। 'राणा ने मीराँ को मारने के लिए काला सर्प भेजा तथा विष का प्याला भेजा लेकिन मीराँ पर उनका कोई असर नहीं पड़ा'।[1] मीराँ निरन्तर कृष्ण की कृपा से अद्भुत शक्ति अर्जित करती गयीं और उनका विश्वास दृढ़-से-दृढ़तर होता गया।

नारी में स्वाभाविक लज्जा होती है। लज्जा भाव को समाज के द्वारा आवश्यकता से अधिक गरिमामण्डित किया गया। लज्जा को नारी के आचरण पर लगाम के रूप में इस्तेमाल किया गया। फलस्वरूप नारी लज्जा के वृत्त में घिरती चली गयी। खाने में लज्जा, सोने में लज्जा, उठने-बैठने में लज्जा, चलने-फिरने में लज्जा, बात-व्यवहार में लज्जा, अत: लोकलाज से घिरी हुई नारी पारिवारिक एवं सामाजिक निर्णय के विरुद्ध स्वविचार से उद्भूत निर्णयों को कहने अथवा आचरण करने में असमर्थ होती गयी। मीराँ ने मिथ्या आरोपित लज्जा को त्याग दिया, फलस्वरूप वह लोकनिन्दा से निर्भीक हो गयीं। लोकनिन्दा का भय राम-जैसे अवतारी पुरुष को भी सीता परित्याग के लिए विवश कर दिया था। लोकलाज या लोकनिन्दा से निर्भय रहकर अपने द्वारा चुने गये मार्ग पर चलने और अपने द्वारा निर्णीत आचरण का अनुसरण करने और अपने समय के भक्ति-आन्दोलन से जुड़कर पुरुषों के समकक्ष न केवल अपने लिये बल्कि सम्पूर्ण नारी समाज के लिए धार्मिक, सामाजिक अधिकार को प्राप्त करने की पहल मीराँ के द्वारा की गयी। राणा को चुनौती देते हुए मीराँ एक पद में अपने आचरण के विषय में स्पष्ट करती हैं—

---

1. मीराँबाई की पदावली, परशुराम चतुर्वेदी, पद 38, पृ. 107

राणोजी थें जहर दियो म्हें जाणी॥ टेक॥
जैसे कंचन दहत अगिन में, निकसत बाराँवाणी।
लोकलाज कुल काण जगत की, दइ बहाय जस पाणी।
अपने घर का परदा करले, मैं अबला बौराणी।
तरकस तीर लग्यो मेरे हियरे, गरक गयो सनकाणी।
सब सन्तन पर तन मन वारों, चरण कँवल लपटाणी।
मीराँ को प्रभु राखि लई है, दासी अपणी जाणी॥[1]

मीराँ मध्यकालीन परिप्रेक्ष्य में पुरुषसत्ता को ही चुनौती दे डालती हैं, वह सभी पुरुषों को स्त्री भाव से युक्त भक्त के रूप में देखती थीं। मीराँ ने ऐसे अविनाशी पति का वरण किया था जो सबका स्वामी हो। उन्होंने बार-बार गिरधर नागर के रूप में कृष्ण को सम्बोधित किया है। गिरधर कृष्ण की शक्तिमयता एवं लोक उद्धारक रूप का विशेषण है और नागर शिष्ट एवं चतुर होने का व्यंजक है। मीराँ सामान्य पुरुषों के अहंकार और श्रेष्ठता को न्यून सिद्ध करने के लिए कृष्ण को प्रत्यक्ष करती हैं। संसार में रहते हुए यदि जीवन नश्वर है, राजाओं-महाराजाओं का जीवनकाल सामान्य जन की अपेक्षा और भी कम है क्योंकि युद्ध में प्रवृत्त रहनेवाले राजा प्राय: असमय ही कालकवलित हो जाया करते थे। मीराँ ने अपने परिवार के स्तर पर ही मृत्यु की घटनाओं को अपनी आँखों से देखा था। इसीलिए वह ऐसा सुहाग चाहने लगी थीं जो अमिट है। पति-पत्नी के सम्बन्धों के विषय में जो मिथक प्रचलित थे, उनका वास्तविक स्वरूप उन्हें आत्मा, परमात्मा के सम्बन्धों में ही दिखायी पड़ता था। पति-पत्नी के सम्बन्धों के उन्हीं मूल्यों को वह स्वीकार करके चलती हैं जिन्हें समाज ने स्थापित किया है। 'वह अपने को कृष्ण की दासी, चेरी, सेविका आदि रूपों में प्रस्तुत करती हैं।'[2] पत्नी के लिए इसी तरह की अपेक्षाएँ मध्यकालीन समाज में थी लेकिन मीराँ बड़े कौशल से यहाँ भी पुरुषों के समकक्ष नारी समानता का पक्ष प्रस्तुत कर रही हैं। किसी बादशाह या राजा का गुलाम होने की तुलना में भगवान् का गुलाम होना ज्यादा बड़ी चीज है। तुलसीदास बड़े गौरव से अपने को राम का गुलाम कहते हैं। कबीरदास बड़ी विनम्रता से अपने को राम का कुत्ता तक कह देते हैं। मध्यकालीन भक्तों की भावधारा के समकक्ष मीराँ भी परम सत्ता की दासी तो बनती हैं साथ ही यह भाव भी व्यक्त करती हैं कि राजा-महाराजा भी उसी के गुलाम हैं।

भक्ति के अन्तर्गत सामाजिक समानता का जो भाव निहित था वही मीराँ को आकर्षित कर रहा था। जो असली भक्त होगा वह जाति-पाँति तथा लिंग के आधार

---

1. मीराँबाई की पदावली, पद 38, पृ.107
2. वही पद 6, पृ. 96

पर किसी के प्रति भेदभाव नहीं करेगा। जिस देश में समानता का व्यवहार करनेवाले भक्त नहीं रहते वहाँ सब-कुछ कूड़ा है। मीराँ राणा से कहती हैं—

नहिं सुख भावै थारो देसलड़ो रँगरूड़ो ॥ टेक ॥
थाँरे देसाँ में राणा साध नहीं छै, लोग बसै सब कूड़ो।[1]

परम्परा और रूढ़ियों से नारी समाज पुरुषों की तुलना में अधिक बँधा रहता है। यदि कोई नारी इनके विरोध में खड़ी होती है तो सम्पूर्ण नारी समाज उसका विरोध करने में डट जाता है। मीराँ को उनकी सास, ननद तथा अन्य सहेलियाँ पारम्परिक मर्यादाओं के भीतर रहने की सीख देती रहती हैं, मीराँ के आचरण की भरपूर निन्दा भी करती थीं—

सखी साइनि म्हारी हँसत है, हँसि-हँसि दे मोहि गारी, हे माय।
सास बुरी अर नणद हठीली, लरि लरि दे मोहिं तारी, हे माय।
मीराँ के प्रभु गिरधर नागर, चरण कमल पर बारी, हे माय ॥ (168)

ऊदा और मीराँ के संवाद (जो लोक-परम्परा से प्राप्त पद हैं) उनमें पारिवारिक स्तर पर जुड़ी महिलाओं की कटूक्तियों की ओर मीराँ ने संकेत किया है। ऊदा ने मीराँ को जाति की उत्कृष्टता, सुख-सुविधाओं की उपलब्धता, खान-पान की प्रचुरता और संन्यासी जीवन की दुःखदायी स्थितियों का जिक्र किया है लेकिन मीराँ ने ऊदा की एक न सुनी और अपने संकल्प के प्रति प्रतिबद्ध रहीं।[2] मीराँ ने अपने समय की स्थितियों की मानसिकता का जो संकेत किया है कमोबेश वह मानसिकता आज भी है। सांसारिक सुख-सुविधाओं, सुन्दर मूल्यवान् वस्त्राभूषणों, शौक-शृंगार के अन्य साधनों के प्रति आकर्षण का भाव नारियों में शताब्दियों से पाया जाता है। मीराँ ने राजसी वैभव को त्यागकर अपने समय के नारी समाज के समक्ष एक आदर्श प्रस्तुत किया। तत्काल भले ही मीराँ के साहसपूर्ण त्याग का महत्त्व नहीं समझा गया हो लेकिन धीरे-धीरे मीराँ के साहसिक कदमों की सराहना अवश्य की गयी। मीराँ भाव के पदों की व्यापक रचना इसी का प्रमाण है।

मीराँ देहभाव से ऊपर प्रतिष्ठित हो गयी थीं, राजमहल में रहकर अपने सतीत्व की रक्षा करना सरल होता है लेकिन पराये पुरुषों के बीच (भले ही वह साधु-संन्यासी ही क्यों न हों) रहकर सतीत्व की रक्षा करना कठिन है। मीराँ ने बड़े धैर्य और साहस के साथ संयमित जीवन जिया इसीलिए वह अकुण्ठित रूप से साधु संगति में बैठने, गाने, नाचने-जैसे कार्य करने को बुरा नहीं मानतीं। मीराँ के विषय में भक्तमाल, वार्तिक प्रकाश में उल्लेख मिलता है कि एक बार एक कुटिल दुष्ट साधु

1. मीराँबाई की पदावली, पद 32, पृ.105
2. वही, पद 168, पृ. 145

मीराँ के पास आकर कहा कि गिरधर लाल ने मुझे आदेश दिया है कि मीराँ के पास जाकर उनको पुरुष संघ का सुख दो, मीराँ ने सहज स्वीकार करते हुए सन्तों के बीच सेज बिछाकर कहा, आप इस पर सुखपूर्वक बिराजिये और निस्संक होकर अंग संग कीजिये, मीराँ का वचन सुनकर साधु का मुख फीका पड़ गया, उसने मीराँ से क्षमा-याचना की और चरण पकड़कर हरि भक्ति का दान माँगा।[1] यह किंवदन्ती भले हो लेकिन इससे इतना स्पष्ट है कि मीराँ को अपने चरित्र की रक्षा बड़ी दृढ़ता और निर्भीकता से करनी पड़ी।

मीराँ पतिव्रता धर्म के प्रति पूरी तरह आदरवान् हैं। वह कहती हैं कि पति चाहे विकलांग हो, हीन हो, कोढ़ी हो, परन्तु उसी के साथ चलने में भलाई है विराना छैल अपने काम का नहीं है। अनेक तर्कों के साथ मीराँ पर-पुरुष सम्बद्धता का विरोध करती हैं। उनका कहना है कि माणिक, मोती और आभूषणों की जगमगाती ज्योति झूठी है, प्रियतम की माला ही सच्ची है। रेशमी वस्त्र और दक्षिणी साड़ी मिथ्या है, प्रियतम के द्वारा दी गयी गुदड़ी सच्ची है। दूसरे के द्वारा दिया गया छप्पन भोग फेंक दो क्योंकि उस भोग में दाग लगा हुआ है। अपने प्रिय के द्वारा दिया गया साग चाहे बिना नमक का ही हो वह भी अच्छा है। अन्त में वह स्पष्ट रूप से कहती हैं—

छैल विराणो लाख के हे, अपणे काज न होइ।
ताके संग सीधारताँ हे, भला न कहसी कोइ।
बर हीणों अपणों भलो हे, कोढ़ी कुष्टी कोइ।
जाके संग सीधारताँ हे, भला कहै सब लोइ।

मीराँ ने नैतिक मूल्यों का निर्धारण सन्तों के द्वारा निर्दिष्ट मूल्यों के ही अनुकूल किया था। वे कहती हैं कि—

कोई निन्दो कोई बिन्दो म्हें तो, गुण गोविन्द का गास्याँ।
जिण मारग म्हाँरा साध पधारै, उण मारग म्हे जास्याँ।
चोरी न करस्याँ जिव न सतास्याँ, कोई करसी म्हाँरो कोई।
गज से उतर के खर नहिं चढ़स्याँ, ये तो बात न होई॥

भारतीय समाज में स्त्रियों के जीवनयापन, रहन-सहन के कई स्तर भेद हैं। उच्च-मध्यवर्ग की स्त्रियों को काम-काज और श्रम के लिए घर से बाहर जाने की छूट नहीं थी जबकि पिछड़े वर्ग तथा अनुसूचित जाति की स्त्रियाँ रोजी-रोटी कमाने के लिए स्वतन्त्र थीं। मीराँ के समय में राजघरानों में स्त्रियाँ ज्यादातर शोभा की वस्तु होती थीं। पति की मृत्यु हो जाने की स्थिति में आदर्श व्यवस्था थी कि वे पति के साथ चिता पर बैठकर सती हो जायें। राजस्थान में सती-प्रथा का प्रचलन अपेक्षाकृत अधिक

---

1. भक्तमाल, वार्तिक प्रकाश, पृ. 478

था। मध्यकालीन कवियों ने सती-प्रथा का बहुत बढ़-चढ़कर वर्णन किया है। मृगावती में सती होने का ऐसा वर्णन है जो विचित्र है। राजा की मृत्यु के बाद न केवल प्रमुख रानियाँ मृगावती और रूपमिनी सती हुईं बल्कि चौरासी और रानियाँ भी सती हुईं, अलग-अलग चिताएँ बनाकर राजा के अन्य सेवक बारी, नाई, पान खिलानेवाला, थावाइत, जल पिलानेवाला, धोबी, भोजन करानेवाले अपनी-अपनी पत्नी के साथ जल गये, सिर्फ ब्राह्मण नहीं जला।[1] आधा नगर ही जलकर श्मशान हो गया। इस उल्लेख का यथार्थ रूप अविश्वसनीय हो सकता है लेकिन इससे इतना स्पष्ट है कि सती-प्रथा धार्मिक आदर्श के रूप में मान्य थी। जो स्त्रियाँ सती नहीं होती थीं उन्हें जीने का अधिकार तो था लेकिन उनकी स्थिति सम्माननीय नहीं थी। वैधव्य के बाद सम्मानजनक जीवन जीने का विकल्प था भक्तिमार्ग। मीराँ ने इसका अनुसरण करके अपने समय की महिलाओं को इस ओर प्रवृत्त होने का प्रोत्साहन दिया। मीराँ का प्रभाव राजस्थान में अधिक रहा इसीलिए राजस्थान में भक्तिनों की संख्या भी अधिक रही।

मीराँ भक्त थीं लेकिन उससे अधिक महत्त्वपूर्ण उनका रचनाकार होना है। मीराँ ने सब-कुछ स्वानुभूत ही नहीं लिखा है बल्कि उसमें उनकी सहानुभूति भी है। स्वानुभूति और सहानुभूति का अद्भुत सम्मिश्रण आलोचकों के लिए पेचीदगी प्रस्तुत करता है। कृष्ण को सम्बोधित करते हुए वह कहीं जोगी को सम्बोधित करती हैं, कहीं राम को। जोगी उनका कोई प्रेमी था इसकी भी अटकलें लगायी गयी हैं। कृष्ण को योगेश्वर माना गया है और साथ ही मीराँ उन नारियों की भी मानसिकता को जीना चाहती हैं जिनके पति या प्रेमी योगी वेश में साधना के लिए बाहर निकल जाते हैं। मीराँ कृष्ण-सम्बन्धी प्रेम को स्त्री-पुरुष के प्रेम सम्बन्धों के परिप्रेक्ष्य में ही गीतबद्ध करती हैं। मीराँ के व्यक्तित्व में तत्कालीन नारी जाति की व्यथा और उसकी समस्याएँ अन्तर्निहित हैं। यही कारण है कि भक्त मीराँ की तुलना में उनका रचनाकार रूप विराटतर हो गया है।

●

---

1. मृगानती-सं. माताप्रसाद 'गुप्त' उद्धृत मीराँ का काव्य, पृ. 43-44 डॉ. विश्वनाथ त्रिपाठी

पदावली

राग तिलंग

॥ 1॥

वन्दना

मण थें परस हरि रे चरण ॥ टेक ॥
सुभग सीतल कँवल कोमल, जगत ज्वाला हरण।
जिण चरण प्रहलाद परस्याँ, इन्द्र पदवी धरण।
जिण चरण ध्रुव अटल करस्याँ, सरण असरण सरण।
जिण चरण ब्रह्माण्ड भेट्याँ, नखसिखाँ सिरी धरण।
जिण चरण कालियाँ नाथ्याँ, गोप-लीला करण।
जिण चरण गोबरधन धार्‌याँ, गरब मघवा हरण।
दासि मीराँ लाल गिरधर, अगम तारण तरण ॥

व्याख्या—मन से हरि के चरणों का स्पर्श करो। उनके चरण सुन्दर, शीतल तथा कमल की तरह कोमल हैं। वे चरण दैहिक, दैविक और मानसिक दुःखों को दूर करनेवाले हैं। जिन चरणों को प्रह्लाद ने स्पर्श लिया और इन्द्र की पदवी को धारण कर लिया। जिन चरणों ने ध्रुव को अटल बना दिया, कृष्ण के चरण ऐसे लोगों को शरण देते हैं, जो निराश्रित हैं जिन चरणों से वामन रूप में पूरे ब्रह्माण्ड को नाप लिया था जिन चरणों की व्याप्ति सम्पूर्ण ब्रह्माण्ड में है, नख से शिख तक जो शोभा को धारण करनेवाले हैं। जिन चरणों से कालिय नाग को नाथकर गोप लीला की, जिन चरणों से कृष्ण ने गोप-लीला की जिन चरणों से गोवर्द्धन धारण किया और इन्द्र के गर्व का हरण किया। मीराँ गिरधर लाल की दासी है, वे अपार संसार-सागर से पार करनेवाली नौका हैं।

टिप्पणी–इस पद में चरण का अभिधार्थ ही प्रधान नहीं है बल्कि उसका लाक्षणिक अर्थ भी है, चरण कृष्ण की कृपा और इनकी सम्पूर्ण देह का भी द्योतक है। कृष्ण के पौराणिक चरित्र का संक्षेप में उल्लेख है तथा उनकी महिमा की अभिव्यंजना है। भाषा राजस्थानी (मारवाड़ी) है।

टिप्पणी—भगवानदास तिवारी ने ल की जगह ड़ का प्रयोग किया है। वास्तव में राजस्थानी में सामान्य ल की जगह मूर्द्धन्य ल का प्रयोग होता है। न के स्थान पर ण और स की जगह श का प्रयोग है।

राजस्थान प्राच्यविधा प्रतिष्ठान जोधपुर से प्रकाशित मीराँ बृहद् पदावली में थोड़ा पाठ भेद है। इसका पाठ ब्रजभाषा की प्रकृति के अनुकूल दूसरी पंक्ति के बाद 'अधम तारन तरन सबके पोषण भरन है। तीसरी पंक्ति में इन्द्र पदवी धरण के स्थान पर दुःख दारिद हरन इन्द्र पदवी धरन, चौथी पंक्ति के अन्त में पाँचवीं पंक्ति है जिन चरन बलि बाँध पठए विप्र रूपज धरन। नखशिखाँ सिरी धरण के स्थान पर नख सुर सुरीय झरन आती है। मीराँ बृहद् पदावली में यह पद इस प्रकार आता है—

मन मेरे परसि हरि के चरन।
सुभग सीतल कमल कोमल, त्रिबिधि ज्वाला-हरन।
अधम-तारन तरन-सब के पोषन भरन।
सो चरन प्रहलाद परसे, दुख दारिद हरन।
सोई चरन ध्रुव अटल कीने, इन्द्र पदवी धरन।
जिन चरन बलि बाँध पठये विप्र रूपज धरन।
जिन चरन ब्रह्माण्ड बेध्यो, नख सुर सुरीय झरन।
जिन चरन बन गऊ चारी, गोपलीला करन।
सोई चरन काली के मस्तक, कूबरी आभरन।
दासि मीराँ लाल गिरधर, राखो अपनी सरन।

शब्दार्थ—थें = से। परस = स्पर्श कर, वन्दना कर। कँवल कोमल = कमल के समान कोमल। जगत ज्वाला = तीन प्रकार के सांसारिक ताप या दुःख जो 1. दैहिक अर्थात् शारीरिक (जैसे-रोग, व्याधि) और मानसिक (जैसे—क्रोध, लोभ) 2. दैविक अर्थात् देवताओं वा प्राकृतिक शक्तियों द्वारा पहुँचनेवाले (जैसे—आँधी, अवर्षण) तथा 3. भौतिक अर्थात् स्थावर वा जंगम (जैसे—पशु, सर्पादि) भूतों द्वारा उत्पन्न होनेवाले माने जाते हैं। परस्याँ = स्पर्श करने से। सिरी = लक्ष्मी। गरब = अहंकार। मघवा = इन्द्र। अगम....तरण = अगम्य व अपार।

॥ 2 ॥
राग ललित

म्हारो परनाम बाँके बिहारी जी।
मोर मुगट माथ्याँ तिलक बिराज्याँ, कुण्डल अलकाँ धारी जी।

अधर मधुर धर वंशी बजावाँ, रीझ रिझावाँ, राधा प्यारी जी।
या छब देख्याँ मोह्याँ मीराँ, मोहन गिरवरधारी जी।

व्याख्या–मेरे बाँके बिहारी कृष्ण! तुम्हें मेरा प्रणाम है। तुम्हारे सिर पर मोर पंख से बना हुआ मुकुट सुशोभित है और माथे पर तिलक की शोभा है। कानों में कुण्डल और घुँघराले बाल धारण किये हो। मधुर ओठों पर मुरली रखकर बजाते हो और स्वयं रीझकर राधा प्यारी को रिझाते हो। मोहन गिरवरधारी अर्थात् गोवर्द्धन को धारण करनेवाले कृष्ण की यह छवि देखकर मीराँ मोहित हो गयी हैं।

शब्दार्थ–बाँके बिहारी = रसिक श्रीकृष्ण। मोर मुगट = मोर पंख से युक्त मुकुट। माथ्याँ = ललाट पर। कुण्डल अलकाँ धारी = कुण्डल और काली अलकावलि धारण करनेवाले। रीझ रिझावाँ, राधा प्यारी जी = स्वयं रीझकर प्रेमिका राधा को भी रिझानेवाले।

॥ 3 ॥

राग हमीर

बस्याँ म्हारे णेणणमाँ नन्दलाल।
मोर मुगट मकराक्रत कुण्डल अरुण तिलक सोहाँ भाल।
मोहन मूरत साँवराँ सूरत णेणा बण्या विशाल।
अधर सुधा रस मुरली राजाँ उर बैजन्ती माल।
मीराँ प्रभु सन्ताँ सुखदायाँ भगत बछल गोपाल।

व्याख्या–हे नन्दलाल! मेरे नैनों में निवास करो। मोर का मुकुट, मकर की आकृति का कुण्डल, लाल तिलक तुम्हारे माथे पर सुशोभित हैं। मन को मोहनेवाली आकृति, साँवली सूरत और बड़े-बड़े नेत्र हैं। अमृत रस से युक्त ओठों पर मुरली सुशोभित होती है। गले में वैजयन्ती की माला सुशोभित होती है। मीराँ के स्वामी सन्तों को सुख देनेवाले हैं। गोपाल कृष्ण भक्तों के प्रति वत्सल भाव रखते हैं। (पुत्रवत् प्रेम करते हैं।)

टिप्पणी–दूसरे पद में भी इसी भाव का अधिकांशत: चित्रण हुआ है।

शब्दार्थ—णेणणमाँ = आँखों में। सुधा रस = अमृत-जैसा माधुर्य उत्पन्न करनेवाली। राजाँ = शोभित है। बैजन्ती माल = वैजयन्ती नाम की माला, जिसे भगवान् विष्णु धारण करते हैं। भगत बछल = भक्तवत्सल या भक्तों को प्यार करनेवाले।

॥ 4 ॥

हरि म्हारा जीवण प्राण अधार।
और आसिरो णा म्हारा थें विण, तीनूँ लोक मँझार।
थें विण म्हाणे जग णा सुहावाँ, निरख्याँ सब संसार।
मीराँ रे प्रभु दासी रावली, लीज्यो णेक णिहार।

पाठान्तर-

हरि म्हारा जीवन प्रान आधार। मी. प्रा. 12, पृ.11
हरि मेरे जीवन प्राण आधार। बृ. प. प. 638, पृ. 322

व्याख्या–मीराँ कहती हैं कि कृष्ण मेरे प्राणों के आधार हैं अर्थात् एकमात्र कृष्ण का मुझे सहारा है। तीनों लोक में तुम्हारे बिना मेरा कोई आश्रय नहीं है। तुम्हारे बिना कोई व्यक्ति मुझे अच्छा नहीं लगता। मैंने सारे संसार को निरख-परख लिया है। हे प्रभु! मीराँ तुम्हारी दासी है। थोड़ा मेरी ओर कृपादृष्टि से देखो।

टिप्पणी– 1. मी. बृ. प. दीज्यौ मती बिसार अर्थात् (भुला मत देना) कृष्ण के प्रति समर्पण भाव है।

शब्दार्थ–और = अन्य, दूसरा। आसिरो = आश्रय, शरण। णा = नहीं। थें = तुम्हारे। मँझार = मध्य, में। निरख्याँ = देख लिया। णेक णिहार = तनिक देख लेना।

॥ 5 ॥

राग कान्हरा

तनक हरि चितवाँ म्हारी ओर।
हम चितवाँ थें चितवो णा हरि, हिवड़ो बड़ो कठोर।
म्हारी आसा चितवणि थारी, ओर णा दूजा दोर।
ऊभ्याँ ठाढ़ी अरज करूँ छूँ, करताँ करताँ भोर।
मीराँ रे प्रभु हरि अविनासी, देस्यूँ प्राण अकोर।

पाठान्तर-

तणक हरि चितवाँ म्हारी ओर। मी. प्रा. पद-75
तनक हरि चितवौ जी मोरी ओर। बृ. प. प. 189

व्याख्या–हे कृष्ण! थोड़ा मेरी ओर देखिये। मैं तो तुम्हारी ओर देख रही हूँ, लेकिन तुम मेरी ओर नहीं देख रहे हो। तुम्हारा हृदय कितना कठोर है। मेरी आशा भरी दृष्टि तुम्हारी ओर लगी है। मेरे लिये कोई दूसरा स्थान नहीं है। मुझे खड़े-खड़े निवेदन करते सबेरा हो गया। प्रभु अविनाशी कृष्ण को देखने के लिए मैं अपने प्राणों की न्योछावर दे दूँगी।

इस पद में पूर्ण समर्पण और त्याग के भाव की व्यंजना है। मीराँ की गहन साधना का भी संकेत मिलता है। मी. बृ. प. में तीसरी पंक्ति के बाद एक पंक्ति और है 'तुमसे हमकूँ तो तुम्हीं हो हमसे लाख करोर' (तुम्हारे समान मेरे लिये तो तुम ही हो हमारे समान तुम्हारे लाखों हैं)।

शब्दार्थ— तनक = तनिक, जरा। चितवाँ = देखो, निगाह करो। हम चितवाँ = मैं देखती हूँ। दोर=दौड़, पहुँच, स्थान। ऊभ्याँ ठाढ़ी = आशा में खड़ी-खड़ी। अकोर = अँकोर, भेंट। देस्यूँ=दूँगी। देस्यूँ.... अकोर = अपने प्राण न्योछावर कर दूँगी।

॥ 6 ॥

म्हारो गोकुल रो ब्रजवासी।
ब्रजलीला लख जण सुख पावाँ, ब्रजवणताँ सुखरासी।
णाच्याँ गावाँ ताल बजावाँ, पावाँ आणन्द हाँसी।
णन्द जसोदा पुन्न री, प्रगट्याँ प्रभु अविनासी।
पीताम्बर कट उर बैजणताँ, कर सोहाँ री बाँसी।
मीराँ रे प्रभु गिरधर नागर, दरसण दीज्यो दासी।

पाठान्तर-

म्हारो गोकुड़ रो ब्रज बाशी। मी. प्रा. पद-62

व्याख्या-मेरा कृष्ण गोकुल का ब्रजवासी है। ब्रज की लीला को देखकर सभी लोग सुख पाते हैं, ब्रज की स्त्रियों के लिए वह लीला सुख की राशि है। कृष्ण नाचते, गाते, ताल बजाते हैं जिससे आनन्द की हँसी प्राप्त होती है। नन्द और यशोदा के पुण्य से अविनाशी कृष्ण गोकुल में पैदा हुए हैं। पीताम्बर कमर में सुशोभित होता है और गले में वैजयन्ती की माला एवं हाथ में मुरली सुशोभित होती है। मीराँ कहती हैं कि हे गिरधर नागर प्रभु! दासी को दर्शन दीजिये।

टिप्पणी—दाम्पत्य तथा दास्य भाव की भक्ति की व्यंजना है।

शब्दार्थ—रो = का, वाला। पुन्न = पुण्य। बैजणताँ = वैजयन्ती माला।

॥ 7 ॥

हे मा बड़ी बड़ी अँखियन वारो, साँवरो मो तन हेरत हँसिके।
भौंह कमान बान बाँके लोचन, मारत हियरे कसिके।
जतन करो जन्तर लिखि बाँधों, ओखद लाऊँ घसिके।
ज्यों तोकों कछु और बिथा हो, नाहिन मेरो बसिके।

कौन जतन करों मोरी आली, चन्दन लाऊँ घसिके।
जन्तर मन्तर जादू टोना, माधुरी मूरति बसिके।
साँवरी सूरत आन मिलावो ठाढ़ी रहूँ मैं हँसिके।
रेजा रेजा भयो करेजा अन्दर देखो धँसिके।
मीराँ तो गिरधर बिन देखे, कैसे रहे घर बसिके।

व्याख्या–हे माँ! मैं कृष्ण की बड़ी–बड़ी आँखों पर न्योछावर हो गयी हूँ। साँवले कृष्ण हँसकर मेरी देह की ओर निहारते हैं। उनकी भौंहें धनुष की तरह हैं और वक्र आँखें बाण की तरह हैं। उन्हीं बाणों से वे मेरे हृदय पर कसकर आघात करते हैं। यत्न करती हूँ, लिखकर जन्तर बाँधती हूँ, ओषधि घिसकर लगाती हूँ लेकिन व्यथा कम नहीं होती हैं। मेरी सखी कहती है कि तुझे कोई और व्यथा है, उसका निदान मेरे बस का नहीं है। हे मेरी सखि! कौन-सा यत्न करूँ, क्या चन्दन घिसकर लगाऊँ। माधुरी मूर्ति मन में बस गयी है। यन्त्र-मन्त्र जादू–टोना सब बेकार है। मैं हँसती हुई खड़ी हूँ, साँवली सूरतवाले कृष्ण को लाकर मिलाओ। मेरे अन्दर घुसकर देखो मेरा कलेजा टुकड़े–टुकड़े हो गया है। मीराँ कहती हैं कि कृष्ण को बिना देखे मैं घर में कैसे रह सकती हूँ।

टिप्पणी—इस पद में सौन्दर्य के काव्यशास्त्रीय प्रतिमानों के आधार पर अनूठी कल्पना की गयी है। इसमें सौन्दर्य के मार्मिक प्रभाव की व्यंजना है। रेजा रेजा भयो करेजा में शब्द मैत्री है।

शब्दार्थ—हेरत = देखता है। मो तन = मेरे शरीर की ओर। कछु और = कोई अनोखी–सी। रेजा......करेजा = हृदय के टुकड़े–टुकड़े हो गये, बिंध गये।

॥ 8 ॥

हेरी मा नन्द को गुमानी म्हाँरे मनड़े बस्यो।
गहे द्रुम डार कदम की ठाड़ो मृदु मुसकाय म्हारी ओर हँस्यो।
पीताम्बर कट काछनी काछे, रतन जटित माथे मुगट कस्यो।
मीराँ के प्रभु गिरधर नागर, निरख बदन म्हारो मनड़ो फँस्यो।

व्याख्या—हे सखि! गर्वीला नन्द का पुत्र मेरे मन में बस गया है। कदम्ब वृक्ष की डाल पकड़े हुए मधुर मुस्कान के साथ मेरी ओर देखकर हँस पड़ा। पीताम्बर और काछनी कमर में कसे हुए। मस्तक पर रत्नजटित मुकुट पहने हुए, कृष्ण के बदन को देखकर मेरा मन फँस गया है।

इस पद में मीराँ ने राधा के भाव से तादात्म्य स्थापित किया।

शब्दार्थ—गुमानी = गर्वीला, घमण्डी। मनड़े = मन में। काछनी काछे = काछनी अर्थात् घुटने के ऊपर तक की धोती कसकर पहने हुए।

॥ 9 ॥

थारो रूप देख्याँ अटकी।
कुल कुटुम्ब सजण सकल बार बार हटकी।
विसर्‌याँणा लगण लगाँ मोर मुगट नटकी।
म्हारो मण मगण स्याम लोक कह्याँ भटकी।
मीराँ प्रभु सरण गह्याँ जाण्या घट घट की।

व्याख्या—हे कृष्ण! तुम्हारे रूप को देखकर उलझ गयी। परिवार जाति के सज्जनों ने मुझे बार-बार रोका लेकिन मेरी मोर मुकुट धारण करनेवाले नट कृष्ण में ऐसी लगन लगी कि मैं सब-कुछ भूल गयीं। मेरा मन कृष्ण में इस तरह डूब गया कि लोग कहने लगे कि मीराँ भटक गयी। मीराँ कहती हैं कि हे प्रभु! मैं तुम्हारी शरण में आयी हूँ तुम तो प्रत्येक देह के मन की बात जानते हो।

टिप्पणी–रूप सौन्दर्य पर मोहित होने की व्यंजना है। प्रपत्तिभाव की भक्ति का विधान किया गया है।

शब्दार्थ–देख्याँ = देखकर। अटकी = फँस गयी। हटकी = मना किया। लगण = प्रेम। भटकी = भुलावे में पड़ गयी।

॥ 10 ॥

राग त्रिवेनी

निपट बंकट छब अटके।
म्हारे णेणा निपट बंकट छब अटके।
देख्याँ रूप मदन मोहन री, पियत पियूखन मटके।
बारिज भवाँ अलग मतवारी, णेण रूप रस अटके।
टेढ्या कट टेढ़े कर मुरली, टेढ्या पाग लर लटके।
मीराँ प्रभु रे रूप लुभाणी, गिरधर नागर नटके।

व्याख्या–मीराँ कहती हैं कि मेरे नेत्र नितान्त त्रिभंगी छविवाले कृष्ण में अटक गये हैं। मदन मोहन की रूप छवि को देखकर और अमृत पान करके ये चंचल हो चुके हैं, कमल के समान भौंहोंवाले, मतवाली अलकोंवाले कृष्ण के नेत्र के सौन्दर्य रस में उलझ गये हैं। कृष्ण की कमर टेढ़ी है। टेढ़े हाथ में मुरली है। टेढ़ी पगड़ी में मोतियों की लड़ झूल रही है। मीराँ गिरधर नागर नटवर कृष्ण के रूप पर लुब्ध हो गयी हैं।

नटवर की टेढ़ी मुद्रा नेत्रों को उलझा देती है। सीधी सपाट मुद्रा को दृष्टि पार कर जाती है लेकिन टेढ़ी मुद्रा में अटक जाना स्वाभाविक है। नेत्रों का मानवीकरण किया गया है।

शब्दार्थ–निपट = नितान्त। बंकट = वक्र, टेढ़े ('त्रिभंगीलाल' श्रीकृष्ण का विशेषण)। छब = सौन्दर्य में। अटके = उलझ गये, फँस गये। पियत = पी रहे हैं। पियूख = अमृत। मटके = फिरे, लौटे, चलायमान हुए। बारिज... अटके = कमल-सी भौंह और मादक भरे केशपाश द्वारा आकृष्ट होकर उसके नेत्रों के सौन्दर्य में मानो उलझ-से गये हैं। कर = हाथ में। लर = मोतियों की लड़ पर। लटके = लुब्ध वा लट्टू हो गये। नटके = नटवर श्रीकृष्ण के।

॥ 11 ॥

राग गूजरी

म्हा मोहण रे रूप लुभाणी।
सुन्दर बदण कमल दल लोचण, बाँकाँ चितवण णेणाँ समाणी।
जमणा किणारे कान्हा धेनु चरावाँ, बंशी बजावाँ मीट्ठाँ वाणी।
तन मण धण गिरधर पर वाराँ, चरण कँवल बिलमाणी।

व्याख्या—मैं मोहन के रूप पर लुभा गयी हूँ। सुन्दर शरीर, कमलदल की तरह नेत्र, वक्र चितवन मेरे नेत्रों में समा गयी है। यमुना के किनारे कृष्ण गाय चराते हैं। मीठे स्वर में वंशी बजाते हैं मैंने अपना तन, मन, धन सब-कुछ कृष्ण पर न्यौछावर कर दिया है। उनके चरण-कमलों में मैं रम गयी हूँ।

इस पद में कृष्ण के रूप सौन्दर्य के प्रति मीराँ के पूर्ण समर्पण की व्यंजना की गयी है।

शब्दार्थ–म्हा = मैं। दल = पंखुड़ी। बाँकाँ = तिरछी। णेणाँ समाणी = मेरी आँखों में चुभ-सी गयी। बिलमाणी = रम गयी।

॥ 12 ॥

साँवरो नन्द नँदन, दीठ पड्याँ माई।
डार्याँ सब लोकलाज सुध बुध बिसराई।
मोर चन्द्रिका किरीट मुगट छब सोहाई।
केसर री तिलक भाल, लोचण सुखदाई।
कुण्डल झलकाँ कपोल अलकाँ लहराई।
मीणा तज सरवर ज्यों मकर मिलण धाई।
नटवर प्रभु भेष धर्याँ रूप जग लोभाई।
गिरधर प्रभु अंग-अंग मीराँ बलि जाई।

व्याख्या–हे माँ! साँवले नन्द के पुत्र के ऊपर मेरी दृष्टि पड़ गयी। मैंने अपनी सुध-बुध खो दी। लोक-लाज खो गयी। मोर की चन्द्रिका से बने हुए मुकुट की छवि मुझे अच्छी लग गयी। मस्तक पर केसर का तिलक आँखों को सुख देते हैं। कुण्डल की चमक गालों पर फैलती है और बाल लहराते हैं। ऐसा लगता है जैसे सरोवर को त्यागकर मछली मकर से मिलने दौड़ पड़ी हो। नटवर कृष्ण के इस वेश पर सारा जग लुभा जाता है। गिरधर कृष्ण के अंग-अंग पर मीराँ बलि जाती है।

इसमें उत्प्रेक्षा अलंकार का मनोहारी प्रयोग किया गया है। कृष्ण के सौन्दर्य पर अभिभूत मीराँ का कृष्ण के प्रति समर्पण भाव व्यक्त हुआ है।

शब्दार्थ– नन्द नँदन = श्रीकृष्ण। मोर चन्द्रिका = मोर नामक पक्षी की पूँछ पर बनी हुई नीली सुन्दर चित्तियों में झलकनेवाले सुन्दर चमकीले मण्डल को चन्द्रिका वा चन्द्रकला कहते हैं। मकर = मगर। कुण्डल...धाई = मकराकृत कुण्डलों की प्रभा कपोलों पर फैली हुई है और उन (कुण्डलों) के ऊपर पड़े हुए अलकों के प्रतिबिम्ब उस (प्रभा) के अन्तर्गत ऐसे जान पड़ते हैं, मानो मीन का समूह अपने सरोवर का त्यागकर मगरों से मिलने के लिए पहुँचा है।

॥ 13 ॥

राग नीलाम्बरी

णेणाँ लोभाँ अटकाँ शक्याँ णा फिर आय।
रूँम-रूँम नखसिख लख्याँ, ललक ललक अकुलाय।
म्याँ ठाढ़ी घर आपणे मोहण निकल्याँ आय।
बदण चन्द परगासताँ, मन्द मन्द मुसकाय।
सकल कुटुम्बाँ बरजताँ बोल्या बोल बनाय।
णेणाँ चञ्चल अटक णा माण्या, परहथ गयाँ बिकाय।
भलो कह्याँ काँई कह्याँ बुरोरी सब लया सीस चढ़ाय।
मीराँ रे प्रभु गिरधर नागर बिणा पल रह्याँ णा जाय।

व्याख्या–मीराँ कहती हैं कि मेरे नेत्र लुब्ध होकर कृष्ण के रूप में अटक गये हैं। उन्हें वापस लौटाना सम्भव नहीं हो रहा है। कृष्ण के रोम-रोम को नख से शिख तक निहारकर उन्हें पाने के लिए बार-बार इच्छा करते हैं और आकुल हो जाते हैं। मैं अपने घर पर खड़ी थी। मोहन निकलकर आये। उनकी देह से चन्द्रमा प्रकाशित हो रहा था, मन्द-मन्द मुस्करा रहे थे। सभी कुटुम्बियों के रोकने के बावजूद बात बनाकर मैं बाहर चली गयी। वे छीटे कसते हैं। उनकी इन हरकतों से मेरे चंचल नेत्र बिना किसी रोक-टोक के आकृष्ट हो गये और वे दूसरे के हाथ बिक गये। किसी ने

भला कहा, किसी ने बुरा कहा, सब-कुछ मैंने सिर से लगा लिया अर्थात् स्वीकार कर लिया। मीराँ कहती हैं, गिरधर नागर कृष्ण के बिना एक क्षण रहा नहीं जाता है।

इस पद में प्रेमासक्ति की व्यंजना है। रागानुराग भक्ति में लोक-लाज और वेद की मर्यादाएँ छूट जाती हैं। इसमें कृष्ण के सामीप्य का अनुभव व्यक्त किया गया है। नेत्रों का मानवीकरण है। इसमें गोपियों के प्रेम का चित्रण है। मीराँ अपने समर्पण भाव को तल्लीन करके व्यक्त करती हैं।

शब्दार्थ—णेणाँ =नेत्र, नयन। रूँम-रूँम =रोम-रोम। ललक....अकुलाय = पाने की गहरी इच्छा करने लगे और बेचैन हो गये। ठाढ़ी = खड़ी थी। आपणे = अपने। परगासताँ = प्रकाश फैलाते हुए। बरजताँ = बार-बार बरजते हैं। अटक = रोक। परहथ = पराये हाथों।

॥ 14 ॥

राग कामोद

आली री म्हारे णेणाँ बाण पड़ी॥ टेक॥
चित्त चढ़ी म्हारे माधुरी मूरत, हिबड़ा अणी गड़ी।
कब री ठाड़ी पन्थ निहाराँ, अपने भवण खड़ी।
अटक्याँ प्राण साँवरो प्यारो, जीवन मूर जड़ी।
मीराँ गिरिधर हाथ बिकाणी, लोग कह्याँ बिगड़ी।

व्याख्या–मीराँ कहती हैं हे सखि! मेरे नेत्रों की आदत बन गयी है। कृष्ण की माधुरी मूर्ति मेरे चित्त में जम चुकी है और मेरे हृदय में उनकी आँखों की कोर गड़ी हुई है। मैं अपने भवन में खड़ी होकर कितने समय से उनका रास्ता निहार रही हूँ। मेरे प्राण साँवले कृष्ण में अटके हुए हैं। वे मेरे जीवन की आधारभूत जड़ी के रूप में हैं। मीराँ कृष्ण के हाथ बिक गयी है। लोग कहते हैं कि मीराँ बिगड़ गयी है।

इस पद में चित्त चढ़ना, प्राण अटना, हाथ बिकाना आदि मुहावरों का काव्यात्मक एवं मार्मिक प्रयोग किया गया है।

शब्दार्थ–कब री.....निहाराँ = कितने समय से प्रतीक्षा कर रही हूँ। जीवन.... जड़ी = प्राणों के आधारस्वरूप औषध के समान। मीराँ...बिकाणी = आत्म-समर्पण कर दिया।

॥ 15 ॥

णेणाँ वणज बसावाँ री, म्हारा साँवराँ आवाँ।
णेणाँ म्हाराँ साँवरा राज्याँ, डरता पलक णा लावाँ।
म्हारा हिरदाँ बस्याँ मुरारी, पल पल दरसण पावाँ।

स्याम मिलन सिंगार सजावाँ, सुखरी सेज बिछावाँ।
मीराँ रे प्रभु गिरधर नागर, बार बार बलि जावाँ।

व्याख्या—मीराँ कहती हैं कि कमल के समान कोमल मेरे साँवले कृष्ण आये हैं। मैंने उनको नेत्रों में बसा लिया है। मेरे नेत्रों में साँवला विराजित है। इसी डर से मैं पलक नहीं गिराती हूँ। मेरे हृदय में मुरारी बसता है। मुझे हर पल उसका दर्शन मिलता है। श्याम से मिलने के लिए मैंने श्रृंगार किया, सुख की सेज बिछाया। मीराँ गिरधर नागर प्रभु के प्रति बार-बार न्योछावर हो जाती हैं।

इस पद में प्रेम की अभिलाषा की व्यंजना है, आँखों में कृष्ण बस गया है। मीराँ कृष्णमय हो गयी हैं।

शब्दार्थ—वणज = कमल के समान कोमल। साँवराँ = प्रियपात्र कृष्ण। पलक णा लावाँ = आँखों पर पलकें न गिराऊँ, आँखें खुली ही रखूँ।

॥ 16 ॥

राग मुल्तानी

असा प्रभु जाण न दीजै हो।
तण मण धन करि वारणै, हिरदे धरि लीजै हो।
आव सखी मुख देखिये, नैणाँ रस पीजै हो।
जिह जिह विधि रीझे हरी, सोई विधि कीजै हो।
सुन्दर स्याम सुहावणा, मुख देख्याँ जीजै हो।
मीराँ के प्रभु रामजी, बड़ भागण रीझै हो।

व्याख्या—ऐसे प्रभु को जाने मत दो, तन-मन-धन सब-कुछ न्योछावर करके हृदय में धारण कर लीजिये। हे सखि! आओ मुख देखो, नेत्रों से रूप रस का पान करो। जिस-जिस विधि से वह खुश होता है वही उपाय करो। सुन्दर श्याम मन को अच्छा लगता है। वह अतिशय शोभायमान है। उसी का मुख देखकर जीते हैं। मीराँ कहती हैं कि प्रभु राम बड़ी भाग्य से रीझते हैं।

मीराँ बृहद् पदावली में इस पद से मिलता-जुलता दूसरा पद—

ऐसे पियै जान न दीजे हो।
चलो री सखी! मिलि राखिये, नैनन रस पीजे हो।
स्याम सलोनो साँवरो, मुख देखत जीजे हो।
जोइ जोइ भेष सो हरि मिले, सोइ सोइ कीजे हो।
मीराँ के प्रभु गिरधर नागर, बड़भागन रीजे हो।

टिप्पणी–ऐसे प्रीतम को जाने मत दीजिये। हे सखि! सब लोग मिलकर उसे यहाँ रखें। और नेत्रों से उसके रूप रस का पान करें, श्याम सुन्दर कृष्ण का मुख देखते हुए जियें। मीराँ कहती हैं कि प्रभु बड़ी भाग से प्रसन्न होते हैं।

शब्दार्थ–असा = ऐसे अनुपम। जाण = जाने। वारणै = न्यौछावर, समर्पण। नैणाँ = नयनों वा नेत्रों द्वारा। रस = सौन्दर्य रस। जिह जिह = जिस-जिस। विधि = प्रकार वा ढंग से। सुहावणा = दर्शनीय, मनोहर। देख्याँ = देखकर। बड़ भागण = बड़भागिन वा बड़े भाग्यशाली ही, बड़भागण का अर्थ 'बड़े भाग्य से' भी हो सकता है। रीझै हो = आनन्दित होती है।

॥ 17 ॥

राग मालकोस

म्हाँ गिरधर आगाँ णाच्या री।
णाच णाच म्हाँ रसिक रिझावाँ, प्रीति पुरातणा जाँच्या री।
स्याम प्रीत री बाँध घूँघर्‍याँ मोहण म्हारो साँच्या री।
लोक लाज कुलरा मरजादाँ, जगमाँ णेक णा राख्याँ री।
प्रीतम पल छण णा बिसरावाँ, मीराँ हरि रँग राच्याँ री।

व्याख्या–मैंने गिरधर के आगे नृत्य किया। नाच-नाचकर मैंने रसिया को रिझा लिया। पुरानी प्रीति की जाँच कर ली। श्याम की प्रीति का घुंघरू बाँध लिया। मेरा मोहन सच्चा है। मैंने लोक-लाज और कुल की मर्यादा की संसार में तनिक भी रक्षा नहीं की। प्रियतम कृष्ण को मैंने एक पल, एक क्षण नहीं भुलाया। मीराँ कृष्ण के रंग में रँग गयी हैं।

टिप्पणी–आत्मा-परमात्मा का सम्बन्ध शाश्वत है। भगवान् और भक्त के सम्बन्ध भी बहुत पुरातन हैं। मीराँ ने इसी पुरातन सम्बन्ध की ओर संकेत किया। रागानुगा भक्ति की मार्मिक व्यंजना की गयी है। मीराँ अपने को गोपी का स्वरूप मानती हैं।

शब्दार्थ–रसिक = रसिक श्रीकृष्ण। रिझावाँ = प्रसन्न किया करती हूँ। राच्याँ री = रँगी हुई है, अनुरक्त है।

॥ 18 ॥

राग झिंझोटी

म्हाराँ री गिरधर गोपाल दूसराँ णाँ कूयाँ।

दूसराँ णाँ कूयाँ साधाँ सकल लोक जूयाँ।
भाया छाँड्याँ, बन्धा छाँड्याँ सगाँ सूयाँ।
साधाँ ढिंग बैठ बैठ, लोक लाज खूयाँ।
भगत देख्याँ राजी ह्ययाँ, जगत देख्याँ रूयाँ।
अँसुवाँ जल सींच सींच प्रेम बेल बूयाँ।
दध मथ घृत काढ़ लयाँ डार दया छूयाँ।
राणा विषरो प्यालो भेज्याँ पीय मगण हूयाँ।
मीराँ री लगण लग्याँ होणा हो जो हूयाँ।

व्याख्या–मेरे तो सिर्फ गिरधर गोपाल हैं दूसरा न कोई। हे साधु! मैंने सारे संसार को भलीभाँति देख लिया। निश्चित ही कोई दूसरा सगा-सम्बन्धी नहीं है। मैंने भाई, बन्धु, सगे-सम्बन्धी सबको छोड़ दिया। साधुओं के साथ बैठ-बैठकर लोक-लाज खो दिया। भक्तों को देखकर खुश हुई और संसार को देखकर रो पड़ी। मैंने आँसुओं के जल से सींच-सींचकर प्रेम की लता को बोया और बढ़ाया। दही को मथ-मथकर घी निकाल लिया और मट्ठे को छोड़ दिया। राणा ने विष का प्याला भेजा उसे पीकर मैं मगन हो गयी। मीराँ कहती हैं कि कृष्ण से मेरा प्रेम हो गया है, जो कुछ होना होगा इसकी मुझे परवाह नहीं।

शब्दार्थ–कूयाँ = कोई भी। जूयाँ = देख लिया है। खूँया = खो दिया है। अँसुवाँ = अश्रु-बिन्दुओं द्वारा। राजी = प्रसन्न। जगत = संसार की दशा। रूयाँ = दुःखी हुई। हूयाँ = हुई।

॥ 19 ॥

राग पटमंजरी

माई साँवरे रँग राँची।
साज सिंगार बाँध पग घूँघर, लोकलाज तज णाँची।
गयाँ कुमत लयाँ साधाँ संगत स्याम प्रीत जग साँची।
गायाँ गायाँ हरि गुण निसदिन, काल व्याल री बाँची।
स्याम विणा जग खाराँ लागाँ, जगरी बाताँ काँची।
मीराँ सिरि गिरधर नट नागर भगति रसीली जाँची।

व्याख्या–मीराँ कहती हैं कि हे माँ! मैं साँवले कृष्ण में अनुरक्त हो गयी। साज-सज्जा और शृंगार करके मैंने अपने पैरों में घुँघरू बाँध लिया और लोक-लाज छोड़कर नृत्य किया। साधुओं की संगति में आने से मेरी दुर्बुद्धि चली गयी और कृष्ण के प्रति सच्ची प्रीति जग गयी। रात-दिन भगवान् का गुण गाते-गाते कालरूपी सर्प

से बच गयी। श्याम के बिना संसार अप्रिय लगता है और संसार की बातें कच्ची लगती हैं। मीराँ को श्री गिरधर नटवर चतुर कृष्ण की रसीली भक्ति जँच गयी अर्थात् उसके प्रति मन में गहरा आकर्षण हो गया।

टिप्पणी–भक्ति के प्रभाव को अंकित किया गया है जिसके मन में भक्ति आती है उसकी दुर्बुद्धि दूर हो जाती है। भक्ति रस में डूबने पर सब-कुछ अरुचिकर लगता है। काल-व्याल में रूपक अलंकार है।

शब्दार्थ–रँग = राँची = प्रेम में रँग गयी। लयाँ = स्वीकार कर ली। व्याल री = सर्प से। खाराँ = कड़वा। काँची = कच्ची, नि:सार। रसीली = रसा वा आनन्दमयी।

मीरा वृ. प. में इसका विस्तार उपलब्ध है।

मैं गिरधर रँग राती, ग्वैया।
पँचरँग चोला रँगा दे सखी, मैं झुरमुट खेलन जाती।
ओहि झुरमुट मेरा साँई मिलेगा, खोल तनी गल गाती।
चन्दा जायगा सूरज जायगा, जायगी धरन अकासी।
पवन पानी दोनूँ ही जायगा, अटल रहे अविनासी।
सुरत निरत का दिउड़ा सँजो ले, मनसा की करले बाती।
प्रेम हाट का तेल मँगा ले, जग रह्या दिन तैं राती।
जिनके पिया परदेस बसत हैं, लिख लिख भेजैं पाती।
मेरे पिया मेरे माँहि बसत हैं कहूं न आती जाती।
पिहरे बसूँ न बसूँ सास घर, सद्‌गुरु शब्द सूनासी।
नाँ घर तेरा नाँ घर मेरा, कह गई मीराँ दासी।

व्याख्या—हे सखि! मैं कृष्ण के रंग में रंग गयी हूँ। मेरा वस्त्र पाँच रंगों में रंग दो। मैं झुरमुट में खेलने जा रही हूँ। उस झुरमुट में मेरा स्वामी मिलेगा। वहाँ दिल खोलकर उससे मिलूँगी। चन्द्रमा, सूर्य, धरती, आकाश सब नष्ट हो जायँगे, हवा और पानी भी नष्ट हो जायँगे लेकिन अविनाशी कृष्ण कभी भी नष्ट नहीं होगा। सुरति और निरति का दीपक बना लो, मन की बत्ती बना लो और प्रेम की हाट से तेल मँगा लो और दिन-रात जागते रहो। जिनके प्रीतम परदेश बसते हैं वे लिख-लिखकर पत्र भेजते हैं, मेरे प्रियतम मेरे अन्दर बसते हैं इसलिए मैं कहीं आती-जाती नहीं। न मायके में रहती हूँ न सास के घर रहती हूँ। सद्‌गुरु ने शब्द सुनाया न संसार या देहरूपी घर न तेरा है न मेरा है। दासी मीराँ ने इस तरह का कथन किया है। इस पद में सन्तों की साधना का स्पष्ट प्रभाव सगुण की तुलना में यहाँ निर्गुण का भाव प्रधान हो गया है।

॥ 20 ॥

राग गुनकली

मैं तो गिरधर के घर जाऊँ।
गिरधर म्याँरो साँचो प्रीतम, देखत रूप लुभाऊँ।
रैण पड़ै तब ही उठि जाऊँ, भोर भये उठि आऊँ।
रैण दिना वाके सँग खेलूँ, ज्यूँ त्यूँ वाहि लुभाऊँ।
जो पहिरावै सोई पहिरूँ, जो दे सोई खाऊँ।
मेरी उणकी प्रीत पुराणी, उण विण पल न रहाऊँ।
जहँ बैठावे तितही बैठूँ, बेचे तो बिक जाऊँ।
मीराँ के प्रभु गिरधर नागर, बार-बार बलि जाऊँ।

व्याख्या–मैं गिरधर के घर जाती हूँ। गिरधर मेरा सच्चा प्रेमी है, उसके रूप को देखकर मैं लुब्ध हो जाती हूँ। रात होने पर मैं उठकर उसके पास जाती हूँ और सबेरा होने पर आ जाती हूँ। रात-दिन उसके साथ खेलती हूँ और जैसे-तैसे उसे लुभाती हूँ। वह जो पहनाता है वही पहनती हूँ, जो खिलाता है वही खाती हूँ। मेरी और उसकी प्रीति बहुत पुरानी है, उसके बिना मैं एक पल नहीं रह सकती हूँ। वह जहाँ बैठाता है वहाँ बैठती हूँ और अगर वह बेच दे तो बिक जाऊँ। मीराँ अपने प्रभु गिरधर नागर पर बार-बार न्योछावर हो जाती है।

टिप्पणी–इस पद में लोक नारी और उसके दाम्पत्य-सम्बन्धों का आरोपण करते हुए मीराँ ने कृष्ण के साथ अपने सम्बन्धों को दर्शाया है।

शब्दार्थ–म्याँरो = मेरा। साँचो = वास्तविक। लुभाऊँ = मुग्ध हो जाती हूँ। रैण...तब ही = रात होते ही। रैण दिना = रात-दिन, बराबर। ज्यूँ त्यूँ = जिस किसी भी प्रकार से क्यों न हो। दे = दे देवे। पल = एक क्षण के लिए भी। रहाऊँ = रह सकती हूँ।

॥ 21 ॥

सखि म्हाँरो सामरिया णै, देखवाँ कराँ री।
साँवरो उमरण साँवरो सुमरण, साँवरो ध्याण धराँ री।
ज्याँ ज्याँ चरण धरणाँ धरणी धर, त्याँ त्याँ निरत कराँ री।
मीराँ रे प्रभु गिरधर नागर, कुंजाँ मैल फिराँ री।

व्याख्या–हे सखि! मैं अपने श्याम कृष्ण को देखा करती हूँ। श्याम का ही चिन्तन, मनन और ध्यान करती हूँ। जिन चरणों से पृथ्वी को धारण किया उन्हीं चरणों में निरत रहती हूँ। मीराँ अपने प्रभु कृष्ण के साथ कुंज गलियों में भ्रमण करती है।

शब्दार्थ–म्हाँरो = मेरा अपना। सामरिया णै = प्रियतम कृष्ण को। साँवरो सुमरण = श्याम का ही स्मरण एवं चिन्तन। त्याँ त्याँ निरत कराँ री = चलते समय प्रत्येक पग को हरि-कीर्त्तन के अवसर पर किये गये पादक्षेप के रूप में समझती हूँ।

॥ 22 ॥

राग माँउ

माई री म्हाँ लियाँ गोविन्दाँ मोल।
थे कह्याँ छाणे म्हाँ कांचोड्डे, लियाँ बजन्ता ढोल।
थे कह्याँ मुँहौधो म्हाँ कह्याँ सुस्तो, लिया री तराजाँ तोल।
तण वाराँ म्हाँ जीवन वाराँ, वाराँ अमोलक मोल।
मीराँ कूँ प्रभु दरसण दीज्याँ, पूरब जणम को कोल।

व्याख्या–हे माँ अथवा हे सखि! मैंने गोविन्द को खरीद लिया है। तुम कहती हो कि मैंने गुपचुप लिया और मैं कहती हूँ कि कृष्ण को मैंने ढोल बजाकर प्रत्यक्ष खरीदा है। तू कहती है कि कृष्ण महँगे में मिला है मैं कहती हूँ कि बहुत सस्ते में मिला है। मैंने तराजू में तौलकर खूब सोच-समझकर खरीदा है। कृष्ण को अमूल्य समझकर मैंने अपना शरीर और जीवन न्योछावर कर दिया है। प्रभु ने अपनी पूर्वजन्म की प्रतिज्ञा को ध्यान में रखकर मुझे दर्शन दिया।

टिप्पणी–कृष्ण अपने भक्तों के प्रति स्वयं उतने ही आकर्षित रहते हैं जितना भक्त रहता है यदि उनकी कृपा भक्त पर हो जाती है तो वे अत्यन्त सरलता से भक्त को उपलब्ध हो जाते हैं। मीराँ ने इसी भाव की ओर संकेत किया है। मीराँ अपने को पूर्वजन्म की गोपी मानती हैं इसलिए कृष्ण उनसे मिलने के लिए प्रतिज्ञाबद्ध हैं। मी. बृ. प. में 1 छुपकै, 2 कोई 3 सोधो इसमें चौथी, पाँचवी पंक्तियाँ इस प्रकार हैं।

कोई कहै कारो कोई कहै गोरो, लियो री अमोलिक मोल।
याही कूँ सब लोग जाणत हैं लियो री आँखी खोल।

शब्दार्थ–माई री-अरी री सखी (परस्पर बातचीत करते समय स्त्रियों में एक-दूसरे के प्रति बहुधा किये जानेवाले व्यवहारानुसार)। लियाँ = लिया है। गोविन्दाँ = गोविन्द, कृष्ण। थें कह्याँ = तुम कहती हो। छाणे = छिपकर, आँख बचाकर। कांचोड्डे = प्रत्यक्ष। म्हाँ कह्याँ = मैं कहती हूँ। बजन्ता ढोल = बजाते हुए, प्रकट रूप में। मुँहौधो = महँगा। लिया री...तोल = नाप-जोखकर। वाराँ = अर्पित करती हूँ।

॥ 23 ॥

राग धानी

म्हाँ गिरधर रंग राती।
पँचरँग चोला पहर्या सखी म्हाँ, झिरमिट खेलण जाती।
वाँ झिरमिट माँ मिल्या साँवरो, देख्याँ तण मण राती।
जिणरो पियाँ परदेस बस्याँरी लिख लिख भेज्याँ पाती।
म्हारा पियाँ म्हारे हीयड़े बसताँ णा आवाँ णा जाती।
मीराँ रे प्रभु गिरधर नागर मग जोवाँ दिण राती।

व्याख्या—मैं कृष्ण के रंग में रँग गयी हूँ अर्थात् कृष्ण के प्रति अनुरक्त हो गयी हूँ। पाँच रंग का वस्त्र पहनकर हे सखि! मैं घनी झाड़ियों में खेलने जाती थी। उस झिरमिट में साँवला कृष्ण मिला। उसे देखते ही मैं तन-मन से अनुरक्त हो गयी। जिनके प्रियतम परदेश में बसते हैं, वे चिट्ठियाँ लिख-लिखकर भेजते हैं। मेरे प्रियतम तो मेरे हृदय में बसते हैं उनका कहीं आना-जाना होता ही नहीं है। मीराँ के प्रभु गिरधर नागर हैं। वह दिन-रात उनका रास्ता देखती रहती हैं।

टिप्पणी–इस पद में रहस्यवाद का पुट है। पंचरंग चोला पंचतत्त्वों से निर्मित शरीर का सूचक है। झिरमिट का तात्पर्य माया से आच्छादित संसार। ईश्वर शरीर के अन्दर ही बसता है लेकिन माया के कारण वह दृष्टिगत नहीं होता है। आत्मा परमात्मा को अपने से अलग मानती है इसीलिए वह उनके आगमन की प्रतीक्षा करती है। मीराँ ने अन्तिम दो पंक्तियों में दोनों स्थितियों को निर्दिष्ट किया है।

शब्दार्थ—रंग राती = प्रेम में रँगी एवं मग्न। पँचरँग = पाँच अथवा विविध रंगों का बना अथवा पंचतत्त्वों द्वारा निर्मित। चोला = लम्बा वस्त्र वा फकीरों-जैसा ढीला-ढाला कुर्ता अथवा शरीर। झिरमिट = झुरमुट मारने का खेल, जिसमें सारा शरीर इस प्रकार ढँक लिया जाता है कि कोई जल्दी पहचान न सके अथवा जीवात्मा की योनि का शरीरावरण धारण। वाँ...माँ = उसी वेश में।

॥ 24 ॥

राग पीलू बरवा

बड़े घर तालो लागाँ री, पुरबला पुन्न जगावाँ री।
झीलर्याँ री कामणा म्हाँरो, डाबराँ कुण जावाँ री।
गंगा जमणा कामणा म्हारे, म्हाँ जावाँ दरियावाँ री।
हेल्या मेल्याँ कामणा म्हारे, म्हा मिल्या सरदाराँ री।
कामदाराँ सूँ काम णाँ म्हारे, जावाँ म्हा दरबाराँ री।

काथ कथीर सूँ काम णाँ म्हारे, चढ़स्याँ धणरी सार्‌याँ री।
सोणा रूपाँ सूँ कामणा म्हारे, हीराँ रो बौपाराँ री।
भाग हमारो जाग्याँ रे, रतणाकर म्हारी सीर्‌याँ री।
अम्रत प्याली छाड़्याँ रे, कुण पीवाँ कड़वाँ नीरा री।
भगत जणाँ प्रभु परचाँ पावाँ, जावाँ जगताँ दूर्‌या री।
मीराँ के प्रभु गिरधर नागर मणरथ करस्याँ पूर्‌या री।

व्याख्या—मीराँ कहती हैं कि मेरा सम्बन्ध बहुत बड़े घर से हो गया है। यह पूर्व जन्म के पुण्य के जागृत होने के कारण हुआ है। मेरी कामना झील अथवा जलाशय की है। छोटे तालाब के पास कौन जाये, गंगा-यमुना की भी मेरी कामना नहीं, मैं सीधे सागर के पास जाऊँगी। हिलने-मिलनेवाले अर्थात् छोटे लोगों के प्रति मेरी कामना नहीं है। मुझे तो सीधे सरदार ही मिल गया। प्रबन्धकों से मेरा कोई काम नहीं है, मैं तो सीधे दरबार में जाऊँगी। काँच और राँगा से मेरा कोई काम नहीं, मैं धन की लौह सीढ़ी पर चढ़ जाऊँगी। सोना, रूपा का मुझे कोई काम नहीं है, मैं हीरे का व्यापार करूँगी। मेरा भाग्य जाग गया है। मेरा सम्बन्ध रत्नाकर से हो गया है। अमृत की प्याली छोड़कर कड़वा नीर कौन पिये। भक्तजन से प्रभु का परिचय हो गया। मैं जगत् से बहुत दूर हो गयी हूँ। मीराँ के प्रभु गिरधर नागर मेरी सारी मनोकामना को पूरी करेंगे।

टिप्पणी— इस पद में रूपकातिशयोक्ति अलंकार का प्रयोग है। छोटे देवी-देवताओं की कामना छोड़कर परात्पर कृष्ण को पाने का संकल्प किया है।

शब्दार्थ—तालो लागाँ = सम्बन्ध हो गया, लगन लग गयी। म्हाँरो = हमारे, मेरे। झीलर्‌याँ = झील, जलाशय। डाबराँ = छोटे तालाब। म्हारे = हमारा, मेरा। कुण जावाँ = कौन जावे। दरियावाँ = समुद्र (देखो-हरिसागर जनि बीसरे, छीलर देखि अनन्त-कबीर) हेल्या मेल्याँ = हेली-मेली। कामदाराँ = प्रबन्धकों व अधिकारियों। सूँ = से। जावाँ = जाऊँगी। दरबाराँ = दरबार में जाकर स्वयं मालिक से ही। कथीर = राँगा। सार्‌याँ = लोहे पर। हीराँ रो बौपाराँ = हीरों का व्यापार। सीर्‌याँ = निकट से, सम्बन्ध व मेल। कड़वाँ = खारा। परचाँ पावाँ = परिचय पाया। दूर्‌या = दूर। मणरथ = मनोरथ, अभिलाषा। पूर्‌या = पूर्ण।

॥ 25 ॥

राग पटमंजरी

मीराँ लागौ रंग हरी, औरन अँटक परी।
चूड़ो म्हाँर तिलक अरु माला, सील बरत सिंणगारी।
और सिंगार म्हाँरै दाय न आवै, यों गुरु ग्यान हमारी।

कोई निन्दो कोई बिन्दो म्हें तो, गुण गोविन्द का गास्याँ।
जिण मारग म्हाँरा साध पधारै, उण मारग म्हे जास्याँ।
चोरी न करस्याँ जिव न सतास्याँ, कोई करसी म्हाँरो कोई।
गज से उतर के खर नहिं चढ़स्याँ, ये तो बात न होई।

पाठान्तर-

मीराँ रंग लाग्यो हो नाम हरी और रंग झटकि परी।

बृ. प. प. 432, पृ. 208

व्याख्या—मीराँ के देह में हरा रंग लग गया। मीराँ भगवान् के रंग में रँग गयी हैं। अन्य रंग लगने में अब बाधा पड़ रही है। तिलक और माला ही मेरी चूड़ामणि है, शील और व्रत ही श्रृंगार है। अन्य श्रृंगार मुझे पसन्द नहीं आया। गुरु ने ऐसा ज्ञान मुझे दिया है। चाहे कोई निन्दा करे चाहे कोई वन्दना करे मुझे तो गोविन्द गुण गाना है। जिस मार्ग से सन्तों ने प्रस्थान किया है मुझे उसी मार्ग से जाना है। कोई चाहे जो करे, चोरी नहीं करना है, जीवों को सताना नहीं है। कोई कुछ भी करे। हाथी से उतरकर गधे पर नहीं चढ़ना है, इस तरह की बातें उचित नहीं।

टिप्पणी–मीराँ के लिए भक्ति का सदाचरण ही श्रृंगार है। गोविन्द के गुणगान करने का उनका दृढ़ संकल्प है। उन्हें निन्दा-स्तुति की परवाह नहीं है। सन्तों के निर्धारित मार्ग पर वह दृढ़ता से अग्रसर हैं। अन्तिम पंक्ति में रूपकातिशयोक्ति अलंकार है। गज कृष्णभक्ति का प्रतीक है और खर पर चढ़ना सांसारिक विषय-वासनाओं का प्रतीक है।

मी. बृ. प. में दूसरी तीसरी पंक्ति है।
गिरधर गास्या सती न होस्याँ, मन मोह्यो घण नामी।
जेठ बहू को नहिं राणाजी, थें सेवक म्हे स्वामी।
इसके अलावा चार पंक्तियाँ अतिरिक्त हैं।

राज करंता नरक पड़ंता, भोगी जोरै लीया।
जोग करंता मुकति पहुंता, जोगी जुग जुग जीया।
गिरधर धनी धनी मेरे गिरधर, मात पिता सुत भाई।
थे थाँकै म्हे म्हाँकै हो राणाँजी, यूँ कहैं मीराँ बाई।

इन पंक्तियों का अर्थ है राज करते हुए जो भोगी इसमें मन लगाता है वह नरक में पड़ता है। योग करते हुए मुक्ति मिल जाती है। योगी युग-युग जीता है। गिरधर सबका पति है। वही मेरा पति है। माता, पिता, पुत्र, भाई सब-कुछ वही है। हे राणा जी! तुम मुझे उनसे अलग नहीं कर सकते हो, तुम अपने प्रयत्न में थक जाओगे।

शब्दार्थ—मीराँ = मीराँ को। रंग हरी = हरि वा कृष्ण का रंग अथवा हरा रंग। अँटक = बाधा, रुकावट। औरन ....परी = (हरे रंग के अतिरिक्त) अन्य रंगों के

लगने में अब अड़चन पड़ गयी। चूड़ो = चूड़ियाँ। सील बरत = शील एवं व्रत, आचार-व्यवहार। सिंणगारी = श्रृंगार। दाय = पसन्द। गुरु ग्यान = गुरु का दिया ज्ञान। बिन्दो = वन्दन, प्रशंसा करो। गास्याँ = गावेंगी। करसी = करेगा। चढ़स्याँ = चढूँगी। गज... होई = अब ऐसी बात नहीं हो सकती कि मैं एक बार कृष्ण को अपनाकर फिर विषयों की ओर भी उन्मुख होने चलूँ।

॥ 26 ॥

राग हमीर

आली सहेल्याँ रली कराँ हे, पर घर गवण निवारि।
झूठा माणिक मोतिया री, झूठी जगमग जोति।
झूठा आभूषणा री, साँची पियाजी रो पोति।
झूठा पाट पटंबरा रे, झूठा दिखणी चीर।
साँची पियाजी री गूदड़ी, जामें निरमल रहे सरीर।
छप्पण भोग बुहाइ दे हे, इन भोगनि में दाग।
लूण अलूणों भलो हे, अपणे पियाजी को साग।
देखि विराणै निवाँण कूँ हे, क्यूँ उपजावै खीज।
कालर अबणो ही भलो हे, जामें निपजै चीज।
छैल विराणो लाख के हे, अपणे काज न होइ।
ताके संग सीधारताँ हे, भला न कहसी कोइ।
बर हीणों अपणों भलो हे, कोढ़ी कुष्टी कोइ।
जाके संग सीधारताँ हे, भला कहै सब लोइ।
अविनासी सूँ बालवाँ हे, जिनसूँ साँची प्रीत।
मीराँ कूँ प्रभु मिल्या हे, एही भगति की रीत।

व्याख्या—आत्मारूपी सखियाँ प्रियतम के घर जाने की कामना छोड़कर संसार में ही क्रीड़ा कर रही हैं। संसार के माणिक्य, मोती और चकाचौंध सब मिथ्या हैं। आभूषण भी झूठे हैं, शरीर को सजाने का जो उपक्रम किया जाता है, सब मिथ्या है। परमात्मा से प्रीति ही सच्ची है। रेशमी वस्त्र, साड़ी सभी मिथ्या हैं प्रियतम की दी हुई गूदड़ी में ही सच्चाई है अर्थात् परमात्मा की प्राप्ति के लिए जीवात्मा जो सन्त वेश धारण करती है, सत्यता उसी में है। उसी से शरीर निर्मल रहता है। छप्पन भोगों को फेंक दें, इन भोगों में ही कलंक है। अपने प्रियतम का दिया हुआ शाक चाहे नमकरहित हो, चाहे नमकसहित हो, वही उत्तम है। दूसरों की नीची उपजाऊ भूमि देखकर क्यों खीजती हो। अपना ऊसर भी भला है, जिसमें अपनी चीज पैदा होती है। दूसरा सुन्दर पुरुष (रसिक) भले ही श्रेष्ठ हो लेकिन अपने किसी काम का नहीं। उसके साथ चलने

में कोई भला नहीं कहेगा। अपना पति चाहे हीन हो, कोढ़ी हो, उसके साथ चलने में ही सब लोग अच्छा मानते हैं। अविनाशी कृष्ण से सच्ची प्रीति रखते हैं। मीराँ को इसी भक्ति की रीति से वह मिल गया।

टिप्पणी–इस पद में मीराँ ने नारी की भारतीय मर्यादा को पूरी निष्ठा के साथ स्वीकार किया है। लौकिक भाव के माध्यम से अलौकिक भाव की व्यंजना की है। ईश्वर के जिस रूप का आत्मा वरण कर लेती है उसी के साथ उसे अन्त तक जुड़े रहना चाहिए। विभिन्न मत-मतान्तरों में उसके भिन्न-भिन्न रूप हैं। कहने के लिए वह बहुत अच्छा भी हो सकता है लेकिन धर्मान्तरण उसी तरह से निन्दनीय है जैसे एक नारी अपने पति को छोड़कर अधिक सुन्दर दिखनेवाले पति की ओर आकर्षित हो जाय।

शब्दार्थ—सहेल्याँ = सखियों, सहेलियों। रली कराँ = केलि करें, आनन्द उठावें। पर घर गवण = दूसरों के घर जाना। निवारि = छोड़कर। जगमग जोति = चमकीली-भड़कीली रोशनी। आभूषणा = आभूषण, गहने। पियाजी री पोति = प्रियतम परमात्मा की माला। पाट पटंबरा = रेशमी वस्त्र। दिखणी चीर= दक्षिणी साड़ी। जामें = जिसमें, जिसे धारण कर। साँची = सच्ची, वस्तुतः उत्तम। छप्पण भोग = छप्पन प्रकार के व्यंजन। बुहाइ दे = बहा दो। भोगनि में = व्यंजनों में। लूण अलूणों हे = नमक पड़ा या बिना नमक का भी। निवाँण = नीची उपजाऊ भूमि। कालर = ऊसर जमीन। निपजै = पैदा होती है।

॥ 27 ॥

माई म्हाँणे सुपणा माँ परण्याँ दीनानाथ।
छप्पण कोटाँ जणाँ पधार्‌याँ दूल्हो सिरी ब्रजनाथ।
सुपणा माँ तोरण बँध्यारी सुपणा माँ गह्या हाथ।
सुपणा माँ म्हारे परण गया पायाँ अचल सोहाग।
मीराँ रो गिरधर मिल्यारी, पूरब जणम रो भाग।

पाठ-भेद-

माई म्हाणे शुपण माँ परण्याँ दीणानाथ। मी. प्रा. 36, पृ. 17

माई म्हाँने सुपणें में परण गया दीनानाथा। बृ.प. प. 379, पृ. 179

व्याख्या—हे माँ (हे सखि)! स्वप्न में दीनानाथ ने मुझसे परिणय किया। छप्पन करोड़ लोग बराती बनकर पधारे और श्री ब्रजनाथ दूल्हा बने। स्वप्न में तोरण बाँधा गया और स्वप्न में कृष्ण ने मेरा पाणिग्रहण किया। स्वप्न में ही मेरा परिणय हुआ, मुझे अचल सौभाग्य मिल गया। पूर्व जन्म के पुण्य का फल था या भाग्योदय था जिससे मीराँ को गिरधर पति रूप में मिल गया।

टिप्पणी—इसमें मीराँ ने कृष्ण के साथ अपने विवाह की कामना को स्वप्न में फलीभूत होते पाया है। छप्पन कोटि देवताओं की संख्या है। मी. बृ. प. में इस पद से ऊपर पाँच पंक्तियाँ और हैं।

माई म्हाँने सुपने में परण गया जगदीस।
सोती को सुपणा आविया जी सुपणा बिस्वा बीस।
गैली दीखै मीराँ बावली सुपणाँ आलजंजाल।
माई म्हाँने सुपणों में परण गया गोपाल।
अंग अंग हलदी में करी जी सुधे भीज्यो गात।

उपर्युक्त पंक्तियों में भावों की पुनरावृत्ति है। इसलिए इसकी प्रामाणिकता पर सन्देह है।

शब्दार्थ—परण्याँ = वधू के रूप में ग्रहण कर लिया, ब्याह लिया। छप्पण कोटाँ = छप्पनों करोड़ देवता। जणाँ = बराती।

॥ 28 ॥

थें मत बिरजाँ माइड़ी, साधाँ दरसण जावाँ।
स्याम रूप हिरदाँ बसाँ, म्हारे ओर णा भावाँ।
सब सोवाँ सुख नींदड़ी, म्हारे नैण जगावाँ।
ग्याण नसाँ जग बावरा ज्याकूँ, जाकूँ स्याम णा भावाँ।
मा हिरदाँ बस्याँ साँवरो म्हारे णींद न आवाँ।
चौमास्याँ री बावड़ी, ज्याँ कूँ नीर न पीवाँ।
हरि निर्झर अमरित झर्‌या, म्हारो प्यास बुझावाँ।
रूप सुरंगा साँवरी, मुख निरखण जावाँ।
मीराँ व्याकुल विरहिणी अपणी कर ल्यावाँ।

व्याख्या—हे माँ! तुम मुझे साधुओं के दर्शन के लिए जाने से मत रोको। कृष्ण की छवि मेरे हृदय में बस गयी है। मुझे और कुछ अच्छा ही नहीं लगता है। सब सुख की नींद सोते हैं, किन्तु मैं रात में जागती रहती हूँ। ज्ञान के नशे में सारा जग पागल हुआ है जिनको श्याम अच्छे नहीं लगते हैं, वे ही भक्ति को छोड़कर ज्ञान की ओर जाते हैं। मेरे हृदय में कृष्ण बसे हुए हैं, मुझे नींद नहीं आती है। चार महीने जो बावड़ी जल से भरी रहती है उसका पानी मैं नहीं पीती हूँ। हरिरूपी निर्झरिणी से जो अमृत झरता है उसी से मेरी प्यास बुझती है। सुन्दर रंग-रूपवाले कृष्ण का मुख देखने के लिए मैं जाती हूँ। मीराँ विरह से व्याकुल है, हे कृष्ण! तुम उसे अपना लो।

शब्दार्थ—बिरजाँ = बरजो, मत रोको। चौमास्याँ री बावड़ी = चौमासे या वर्षा ऋतु में भरनेवाली बावली या पोखरी। रूप सुरंगा = सुन्दर, सौन्दर्यशाली।

॥ 29 ॥

राग कामोद

बरजी री म्हाँ स्याम विणा न रह्याँ।
साधाँ संगत हरि सुख पास्यूँ जगसूँ दूर रह्याँ।
तण मण म्हाराँ जावाँ जास्याँ, म्हारो सीस लह्याँ।
मण म्हारो लग्याँ गिरधारी जगराँ बोल सह्याँ।
मीराँ रे प्रभु हरि अविनासी, थारी सरण गह्याँ।

व्याख्या—मीराँ कहती हैं कि रोकी गयी मैं श्याम के बिना रह ही नहीं सकती। साधुओं की संगति में मैं भगवत् सुख पाती हूँ और संसार से दूर रहती हूँ। तन, मन मेरा जहाँ जाता है उसके लिए मैं सिर भी देने को तैयार हूँ। मेरा मन गिरधारी में बसा हुआ है। संसार के लोग कटु उक्ति करते हैं। मैं उनकी बोली को सहती रहती हूँ। मीराँ कहती हैं कि हे मेरे प्रभु अविनाशी कृष्ण! मैं तुम्हारी शरण में आयी हूँ।

शब्दार्थ— बरजी = रोकी हुई, मना करने पर। जावाँ जास्याँ = जाता है, चला जावे। सीस लह्याँ = सिर कट जावे। बोल = कटु वचन। गह्याँ = पकड़ती हैं।

॥ 30 ॥

आज म्हाँरो साधु जन नी सँगरे, राणा म्हाँरा भाग भल्या।
साधू जन नी संग जो करिये, चढ़ेते चौगणी रंग रे।
साकत जन नी संग न करिये, पड़े भजन में भंग रे।
अड़सठ तीरथ सन्तों ने चरणे, कोटि कासी कोटि गंग रे।
निन्दा करसे नरक कुंड माँ, जासे थासे आँधरा अपंग रे।
मीराँ के प्रभु गिरधर नागर, सन्तों नी रज म्हाँ रे अंग रे।

व्याख्या—आज मुझे साधु जनों का साथ मिला है। हे राणा! आज मेरा भाग्य सुन्दर हो गया है। साधुजनों की जो संगति करता है उस पर भक्ति का चौगुना रंग चढ़ता है। शाक्तजनों का साथ मत करिये, उससे भजन में बाधा पड़ती है। सन्तों के चरणों में अड़सठ तीर्थ, करोड़ों काशी और गंगा रहती हैं। जो सन्तों की निन्दा करेगा वह अन्धा और अपंग होकर नरक कुण्ड में चला जायगा। मीराँ कहती हैं कि सन्तों की धूल मैंने अपने अंग में लगा ली है।

टिप्पणी—इस पद में सन्तों की महिमा का गान किया गया है। कबीरदास ने भी अपनी वाणी में शाक्तों की निन्दा की है और वैष्णवों की सराहना की है।

शब्दार्थ—जन नी = लोगों का। चढ़ेते = चढ़ जाता है। साकत जन नी = हृदयहीन शाक्त लोगों का। अड़सठ तीरथ = अरसठ तीर्थ। सन्तों ने चरणे = सन्तों के चरण में ही। करसे,जासे, थासे = करेगा, जायगा, हो जायगा। सन्तों नी रज = सन्तों की धूल।

॥ 31 ॥

राग पूरिया कल्याण

माई म्हाँ गोविन्दा, गुण गास्याँ।
चरणाम्रत रो नेम सकारे, नित उठ दरसण जास्याँ।
हरि मन्दिर माँ निरत करास्याँ, घूँघर्‌याँ धमकास्याँ।
स्याम नाम रो झाझ चलास्याँ, भवसागर तर जास्याँ।
यों संसार बीड़ रो काँटो, गेल प्रीत अँटकास्याँ।
मीराँ रे प्रभु गिरधर नागर, गुन गावाँ सुख पास्याँ।

व्याख्या—हे माँ! मैं गोविन्द का गुण गाऊँगी। रोज सबेरे नियम से चरणामृत पान करूँगी और नित्य उठ करके दर्शन के लिए जाऊँगी। कृष्ण के मन्दिर में नृत्य करूँगी और घुघरूँ बजाऊँगी। कृष्ण के नाम की जहाज चलाऊँगी और भवसागर तर जाऊँगी। यह संसार झरबेरी का काँटा है, प्रीति की गली में चलने पर भक्त इसमें अटक जाता है। मीराँ कहती हैं कि गिरधर नागर प्रभु के गुण गाकर मैं सुख पाऊँगी।

टिप्पणी—इस पद में गुण कथन, श्रवण, कीर्त्तन आदि नवधा भक्ति का वर्णन है। झाझ देशज शब्द है। संसार बीड़ रो काँटों में मीराँ के सहज मौलिक दृष्टान्त का परिचय मिलता है।

शब्दार्थ—गास्याँ = गाऊँगी। चरणाम्रत = भगवान् के पादोदक का पान। सकारे = प्रातःकाल। दरसण = दर्शनार्थ। निरत = नृत्य-कीर्त्तन। करास्याँ = करावेंगी, करेंगी। घूँघर्‌याँ = घुँघरू। धमकास्याँ = बजावेंगी। झाझ = जहाज। बीड़ = झरबेरी के काँटों का घेरा।

॥ 32 ॥

राग घम्माच

नहिं सुख भावै थारो देसलड़ो रँगरूड़ो।
थाँरे देसाँ में राणा साध नहीं छै, लोग बसै सब कूड़ो।
गहणाँ गाँठी राणा हम सब त्याग्या, त्याग्यो कर रो चूड़ो।
काजल टीकी हम सब त्याग्या, त्याग्यो छै बाँधन जूड़ो।
मीराँ के प्रभु गिरधर नागर, वर पायो छै पूरो।

व्याख्या—मीराँ कहती हैं, तुम्हारा विचित्र और सुन्दर देश मुझे अच्छा नहीं लगता है और न सुखद प्रतीत होता है। हे राणा! तुम्हारे देश में (साधु) अर्थात् भक्तजन, सज्जन नहीं बसते हैं जो बसते हैं वे कूड़े की तरह निरर्थक और सारहीन हैं। हे राणा! मैंने आभूषण त्याग दिया, हाथ की चूड़ी त्याग दिया, काजल और टीका लगाना छोड़ दिया, जूड़ा बाँधना छोड़ दिया। मीराँ के प्रभु गिरधर नागर मीराँ को पूर्ण वर (पति) के रूप में प्राप्त हुआ है।

टिप्पणी—इस पद में मीराँ ने उसी स्थान को महत्त्वपूर्ण माना है जहाँ साधु-सन्त रहते हैं। मीराँ को पूर्ण वर मिला है जो अविनाशी है लेकिन उसको लुभाने के लिए अन्य संसारी नारियों की तरह श्रृंगार करने की आवश्यकता नहीं है।

शब्दार्थ—भावै = सुहाता है, अच्छा लगता है। थारो = आपका। देसलड़ो = देश। रँगरूड़ो = अच्छे रंग का, विचित्र, सुन्दर। देसाँ में = देश या राज्य में। राणा = मीराँ के देवर महाराजा उदयपुर की पदवी। साध = साधु-सन्त। छै = है। कूड़ो = झूठे, असज्जन, निकम्मे। गहणाँ गाँठी = आभूषण। त्याग्या = त्याग दिये। कर रो = हाथ की। चूड़ो = हाथी-दाँत की चूड़ियाँ। टीकी = बिन्दी। जूड़ो = वेणी, जूड़ा।

॥ 33 ॥

राणो म्हाँने या बदनामी लगे मीठी।
कोई निन्दो कोई बिन्दो मैं चलूँगी चाल अपूठी।
साँकड़ली सेर्‌याँ जन मिलिया क्यूँ कर फिरूँ अपूठी।
सतसंगति मा ज्ञान सुणै छी, दुरजन लोगाँ नै दीठी।
मीराँ रो प्रभु गिरधर नागर, दुरजन जलो जा अँगीठी।

व्याख्या—मीराँ कहती हैं कि हे राणा! भक्ति के मार्ग का अनुसरण करते हुए मैंने लोक-मर्यादा का जो त्याग किया है उसके कारण जो मेरी बदनामी हो रही है, वह मुझे मधुर लगती है। चाहे कोई निन्दा करे, चाहे कोई स्तुति करे, मैं सामान्य लोगों से भिन्न मार्ग पर चलूँगी। मेरी चाल उन्हें उलटी लग सकती है। सँकरी गली में सामान्य लोगों से मिलकर मैं क्यों वापस लौटूँ, सत्संगति में ज्ञान की बातें सुनती हूँ, दुर्जन लोगों को देखती नहीं हूँ। मीराँ के प्रभु गिरधर नागर हैं। दुर्जन लोग मीराँ को देखकर अँगीठी की तरह जलते हैं।

शब्दार्थ— मीठी = भली, अच्छी। अपूठी = उलटी, भिन्न मार्ग से। दीठी = देखा। साँकड़ली सेर्‌याँ = तंग गली में। बिन्दो = वन्दना, सराहना। दुरजन = दुष्ट लोग।

टिप्पणी—अन्तिम पंक्ति में उपमा अलंकार है। मीठी शब्द मधुरतावाची है। बदनामी लगे मीठी, व्यंजक प्रयोग है।

॥ 34 ॥

राग अगना

राणाजी थे क्याँने राखो म्हाँसूँ बैर।
थें तो राणाजी म्हाँने इसड़ा, लागो ज्यों ब्रच्छन में कैर।
महल अटारी हम सब त्यागे, त्याग्यो थारो बसनो सहर।
कागज टीकी राणा हम सब त्याग्या भगवीं चादर पहर।
मीराँ के प्रभु गिरधर नागर, इमरित कर दियो जहर।

व्याख्या—मीराँ जी कहती हैं हे राणा! तुम मुझसे क्यों वैर रखते हो। तुम मुझसे उसी तरह का सम्बन्ध रखते हो जिस तरह वृक्षों में करील का पेड़ होता है। मैंने महल, अटारी सब त्याग दिया। तुम्हारे शहर में रहना भी छोड़ दिया। काजल, टीका सब-कुछ छोड़ दिया। मैंने भगवे रंग का वस्त्र पहन लिया। मीराँ के प्रभु गिरधर नागर ने जहर को अमृत बना दिया।

दूसरी पंक्ति में उपमा अलंकार.है।

शब्दार्थ—क्याँने = क्यों, किसलिए। म्हाँसूँ = हमसे, मुझसे। म्हाँने = मुझे। इसड़ा = ऐसे। ब्रच्छन में = वृक्षों में। कैर = करील का पेड़। थारो = आपका। भगवीं चादर = भगवे रंग का वस्त्र। इमरित = अमृत।

॥ 35 ॥

राग पहाड़ी

सीसोद्यो रूठ्यो तो म्हाँरो काँई करलेसी।
म्हें तो गुण गोविन्द का गास्याँ, हो माई।
राणोजी रूठ्याँ बाँरो देस रखासीं।
हरि रूठ्याँ कुम्हलास्याँ, हो माई।
लोक लाज की काण न मानूँ।
निरभै निसाणाँ धुरास्याँ हो माई।
स्याम नाम रो झाझ चलास्याँ।
भवसागर तर जास्याँ हो माई।
मीराँ सरण सँवल गिरधर की।
चरण कँवल लपटास्याँ हो माई।

व्याख्या—सिसोदिया वंश के राणा यदि मुझसे रूठ गये हैं तो मेरा क्या कर लेंगे। हे माँ! मुझे तो गोविन्द गुण गाना है। राणा जी रूठकर अपने देश की रक्षा कर लेंगे अर्थात् अपने देश में तथाकथित मर्यादा की रक्षा करेंगे। हरि रूठ जायँगे तो मैं

कुम्हला जाऊँगी। मैं लोक-लज्जा की मर्यादा नहीं मानती। मैं निर्भय होकर अपना नगाड़ा बजाऊँगी। श्याम के नाम का जहाज बनाकर चलाऊँगी और इस तरह मैं भवसागर को पार कर जाऊँगी। मीराँ साँवले कृष्ण के शरण में जाकर उनके चरण-कमलों से लिपट जायँगी।

शब्दार्थ—सीसोद्यो = सीसोदिया वंश के राजा। रूठ्यो = रूठ गया, अप्रसन्न हो गया। काँई = क्या। करलेसी = कर लेगा। बाँरो = उनका अपना। रखासीं = रख लेगा, रखे रहेगा। रूठ्याँ = रूठने से। कुम्हलास्याँ = कुम्हला जायँगी, कान्तिहीन हो सूख जायँगी। निरभै = निर्भय होकर। निसाणाँ = निसान, नगाड़ा। धुरास्याँ = बजावेगी। लपटास्याँ = लिपट जाऊँगी।

॥ 36 ॥

राग पीलू

पग बाँध घूँघर्‌याँ णाच्याँ री।
लोग कह्याँ मीराँ बावरी, सासु कह्याँ कुलनासी री।
विख रो प्यालो राणा भेज्याँ, पीवाँ मीराँ हाँसाँ री।
तण मण वार्‌याँ परि चरिणामाँ दरसण अमरित प्यासाँ री।
मीराँ रे प्रभु गिरधर नागर, थारी सरणाँ आस्याँ री।

पाठ-भेद-

पग घुँघरू बाँध मीराँ नाची रे। बृ. प. 279 पृ. 133

व्याख्या—पैरों में घुँघरू बाँधकर मीराँ नाचती है। लोग कहते हैं कि मीराँ बावली हो गयी। सास कहती है कि मीराँ कुल का नाश करनेवाली है। राणा ने विष का प्याला भेजा उसे पीकर मीराँ हँसने लगी। मैंने हरि के चरणों में तन-मन सब न्योछावर कर दिया। मैं कृष्ण के दर्शनरूपी अमृत का पान करूँगी। हे मीराँ के प्रभु गिरधर नागर! मैं तुम्हारी शरण में आयी हूँ।

मीराँ को राणा के द्वारा मारने के लिए विविध यत्न किये गये थे, इस पद में उसका एक अन्त: साक्ष्य मिलता है। दर्शन-अमृत में रूपक अलंकार है।

शब्दार्थ—पग = पैरों में। कुलनासी = कुल में कलंक लगानेवाली। हाँसाँ = हँसी, प्रसन्न रही। प्यास्याँ = पीऊँगी।

॥ 37 ॥

साँवरियो रंग राचाँ राणा, साँवरियो रंग राचाँ।
ताल पखावज मिरदंग बाजा, साधाँ आगे णाच्याँ।

बुझ्या माणे मदण बावरी, स्याँम प्रीतम्हाँ काचाँ।
विख रो प्यालो राणा भेज्याँ, आरोग्याँ णाँ जाचाँ।
मीराँ रे प्रभु गिरधर नागर, जनम जनम रो साँचाँ।

व्याख्या—हे राणा जी! मैं कृष्ण के रंग में रंजित हूँ अर्थात् मैं कृष्णमय हो गयी हूँ। पखावज और मृदंग के ताल बजने पर मैं साधुओं के आगे नाचने लगती हूँ। लोग समझते हैं कि मैं काम से बावली हो गयी हूँ। मुझे श्याम की प्रीति की चाह है। विष का प्याला राणा ने भेजा, जिसे मैंने ग्रहण कर लिया और प्रभावहीन रही। मीराँ का प्रभु गिरधर नागर के प्रति जन्म-जन्म का सच्चा प्रेम है।

शब्दार्थ—रंग राचाँ = रंग या प्रेम में रँग गयी। साँवरियो = श्याम-सुन्दर। ताल = ताली, करतल ध्वनि। पखावज = छोटा मृदंग। आरोग्याँ = ग्रहणकर खा-पी लिया।

॥ 38 ॥

राणोजी थें जहर दियो म्हें जाणी।
जैसे कंचन दहत अगिन में, निकसत बाराँवाणी।
लोकलाज कुल काण जगत की, दइ बहाय जस पाणी।
अपने घर का परदा करले, मैं अबला बौराणी।
तरकस तीर लग्यो मेरे हियरे, गरक गयो सनकाणी।
सब सन्तन पर तन मन वारों, चरण कँवल लपटाणी।
मीराँ को प्रभु राखि लई है, दासी अपणी जाणी।

पाठ-भेद-

राणाँजी तें जहर दियो मैं जाणी। बृ. प. 5.5 पृ. 247

व्याख्या— राणाजी ने जहर दिया मैं जिसे समझ गयी (फिर भी मैंने उसका पान कर लिया) जैसे सोना आग में दहकाये जाने के बाद बारह वाणी का खरा सोना हो जाता है, उसी तरह मैं भी सतायी जाने के बाद खरी हो गयी हूँ। मैंने पानी की तरह लोक-लाज, संसार और कुल की मर्यादा को बहा दिया। तुम अपने घर में पर्दा करो मैं अबला तो पागल हो गयी हूँ। तरकस से निकला हुआ तीर मेरे हृदय में लग गया। वह मेरे अन्दर प्रवेश करके मुझे पागल बना दिया है। सभी सन्तों के प्रति तन और मन का न्योछावर कर दिया है और कृष्ण के चरण-कमलों से लिपट गयी हूँ। मीराँ के प्रभु कृष्ण ने मीराँ को अपनी दासी मानकर उसकी रक्षा की।

'दइ बहाय जस पाणी' में उपमा अलंकार, 'तरकस तेल लग्यो' में रूपकातिशयोक्ति।

शब्दार्थ—थें = तुमने। म्हें = मैं। जाणी = जान गयी। दहत = तपाया जाता है। बाराँवाणी = बारह वाणी (बारहों सूर्यों के समान दमकनेवाला), खरा, चोखा। जगत की = सांसारिक वा समूची, कुल। गरक = गर्क हो गया, प्रवेश कर गया।

॥ 39 ॥

राग जौनपुरी

माई म्हाँ गोविन्द गुण गाणा।
राजा रूठ्याँ नगरी त्यागाँ, हरि रूठ्याँ कठ जाणा।
राणो भेज्या विख रो प्यालो, चरणामृत पी जाणा।
काला नाग पिटार्‌याँ भेज्या, सालगराम पिछाणा।
मीराँ गिरधर प्रेम दिवाँणी, साँवल्या वर पाणा।

व्याख्या—हे माँ! मुझे गोविन्द का गुण गाना है। राजा नाराज हुआ तो नगर छोड़ना पड़ा, यदि हरि रूठ जायगा तो कहाँ जायेंगे। राणा ने विष का प्याला भेजा उसे चरणामृत समझकर मैंने पी लिया। काला नाग पेटी में भेजा उसको मैंने शालग्राम के रूप में पहचाना। मीराँ कृष्ण के प्रेम में दीवानी है, उसने साँवले कृष्ण को वर के रूप में पा लिया है।

शब्दार्थ—गाणा = गाऊँगी। रूठ्याँ = रूठने पर। जाणा = जाना, जाना जाय। राणो= राणा ने। पी जाणा = पी जाना। पिछाणा = पहचान लिया। दिवाँणी = पगली। पाणा = पाना है।

॥ 40 ॥

यो तो रंग धत्ताँ लग्यो ए माय।
पिया पियाला अमर रस का, चढ़ गई घूम घुमाय।
यो तो अमल म्हाँरो कबहूँ न उतरे, कोट करी उपाय।
साँप पिटारो राणाजी भेज्यो, द्यौ मेड़तणी गल डार।
हँस हँस मीराँ कण्ठ लगायो, यो तो म्हाँरे नौसर हार।
विष को प्यालो राणोजी भेज्यो, द्यौ मेड़तणी णे पाय।
कर चरणामृत पी गई रे, गुण गोविन्द रा गाय।
पिया पियाला नाम का रे, और न रंग सोहाय।
मीराँ कहै प्रभु गिरधर नागर, काचो रंग उड़ जाय।

व्याख्या—हे माँ! मुझे कृष्ण का रंग खूब अधिक लग गया है। मैंने अमृत रस का प्याला पी लिया। वह मेरी देह को मस्त किये हैं। मैं करोड़ उपाय करती हूँ लेकिन नशा उतरता ही नहीं। राणा जी ने साँप की पिटारी भेजा। मेड़ते की लड़की मीराँ ने

उसे गले में डाल लिया। मीराँ ने हँस-हँसकर उसे गले लगाया और मेरे लिये वह नौ लड़ी का हार हो गया। राणा ने विष का प्याला भेजा, मेड़तेवाली मीराँ ने उसे गोविन्द का गुणगान करते हुए चरणामृत के समान पी लिया। मीराँ ने नाम का प्याला पिया है। उसे कोई अन्य रंग (नशा) सुहाता नहीं है। मीराँ कहती है कि प्रभु गिरधर नागर की कृपा से मीराँ की देह से सांसारिक कच्चा रंग क्षण में उड़ जाता है अर्थात् मीराँ की आसक्ति उसके प्रति बिलकुल नहीं होती है।

टिप्पणी—इस पद में भक्ति के अमृतरस की मस्ती और सांसारिक विष की तुलना की गयी है। भक्त को कोई भी रस चाहे वह विष ही क्यों न हो प्रभावित नहीं कर पाता है।

शब्दार्थ—यो = यह। धत्ताँ = खूब। माय = माँ, सखी। घूम = घुमरी, नशा। अमल = नशा। द्यौ = देना। मेड़तणी = मेड़ते की लड़की। णे = को। रा = का।

॥ 41 ॥

राग खम्माच

मीराँ मगन भई हरि के गुण गाय।
साँप पिटारा राणा भेज्यो, मीराँ हाथ दियो जाय।
न्हाय धोय जब देखण लागी, सालिगराम गई पाय।
जहर का प्याला राणा भेज्या, अमृत दीन्ह बनाय।
हाथ धोय जब पीवण लागी, हो गई अमर अँचाय।
सूल सेज राणा ने भेजी, दीज्यो मीराँ सुलाय।
साँझ भई मीराँ सोवण लागी, मानो फूल बिछाय।
मीराँ के प्रभु सदा सहाई राखे बिघन हटाय।
भजन भाव में मस्त डोलती गिरधर पर बलि जाय।

व्याख्या—कृष्ण के गुणों का गान करके मीराँ भक्ति भाव में डूब गयी। राणा ने पिटारा में साँप भरकर भेजा और मीराँ के हाथ में पकड़ा दिया। नहा-धोकर जब देखने लगी तो पिटारी में शालग्राम की मूर्ति प्राप्त हुई। राणा ने विष का प्याला भेजा। भगवान् ने उसे अमृत बना दिया। हाथ धोकर मैंने उसका पान किया और मैं अमर हो गयी। काँटे की शय्या राणा ने भेजा और मीराँ को उस पर सुला देने का आदेश दिया। शाम के समय जब मीराँ उस पर सोने लगी तो ऐसा लगा जैसे फूल बिछा हो। मीराँ कहती हैं कि मेरे प्रभु ने सदा मेरी सहायता की और विघ्न को टालकर मेरी रक्षा की। भजन भाव में मैं घूमती रहती हूँ और गिरधर के प्रति न्यौछावर हो जाती हूँ।

टिप्पणी—इस पद में भक्ति के अनोखे प्रभावों की व्यंजना की गयी है। मानो फूल बिछाये में उत्प्रेक्षा अलंकार है। गुण कीर्त्तन नवधा भक्ति का एक प्रमुख अंग है।

शब्दार्थ—अँचाय = पीकर। सूल सेज = सूली की सेज।

॥ 42 ॥

राग पहाड़ी

हेली म्हाँसूँ हरि बिनि रह्यो न जाय।
सास लड़े मेरी नन्द खिजावै, राणा रह्या रिसाय।
पहरो भी राख्यो चौकी बिठार्‌यों ताला दियो जड़ाय।
पूर्व जनम की प्रीत पुराणी, सो क्यूँ छोड़ी जाय।
मीराँ के प्रभु गिरधर नागर, अवरु न आवे म्हाँरी दाय।

व्याख्या—मीराँ अपनी सखी को सम्बोधित करते हुए कहती हैं कि मुझसे कृष्ण के बिना रहा नहीं जाता है। सास मेरी लड़ती है और ननद परेशान करती है और राणा तो नाराज ही हो गये हैं। उन्होंने मेरे आस-पास पहरा बैठा दिया है। रक्षकों की चौकी बना दी है और मेरे कक्ष में ताला लगवा दिया है। इतने अवरोधों के बावजूद पूर्व जन्म की अतिशय पुरानी प्रीति कैसे छोड़ी जाय। मीराँ कहती हैं गिरधर नागर कृष्ण के अलावा कोई अन्य मेरी पसन्द में नहीं आता।

टिप्पणी—मीराँ ने कृष्ण के साथ अपने प्रेम के शाश्वत सम्बन्धों का संकेत किया है।

शब्दार्थ—हेली = अरी। म्हाँसूँ = हमसे, मुझसे। खिजावै = चिढ़ाती रहती है। पहरो...बिठार्‌यों = रखवाली के लिए पहरेदार नियुक्त कर दिये हैं। जड़ाय = डलवाया है। म्हाँरी दाय = मेरी पसन्द में।

॥ 43 ॥

राग लोहानी

जाण्याँ णा प्रभु मिलण विध क्याँ होय।
आया म्हारे आँगणाँ फिर गया मैं जाण्याँ खोय।
जोवताँ मग रैण बीताँ दिवस बीताँ जोय।
हरि पधाराँ आँगणाँ गया मैं अभागण सोय।
विरह व्याकुल अनल अन्तर कल णाँ पड़ता दोय।
दासी मीराँ लाल गिरधर मिल णा बिछड़्या कोय।

व्याख्या—मीराँ कहती हैं कि मैं समझ नहीं पाती हूँ कि कृष्ण से मिलन किस प्रकार से हो। मेरे आँगन में कृष्ण आये लेकिन मुझे तब पता चला जब वे चले गये। रास्ता देखते हुए रात बीत गयी। देखते-देखते दिन बीत गया। कृष्ण मेरे आँगन में आये लेकिन मैं अभागिन सो गयी। विरह से व्याकुल मेरे अन्दर जैसे आग जल रही है। मुझे चैन नहीं मिलता। मीराँ कहती हैं, हे गिरधर नागर! कोई भी मिलकर न बिछुड़े।

टिप्पणी—इस पद में प्रतीक्षा एवं व्याकुलता की व्यंजना है। प्रभु का दर्शन पाने के लिए भक्त में पूर्ण जाग्रतावस्था नहीं आयी है। इसीलिए तो वह ईश्वर का साक्षात्कार नहीं कर पाता। पद्मावत में जब पद्मिनी शिव मन्दिर में पधारती है तो रत्नसेन उसका सामना नहीं कर पाता। उसकी आँखें बन्द हो जाती हैं।

शब्दार्थ—प्रभु मिलण = प्रभु से मिलना। क्याँ = कैसे। फिर गया = लौट गये। आँगणाँ = आँगन से। जाण्याँ खोय = उसके चले जाने पर। मिल णा बिछड़्या = मिलकर न बिछुड़े।

॥ 44 ॥

जोगियाजी निसदिन जोवाँ थारी बाट।
पाँव न चालै पन्थ दुहेलो, आढा औघट घाट।
नगर आइ जोगी रम गया रे, मो मन प्रीति न पाइ।
मैं भोली भोलापन कीन्हों राख्यौ नहिं बिलमाइ।
जोगिया कूँ जोवत बोहो दिन बीता, अजहूँ आयो नाहिं।
विरह बुझावण अन्तरि आवो, तपन लगी तन माहिं।
कै तो जोगि जग माँ नाहीं कैर बिसारी मोइ।
काँइ करूँ कित जाऊँरी सजनी नैण गुमायों रोइ।
आरति तेरी अन्तरि मेरे, आलो अपनी जाणि।
मीराँ व्याकुल बिरहिणी रे, तुम बिनि तलफत प्राणि।

पाठान्तर-

जोगिया जी निसदिन जोऊँ बाट। बृ. प. 233 पृ. 80

व्याख्या—हे योगी प्रियतम! मैं दिन-रात तुम्हारे पथ की ओर निहारती रहती हूँ। मैं इतनी समर्थ नहीं हूँ कि रास्ते पर खुद चल सकूँ। मेरे पैर दुर्गम पथ पर चल नहीं सकते। बीच में अटपटे पहाड़ या घाटियाँ हैं। नगर में आकर योगी रम गया, उसे मेरे मन की प्रीति नहीं मिल पायी। भोली-भाली मैं मैने भोलापन किया उसे चतुराई से रोक नहीं पायी। योगी को देखते-देखते बहुत दिन बीत गये वह आज भी नहीं आया। शरीर में ज्वाला लगी हुई है। विरह की आग को बुझाने के लिए हृदय में आ जाओ, क्या योगी जग में नहीं है अथवा उसने मुझे भुला दिया। मैं क्या करूँ, कहाँ जाऊँ?

हे सखि! रोते-रोते मैंने नेत्र गवाँ दिये। तुम्हारी लालसा मेरे मन में है। तुम आकर दर्शन दो। विरहिणी मीराँ तुम्हारे बिना व्याकुल है और मीराँ के प्राण तड़प रहे हैं।

टिप्पणी—जोगिया सम्बोधन के आधार पर कुछ विद्वानों ने मीराँ पर नाथ मत का प्रभाव देखा है। कुछ ने तो यहाँ तक कह दिया कि मीराँ किसी योगी से प्रेम करती हैं। यहाँ जोगिया सम्बोधन कृष्ण के लिए है। वे परम योगेश्वर माने जाते हैं।

शब्दार्थ—जोगियाजी = योगी, प्रियतम। जोवाँ = देखती हूँ। चालै = चलता है, बढ़ता है। दुहेलो = विकट, दुर्गम। आढा = बीच-बीच में। औघट = अटपट। मो मन = मन में, मुझमें। बोहो = बहुत-से। अन्तरि = हृदय में। तपन = ताप। कै = या। कैर = और। काँइ = क्या।

॥ 45 ॥

अखयाँ तरशाँ दरसण प्यासी।
मग जोवाँ दिण बीताँ सजणी, णैण पड्या दुःखरासी।
डारा बैठ्याँ कोयल बोल्या, बोल सुण्या री गासी।
कड़वा बोल लोक जग बोल्या, करस्याँ म्हारी हाँसी।
मीराँ हरि रे हाथ विकाणी, जणम जणम री दासी।

व्याख्या—मीराँ कहती हैं मेरी प्यासी आँखें हरि के दर्शन के लिए तरस रही हैं। मार्ग देखते-देखते हे सखि! दिन बीत जाते हैं और रात्रि में अथाह दुःख आ पड़ता है। तात्पर्य यह है कि रात्रि के समय विरह की पीड़ा बहुत अधिक बढ़ जाती है। डाल पर बैठी कोयल बोलती है, उसकी बोल सुनकर मैं और भी विरहग्रस्त हो जाती हूँ। मेरी दशा देखकर लोग व्यंग्य बोलते हैं और मेरी हँसी उड़ाते हैं। लेकिन मैं क्या करूँ मैं तो कृष्ण के हाथ बिक गयी हूँ, जन्म-जन्म की उनकी दासी हूँ।

टिप्पणी—इस पद में विरह भाव की व्यंजना की गयी है। आँखों के लिए प्यासी विशेषण पद चयन की दृष्टि से महत्त्वपूर्ण है। प्यास आँखों का गुण नहीं है लेकिन मीराँ ने इसका प्रयोग करके अर्थ व्यंजना को अधिक प्रभावशाली बनाया है। कोयल उद्दीपन के रूप में प्रयुक्त है। रागानुगा भक्ति के अन्तर्गत दास्यभाव की अभिव्यक्ति है।

शब्दार्थ—तरशाँ = तरस रही हैं। बैठ्याँ = बैठकर। बोल्या = बोली।

॥ 46 ॥

जोगी मत जा मत जा मत जा, पाँइ परूँ मैं तेरी चेरी हौं।
प्रेम भगति को पैड़ो ही न्यारो हमकूँ गैल बता जा।
अगर चँदण की चिता रचाऊँ, अपणे हाथ जला जा।

जल बल भई भस्म की ढेरी, अपणे अंग लगा जा।
मीराँ कहै, प्रभु गिरधर नागर जोत में जोत मिला जा।

व्याख्या—मीराँ अपने प्रियतम योगी से अनुनय-विनय करती हैं कि हे योगी! मत जाओ, मैं तेरे पाँव पड़ती हूँ, मैं चेरी (दासी) बनकर सेवा करूँगी। प्रेम भक्ति का मार्ग निराला है। मुझे उस मार्ग के रहस्य को बता दो। मैं यदि चन्दन की चिता बनाती हूँ तो तुम उसे अपने हाथ से जला दो। जलकर जब मेरी देह राख में बदल जाय तब तुम उस राख को अपनी देह में लगा लेना। मीराँ कहती हैं कि हे प्रभु! मेरी प्रार्थना है कि तुम अपनी ज्योति में मेरी ज्योति को मिला दो, अर्थात् अंश को अंशी में समाहित कर दो।

इसी भाव से मिलता-जुलता भाव कबीर का है।

यह तन जारों मसि करौं, ज्यूँ धुंवा जाइ सरग्गि।
मति वै राम दया करै, बरसि बुझावै अग्गि। —कबीरदास
यह तन जारौं छार कै, कहौं की पवन उड़ाउ।
मकु तेहि मारग होइ परो, कन्त धरै जहँ पाउ। —जायसी

शब्दार्थ—पाँइ = पैरों। चेरी = दासी। पैड़ो = मार्ग। न्यारो = भिन्न। गैल = रास्ता। अगर = एक सुगन्धित द्रव्य। रचाऊँ = बना देती हूँ। जला जा = प्रज्वलित करता जा। ढेरी = राशि। अपणे = अपने।

॥ 47 ॥

थें जीम्या गिरधरलाल।
मीराँ दासी अरज कर्‌याँ छै, म्हारों लाल दयाल।
छप्पण भोग छतीसाँ विंजण, पावाँ जण प्रतिपाल।
राजभोग आरोग्याँ गिरधर, सणमुख राखाँ थाल।
मीराँ दासी सरणा ज्याशी, कीज्याँ वेग निहाल।

व्याख्या—मीराँ कहती हैं कि हे प्रभु! आप भोजन कीजिये। दासी मीराँ निवेदन कर रही हैं कि तुम मेरे दयालु स्वामी हो। हे संसार के प्रतिपालक! छप्पन भोग और छत्तीस व्यंजन प्राप्त करें। हे गिरधर! राजभोग थाल में परसकर आपके सामने रखा हुआ है। आपकी दासी मीराँ आपके शरण में आयी है, शीघ्र ही भोजन ग्रहण करके उसे कृतार्थ करें।

टिप्पणी—कृष्ण भक्ति काव्य में प्रमुख रूप से वल्लभ सम्प्रदाय में श्रीनाथ के मन्दिर में अष्टयाम झाँकियों में राजभोग भी सम्मिलित था। मीराँ ने कृष्ण को भोग लगाकर इसी तरह के वैष्णव आचरण को स्वीकार किया है।

शब्दार्थ—जीम्या = भोजन कीजिये।

॥ 48 ॥

छोड़ मत जाज्यो जी महाराज।
म्हा अबला बल म्हारों गिरधर, थे म्हारों सरताज।
म्हा गुणहीन गुणागर नागर, म्हा हिवड़ों रो साज।
जग तारण भौ भीत निवारण, थें राख्याँ गजराज।
हार्‌या जीवन सरण रावली, कठे जावाँ ब्रजराज।
मीराँ रे प्रभु और णा काँई, राखा अबरी लाज।

व्याख्या—मीराँ कृष्ण से निवेदन करती हैं कि हे महाराज! मुझे छोड़कर मत जाइये। मुझ अबला के बल तुम्हीं हो, हे गिरधर! तुम मेरे स्वामी हो। मैं गुणहीन हूँ, हे नागर कृष्ण! तुम गुण के भण्डार हो। तुम मेरे हृदय की शोभा हो। तुम जग के तारनेवाले हो। सांसारिक भय का निवारण करनेवाले हो, तुमने गजराज की रक्षा की थी। जीवन से हारा हुआ व्यक्ति तुम्हारी शरण में आता है। हे ब्रजराज! बताओ मैं कहाँ जाऊँ? मीराँ कहती हैं कि हे प्रभु! मेरे लिये और कोई शरण नहीं है। अब आप मेरी लाज रखिये।

टिप्पणी—अबला बल गुणहीन गुणागार आदि पदों में जो अन्त: संगति है वह द्रष्टव्य है। इसमें कृष्ण के ऐश्वर्य और बड़प्पन का चित्रण है। वह सभी राजाओं का राजा है। इसलिए महाराज शब्द का सार्थक प्रयोग दृष्टिगोचर होता है। पूरे पद में प्रपत्ति भाव की व्यंजना है।

शब्दार्थ—सरताज = स्वामी। हिवड़ों रो साज = हृदय की शोभा। भौ भीत = भव का संकट। गजराज = गजेन्द्र, जिसे ग्रह की पकड़ से छुड़ाया था। कठे = कहाँ। और णा = और नहीं। काँई = कोई।

॥ 49 ॥

राग बिहागरा

ऐसी लगन लगाइ कहाँ तू जासी।
तुम देख्याँ बिन कल न पड़त है, तलफ तलफ जिव जासी।
तेरे खातिर जोगण हूँगी, करवत लूँगी कासी।
मीराँ के प्रभु गिरधर नागर, चरण कँवल की दासी।

व्याख्या—मीराँ कहती हैं कि ऐसी प्रेम की भावना जगाकर तुम कहाँ जाओगे, तुमको देखे बिना मुझे चैन नहीं पड़ता है। लगता है तड़प-तड़पकर प्राण निकल जायँगे। तुम्हारे लिये मैं योगिनी बन जाऊँगी और काशी में करवत व्रत लूँगी। हे गिरधर नागर! मीराँ तेरे चरणों की दासी है।

टिप्पणी—करवत व्रत में कोई व्यक्ति काशी में जाकर आरे से अपने शरीर को चिरवा देता है। मीराँ पूरे विश्वास के साथ अपने प्रिय पर अधिकार जताने की चेष्टा करती हैं।

शब्दार्थ—जासी = जायगा। खातिर = लिये, वास्ते। जोगण = जोगिन। करवत... कासी = काशीपुरी में करवट लूँगी या आरे से गला कटा लूँगी।

॥ 50 ॥

राग बिलावल

पिया म्हारे नैणाँ आगाँ रहज्यो जी।
नैणाँ आगाँ रहज्यो म्हाँणे भूल णा जाज्यो जी।
भौ सागर म्हाँ बूड़्या चाहाँ, श्याम को सुध लीज्यो जी।
राणा भेज्या विष रो प्यालो, थे इमरत कर दीज्यो जी।

पाठभेद-

पिया म्हारे णेणाँ आगाँ रहस्यो जी। मी. प्रा. 66, पृ. 23
पिया म्हारै नैनाँ आगै रहज्यो जी। बृ. प. प. 296, पृ. 140

व्याख्या—मीराँ कृष्ण से निवेदन करती हैं कि हे प्रभु! मेरी आँखों के आगे रहना। मुझे भूल मत जाना। भवसागर में मेरी नाव डूबनेवाली है। हे श्याम! जल्दी से आकर मेरी खबर लीजिये। राणा ने विष का प्याला भेजा। तुमने उसे अमृत कर दिया। मीराँ कहती हैं, हे गिरधर नागर! तुम मिलकर बिछुड़ मत जाना।

शब्दार्थ—नैणाँ = नयनों या आँखों के। आगाँ = सामने। रहज्यो = रहना, रहो। बूड़्याँ चाहाँ = डूबना ही चाहती हूँ। म्हाँणे = हमको, मुझे। सुध = खबर।

॥ 51 ॥

राग सुख सोरठ

थाँणे काँई काँई बोल सुणावा म्हाँरा साँवराँ गिरधारी।
पूरब जणम री प्रीति पुराणी, जावा णाँ गिरधारी।
सुन्दर बदन जोवताँ साजण, थारी छबि बलिहारी।
म्हारे आँगण स्याम पधाराँ, मंगल गावाँ नारी।
मोती चौक पुरावाँ णेणाँ, तण मण डाराँ वारी।
चरण सरण री दासी मीराँ, जणम जणम री क्वाँरी।

पाठान्तर-

थाणे काई काई बोड़ शुणावाँ म्हाराँ साँवरा गिरधारी।

मी. प्रा. 30, पृ. 15

थाँनै काँई कोई कह समझाऊँ म्हारा बाल्हा गिरधारी।

बृ. प. प. 218, पृ. 105

व्याख्या—हे मेरे साँवले गिरधारी! मैं तुमसे कौन-कौन-सी अच्छी बातें कहूँ। तुम्हें रिझाने के लिए कैसे-कैसे मधुर गीत गाऊँ। हे गिरधारी! हमारी तुम्हारी प्रीति पूर्व जन्म की है अत: बहुत पुरानी है। मुझे छोड़कर मत जाना। तुम्हारे सुन्दर मुख को देखते हुए मैं तुम्हारी छवि पर बलिहारी जाती हूँ। हे श्याम! मेरे आँगन में पधारो, सभी स्त्रियाँ मंगलगान करेंगी। मैं अपने नेत्रों की मोतियों से चौक पुराऊँगी और तन-मन तुम्हारे प्रति न्यौछावर कर दूँगी। मीराँ आपके चरणों की दासी है। वह जन्म-जन्म से क्वाँरी है क्योंकि वह केवल तुम्हें ही पति रूप में पाना चाहती है।

टिप्पणी—इस पद में प्रेमिका द्वारा प्रेमी को रिझाने की चेष्टा की गयी है। मीराँ कृष्ण को आमन्त्रित करती हैं और आँसुओं से आँगन में मोती सजाने की बात कहती हैं। प्रेम की एकनिष्ठता और समर्पण आदि भावों को व्यक्त किया गया है।

शब्दार्थ—थाँणे = आपको। काँई = क्या-क्या, किस प्रकार। जोवताँ = देखते ही। मोती = मोतियों द्वारा। णेणाँ = आँखों में। चरण = चरणों की।

॥ 52 ॥

राग सुख सोरठ

देखाँ माई हरि मण काठ कियाँ।
आवण कह गयाँ अजा ण आयाँ, कर म्हाणे कोल गयाँ।
खाण पाण सुध बुध सब बिसर्‌याँ, काँई म्हारो प्राण जियाँ।
थारो कोल बिरुद जग थारो, थे काँई बिसर गयाँ।
मीराँ रे प्रभु गिरधर नागर, थे बिण फटा हियाँ।

पाठान्तर-

देखा सइयाँ हरि मन काठो कीयो। बृ. प. 237, पृ. 114

व्याख्या—मीराँ कहती हैं कि हे सखि! देखो कृष्ण ने मन को काठ (लकड़ी) की तरह कठोर कर लिया है। आने के लिए कह गये लेकिन आज भी नहीं आये। मुझसे समय पर आने का प्रण भी करके गये थे। मुझे खाना-पीना भूल गया। बुद्धि से सब विस्मृत होता जा रहा है। बताओ मेरे प्राण कैसे बचेंगे। अपने प्रण या वादे के निर्वाह के लिए तुम जगत् प्रसिद्ध हो। लेकिन तुम वादे को कैसे भूल गये। हे गिरधर नागर प्रभु! तुम्हारे बिना मेरा हृदय फटा जा रहा है।

टिप्पणी—काठ करना, हृदय फटना आदि मुहावरों का काव्यात्मक प्रयोग किया गया है। प्रतीक्षा भाव की व्यंजना है।

शब्दार्थ— काठ = कठिन। मण... कियाँ = मन को कड़ा करके उदासीन या निरपेक्ष बना गये। अजा = अभी तक। कोल = वादा। काँई = किस प्रकार। फटा हियाँ = हृदय विदीर्ण हो रहा है।

॥ 53 ॥

जोगिया से प्रीत कियाँ दुःख होई।
प्रीत कियाँ सुख ना मोरी सजनी, जोगी मित न कोई।
रात दिवस कल नाहिं परत है, तुम मिलियाँ बिनि मोई।
ऐसो सूरत या जग माँही फेरि न देखी सोई।
मीराँ रे प्रभु कब रे मिलोगे, मिलियाँ आँणद होई।

व्याख्या—मीराँ अपनी सखी को सम्बोधित करते हुए कहती हैं कि योगी से प्रीति करने से दुःख होता है क्योंकि योगी किसी का मित्र नहीं हो सकता। हे योगी! तुमसे मिले बिना रात-दिन चैन नहीं मिलता। तुम्हारी-जैसी साँवली-सलोनी सूरत मुझे संसार में पुनः नहीं दिखायी दी। हे मीराँ के प्रभु गिरधर नागर! तुम कब मिलोगे। तुमसे मिलने पर मुझे आनन्द मिलेगा।

टिप्पणी—योगी नारी से विरक्त रहता है। मीराँ के समय में नाथ योगियों की ऐसी कथाएँ प्रचलित थीं जिनमें उनके मन में नारी के प्रति अनासक्ति भाव का वर्णन रहता है। निर्मोही योगी की छवि मीराँ की चेतना में व्याप्त थी जिसका उन्होंने कृष्ण के ऊपर आरोपण किया। कृष्ण स्वयं ही योगेश्वर हैं। वे भक्तों पर दया और कृपा करते हैं लेकिन उनका प्रेम अनासक्त ही है।

शब्दार्थ—कियाँ = करने से। मित = मित्र। मिलियाँ = मिले। बिनि = बिना। फेरि = फिर कभी। आँणद = आनन्द।

॥ 54 ॥

जोगियारी प्रीतड़ी है दुःखड़ा रो मूल।
हिल मिल बात बणावत मीठी, पीछे जावत भूल।
तोड़त जेज करन नहिं सजनी, जैसे चंबेली के फूल।
मीराँ कहै प्रभु तुमरे दरस बिन, लगत हिवड़ा सूल।

व्याख्या—मीराँ अपनी सखी को सम्बोधित करते हुए कहती हैं, योगी की प्रीति दुःख का मूल अर्थात् जड़ है। पहले तो हिल-मिलकर बनावटी मीठी बातें करते हैं

फिर भूल जाते हैं। वे प्रेम को तोड़ने में भी देर नहीं करते, जैसे चमेली का फूल तोड़ लिया हो। मीराँ कहतीं हैं कि तुम्हारे दर्शन के बिना मेरे हृदय में शूल चुभता रहता है।

टिप्पणी—चौथी पंक्ति में उपमा अलंकार है। शूल चुभना का लाक्षणिक अर्थ है अतिशय पीड़ा होना। प्रीतड़ी में ड़ी राजस्थानी का प्रत्यय है। दु:खड़ा, हिवड़ा में भी इन्हीं प्रत्ययों का प्रयोग है।

शब्दार्थ—प्रीतड़ी = प्रीति, प्रेम। दु:खड़ा = दु:ख। रो = का। मूल = कारण। बणावत = बनाता है। जावत भूल = भूल जाता है। जेज = देर। चंबेली = चमेली। सूल = काँटा।

॥ 55 ॥

राग सोरठ

कोई दिन याद करोगे रमता राम अतीत।
आसण माँड़ि अडिग होय बैठा, याही भजन को रीत।
मैं तो जाँणू जोगी संग चलेगा, छाँड़ि गया अधबीच।
आत न दीसे जात न दीसे, जोगी किसका मीत।
मीराँ कहै प्रभु गिरधर नागर, चरणन लागो चीत।

व्याख्या—हे राम में रमनेवाले विचरणशील योगी! किसी दिन अतीत की बातें याद करोगे। आसन लगाकर तुम अडिग होकर बैठ गये हो। क्या यही भजन का तरीका है? मैंने तो समझा था कि योगी अन्ततक साथ चलेगा। लेकिन उसने तो बीच मार्ग से ही साथ छोड़ दिया। योगी न आते दिखायी देता है न जाते अर्थात् उसके आने-जाने का पता ही नहीं चलता। ऐसी स्थिति में वह किसका मित्र हो सकता है। मीराँ कहती हैं कि गिरधर नागर के चरणों में ही मेरा चित्त लगा रहता है।

टिप्पणी—योगी की योग साधना और मीराँ की भक्ति भाव में साम्य नहीं है। इसलिए वह कहती हैं कि योगी भक्त का साथ अपने स्वभाव और साधना-प्रणाली के अन्तर के कारण निभा नहीं सकता।

शब्दार्थ—कोई दिन = किसी दिन, कभी-न-कभी। रमता = घूमने-फिरनेवाला, एक जगह जमकर न रहनेवाला। अतीत = निर्लेप, विरक्त, निरपेक्ष। आसण माँड़ि = आसन मारकर वा लगाकर। अडिग = निश्चल, अचल। जाँणू = जाना। चीत = चित्त।

॥ 56 ॥

जाणाँ रे मोहणा, जाणाँ थारी प्रीत।

प्रेम भगति री पैड़ा म्हारो, अवरु ण जाणाँ नीत।
इमरत पाइ विषाँ क्यूँ दीज्याँ, कूँण गाँव री रीत।
मीराँ रे प्रभु हरि अविणासी, अपणो जणरो मीत।

व्याख्या—मीराँ मोहन को उलाहना देते हुए कहती हैं कि मैं तुम्हारे प्रेम को समझती हूँ। मेरा तो प्रेम भक्ति का ही एकमात्र मार्ग है अन्य कोई तरीका मुझे मालूम नहीं है। अमृत पिलाकर विष देना ये किस गाँव का रिवाज है। मीराँ के प्रभु कृष्ण अविनाशी हैं। वे अपने भक्तों के मित्र हैं।

शब्दार्थ—जाणाँ = जान गयी, जान ली। पैड़ा = मार्ग। रीत = ढंग। पाइ = पिलाकर। दीज्याँ = दीजिये, दिया जाय। कूँण = कौण से।

॥ 57 ॥

जावादे जावादे जोगी किसका मीत।
सदा उदासी रहै मोरि सजनी, निपट अटपटी रीत।
बोलत वचन मधुर से मानूँ, जोरत नाहीं प्रीत।
म्हें जाणूँ या पार निभैगी, आँड़ि चलै अधबीच।
मीराँ के प्रभु स्याम मनोहर, प्रेम पियारा मीत।

व्याख्या—मीराँ कहतीं हैं कि जो हरदम जाने दे-जाने दे की रट लगाये रहता है वह किसका मित्र हो सकता है। वह सदा उदासीन रहता है। उसका तौर-तरीका बड़ा अटपटा है। वह मधुर बातें तो करता है लेकिन प्रीति नहीं जोड़ता है। मैं समझती थी कि वह प्रेम का अन्त तक निर्वाह करेगा लेकिन वह तो बीच में ही छोड़कर चला गया। मीराँ कहती हैं कि मेरे प्रभु तो श्याम मनोहर ही हैं। वही मेरे प्रेमी और प्रिय मित्र हैं।

शब्दार्थ—जावादे = जाने दे। मीत = मित्र, साथी। उदासी = उदासीन, निरपेक्ष। अटपटी = बेढंगी। मधुर से = मीठी-मीठी। मानूँ = मानो। या = इसके साथ। आँड़ि = छोड़कर।

॥ 58 ॥

धूतारा जोगी एकरसूँ हँसि बोल।
जगत वदीत करी मनमोहन, कहा बजावत ढोल।
अंग भभूति गले म्रिगछाला, तू जन गुड़िया खोल।
बदन सरोज बचन की सोभा, ऊभी जोऊँ कपोल।
सेली नाद बभूत न बटवो, अजूँ मुनी मुख खोल।

चढ़ती बैस नैण अणियाले, तू घरि घरि मत डोल।
मीराँ के प्रभु हरि अविनासी, चेरी भई बिन मोल।

व्याख्या—मीराँ कहती हैं हे कपटी योगी! एक बार तो हँसकर बोल दे। तुम्हारे प्रेम के कारण मैं जगत् प्रसिद्ध हो गयी। इसे मैंने ढोल बजाकर स्वीकार किया है। अंग पर भस्म लगाये हुए गले में मृगछाला डाले हुए तुम अपने मन के रहस्य को लोक के सामने क्यों नहीं उद्घाटित करते। तुम्हारे कमलवत् मुख और कानों की शोभा तथा कपोलों की शोभा खड़ी-खड़ी निहारती रहती हूँ। मेरे पास न सेली है, न भस्म है, न नाद यन्त्र है, हे मुनि! अब भी तू मुख खोल दे, तेरी चढ़ती उमर है अर्थात् तुम नवयुवक हो। तेरी आँखें तीक्ष्ण हैं, तू घर-घर मत घूम। मीराँ कहती है, मेरे प्रभु अविनाशी कृष्ण हैं, मैं बिना किसी मूल्य के उनकी चेरी (दासी) हो गयी हूँ।

टिप्पणी—योगी योग-साधना में लीन है वह किसी युवती से प्रेम नहीं करता है। योग मार्ग में ऐसा करना वर्जित है। मीराँ योगी भाव को कृष्ण के ऊपर आरोपित करके कृष्ण की अन्यमनस्कता को व्यंजित करती हैं।

शब्दार्थ—धूतारा = धूर्त (अवधूत)। एकरसूँ = एक बार भी। वदीत = विदित। करौ = की। गुड़िया खोल = गाँठ खोल दे, रहस्य का उद्घाटन कर।

॥ 59 ॥

रमईया मेरे तोही सूँ लायी नेह।
लगी प्रीत जिन तोड़ै रे बाला, अधिक कीजै नेह।
जो हूँ ऐसी जानती ऐ बाला, प्रीत कीयाँ दुष होय।
नगर ढंढोरी फेरती रे, प्रीत करो मत कोय।
षीर न षाजे आरी रे, मूरष न कीजै मित।
षिण ताता षिण सीतला रे, षिण वैरी षिण मित।
प्रीत करें ते बावरा रे, करि तोड़ै ते कूर।
प्रीत निभावण दलके षंभण, ते कोई बिरला सूर।
तुम गजगौरी को चूँतरो रे, हम बालू की भीत।
अब तो म्याँ कैसे वणै रे, पूरब जनम की प्रीत।
एकै थाणै रोपिया रे, इक आँबो इक बूल।
वाकौ रस नीकौ लगै रे, वाको लागै सूल।
ज्यूँ डूगर का बाहला रे, यूँ ओछा तणा सनेह।
बहता वहै जो उतावला रे, वे तो अंटक बतावे छेह।
आयो सावन भादवा रे, बोलण लगा मोर।
मीराँ कूँ हरिजन मिल्या रे, ले गया पवन झकोर।

व्याख्या—हे राम! मेरा स्नेह तुम्हीं से है। हे प्रियतम! तुम मेरी प्रीति की संलग्नता को तोड़ो मत बल्कि और अधिक प्रेम करो। यदि मैं ऐसा जानती कि प्रेम करने से दु:ख होता है तो नगर में ढिंढोरा पीट देती और कहती कि कोई प्रेम मत करो। मूर्ख से प्रीति करना उचित नहीं है, वह क्षण में गरम होता है क्षण में शीतल होता है अर्थात् उसका क्रोध और शान्त होना अप्रत्याशित और क्षणिक होता है। वह क्षण में दुश्मन बन जाता है, क्षण में मित्र बन जाता है। जो प्रेम करता है वह पागल है और जो प्रीति को तोड़ता है वह है निर्दयी। प्रीति को निभानेवाला कोई विरला ही है। हे प्रियतम! तुम सुदृढ़ चबूतरे के समान हो और मैं तो रेत की दीवार के समान निर्बल हूँ। फिर भी मैं पूरब जनम की प्रीति को छोड़ नहीं सकती। यदि आम और बबूल के वृक्ष को लगा दिया जाय तो आम का रस अच्छा लगेगा और बबूल तो काँटे ही चुभाता है। ओछे व्यक्ति का प्रेम पर्वत की ऊँचाई से बहनेवाले नाले के समान है, उसमें क्षण भर के लिए तेज बहाव होता है लेकिन फिर धीरे-धीरे समाप्त हो जाता है। सावन-भादों का महीना आ गया है। मोर भी आनन्द से बोलने लगे हैं। हवा के झकोरे ने मीराँ में भक्ति भाव जगा दिया है।

टिप्पणी—मीराँ ने इस पद में प्रेम की अनुभूतियों और स्थितियों को चित्रित किया है। यहाँ प्रेम की लौकिक स्थितियों को अधिक उजागर किया गया है।

शब्दार्थ— बाला = वाल्हा, प्रियतम। गजगौरी को चूँतरो = गच किया हुआ सुदृढ़ चबूतरा। थाणै = स्थान पर वा थाले में। बूल = बबूल। लागै सूल = काँटा चुभ जाता है। बाहला = बहनेवाला स्रोत। ओछा तणा = छोटे के साथ। उतावला = उमड़कर बिना किसी के हानि-लाभ की ओर ध्यान दिये ही। अंटक... छेह = शीघ्र ही नष्ट कर देता या तोड़ देता है।

॥ 60 ॥

गिरधर रीसाणा कोन गुणाँ।
कछुक ओगुण हम पै काढ़ो, म्हें भी कान सुणाँ।
मैं तो दासी थाराँ जनम जनम की, थें साहब सुगणाँ।
मीराँ कहे प्रभु गिरधर नागर, थारोई नाम भणाँ।

पाठान्तर-

गिरधर रूसणूँजी कोणं गुन्हाँ। बृ. प. प. 123

व्याख्या—मीराँ कृष्ण से पूछती हैं कि तुम किस कारण से नाराज हो। कुछ मेरा भी अवगुण बताओ, मैं भी अपने कान से सुनूँ। मैं तो तुम्हारी जनम-जनम की दासी हूँ। तुम तो सुन्दर गुणोंवाले साहब हो। मीराँ कहती हैं मेरे प्रभु गिरधर नागर हैं। मैं तो तुम्हारे ही नाम का स्मरण करती हूँ।

शब्दार्थ—कोन गुणाँ = किस कारण। सुणाँ = सुनूँ। सुगणाँ = गुण, श्रेष्ठ। थारोई = आपका ही। भणाँ = नाम लेती हूँ, जपा करती हूँ।

॥ 61 ॥

राग श्याम कल्याण

हरि थें हर्‌या जण रो भीर।
द्रोपती री लाज राख्याँ थे बढ़ायाँ चीर।
भगत कारण रूप नरहरि, धर्‌याँ आप सरीर।
बूड़ताँ गजराज राख्याँ, कट्‌याँ कुँजर भीर।
दासि मीराँ लाल गिरधर, हराँ म्हारी पीर।

पाठान्तर-

हरि थें हर्‌याँ जण री भीर। मी. प्रा. 69, पृ. 25

हरि तुम हरो जन की पीर। बृ. प. प. 635, पृ. 320

व्याख्या—मीराँ कृष्ण से निवेदन करते हुए कहती हैं कि तुमने सदैव भक्त जनों की पीड़ा को हरो। द्रौपदी की लज्जा रखने के लिए तुमने उनका चीर बढ़ा दिया, भक्त प्रह्लाद के लिए तुमने नृसिंह रूप धारण किया। डूबते हुए गजराज की रक्षा की और तुम्हारे प्रयत्न से वह दु:ख मुक्त हो गया। हे गिरधर! मीराँ तुम्हारी दासी है इसलिए मेरा भी कष्ट दूर करो।

टिप्पणी—मध्यकालीन भक्त कवियों ने जिन पौराणिक कथाओं का बार-बार उल्लेख किया है, भगवान् की उद्धारक वृत्ति को निरूपित करने के लिए मीराँ भी उन्हीं का उल्लेख करती हैं।

शब्दार्थ—जण = भक्त। भीर = संकट, कष्ट। द्रोपती = द्रौपदी। बढ़ायाँ = बढ़ा दिया। रूप नरहरि = नृसिंहरूपी। सरीर = देह, अवतार। बूड़ताँ = डूबते हुए। राख्याँ = बचा लिया।

॥ 62 ॥

राग रामकली

अब तो निभायाँ, बाँह गह्याँरी लाज।
असरण सरण कह्याँ गिरधारी, पतित उधारत पाज।
भोसागर मझधार अधाराँ, थें विण घणों अकाज।
जुग जुग भीर हराँ भगतारी, दीश्याँ मोच्छ नेवाज।
मीराँ सरण गहाँ चरणाँ री, लाज रखाँ महाराज।

व्याख्या—मीराँ कृष्ण से विनयपूर्वक कहती हैं कि अब तो बाँह पकड़े की लाज रख लीजिये। हे गिरधारी! तू शरणहीन के शरणदाता हो। पतितों के उद्धार का तुमने प्रण किया है। अथाह संसाररूपी सागर में अथाह मझधार में तुम्हारा ही आधार चाहिए। तुम्हारे बिना बड़ा अनर्थ हो जायगा। तुम युग-युग से अपने भक्तों के दु:ख को हरते रहे हो और मोक्ष देते रहे हो। मीराँ ने तुम्हारे चरणों की शरण ग्रहण की है। हे महाराज! अपने विरद की लाज रखो।

टिप्पणी—इसमें शरणागति भक्ति का निदर्शन है। भवसागर में रूपक अलंकार है।

शब्दार्थ—निभायाँ = निभा दीजिये। पाज = प्रण। घणों = बहुत। दीश्याँ = दिखा।

॥ 63 ॥

हरि बिन कूँण गती मेरी।
तुम मेरे प्रतिपाल कहिये, म्हे रावरी चेरी।
आदि अन्त निज नाँव थारो, हीया में फेरी।
बेरि बेरि पुकारि कहूँ, प्रभु आरति है तेरी।
यौ संसार बिकार सागर, बीच में घेरी।
नाव फाटी प्रभु पाल बाँधो, बूड़त है बेरी।
बिरहणि पिव की बाट जोवै, राखिल्यौ नेरी।
दासि मीराँ राम रटत है, सरण हूँ तेरी।

व्याख्या—मीराँ कहती हैं भगवान् के बिना मेरी कौन गति है। तुम्हीं मेरे पालनेवाले हो और मैं तुम्हारी दासी हूँ। आदि से अन्त तक मैं अपने हृदय में तुम्हारा नाम जपती रहती हूँ। मैं बार-बार पुकारकर कहती हूँ कि मैं तुम्हारे लिये आर्त्ति हूँ। अर्थात् तुम्हारी गहरी चाह मेरे मन में है। यह संसार विकारों का सागर है और उसी के बीच में घिरी हुई मेरी नौका बीच से फट गयी है। हे प्रभु! तुम पाल बाँध दो, मेरा बेड़ा डूब रहा है। विरहिणी प्रियतम की प्रतीक्षा कर रही है, इसे अपने निकट स्थान दीजिये। मीराँ कहती हैं, हे राम! तुम्हारा नाम रट रही हूँ। मैं तुम्हारी शरण में हूँ।

टिप्पणी—मीराँ राम और कृष्ण में भेद नहीं मानती हैं। इसीलिए वह कृष्ण के स्थान पर राम का प्रयोग कर देती हैं। भवसागर में नौका संचालन का बिम्ब प्रस्तुत किया गया है।

शब्दार्थ—कूँण = कौन-सी। गती = स्थिति, दशा। कहिये = कहना चाहिए, हो। निज = अपना। हीया में फेरी = हृदय में स्मरण करती रहती हूँ। आरति = आर्त्ति वा उत्कट चाह। तेरी = तेरे लिये। यौ =यह। पाल बाँधो = पाल चढ़ाओ, पाल तानो। बेरी = बेड़ा, नाव। नेरी = निकट।

॥ 64 ॥

राग दरबारी

प्रभु जी कह्याँ गया नेहड़ा लगाय।
छोड्यो म्हाँ विसवास सँगाती, प्रीतरी बाती जलाय।
विरह समँद में छोड़ गया छो, नेह री नाव चलाय।
मीराँ रे प्रभु कब रे मिलोगे, थें विण रह्याँ न जाय।

पाठान्तर-

प्रभु जी थें कठयाँ गया नेहडा लगाय। मी. प्रा. 11, पृ. 11
प्रभुजी थे कहाँ गया नेहड़ो लगाय। बृ. प. प. 260, पृ. 129

व्याख्या—मीराँ कहती हैं, मुझसे नेह लगाकर हे प्रभु! तुम कहाँ चले गये। प्रेम की वर्तिका जलाकर, हे मेरे विश्वासपात्र साथी! तुम मुझे छोड़कर क्यों चले गये? नेह की नौका चलाकर मुझे विरह के समुद्र में छोड़कर कहाँ चले गये? मीराँ कहती हैं, हे प्रभु! तुम कब मिलोगे, तुम्हारे बिना रहा नहीं जाता।

इस पद में रूपक अलंकार का प्रयोग है।

शब्दार्थ—थें= आप। नेहड़ा = नेह, प्रेम। विसवास = विश्वासपात्र। सँगाती = साथी। बाती जलाय = (विरह की) लौ जलाकर। समँद = समुद्र। छो = हो । कब रे = अरे कब। रह्याँ = रहा ही।

॥ 65 ॥

राग मलार

डारि गयो मनमोहन पासी।
आँबाँ की डालि कोइल इक बोले, मेरी मरण अरु जग केरी हाँसी।
बिरह की मारी मैं बन डोलूँ, प्राण तजूँ करवत ल्यूँ कासी।
मीराँ रे प्रभु हरि अविनासी, तुम मेरे ठाकुर मैं तेरी दासी।

व्याख्या—मीराँ कहती हैं कि कृष्ण ने मेरे ऊपर प्रेम का फन्दा डाल दिया है। आम की डाल पर कोयल कूकती है जिससे मेरी पीड़ा इतनी बढ़ जाती है कि मरण की स्थिति आ जाती है। लोग मेरी हँसी करते हैं। विरह से आहत मैं वन में घूमती रहती हूँ, मन कहता है कि काशी में करवत व्रत लेकर अपना प्राण त्याग दूँ। मीराँ कहती हैं कि हे अविनाशी प्रभु! तुम मेरे स्वामी हो, मैं तुम्हारी दासी हूँ।

टिप्पणी—इसमें विरह की अन्तिम अवस्था मरण का संकेत है। कोयल की कूक का प्रयोग उद्दीपन रूप में हुआ है।

शब्दार्थ—डारि गयो = डाल गया। पासी = फाँसी, बन्धन। आँबाँ = आम। डालि = डाल पर। केरी = की। जग...हाँसी = लोगों के लिए तमाशा मात्र है। बन डोलूँ = बेचैन हो भटक रही हूँ। ल्यूँ = लूँ। ठाकुर = स्वामी।

॥ 66 ॥

राग विहाग

माई म्हारी हरिहूँ णा बूझ्याँ बात।
पिंड माँसू प्राण पापी, निकसि क्यूँ णा जात।
पटा णा खोल्या मुखाँ णा बोल्या, साँझ भयाँ परभात।
अबोलणाँ जुग बीतण लागाँ, कायाँरी कुसलात।
सावण आवण हरि आवण री, सुण्या म्हाँणे बात।
थोर रैणा बीजु चमकाँ, बार गिणताँ प्रभात।
मीराँ दासी स्याम राती, ललक जीवणाँ जात।

व्याख्या—हे माँ! कृष्ण मेरी बात समझते ही नहीं अर्थात् मेरे निवेदन पर ध्यान नहीं देते हैं। यह पापी प्राण शरीर में से निकल क्यों नहीं जाते। मेरे प्रियतम ने मेरा घूँघट खोलकर मुख ही नहीं देखा। प्रतीक्षा करते सन्ध्या से सबेरा हो गया। बिना बोले युग बीता जा रहा है। फिर किस तरह से कुशल हो सकता है। मैंने सुना है कि कृष्ण सावन में आनेवाले हैं। घोर अँधेरी रात में बिजली चमक रही है। दिन गिन-गिनकर मैं सबेरा करती हूँ। मीराँ कृष्ण से दासी भाव से अनुरक्त है। उनसे मिलने की चाह में ही जीवन व्यतीत होता जा रहा है।

टिप्पणी—इसमें उपेक्षाजनित नैराश्य तथा प्रतीक्षा भावों की व्यंजना है। प्रकृति का उद्दीपन रूप में चित्रण है। मिलन की आकांक्षा व्यक्त हुई।

शब्दार्थ—हरिहूँ = हरि वा प्रियतम ने ही। बूझ्याँ बात = कुछ भी पूछा वा समझा। पिंड = पिण्ड व शरीर। माँसू = में से। पटा = परदा वा द्वार अथवा घूँघट। मुखाँ = मुख से। साँझ भयाँ परभात = सन्ध्या से लेकर प्रभात का समय तक आ गया। अबोलणाँ = बिना बोले ही। जुग = युग का समय। बार गिणताँ = दिन गिन-गिनकर। कायाँरी = कैसी।

॥ 67 ॥

राग पूरिया धनाश्री

परम सनेही राम की नीत ओलूँरीं आवै।
राम हमारे हम हैं राम के, हरि बिन कछु न सुहावै।

आवण कह गये अजहूँ न आये, जिवड़ो अति उकलावै।
तुम दरसन की आस रमैया, कब हरि दरस दिलावै।
चरण कँवल की लगनि लगी नित, बिन दरसन दुःख पावै।
मीराँ कूँ प्रभु दरसन दीज्यौ, आँणद बरण्याँ न जावै।

व्याख्या—परम स्नेही राम की स्मृति नित्य आती है। राम हमारे हैं, हम राम के हैं। राम के बिना कुछ भी सुहावना नहीं लगता है। वह आने को कह गये थे लेकिन आज भी नहीं आये, मेरा प्राण अत्यधिक आकुल हो रहा है। हे राम! तुम्हारे दर्शन की आशा में बैठी हूँ, तुम कब दर्शन दोगे। तुम्हारे चरण-कमलों में नित्य मन लगा रहता है। बिना दर्शन के दुःखी होती हूँ। मीराँ कहती हैं कि हे प्रभु! दर्शन दे दो, दर्शन से जो आनन्द प्राप्त होता है वह अवर्णनीय है।

टिप्पणी—मीराँ सगुण भक्त हैं। वह अन्य सन्तों की तरह हरि के अनेक नामों का प्रयोग करती हैं। सन्तमत के प्रभाव के कारण ही वह कुछ पदों में राम के प्रति अपनी प्रेम भावना को व्यक्त करती हैं। इस पद में स्मृति संचारी, आकुलता और दर्शन सुख की आकांक्षा आदि भावों की व्यंजना है।

शब्दार्थ—ओलूँ = स्मृति, याद। उकलावै = आकुलता है, बेचैनी है। रमैया = प्रियतम रूप राम। लगनि = प्रीति। वरण्याँ = वर्णन किया।

॥ 68 ॥

साँवलिया म्हारो छाय रह्या परदेस।
म्हारा बिछड्या फेर न मिलया, भेज्या णा एक सन्नेस।
रतण आभरण भूखण छाँड्या, खोर कियाँ सिर केस।
भगवाँ भेख धर्‌याँ थें कारण, ढूढ्याँ चार्‌याँ देस।
मीराँ रे प्रभु स्याम मिलण विण, जीवनि जनम अनेस।

व्याख्या—मीराँ कहती हैं कि मेरा प्रियतम कृष्ण परदेश में टिक गया है। जब से मेरा उसका वियोग हुआ, पुनः मिलन नहीं हुआ। वह न तो मिलने आया और न कोई सन्देश ही भेजा। मैंने वियोग में रत्न एवं आभूषण सब त्याग दिया। मैंने अपने बालों को कटवा लिया। तुम्हारे कारण मैंने भगवा वस्त्र धारण किया और चारों दिशाओं में तुम्हारी खोज की। मीराँ कहती हैं कि हे कृष्ण! तुम्हारे मिलन के बिना जीवन और जन्म के प्रति अनिच्छा हो गयी।

टिप्पणी—इस पद में प्रियतम के वियोग में साज शृंगार के त्याग और अपने प्रयत्न से प्रियतम को पाने की चेष्टा, जीवन के प्रति निस्पृहता की व्यंजना है।

शब्दार्थ—छाय रह्या = टिका रहा। फेर = फिर। सन्नेस = सन्देश। खोर कियाँ = क्षौर करा डालूँ, कटवा दूँ। भगवाँ भेख = संन्यासिनी का वेश। चार्याँ देस = चारों दिशाओं में। मिलण = मिलन। जीवनि जनम = जीने की इच्छा करती हूँ। अनेस = अनेक।

॥ 69 ॥

राग पीलू

स्याम विणा सखि रह्या णा जावाँ।
तण मण जीवण प्रीतम वार्याँ, थारे रूप लुभावाँ।
खाण पाण म्हाणे फीकाँ लागाँ, नैण रहाँ मुरझावाँ।
निस दिन जोवाँ बाट मुरारी, कबरी दरसण पावाँ।
बार बार थारी अरजाँ करसूँ रैण गवाँ दिन जावाँ।
मीराँ रे हरि थे मिल्याँ विण, तरस तरस जीया जावाँ।

पाठभेद-

स्याम बिण सखि रह्याँ णा जावाँ। मी. प्रा. 18, पृ. 13

व्याख्या—मीराँ अपनी सखी से कहती हैं कि कृष्ण के बिना रहा नहीं जाता। तन, मन और जीवन सब-कुछ प्रियतम को समर्पित कर दिया। मैं उनके रूप पर लुब्ध हो गयी। खाना-पीना मुझे फीका-सा लगता है और मेरे नेत्र दर्शन के अभाव में मुरझाये रहते हैं। रात-दिन मुरारी कृष्ण की राह देखती रहती हूँ, पता नहीं उनका दर्शन कब मिलेगा। बार-बार कृष्ण से निवेदन करती हूँ किस तरह रात और दिन व्यतीत हो जाते हैं। मीराँ कहती हैं कृष्ण से मिले बिना लगता है मेरे प्राण तरस-तरसकर निकल जायँगे।

टिप्पणी—इस पद में व्याधि, स्मृति, अभिलाषा और विरह की मरण दशा अंकित की गयी है।

शब्दार्थ—फीकाँ = बेस्वाद का। मुरझावाँ = शिथिल पड़ गये। रैण...जावाँ = रात-दिन एक-एक करके बीतते चले जाते हैं। तरस.. जावाँ = तरसता रह जाता है।

॥ 70 ॥

राग जोगिया

हेरी म्हा तो दरद दिवाँणी म्हाराँ दरद न जाण्याँ कोय।
घायल री गत घायल जाण्याँ, हियड़ो अगण सँजोय।
जौहर की गत जौहर जाण्याँ, क्या जाण्याँ जिण खोय।

दरद की मारयाँ दर दर डोल्याँ, वैद मिल्या णा कोय।
मीराँ री प्रभु पीर मिटाँगा जब वैद साँवरो होय।

व्याख्या—मीराँ कहती हैं कि हे सखि! मैं विरह की पीड़ा से उन्मत्त हो गयी हूँ। मेरे दर्द को कोई समझता नहीं है। घायल व्यक्ति की पीड़ा को घायल ही समझ सकता है अथवा जिसके हृदय में विरह की आग जल रही है वही इस व्यथा को समझ सकता है। बहुमूल्य रत्नों की जानकारी जौहरी को ही होती है। उसके खोने पर जौहरी को ही व्यथा होती है। पीड़ा के कारण मैं जगह-जगह घूमती हूँ लेकिन उसका इलाज करनेवाला कोई वैद्य नहीं मिलता। मीराँ कहती हैं कि प्रभु वियोग की पीड़ा तभी मिट सकती है जब साँवरिया कृष्ण वैद्य बनकर स्वयं आयें।

टिप्पणी—यह पद अत्यन्त मार्मिक है। भक्ति की अनुभूति और आत्मा, परमात्मा के वियोग की व्यथा भक्त जन को ही होती है। विरह की पीड़ा सामान्य जन के अनुभव से परे है। वे न उसको समझ सकते हैं न उसका निदान कर सकते हैं। ईश्वर की कृपा अथवा दर्शन से ही यह व्यथा मिटती है। कबीर ने भी कहा है—

"चोट सतांणी बिरह की, सब तन जरजर होइ।
मारणहारा जाणिहै, कै जिहिं लागी सोइ।

शब्दार्थ—हेरी = अरी। दरद = प्रेम की पीड़ा। दिवाँणी = पगली। होय = हो गयी, बन गयी। जाण्याँ = समझ सकता है। गत = दशा, अवस्था। हियड़ो...सँजोय = हृदय के भीतर आग जलायी।

॥ 71 ॥

शब्द

पीया बिण रह्या ण जायाँ।
तण मण जीवण प्रीतम वार्‌याँ।
निस दिन जोवाँ बाट कब रूप लुभावाँ।
मीराँ रे प्रभु आसा थारी दासी कण्ठ लावाँ।

व्याख्या—मीराँ कहती हैं कि प्रियतम के बिना मुझसे रहा नहीं जाता। मैंने तन, मन और जीवन प्रियतम को न्यौछावर कर दिया है। रात-दिन रास्ता देखती रहती हूँ। मैं उनके रूप पर लुब्ध हूँ। मीराँ कहती हैं कि हे प्रभु! मुझे तुम्हारी ही आशा है। अत: आकर मुझे गले से लगा लो।

शब्दार्थ—पीया = प्रियतम, श्रीकृष्ण। वार्‌याँ = न्योछावर करती हूँ। जोवाँ = देखती हूँ, प्रतीक्षा में रहती हूँ। कण्ठ लावाँ = स्वीकार कर लो, अपना लो।

॥ 72 ॥

णातो साँवरो रो म्हासूँ तनक ण तोड्याँ जाय।
पानाँ ज्यूँ पीली पड़ी री, लोग कह्याँ पिंडवाय।
बाबल वैद बुलाइया री, म्हाँरी बाँह दिखाय।
बैदा मरम ण जाणाँ री, म्हाँरो हिवड़ो करकाँ जाय।
मीराँ व्याकुल विरहिणी री, प्रभु दरसण दीन्यो आय।

पाठान्तर-

णातो साँवरो री म्हासूं णा तोड़्या जाया। मी. प्रा. 76, पृ. 27

व्याख्या—मीराँ कहती हैं कि कृष्ण से मेरा सम्बन्ध इतना अटूट है कि उसे थोड़ा भी तोड़ा नहीं जा सकता है। मैं कृष्ण के विरह में पत्ते की तरह पीली पड़ गयी हूँ। लोग कहते हैं कि मुझे पीलिया रोग हो गया है। मेरे रोग से चिन्तित होकर पिता ने वैद्य बुलाया और मेरा हाथ दिखवाया (नाड़ी की जाँच करायी)। वैद्य ने मर्म कों नहीं समझा। मेरा हृदय विरह व्यथा से विदीर्ण होता जा रहा है। हे प्रभु! व्याकुल विरहिणी मीराँ निवेदन करती है कि तुम शीघ्र आकर दर्शन दो।

टिप्पणी—इस पद में मीराँ ने विरह के अन्तर्गत व्याधि दशा का चित्रण किया है। प्रेम अत्यन्त गहन एवं प्रगाढ़ है जिसका विच्छेद किसी भी रूप में सम्भव नहीं है। 'हृदय करकना' मुहावरा है।

शब्दार्थ—णातो = नाता, सम्बन्ध। म्हासूँ = मुझसे। तनक = जरा भी। तोड्याँ जाय = तोड़ा जाता है। पानाँ ज्यूँ = पत्तों की तरह। पिंडवाय = पाण्डु रोग। बाबल = बाबा ने। बुलाइया = बुलवाये। मरम = भेद वा रहस्य। करकाँ जाय = फट रहा है। जाणाँ = जानता है।

॥ 73 ॥

को विरहिणी को दुःख जाँणै हो।
जा घट विरहा सोइ लखिहै, कै कोई हरिजन मानै हो।
रोगी अन्तर वैद बसत है, वैद ही ओखद जाँणै हो।
विरह करद उरि अन्तर माँही, हरि विणि सब सुख काँणै हो।
दुगधा आरण फिरै दुखारी, सूरत बसी सुत माँनै हो।
चात्रग स्वाति बूँद मन माँही, पोल उकलाँणै हो।
सब जग कूड़ो कण्टक दुनिया, दरघ न कोई पिछाँणै हो।
मीराँ के पति रमैया, दूजो नहिं कोई छाँणै हो।

व्याख्या—मीराँ अपनी सखी से कहती हैं कि विरहिणी के दु:ख को कौन समझ सकता है। जिसकी देह में विरह का संचार हुआ है वही इसे लक्षित कर सकता है, या कोई भगवान् का भक्त उस पीड़ा की स्थिति को जान सकता है। रोगी के हृदय में ही वैद्य निवास कर रहा है। रोग की ओषधि वही जानता है। हृदय में विरह की पीड़ा समायी हुई है। अत: कृष्ण के बिना सभी सुख व्यर्थ हैं। जैसे नयी ब्यायी गाय जंगल में व्याकुल भटकती हो, उसका मन अपने बछड़े में लगा हो। जैसे चातक का मन स्वाति बूँद में लगा रहता है और वह पिय-पिय की रट लगाकर आकुल रहता है। उसी प्रकार मेरा मन कृष्ण की सूरत को देखने के लिए और उसे पाने के लिए तड़पता रहता है। यह संसार सारहीन और कूड़ा-करकट है। यहाँ कोई मेरा दर्द नहीं पहचान सकता। मीराँ के पति सर्वत्र रमनेवाले कृष्ण हैं, कोई दूसरा नहीं है यह बात किसी से छिपी नहीं है।

टिप्पणी—विरह की पीड़ा को विरही ही समझता है चूँकि यह अलौकिक विरह है इसलिए इसकी सही समझ भक्त को ही हो सकती है। पाँचवीं एवं छठीं पंक्ति में दृष्टान्त अलंकार है। कूड़ो कण्टक का लाक्षणिक प्रयोग है। रमैया राम के लिए आता है लेकिन मीराँ ने यहाँ रमणशील के अर्थ में प्रयोग किया है।

शब्दार्थ—करद = छुरी। दुगधा = दुधारी या ब्यायी। आरण = अरण्य या वन में। सुत माँनै = बछड़े में। चात्रग = चातक। दरघ = दर्द। छाँणै = दिया हुआ, अन्यत्र।

॥ 74 ॥

राग होली

रमैया बिन नींद न आवै।
नींद न आवै विरह सतावै, प्रेम की आँच ढुलावै।
बिन पिया जोत मन्दिर अँधियारो, दीपक दाय न आवै।
पिया बिन मेरी सेज अलूणी, जागत रैण बिहावै।
पिया कब रे घर आवै।
दादुर मोर पपीहा बोलै, कोयल सबद सुणावै।
घूँमट घटा ऊलर होइ आई, दामिन दमक डरावै।
नैना झर लावै।
कहा करूँ कित जाऊँ मोरी सजनी, वैदन कूँण बुलावै।
विरह नागण मोरी काया डसी है, लहर लहर जिव जावै।
जड़ी घसि लावै।

कोहै सखी सहेली सजनी, पिया कूँ आन मिलावै।
मीराँ कूँ प्रभु कबरे मिलोगे, मनमोहन मोहि भावै।
कबै हँस कर बतलावै।

पाठान्तर-

रमैया बिन नींद न आवै, (बिरह सतावै) बृ. प. प. 499, पृ. 242

व्याख्या—मीराँ कहती हैं कि मुझे रमानेवाले कृष्ण के बिना नींद नहीं आती है। विरह वेदना निरन्तर सताती है और प्रेम की आँच बेचैन किये रहती है या मुझे गलाती रहती है। बिना प्रियतम की ज्योति के मेरे मन-मन्दिर में अन्धकार छाया हुआ है। मुझे अन्य कोई दीपक पसन्द आता नहीं है। प्रियतम के बिना मेरी शय्या खाली रहती है। जागते-जागते ही रात बीतती है। हे प्रियतम! तुम घर कब आओगे। मेंढक, मोर, पपीहा बोलते हैं, कोयल शब्द सुनाती है। घनी घटा घुमड़-घुमड़कर छा गयी है। बिजली चमक रही है। ऐसे वातावरण में मेरे नेत्रों से आँसू झर रहे हैं। हे सखि! मैं क्या करूँ, कहाँ जाऊँ, अपनी वेदना को किससे बताऊँ। विरह की नागिन ने मेरे शरीर को डस लिया है। विष की लहरें उठती हैं। लगता है प्राण चले जायँगे। पीड़ा मिटाने के लिए जड़ी-बूटी घिसकर लगाओ। हे सखी सहेलि! प्रियतम को लाकर मिलवा दो। हे मीराँ के प्रभु! तुम कब मिलोगे। मनमोहन मुझे आकर्षक लगा वह कब आकर मुझसे हँस-हँसकर बातें करेगा।

टिप्पणी—इस पद में प्रकृति के उद्दीपन का चित्रण काव्यशास्त्रीय परम्परा के अनुकूल किया गया है। प्रस्तुत और अप्रस्तुत के चित्र एक-दूसरे को और अधिक भावगर्भित बनाते हैं। तीसरी पंक्ति में रूपक और रूपकातिशयोक्ति अलंकारों के प्रयोग हैं।

शब्दार्थ—ढुलावै = इधर-उधर डुलाती फिरती है, बेचैन किये रहती है। पिया जोत = प्रियतम की ज्योति। मन्दिर = मकान, घर। दाय = पसन्द। अलूणी = फीकी वा असुन्दर। बिहावै = बीतती है। घूँमट = घूम-घूम इकट्ठी होकर। ऊलर होइ आई = चढ़ आयी, झुक आयी। कूँण = कौन किसके वश में है जो। नागण = नागिन, सर्पिणी। लहर = प्रत्येक झोंके पर। बतलावै = बातें करे।

॥ 75 ॥

**नींदड़ी आवाँ णा साराँ रात, कुण विधि होय परभात।
चमक उठा सुपुनाँ लख सजणी, सुध णा भूल्याँ जात।
तलफाँ तलफाँ जियराँ जायाँ कब मिलियाँ दीनानाथ।
भवाँ बावरा सुध बुध भूलाँ पीव जाण्या म्हारी बात।
मीराँ पीड़ा सोइ जाणै, मरण जीवण जिण हाथ।**

पाठान्तर-

नींदड़ली नहिं आवे सारी रात।   बृ. प.प. 262, पृ. 126

व्याख्या—मीराँ कहती हैं प्रियतम के बिना सारी रात नींद नहीं आती है, किस प्रकार सबेरा हो। स्वप्न में कृष्ण को देखकर मैं चौंक पड़ी। मैं उसको उसकी स्मृति को भूल नहीं पा रही हूँ। तड़प-तड़पकर प्राण जा रहे हैं, हे दीनानाथ! कब मिलोगे। मैं सुधि-बुधि खोकर पागल हो गयी हूँ। तुम मेरी भावना को समझो। मीराँ कहती हैं कि मेरी पीड़ा को वही समझ सकता है जिसके हाथ में जीवन और मृत्यु है।

टिप्पणी—इस पद में अनिद्रा, स्मृति, तड़प और उन्मत्तावस्था का चित्रण किया गया है। भगवान् ही जीवन-मरण का जिम्मेदार होता है।

शब्दार्थ—नींदड़ी = नींद। परभात = सवेरा। चमक = चौंक। तलफाँ...जायाँ = तड़पते-तड़पते जी जा रहा है। जाण्याँ = जानता है।

राग सुख सोरठ

॥ 76 ॥

पतियाँ मैं कैसे लिखूँ, लिख्योरी न जाय।
कलम धरत मेरो कर कंपत है, नैन रहे झड़ लाय।
बात कहूँ तो कहत न आवै, जीव रह्यो डरराय।
विपत हमारी देख तुम चाले, कहिया हरिजी सूँ जाय।
मीराँ के प्रभु गिरधर नागर, चरण ही कँवल रखाय।

व्याख्या—मैं अपने प्रियतम के पास पत्र भेजना चाहती हूँ लेकिन मै पत्र लिखने में असमर्थ हूँ। कलम पकड़ते ही मेरे हाथ काँपते हैं और नेत्रों से आँसुओं की झड़ी लग जाती है। जो बात कहना चाहती हूँ वह स्फुरित नहीं होती है। मेरा जी भयग्रस्त हो जाता है। मीराँ पथिक से कहती हैं कि मेरी विपत्ति देखकर जा रहे हो। प्रियतम से कह देना कि मीराँ कहती हैं कि मेरे प्रभु गिरधर नागर हैं। आपके कमलवत् चरणों से ही मेरी रक्षा हो सकती है। अथवा अपने चरण-कमलों में ही मुझे स्थान देने की कृपा करें।

टिप्पणी—इसमें शारीरिक दुर्बलता की व्यंजना है। मीराँ सन्देश प्रेषण में असमर्थ हैं। अत: काल्पनिक पथिक से अपना सन्देश प्रियतम के पास भेजती हैं। आँखों से आँसू झरने के कारण कागज भींग जाता है। मीराँ इस तथ्य को लाक्षणिक रूप से व्यक्त करती हैं।

शब्दार्थ—धरत = पकड़ते ही, हाथ में लेते ही। झड़ लाय = वेग के साथ आँसू बहा रहे हैं। चरण.... रखाय = चरण-कमलों के निकट स्थान देने की कृपा कीजिये।

॥ 77 ॥

राग होली

होली पिया बिणा लागाँ री खारी।
सूनो गाँव देस सब सूनो, सूनी सेज अटारी।
सूनो बिरहन पिव विण डोलाँ, तज गया पीव पियारी।
विरहा दुख मारी।
देस बिदेसा णा जावाँ म्हारो अणेशा भारी।
गणताँ गणताँ घिस गयाँ रेखाँ, आँगरियाँ री सारी।
आयाँ णा री मुरारी।
बाज्यो झाँझ मृदंग मुरलिया बाज्याँ कर इकतारी।
आया बसन्त पिया घर णाँरी, म्हारी पीड़ा भारी।
स्याम मण क्याँरी बिसारी।
ठाड़ो अरज कराँ गिरधारी, राख्याँ लाज हमारी।
मीराँ रे प्रभु मिलव्यो माधो, जनम-जनम री क्वाँरी।
मण लागी दरसण तारी।

पाठान्तर-

होली पिया बिन लागै खारी। वृ. प. प. 662, पृ. 332

व्याख्या—इस पद में होली के विषय में मीराँ ने अपना भाव व्यक्त किया है। मीराँ कहती हैं कि प्रियतम के बिना होली अच्छी नहीं लगती है। गाँव देश, सेज, अटारी सब सूने लगते हैं। विरहिणी की चेतना में भी शून्यता रहती है। वह पिय के बिना इधर-उधर घूमती रहती है। प्रिय ने अपनी प्रियतमा को छोड़ दिया है। वह विरह के दुःख से आहत है। मैं देश-विदेश प्रियतम को खोजने नहीं जाऊँगी। क्योंकि मुझे सन्देह है कि कहीं वह आ न जाये और मैं उससे न मिल सकूँ। दिन और समय की गणना करते-करते मेरी उँगलियाँ घिस गयी हैं लेकिन मुरारी नहीं आये। होली के त्योहार के कारण झाँझ, मृदंग, मुरली और एकतारा बज रहा है। वसन्त का उत्सव हो रहा है लेकिन प्रिय घर पर नहीं हैं। ऐसे समय में मेरी पीड़ा बहुत बढ़ गयी है। मीराँ कृष्ण से निवेदन करती हैं कि हे श्याम! मुझे क्यों भुला दिया। मैं खड़ी-खड़ी विनती करती हूँ। तुम मेरी लाज रख लो। मीराँ के प्रभु माधव आकर मिल जाओ। मैं तुम्हारे बिना जनम-जनम क्वाँरी (कुमारी, अविवाहित) रह जाऊँगी। मैं तुम्हारी शरण में आ गयी हूँ।

टिप्पणी—इस पद में होली और वसन्त का उद्दीपन रूप में चित्रण किया गया है। विरह की उत्कटता की व्यंजना है। आगमन की प्रतीक्षा है। प्रियतम की अनुपस्थिति में शून्यताबोध आदि का चित्रण है। मीराँ कृष्ण को ही अपना पति मानती हैं। उनके

बिना वह हर जन्म में कुमारी बनी रहना चाहती हैं। वसन्त को मधु ऋतु कहते हैं उसमें माधव से मिलना नहीं होता। शब्द-विन्यास का कौशल है।

शब्दार्थ—खारी = कड़वी। अणेशा = आशंका, संशय। झाँझ = झाल। इकतारी = छोटा इकतारा बाजा। क्याँरी = क्योंरी। क्वाँरी = कुँवारी, कुमारी। तारी = ध्यान।

॥ 78 ॥

राग होली

होली पिया विण म्हाणेणा भावाँ घर आँगणाँ न सुहावाँ।
दीपा जोयाँ चोक पुरावाँ हेली, पिया परदेस सजावाँ।
सूनी सेजाँ व्याल बुझावाँ, जाणा रेण बितावाँ।
नींद णैणाँ णा आवाँ।
कबरी ठाढ़ी म्हा मग जोवाँ, निसदिन बिरह जगावाँ।
क्यासूँ मणरौ बिया बतावाँ, हिवड़ो रहाँ अकुलावाँ।
पिया कब दरस देखावाँ।
दीख्या णा कोई परम सनेही, म्हारो सणेसा लावाँ।
वा बिरियाँ कब होसी म्हारी, हँस पिय कंठ लगावाँ।
मीराँ होली गावाँ।

पाठान्तर-

होली पिया बिन मोहि न भावै। वृ. प. प. 660, पृ. 331

व्याख्या—मीराँ कहती हैं कि पिया के बिना होली मुझे अच्छी नहीं लगती और न घर-आँगन ही अच्छा लगता है। मैंने अपने प्रिय के स्वागत के लिए दीपक जलाया, चौक सजाया लेकिन प्रियतम परदेश में ही रमा हुआ है। सूनी सेज साँप के समान लगती है। अत: मैं भय से जागकर रात बिताती हूँ। नेत्रों में नींद नहीं आती है। कब से खड़ी होकर मैं उनका रास्ता देख रही हूँ। रात-दिन मेरी विरह वेदना बढ़ती ही जा रही है। मैं अपने मन की व्यथा किससे बताऊँ, मेरा हृदय आकुल-व्याकुल है। प्रियतम कब दर्शन देंगे। कोई हितैषी नहीं दिखायी देता है जो प्रिय का सन्देशा लाकर मुझे दे। वह अवसर कब होगा जब मेरा प्रिय हँसकर मुझे गले से लगायेगा और मीराँ प्रसन्न होकर होली का गीत गायेंगी।

टिप्पणी—होली का त्योहार मिलन और रागरंग का त्योहार है। चारों ओर हर्ष और उल्लास का वातावरण व्यक्त है, विरहिणी की व्यथा बढ़ जाना स्वाभाविक है। इसमें प्रियतम के आगमन की प्रतीक्षा और सन्देश पाने की अभिलाषा की व्यंजना है।

शब्दार्थ—हेली = अरी सखी। व्याल बुझावाँ = सर्प-सी डरावनी लगती है। बिरियाँ = अवसर, मौका।

॥ 79 ॥

राग होली

किण सँग खेलूँ होली, पिया तजि गये हैं अकेली।
माणिक मोती सब हम छोड़े, गल में पहनी सेली।
भोजन भवन भलो नहिं लागै, पिया कारण भई गेली।
मुझे दूरी क्यूँ म्हेली।
अब तुम प्रीत अवरु सूँ जोड़ी, हमें क्यूँ करी पहेली।
बहु दिन बीते अजहुँ न आये, जैसे लग ही तालाबेली।
किण बिलमाये हेली।
स्याम बिना जिवड़ो मुरझावे, जैसे जल बिन बेली।
मीराँ कूँ प्रभु दरसण दीज्यो, जनम जनम की चेली।
दरस बिन खड़ी दुहेली।

व्याख्या—मीराँ कहती हैं कि किसके साथ होली खेलूँ। प्रियतम मुझे अकेली छोड़कर चले गये। मैंने उनके लिए माणिक मोती सब त्याग दिये और योगियों की शेली (विशेष प्रकार की रस्सी) गले में डाल ली है। मुझे न भोजन अच्छा लगता है और न घर अच्छा लगता है। पिया के कारण मैं पगली हो गयी हूँ। हे प्रियतम! तुमने मुझे इतना दूर क्यों कर रखा है। मुझे ऐसा लगता है कि तुमने किसी और से प्रीति का नाता जोड़ लिया। तुमने पहले मुझसे क्यों नाता जोड़ा। बहुत दिन व्यतीत हो गये लेकिन प्रियतम अभी नहीं आये। मुझे बेचैनी हो रही है। हे सखि! प्रियतम को किसने उलझा लिया। कृष्ण के बिना मेरा हृदय मुरझा रहा है। प्रिय के बिना मेरे प्राण मुरझा रहे हैं, जैसे-जल के बिना बेल (लता) मुरझा जाती है। मीराँ कहती है कि हे प्रभु! मैं तुम्हारी जन्म-जन्म की दासी हूँ। मुझे शीघ्र दर्शन दीजिये। मैं दर्शन के बिना दुःखी हूँ।

टिप्पणी—कबीर ने भी इसी तरह की पंक्तियों की रचना की है।

'बोछे जलि जैसे मछिका, उदर न भरई नीर।
त्यूँ तुम्ह कारनि केसवा जन तालाबेली कबीर॥'—कबीर।

जायसी ने अपने पद्मावत में इसी भाव की पंक्तियाँ प्रस्तुत की है।

''बिनु जल कमल सूख जन बेली, पदमावत निज कंत दुहेली।'' आठवीं पंक्ति में उपमा अलंकार।

शब्दार्थ—गेली = पगली। म्हेली = डाल रखा है। पहेली = पहले, आरम्भ में। तालाबेली = बेचैनी, बेकली। जिवड़ो = प्राण। दुहेली = दुःखी, दुखिया।

॥ 80 ॥

राग सावन

मतवारो बादर आये रे, हरि को सनेसो कछू न लाये रे।
दादुर मोर पपइया बोलै, कोयल सबद सुणाये रे।
(इक) कारी अँधियारी बिजली चमकै, बिरहिणी अति डरपाये रे।
(इक) गाजै बाजै पवन मधुरिया, मेहा अति झड़ लाये रे।
(इक) कारी नाग विरह अति जारी, मीराँ मन हरि भाये रे।

पाठान्तर-

मतवारो बादल आयो रे। बृ. प. प. 357, पृ. 169

व्याख्या—मीराँ कहती हैं कि वर्षा ऋतु में मतवाले बादल आ गये हैं। लेकिन कृष्ण का कुछ भी सन्देश नहीं लाये। मेंढक, मोर, पपीहा, कोयल सुन्दर शब्द सुनाते हैं, काली, अँधेरी रात में बिजली चमकती है जो विरहिणी को अत्यधिक डराती है। गर्जना के बाद, मधुर पवन, वर्षा की झड़ी आदि से कालिया नाग की तरह विरह मुझे विष से जला रहा है। मीराँ कहती हैं मेरा मन कृष्ण में मग्न है।

टिप्पणी—मीराँ ने इस पद में काव्यशास्त्रीय रूढ़ियों के अनुसार प्रकृति के उद्दीपन का चित्रण किया है। प्रकृति का बिम्ब अत्यन्त आकर्षक है। विरह को नाग का रूपक दिया गया है।

शब्दार्थ—मतवारो = मतवाले की भाँति घूमता हुआ। सनेसो = सन्देश। गाजै = मेघ गरजता है। बाजै = बजता है। मधुरिया = मन्दगामी, सुहावना। मेहा = मेघ, वर्षा। झड़ लाये = बरस रहा है। कारी नाग = कालिया नाग। जारी = जलायी हुई। भाये = सुहाये।

॥ 81 ॥

बादल देखा झरी स्याम मैं बादल देखा झरी।
काली पीली घट्या उमड़्या बरस्या चार घरी।
जित जोया तित पाणी पाणी प्यासा भूम हरी।
म्हारा पिया परदेस्या बसताँ, भीज्याँ बार खरी।
मीराँ रे प्रभु हरि अविणासी करस्यो प्रीत खरी।

व्याख्या—मीराँ कहती हैं कि बादलों की झड़ी देखकर मेरे नेत्रों से आँसुओं की झड़ी लग गयी। काले-पीले बादलों की घटा उमड़ी और दो-चार घड़ी बरसकर

समाप्त हो गयी। जिधर देखती हूँ उधर पानी-ही-पानी दिखायी देता है। प्यासी धरती हरी-भरी हो गयी है। मेरे पिया परदेश में बसते हैं और मैं द्वार पर खड़ी उनकी प्रतीक्षा में जल से भींगती रहती हूँ। मीराँ कहती हैं मेरे कृष्ण अविनाशी हैं, मैं उनसे सच्ची प्रीति करती हूँ।

टिप्पणी—प्रथम पंक्ति में आधी पंक्ति का अर्थ है बादल की झड़ी देखना और आधी पंक्ति का अर्थ है बादल की झड़ी देखकर आँखों से आँसू झरना। पावस ऋतु का उद्दीपन रूप में चित्रण किया गया है।

शब्दार्थ—झरी = रो पड़ी। उमड़्या = उमड़ी, घिर आयी। पाणी पाणी = जल-ही-जल। भूम = भूमि, पृथ्वी। हरी = हरियाली, सम्पन्न। बार खरी = द्वार पर खड़ी-खड़ी। भीज्याँ = भींगती हूँ। खरी = सच्ची, स्थायी।

॥ 82 ॥

राग सावन

पपइया म्हारो कब रौ बैर चितार्‌याँ।
म्हा सोबूँ छी अपणे भवण मा पियु पियु करताँ पुकार्‌याँ।
दाध्या ऊपर लूण लगायाँ, हिवड़े करवत सार्‌याँ।
ऊभा बैठ्याँ बिरछरी डाली, बोला कण्ठ णा सार्‌याँ।
मीराँ रे प्रभु गिरधर नागर, हरि चरणाँ चित धार्‌याँ।

व्याख्या—मीराँ पपीहे को सम्बोधित करके कहती हैं कि तुम न जाने कब का वैर निभा रहे हो। मैं तो अपने घर में सो रही थी तुमने पिय-पिय की रट लगा दी। तुम्हारी इस आवाज ने जले के ऊपर नमक लगा दिया। मेरे हृदय पर जैसे आरी चल गयी। ऊँचे वृक्ष की डाल पर बैठकर तू गला फाड़-फाड़कर चिल्ला रहा है। मीराँ कहती हैं कि मेरे तो स्वामी गिरधर गोपाल हैं। मैंने तो अपना मन उन्हीं के चरणों में लगा रखा है।

टिप्पणी—पपीहे की बोली का उद्दीपन रूप में चित्रण एक काव्यरूढ़ि है जिसका निर्वाह मीराँ ने किया। जले पर नमक लगाना मुहावरा है। हृदय पर आरी चलना पीड़ा की अतिशयता को व्यंजित करती है। गला फाड़कर चिल्लाना भी मुहावरा है। अन्तिम पंक्ति में ध्यान का संकेत है।

शब्दार्थ—पपइया = पपीहा। चितार्‌याँ = याद किया। सोबूँ छी = सोयी हुई थी। पियु पियु = पपीहे की बोली। दाध्या = जले हुए। लूण = नमक। हिवड़े = हृदय पर। करवत = आरा। सार्‌याँ = चला दिया। दाध्या... सार्‌याँ = जले पर नमक लगाकर कलेजे पर आरा चला दिया अर्थात् विरह की पीड़ा बढ़ाकर कष्ट पहुँचाया।

बैठ्याँ = जा बैठा। कण्ठ णा सार्याँ = अपना गला फाड़ डाला, खूब चिल्लाता रहा। धार्याँ = लगाया।

॥ 83 ॥

राग सावनी कल्याण

पपइया रे पिव की वाणी न बोल।
सुणि पावेली विरहणी रे, थारो राखेली पाँख भरोड़।
चाँच कटाऊँ पपइया रे, ऊपरि कालर लूण।
पिव मेरा मैं पीव की रे, तू पिव कहैंसूँ कूँण।
थारा सबद सुहावणा रे, जो पिव मेल्या आज।
चाँच मढ़ाऊँ थारी सोवनी रे, तू मेरे सिरताज।
प्रीतम कूँ पतियाँ लिखूँ कउवा तू ले जाई।
प्रीतम जी सूँ यूँ कहै रे, थाँरी विरहणि धान न खाई।
मीराँ दासी व्याकुली रे, पिव पिव करत विहाइ।
बेगि मिलो प्रभु अन्तरजामी, तुम बिन रह्योई न जाइ।

पाठान्तर-

पपीया रे पीवकी बानी न बोलि। वृ. प. प. 282, पृ. 135

व्याख्या—मीराँ पपीहे से निवेदन करती हैं कि पिय की वाणी मत बोल, अगर तेरी आवाज कोई विरहिणी सुन लेगी तो तेरे पंख मरोड़ डालेगी। मैं तेरी चोंच कटवाकर नमक मल दूँगी। पिय मेरा है और मैं प्रियतम की हूँ। तुझे पिय-पिय करने का क्या अधिकार है। तेरी बोली तो तभी सुहावनी लगेगी यदि आज मेरा प्रिय से मिलन हो जाय। मैं तेरी चोंच को सोने से मढ़वा दूँगी और तुझे अपना सिरताज मान लूँगी। मैं प्रियतम को पत्र लिख रही हूँ। हे कौआ! तू उसे प्रियतम के पास ले जाकर कहना कि तुम्हारी विरहिणी अन्न नहीं खाती है। तुम्हारी दासी मीराँ बहुत व्याकुल है और पिय-पिय रटती रहती है। हे अन्तर्यामी! तुम उससे जल्दी मिलो। तुम्हारे बिना रहा नहीं जाता है।

टिप्पणी—इस पद में पपीहा के प्रति ईर्ष्या और डाह की व्यंजना हुई है। पक्षियों का उपयोग सन्देश प्रेषण के लिए प्राचीन काल में होता था। जायसी ने अपने पद्मावत में लिखा है—

पिय सो कहेउ सन्देसड़ा, हे भँवरा, हे काग।
सो धनि बिरहै जरि गई, तेहिक धुंआँ हम लाग।

शब्दार्थ—वाणी = शब्द, बोली। पावेली = पावेगी। थारो = तेरी। राखेली = डालेगी। मरोड़ = ऐंठकर, तोड़कर। चाँच = चोंच। कालर = ऊसरवाला, उग्र। लूण = नमक। सूँ = सो। कूँण = कौन। थारा = तेरे। सबद = शब्द, बोली। मेल्या = मिलन। मढ़ाऊँ = मढ़ाऊँगी। सोवनी = सोने से। सिरताज = आदरणीय। यूँ = यों, इस प्रकार। धान = धान्य, अन्न। रह्योई = रहा ही।

॥ 84 ॥

राग सारंग

हे मेरो मन मोहना।
आयो नहीं सखी री, हे मेरो०।
कै कहुँ काज किया सन्तन का, के कहुँ गैल भुलावना।
कहा करूँ कित जाऊँ मोर सजनी, लाग्यो है विरह सतावना।
मीराँ दासी दरसण प्यासी, हरि चरणाँ चित लावणा।

व्याख्या—मीराँ अपनी सखी को सम्बोधित करते हुए कहती हैं कि मेरे मन-मोहन अभी तक नहीं आये। वह साधु-सन्तों के कार्य में उलझ गये हैं, अथवा कहीं रास्ता भूल गये हैं। हे सखि! मुझे विरह पीड़ित कर रहा है, मैं क्या करूँ, कहाँ जाऊँ? मीराँ कहती हैं कि मेरा चित्त कृष्ण के चरणों में लगा है, मेरी आँखें दर्शन की प्यासी हैं।

टिप्पणी—प्यास आँखों का गुण नहीं है लेकिन इस गुण का आरोपण करके दर्शन की उत्कट लालसा को व्यंजित किया गया है।

शब्दार्थ—कै = या तो। कहुं = कहीं पर। किया = किये, करने में लग गया। गैल = मार्ग। भुलावना = भूल गया। लाग्यो = लगा। सतावना = सताने। चरणाँ = चरणों में। लावणा = लगाना है।

॥ 85 ॥

राग बागेश्वरी

री म्हाँ बैठ्याँ जागाँ, जगत सब सोवाँ।
विरहण बैठ्या रंग महल माँ, णेणा लागाँ पोवाँ।
ताराँ गणताँ रेण बिहानाँ मुख घड़ियारी जोवाँ।
मीराँ रे प्रभु गिरधर नागर, मिल बिछड़्याँ णा होवाँ।

व्याख्या—मीराँ विरह का वर्णन करते हुए कहती हैं कि सारा संसार सो रहा है, लेकिन मैं जागकर, बैठकर रात बिता रही हूँ। मैं विरहिणी रंगमहल में बैठी हुई आँसुओं की लड़ी से माला पिरो रही हूँ। रात तारे गिन-गिनकर बीत जाती है और

दिन में सुख की घड़ी की प्रतीक्षा करती रहती हूँ। मीराँ कहती हैं मेरे प्रभु तो गिरधर नागर हैं। मिलन के पश्चात् किसी को भी वियोग न हो ऐसी मेरी कामना है।

टिप्पणी—इस पद में मीराँ ने ताराँ गणताँ में मुहावरे का प्रयोग किया है। इसमें मीराँ ने अन्य विरहिणी का चित्रण किया है। अन्तिम पंक्ति का तात्पर्य यह भी हो सकता है, कि कृष्ण से मिलने के बाद वियोग नहीं होता है। कबीर ने भी इस भाव को व्यक्त किया है।

सुखिया सब संसार है, खाये अरु सोवै।
दुखिया दास कबीर है, जागे अरु रोवै।।

इसमें भक्त की जाग्रतावस्था का चित्रण है। इस अवस्था में संसार की भोग्य वस्तुएँ आकर्षित नहीं करतीं और झूठे सुख में उसका मन नहीं लगता है।

शब्दार्थ—लागाँ = लगाती हूँ। पोवाँ = पिरोती है। गणताँ = गिनकर, देखते-देखते। बिहानाँ = बीत गयी। होवाँ = होवे।

॥ 86 ॥

राग आनन्द भैरव

सखी म्यारी नींद नसाणी हो।
पिय रो पन्थ निहारता सब रैण विहाणी हो।
सखियन सब मिल सीख दयाँ मण एक णा मानी हो।
बिन देख्याँ कल ना पड़ाँ मण रोस णा ठानी हो।
अंग खीण व्याकुल भयाँ मुख पिय पिय वाणी हो।
अन्तर वेदन विरह री म्हारी पीड़ णा जाणी हो।
ज्यूँ चातक घणकूँ रटै मछरी ज्यूँ पाणी हो।
मीराँ व्याकुल बिरहणी, सुध बुध बिसराणी हो।

पाठान्तर-

सखी म्हारी णीद णशाणी हो।   मी. प्रा. 39, पृ. 18
सखी री मेरी नींद नसानी हो।   वृ. प. प. 588, पृ. 295

व्याख्या—मीराँ कहती हैं कि हे सखि! मेरी नींद नष्ट हो गयी। प्रियतम का मार्ग देखते हुए मेरी रात बीत जाती है। सभी सखियाँ मिलकर समझाती हैं लेकिन मन एक भी सीख को नहीं मानता है, बिना देखे हुए चैन नहीं पड़ता है। वह भले नहीं मिल रहा है लेकिन उसके प्रति मेरे मन में रोष नहीं है। मेरे अंग क्षीण हो गये हैं; मन व्याकुल है फिर भी मुख से पिय-पिय की वाणी निकलती रहती है। मेरी आन्तरिक विरह वेदना को कोई नहीं जानता है जैसे पपीहा, स्वाति बूँद

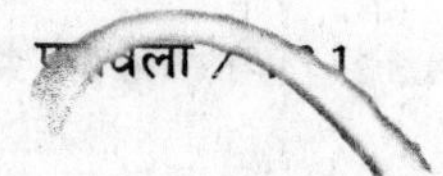

के लिए रट लगाता है, और मछली जल के लिए तड़पती है वैसे ही विरहिणी मीराँ व्याकुल है। उसकी सुध-बुध सब खो गयी है।

टिप्पणी—इसमें बेचैनी, कृशता आदि विरह दशाओं का चित्रण है। ज्यूँ चातक में दृष्टान्त अलंकार है।

शब्दार्थ—नसाणी = नष्ट हो गयी। विहाणी = व्यतीत हो गयी। मानी = पसन्द आयी। देख्याँ = देखे। ठानी = निश्चय कर लिया है। वेदन = व्यथा, पीड़ा, कष्ट। अन्तर = भीतर। बिसराणी = भूल गयी। सुध बुध = होश-हवास।

॥ 87 ॥

साँवरी सूरत मण रे बसी।
गिरधर ध्यान धराँ निसवासर, मण मोहण म्हारे बसी।
कहा कराँ कित जावाँ सजणी, म्हातो स्याम डसी।
मीराँ रे प्रभु कबरे मिलोगों, नित नव प्रीत रसी।

व्याख्या—मीराँ कहती हैं कि कृष्ण की साँवली सूरत मेरे मन में बस गयी है। मैं रात-दिन कृष्ण का ध्यान करती हूँ और मन मोहन को अपने अन्दर बसा लिया। हे सखि! मैं कहाँ जाऊँ, क्या करूँ। मुझे काले साँप ने डस लिया है। हे प्रभु! तुम कब मिलोगे। मैं तुम्हारे नित्य नवीन प्रेम से प्रभावित हूँ।

टिप्पणी—स्याम डसी में रूपकातिशयोक्ति अलंकार है। भक्तिरस नित्य नूतन होता है। उसका आस्वादन हरदम नवीन रहता है। मीराँ ने लौकिक रस से भिन्न भक्तिरस की ओर संकेत किया है। स्याम डसी में मीराँ की खीज व्यक्त होती है।

शब्दार्थ—स्याम डसी = कृष्ण अथवा काले सर्प के विष द्वारा प्रभावित हूँ। रसी = व्याप्त हैं, प्रभावित कर चुकी है।

॥ 88 ॥

प्रभु बिन ना सरै माई।
मेरा प्राण निकस्या जात, हरि बिन ना सरै माई।
कमठ दादुर बसत जल में, जल से उपजाई।
मीन जल से बाहर कीना, तुरत मर जाई।
काठ लकरी बन परी, काठ घुन खाई।
ले अगन प्रभु डार आये, भसम हो जाई।
बन बन ढूँढ़त मैं फिरी, आली सुधि नहीं पाई।
एक बेर दरसण दीजै, सब कसर मिटि जाई।

पात ज्यूँ पीरी परी, अरु विपत तन छाई।
दासी मीराँ लाल गिरधर, मिल्या सुख छाई।

व्याख्या—हे सखि (हे माँ)! कृष्ण के बिना मेरा जीवन नहीं चल सकता है। मेरे प्राण निकले जा रहे हैं। कृष्ण के बिना मेरी कोई गति नहीं। कछुआ, मेंढक जल में बसते हैं और जल में ही उपजते हैं, मछली भी जल में ही रहती हैं लेकिन जैसे ही उसे जल से बाहर किया जाता है वह मर जाती है। मेरा सम्बन्ध कृष्ण से जल और मीन की तरह है। जल से अलग रहकर मेरा जीना सम्भव नहीं है। सूखी लकड़ी वन में पड़ी रहती है। उसमें घुन लग जाते हैं अगर उसे आग में डाल दिया जाय तो भस्म हो जाती है। प्रेम के अभाव में मेरी सूखी देह विरह की आग से जल रही है। मैंने वन-वन में कृष्ण को ढूँढ़ा लेकिन उनकी कोई खबर नहीं मिली। हे प्रभु! एक बार दर्शन दे दो, मेरी पीड़ा मिट जायगी और इच्छा पूर्ण हो जायगी। पत्ते की तरह मैं पीली पड़ गयी हूँ और विपत्तियों ने देह को आच्छादित कर लिया है। मीराँ कहती हैं कि गिरधरलाल के मिलने से ही मुझे सुख प्राप्त होगा।

टिप्पणी—इस पद में रुग्णता तथा मरणावस्था का चित्रण हुआ है। तीसरी, चौथी पंक्तियों में दृष्टान्त अलंकार है। पात ज्यूँ पीरी परी में उपमा अलंकार है।

शब्दार्थ—सरै = काम चलता। कमठ = कछुआ। छाई = हो जाय।

॥ 89 ॥

राग भैरवी

हरि विण क्यूँ जिवाँ री माय।
स्याम बिना बौरा भयाँ, मण काठ ज्यूँ घुण खाय।
मूल ओखद णा लग्याँ, म्हाणे प्रेम पीड़ा खाय।
मीण जल बिछुड्या णा जीवाँ, तलफ मर मर जाय।
ढूँढ़ताँ वण स्याम डोला, मुरलिया धुंण पाय।
मीराँ रे प्रभु लाल गिरधर, वेग मिलस्यो आय।

व्याख्या—मीराँ कहती हैं कि हे माँ! मैं अपने प्रिय के बिना कैसे जी सकती हूँ। कृष्ण के बिना मैं पागल हो गयी हूँ। जैसे लकड़ी में घुन लग जाता है उसी तरह मेरे मन में घुन लग गया है। मुझे तो प्रेम की पीड़ा खाये जा रही है। कोई जड़ी-बूटी काम नहीं कर रही है। जैसे मछली जल से निकलकर तड़प-तड़पकर मर जाती है, वैसे ही कृष्ण के बिना मैं तड़प-तड़पकर मर रही हूँ। मैंने मुरली की ध्वनि सुनकर

वन में श्याम को ढूँढ़ा। मीराँ कहती हैं कि हे प्रभु! गिरधर लाल तुम शीघ्र आकर दर्शन दो।

टिप्पणी—उपमा अलंकारों के द्वारा इस पद में उन्मत्तावस्था एवं मरणावस्था की व्यंजना की गयी है।

शब्दार्थ—जिवाँ = जीऊँ। ओखद = ओषधि। मूल = जड़। डोला = घूमती फिरी। धुण पाय = ध्वनि श्रवण करके। मिलस्यो = मिलो।

॥ 90 ॥

राग पीलू

स्याम मिलण रे काज सखी, उर आरत जागी।
तलफ तलफ कल णा पड़ाँ बिरहानल लागी।
निसदिन पंथ निहाराँ पिवरो, पलक णा पल भर लागी।
पीव पीव म्हाँ रटाँ रैण दिन लोक लाज कुल त्यागी।
विरह भुवंगम डस्याँ कलेजा लहरि हलाहल जागी।
मीराँ व्याकुल अति अकुलाणी स्याम उमंगा लागी।

व्याख्या—मीराँ कहती हैं कि कृष्ण से मिलने के लिए मेरे मन में उत्कट अभिलाषा जागी है। तड़प-तड़पकर मैं विरह की आग में जल रही हूँ। मुझे चैन नहीं मिल रहा, रात-दिन पिय का पथ निहारती हूँ। क्षण भर के लिए भी पलकें बन्द नहीं करती, लोक और कुल की लज्जा त्यागकर पिय-पिय की रट लगाये रहती हूँ। विरहरूपी साँप ने कलेजे को डस लिया। विष की लहर शरीर में व्याप्त हो रही है। मीराँ कहती हैं कि हे कृष्ण! तुम्हारे मिलन के लिए मेरे मन में उमंग जाग गयी है। मैं अत्यन्त आकुल-व्याकुल हो रही हूँ।

टिप्पणी—इसमें अभिलाषा, प्रतीक्षा आदि विरह की दशाओं के साथ रागानुगा भक्ति की व्यंजना हुई है। विरह भुवंगम में रूपक अलंकार है। कबीर ने भी इसी भाव को व्यक्त किया है।

"विरह भुवंगम तन बसै, मन्त्र न माने कोइ।"

शब्दार्थ—मिलण रे काज = मिलने के लिए। आरत = उत्कट चाह वा पीड़ा। जागी = उत्पन्न हुई। उर = हृदय में। पलक.. लागी = क्षण भर के लिए आँख न लगी। भुवंगम = सर्प। लहरि हलाहल = विष की लहरें। उमंगा = आरति, लालसा।

॥ 91 ॥

सइयाँ, तुम विणि नींद न आवै हो।
पलक पलक मोहि जुग से बीतें, छिनि छिनि बिरह जरावै हो।

प्रीतम विधि तिम जाइ न सजणी, दीपक भवण न भावै हो।
फूलन सेझ सूल होइ लागी, जागत रैणि बिहावै हो।
का कहूँ कुण माणै मेरी, कह्याँ न को पतियावै हो।
प्रीतम पंनग डस्यो कर मेरो, लहरि लहरि जिव जावै हो।
दादुर मोर पपइया बोलै, कोइल सबद सुणावै हो।
उमगि घटा घन ऊलरि आई, बीजू चमक डरावै हो।
है कोइ जग में राम सनेही, ऐ उरि साल मिटावै हो।
मीराँ के प्रभु हरि अविनासी, नैणाँ देख्याँ भावै हो।

व्याख्या—मीराँ कहती हैं कि हे स्वामी! तुम्हारे बिना नींद नहीं आती है। एक-एक पल (क्षण) युग के समान व्यतीत होते हैं। क्षण-क्षण विरह मुझे जलाता रहता है। हे सखि! प्रियतम के बिना अन्धकार दूर नहीं हो पाता। घर में मुझे दीपक जलाना अच्छा नहीं लगता। फूलों की सेज काँटों की हो गयी है। जागते हुए रात बीतती है। क्या कहूँ, कौन मेरी बात मानता है और कौन मुझ पर विश्वास करता है। प्रियतमरूपी सर्प ने मुझे डस लिया है और विष की लहरें उठ रही हैं, जिससे मेरा प्राणान्त हो जायगा। मेंढक, मोर, पपीहा बोलते हैं। कोयल भी शब्द सुनाती है। आकाश में बादलों की घटाएँ उमड़ आयी हैं। बिजली चमककर मुझे डराती है। संसार में ऐसा कोई राम का स्नेही है जो मेरे हृदय की पीड़ा मिटा दे। मीराँ कहती हैं कि मेरे प्रभु कृष्ण अविनाशी हैं। उन्हें देखना ही मेरे नैनों को प्रीतिकर लगेगा।

टिप्पणी—ईश्वर के दर्शन के बिना मन का अँधेरा नहीं मिटता है। अँधेरा का तात्पर्य है अज्ञान। प्रियतम पन्नग में रूपक अलंकार है। पावस ऋतु का उद्दीपन रूप में चित्रण किया गया है। राम सनेही वैष्णव भक्त का सूचक है।

शब्दार्थ—तिम = तिमिर, अन्धकार। सेझ = सेज। पंनग = पन्नग, सर्प। लहरि लहरि = प्रत्येक लहर में। ऊलरि आई = झुक आयी। ऐ = यह।

॥ 92 ॥

राग पीलू

स्याम सुन्दर पर वाराँ जीवड़ा डाराँ स्याम।
थारे कारण जग जण त्यागाँ लोक लाज कुल डाराँ।
येउ देख्याँ विण, कल णा पड़ताँ, णेणाँ चलताँ धाराँ।
कासूँ कहवाँ कोण बुझावाँ कठण बिरह री धाराँ।
मीराँ रे प्रभु दरसण दीज्यो ये चरणाँ आधाराँ।

पाठान्तर-

स्याम शुंदर पर वाराँ जीवड़ा डाराँ स्याम। मी. प्र. 27, पृ. 15

स्याम सुन्दर पर वार, जिवड़ा मैं वार डारूँगी।

वृ. प. प. 580, पृ. 290

व्याख्या—मीराँ कहती हैं मैंने श्याम सुन्दर के ऊपर अपना जीवन न्यौछावर कर दिया है। हे कृष्ण! तुम्हारे कारण मैंने लोक-लाज और कुल की मर्यादा त्याग दी। तुम्हें देखे बिना चैन नहीं मिलता, मेरे नेत्रों से निरन्तर आँसुओं की धारा बहती रहती है। किससे कहूँ, विरह की आग को कौन बुझा सकता है। विरह की आग को धारण करना बहुत कठिन है। मीराँ कहती हैं, हे प्रभु! तुम शीघ्र दर्शन दो, क्योंकि मुझे तुम्हारे ही चरणों का सहारा है।

टिप्पणी—इस पद में प्रेमा-भक्ति तथा विरह की सघन अनुभूति को व्यक्त किया गया है। पद के अन्त में प्रपत्ति भाव को दर्शाया गया है।

शब्दार्थ—जीवड़ा = प्राणों को। वाराँ = न्यौछावर कर दूँगी। कुल डाराँ = कुल की मर्यादा की उपेक्षा करके।

॥ 93 ॥

राग पीलू

करणाँ सुणि स्याम मेरी।
मैं तो होइ रही चेरी तेरी।
दरसण कारण भई बावरी, विरह विथा तन घेरी।
तेरे कारण जोगण हूँगी, दूँगी नग्र बिच फेरी।
कुंज सब हेरी हेरी।
अंग भभूत गले म्रिगछाला, यों तन भसम करूँ री।
अजहूँ न मिल्या राम अविनासी, बन बन बिच फिरूँ री।
रोऊँ नित टेरी टेरी।
जन मीराँ कूँ गिरधर मिलिया, दुःख मेटण सुख भेरी।
रूम रूम साता भइ उर में, मिटि गई फेरा फेरी।
रहूँ चरणनि तेरि चेरी।

पाठान्तर-

करुणा सुनि श्याम मेरी, हूँ तो होइ रही तेरी चेरी।

वृ. प.प. 77, पृ. 38

व्याख्या—हे कृष्ण! मेरी करुण पुकार सुनो। मैं तुम्हारी दासी हो गयी हूँ। तुम्हारे दर्शन न मिलने के कारण मैं पागल हो गयी हूँ, विरह व्यथा ने मुझे घेर रखा है। तुम्हारे कारण मैं योगिनी बन जाऊँगी और नगर के बीच घूमती रहूँगी। प्रत्येक कुंज में तुम्हें ढूँढूँगी। शरीर पर भभूत (राख), गले में मृगछाला लगाकर मैं अपने शरीर को जला दूँगी। वन-वन भ्रमण कर रही हूँ लेकिन अभी तक राम अविनाशी नहीं मिला। मैं नित्य रो-रोकर उसकी पुकार करती हूँ। हे गिरधर! भक्त मीराँ से मिलकर तुम उसके दुःख को मिटा दो और उसे सुख दो। मेरा रोम-रोम शान्ति को प्राप्त करेगा और आवागमन के चक्कर से मुक्त हो जाऊँगी। हे श्याम! मैं तेरे चरणों की दासी हूँ।

टिप्पणी—इस पद में दर्शन की उत्कट अभिलाषा, प्रियतम को पाने का यत्न, योगमार्ग से प्रियतम को तलाशने का संकल्प तथा दास्य भाव की भक्ति की व्यंजना है। ईश्वर के दर्शन के पश्चात् संसार का आवागमन मिट जाता है इस तथ्य की ओर मीराँ ने ध्यान आकर्षित किया है। जहाँ सूरदास स्त्रियों के लिए योगमार्ग को अनुचित बताते हैं मीराँ पुरुषों की बराबरी में अपने को प्रतिष्ठित करने के लिए योगमार्ग में भी प्रवृत्त होने का दृढ़ निश्चय करती हैं।

शब्दार्थ—करणाँ = करुणा, प्रार्थना। सुणि = सुनो। जोगण = जोगिन, संन्यासिन। नग्र = नगर। म्रिगछाला = मृगछाला। यो तन... करूँ री = इस शरीर पर भस्म रमाऊँगी। टेरी टेरी = पुकार-पुकारकर। भेरी = पहुँचानेवाले। रूम रूम = रोम-रोम, सर्वांग। साता = शान्ति। फेरा = आवागमन।

॥ 94 ॥

पिया अब घर आज्यो मेरे, तुम मेरे हूँ तोरे।
मैं जण तेरा पंथ निहारूँ, मारग चितवत तोरे।
अवध बदीती अजहूँ न आये, दुतियन सूँ नेह जोरे।
मीराँ कहे प्रभु कबरे मिलोगे, दरसन विण दिन दोरे।

पाठान्तर-

पिया अब घर आज्यो मोरे। वृ. प. प. 289, पृ. 137

व्याख्या—मीराँ कहती हैं कि हे प्रिय! अब तो आ जाओ, तुम मेरे हो और मैं तेरी। मैं तेरा मार्ग निहार रही हूँ जो तुमने समय दिया था, वह बीत गया। लगता है तुमने किसी अन्य से नेह का नाता जोड़ लिया। मीराँ कहती हैं कि हे प्रभु! कब दर्शन दोगे, तुम्हारे दर्शन के बिना दिन बहुत कठनाई से बीत रहे हैं।

शब्दार्थ—आज्यो = आ जाओ। हूँ = मैं। जण = दासी। तेरा...निहारूँ = प्रतीक्षा करती हूँ। अवध = अवधि, निश्चित समय। बदीती = बीत गयी। दुतियन सूँ = दूसरों से। दोरे = कठिन हो गया।

॥ 95 ॥

राग देश

भुवणपति थें घरि आज्याँ जी।
विथा लगाँ तण जाराँ जीवण, तपता बिरह बुझाज्याँ जी।
रोवताँ रोवताँ डोलताँ सब रैण बिहावाँ जी।
भूख गयाँ निंदरा गयाँ पापी जीव णा जावाँ जी।
दुखिया णा सुखिया कराँ, म्हाणे दरसण दीज्याँ जी।
मीराँ व्याकुल बिरहणी, अब विलम णा कीज्याँ जी।

पाठान्तर-

भुवनपति तुम घरि आज्यो हो। वृ. प. प. 343, पृ. 162

व्याख्या—मीराँ कृष्ण से निवेदन करती हैं कि हे संसार के स्वामी! घर आ जाओ। व्यथा से मेरा शरीर और प्राण जल रहे हैं। तपती हुई विरह की आग को बुझा दो। रोते-रोते घूमकर मैंने सारी रात बिता दी। मेरी भूख चली गयी और नींद चली गयी लेकिन पापी प्राण नहीं गये। तुम दुखिया को दर्शन देकर सुख प्रदान करो। मीराँ कहती हैं कि विरहिणी मीराँ अत्यन्त व्याकुल हैं। आगमन में अब किसी तरह का विलम्ब न करो।

टिप्पणी—भुवणपति कहकर मीराँ ने कृष्ण के सामर्थ्य को अंकित किया है। इसमें विरह व्यथा और मिलन की अभिलाषा का चित्रण किया गया है।

शब्दार्थ—भुवणपति = संसार के मालिक, स्वामी। घरि = घर पर। जाराँ = जला रहा है। तपता = ज्वाला। डोलताँ = डोलते-फिरते। बिहावाँ = बीत जाती है। निंदरा = नींद।

॥ 96 ॥

जोगी म्हाँने, दरस दिया सुख होइ।
नातरि दुःख जब माहि जीवड़ो, निस दिन झूरे तोइ।
दरद दिवाणी भई बावरी, डोली सब ही देस।
मीराँ दासी भई हैं पंडर, पलट्या काला केस।

व्याख्या—हे योगी! तुम्हारे दर्शन से ही मुझे सुख मिलेगा। अन्यथा इस संसार में दुःखमय जीवन होगा। तुम्हारे बिना मेरा हृदय निरन्तर सूख रहा है। दर्द से दीवानी होकर मैं पागल हो गयी हूँ, मैं देश-देशान्तर घूमती रहती हूँ। मीराँ कहती हैं, हे प्रियतम! तेरे वियोग में मैं पीली हो गयी और मेरे बाल सफेद हो गये हैं।

टिप्पणी—इस पद में उन्मत्तावस्था, रुग्णावस्था का चित्रण हुआ है।

शब्दार्थ—म्हाँने = हमको, मुझे। दिया = देने से। होइ = होगा। नातरि = नहीं तो। झूरे = दुःख से घबरा जाता है, शोकाकुल हो रहा है। तोइ = तुझे, तेरे लिये। डोली = घूमती फिरी। पंडर = पीली में। पलट्या = बदल गये, सफेद हो गये।

॥ 97 ॥

म्हारे घर रमतो ही जोगिया तू आव।
कानाँ बिच कुंडल गले बिच सेली, अंग भभूत रमाय।
तुम देख्याँ विण कल न पड़त है, ग्रिह अँगणाँ ण सुहाय।
मीराँ के प्रभु हरि अविनासी, दरसण द्यो ण मोकूँ आय।

व्याख्या—मीराँ कहती हैं कि हे योगी! तुम घूमते-फिरते मेरे घर आ जाओ। कान में कुण्डल, गले में रस्सी, देह में भस्म लगाये हुए, तुम आ जाओ। तुम्हें देखे बिना चैन नहीं मिलता और घर-आँगन कुछ अच्छा नहीं लगता। मीराँ के प्रभु अविनाशी कृष्ण आकर दर्शन दो।

टिप्पणी—मीराँ के समय में बहुत-से राजकुमार युवावस्था में योगी हो जाते थे। कुछ युवतियाँ उनके प्रेम में मगन तो हो जाती थीं लेकिन योग की शर्त है कि योगी नारी से बहुत दूर रहेगा। साधना के क्षेत्र में प्रेममार्ग की इसी समस्या को इंगित करते हुए मीराँ कृष्ण को योगी के रूप में दर्शन देने की अभिलाषा व्यक्त करती हैं। कृष्ण को योगेश्वर माना भी गया है। मीराँ के भक्त रूप और कवि रूप का सर्वत्र एकीकरण करना उचित नहीं है।

शब्दार्थ—रमतो ही = रमता वा खेलता, विचरता ही। आव = आ जा। कानाँ = कानों के। ग्रिह अँगणाँ = घर-आँगन। द्यो = दो। आय = आकर।

॥ 98 ॥

राग टोड़ी

आवाँ मोहणाजी जोवाँ थारी बाट।
खाण पाण म्हारे णेक ण भावाँ, नैणाँ खुला कपाट।
थें आयाँ विण सुख णा म्हारो, हिवड़ो घणो उचाट।
मीराँ थे विण भई बावरी, छाड़्या णा णिरबाट।

व्याख्या—हे मोहन! आ जाओ मैं तुम्हारा रास्ता देख रही हूँ, खाना-पीना मुझे तनिक भी अच्छा नहीं लगता। मेरे नेत्र के किवाड़ हरदम खुले रहते हैं, तुम्हारे आये बिना मुझे सुख नहीं मिल सकता है। मेरे हृदय में घनी व्यग्रता रहती है। मीराँ कहती हैं कि तुम्हारे बिना मैं पागल हो गयी हूँ। मुझे बेसहारा मत छोड़ो।

टिप्पणा—इस पद में प्रतीक्षा की व्यंजना है। नैणाँ खुला कपाट का तात्पर्य है कि पलकों को गिराये बिना प्रतीक्षा करना या नींद न आना।

शब्दार्थ—थारी = आपकी। बाट = राह। णेक = जरा भी। कपाट = किवाड़, पलक (यहाँ पर)। आयाँ विण = आये बिना। घणो = बहुत जोरों की। उचाट = व्याकुलता। णिरबाट = निराश्रय, असहाय।

॥ 99 ॥

राग बिलावल

आवो मनमोहनाजी मीठी थारो बोल।
बालपनाँ की प्रीत रमइया जी, कदे नाहिं आयो थारो तोल।
दरसण विण मोहि जक ण परत है, चित्त मेरो डाँवाँडोल।
मीराँ कहै मैं भई बावरी, कही बजाऊँ ढोल।

व्याख्या—मीराँ कहतीं हैं कि हे कृष्ण जी! आ जाओ, तुम्हारी वाणी मुझे बहुत मधुर लगती है। हमारी-तुम्हारी प्रीति बचपन की है। लेकिन तुमने इस तथ्य को कभी महत्त्व नहीं दिया। तुम्हारे दर्शन के बिना मुझे चैन नहीं पड़ता, मेरा मन सदैव अशान्त और चंचल रहता है। मीराँ कहती हैं कि मैं तुम्हारे प्रेम में पागल हो गयी हूँ। तुम कहो तो ढोल बजाकर अपने प्रेम की घोषणा कर दूँ।

टिप्पणी—मीराँ ने इस पद में बचपन के पवित्र प्रेम की दुहाई दी है। प्रेम के एकपक्षीय होने का भी हलका संकेत है। विरह की उन्मत्तता का चित्रण है।

शब्दार्थ—मीठी = मधुर। थारो = तुम्हारा। बोल = बोलना। कदे = कभी। नाहिं आयो = वास्तविक महत्त्व समझ में नहीं आया। जक = चैन। डाँवाँडोल = चंचल। बजाऊँ ढोल = ढोल बजाकर यह बात घोषित कर दूँ।

॥ 100 ॥

राग असावरी

प्यारे दरसण दीस्याँ आय थें विण रह्या ण जाय।
जल विण कँवल चन्द विण रजनी, थें विण जीवण जाय।
आकुल व्याकुल रैण बिहावा, विरह कलेजो खाय।
दिवस णा भूख ण निदरा रैणो, मुख सूँ कह्या ण जाय।
कोण सुणे कासूँ कहियारो, मिल पिव तपण बुझाय।
क्यूँ तरसावाँ अन्तरजामी, आय मिलो दुख जाय।
मीराँ दासी जणम जणम री, थारो णेह लगाय।

पाठान्तर-

प्यारे दर्शन दीजो आय, तुम बिन रह्यो न जाय। वृ. प. प. 278

व्याख्या—हे प्रिय कृष्ण! आकर दर्शन दो, तुम्हारे बिना रहना सम्भव नहीं है। जैसे जल के बिना कमल, चन्द्रमा के बिना रात, उसी तरह तुम्हारे बिना मेरा जीवन असुरक्षित और अन्धकार में है। आकुल-व्याकुल होकर मैं रात बिताती हूँ। विरह मेरा कलेजा खा ले रहा है। दिन में भूख नहीं लगती और रात में नींद नहीं आती है। मुख से बोलने में असमर्थ हूँ। कौन सुनता है, किससे कहूँ। हे कृष्ण! तुमसे मिलने पर ही तपन शान्त होगी। हे अन्तर्यामी! तुम मुझे क्यों तरसाते हो। तुम शीघ्र आकर मिल जाओ, जिससे मेरा दुःख दूर हो जाय। तुम्हारी दासी मीराँ जन्म-जन्मान्तर से प्रीति लगाकर बैठी है।

टिप्पणी—दूसरी पंक्ति में दृष्टान्त अलंकार है। विरह कलेजो खाय में सूफी प्रभाव है। बेचैनी, असमर्थता के साथ प्रेम की पुरातनता की व्यंजना की गयी है।

शब्दार्थ—आकुल व्याकुल = अत्यन्त बेचैन। विरह कलेजो खाय = विरह मर्मान्तक पीड़ा पहुँचा रहा है।

॥ 101 ॥

राग पहाड़ी

घणी ण चेणा आवड़ाँ, थे दरसण विण मोय।
धाम णा भावाँ नींद णा आवाँ, विरह सतावा मोय।
घायल री घूमाँ फिराँ, म्हारो दरद णा जाण्या कोय।
प्राण गुमायाँ झूरताँ रे, नैण गुमायाँ रोय।
पंथ निहाराँ डगर मझारा, ऊभी मारग जोय।
मीराँ रे प्रभु कब रे मिलोगाँ, थें मिल्याँ सुख होय।

पाठान्तर-

घड़ी एक नहिं आवडे, तुम दरसण बिन मोय।

वृ. प. प. 132, पृ. 65

व्याख्या—मीराँ अपनी दशा का वर्णन करते हुए कहती हैं कि हे कृष्ण! तुम्हारे दर्शन के बिना एक क्षण भी चैन नहीं मिलता है। मुझे घर अच्छा नहीं लगता है, नींद नहीं आती है, और विरह निरन्तर सन्तप्त करता रहता है। मैं घायल होकर वन-वन घूमती हूँ। मेरे दर्द को कोई नहीं समझता है। सूखते-सूखते मैंने प्राण गवाँ दिया। रोते-रोते वाणी गवाँ दी। मार्ग के बीच में खड़ी होकर तुम्हारी प्रतीक्षा करती रहती हूँ। मीराँ कहती हैं कि हे कृष्ण! तुम मुझे कब मिलोगे, तुम्हारे मिलने पर ही मुझे सुख मिलेगा।

टिप्पणी—इसमें विरहजनित व्यथा की व्यंजना है। बेचैनी, व्यग्रता और दीवानेपन का भाव अंकित किया गया है। भक्ति साधना में इन्द्रियों के कार्य-व्यापार स्थगित होने का भी चित्र खींचा गया है।

शब्दार्थ—आवड़ाँ = सुहाता वा अच्छा लगता है। मोय = मुझे। घड़ी.. मोय = मुझे देखे बिना घड़ी भर भी नहीं रहा जाता। धाम = घर। झूरताँ = विलाप करते ही। गुमायाँ = खो दिये। ऊभी... जोय = खड़ी-खड़ी राह देखा करती हूँ। मिलोगाँ = मिलोगे। थें मिल्याँ = तेरे मिलने से ही।

॥ 102 ॥
राग देस

दरस विण दूखाँ म्हारा णैण।
सबदाँ सुणताँ छतियाँ काँपाँ मीठो थारो वैण।
बिरह विथा कासूँ री कह्याँ पेठाँ करवत औण।
कल णाँ पड़ताँ हरि मग जोवाँ भयाँ छमासी रैण।
थे विछड़्या म्हाँ कलपाँ प्रभुजी, म्हारो गयो सब चैण।
मीराँ रे प्रभु कब रे मिलोगे, दुःख मेटण सुख दैण।

पाठान्तर-

दरस बिन दूखन लागे नैन। वृ. प. प. 228, पृ. 110

व्याख्या—मीराँ कहतीं हैं कि हे कृष्ण! तुम्हारे दर्शन के बिना मेरी आँखें पीड़ित हैं। तुम्हारे मधुर शब्दों की याद आने पर मेरी छाती काँपने लगती है। मैं अपनी विरह व्यथा किससे कहूँ। ऐसा लगता है जैसे मेरे ऊपर आरी चल रही हो। कृष्ण का मार्ग देखते हुए मुझे चैन नहीं मिलता। प्रतीक्षा में एक रात छह महीने के बराबर हो जाती है। तुमसे बिछुड़कर मैं तड़प रही हूँ, मेरा सब सुख चैन चला गया। मीराँ कहती हैं कि हे प्रभु! दुःख को मिटानेवाले और सुख देनेवाले आपसे कब मुलाकात होगी।

टिप्पणी—पीड़ा की गहन व्यंजना के लिए मीराँ ने आरी चलने का बिम्ब प्रस्तुत किया है। स्मृति संचारी से व्यथा के संवर्द्धन की व्यंजना है।

शब्दार्थ—दूखाँ = दुखने लगे। सुणताँ = सुनते हो। पेठाँ करवत = आरी चल गयी। औण = पूरी-पूरी। मेटण = मेटनेवाले। दैण = देनेवाले। चैण = चैन।

॥ 103 ॥
धुन लावनी

म्हाणे क्याँ तरसावाँ।
थारे कारण कुल-जग छाड्याँ, अब थें क्याँ बिसरावाँ।

विरह बिथा ल्याया उर अन्तर थें आस्याँ णा बुझावाँ।
अब छाड्याँ णा बणे मुरारी सरण गह्याँ बल जावाँ।
मीराँ दासी जणम जणम री भगताँ पैज णिभावाँ।

पाठान्तर-

म्हाणे क्याँ तरशावाँ। मी. प्र. 80 पृ. 27

व्याख्या—मीराँ कहती हैं, तुम मुझे क्यों तरसाते हो। तुम्हारे कारण कुल और संसार से नाता तोड़ लिया। अब तुम क्यों मुझे विस्मृत कर रहे हो। विरह की व्यथा हृदय के अन्दर जल रही है। तुमने आकर उसे बुझाया नहीं। हे मुरारी! अब तुम मुझे छोड़ नहीं सकते हो। क्योंकि मैंने तुम्हारी शरण ग्रहण कर ली है। मीराँ जन्म-जन्म से तुम्हारी दासी है। तुमने भक्तों के उद्धार का जो प्रण किया है उसका निर्वाह कीजिये।

टिप्पणी—ईश्वर को पाने के लिए मीराँ ने सब-कुछ त्याग दिया। यहाँ तक कि विरह की आग का वरण किया। इस पद में शरणागति भक्ति की व्यंजना है। मीराँ ने रक्षा के प्रति पूर्ण विश्वास किया है।

शब्दार्थ—क्याँ = क्यों। तरसावाँ = तरसाते हो। आस्याँ = आओगे इस कारण। छाड्याँ = त्याग दिये। पैज णिभावाँ = प्रण पूरा करो।

॥ 104 ॥

राग अलैया

नागर नन्दकुमार, लाग्यो थारो णेह।
मुरली धुण सुण सुण बीसराँ म्हारो कुणवो गेह।
पाणी पीर णा जाणई मीण तलफि तज्याँ देह।
दीपक जाण्या पीर णा पतंग जल्या जल खेह।
मीराँ रे प्रभु साँवरो रे, थें विण देह अदेह।

व्याख्या—चतुर नन्दकुमार तुमसे प्रेम हो गया है। मुरली की आवाज सुनकर मैं अपना परिवार और घर भूल गयी। मछली पानी से बाहर होकर तड़प-तड़पकर प्राण त्याग देती है। लेकिन पानी उसकी पीड़ा को नहीं समझता, पतंगा दीपक पर अपना प्राण न्यौछावर कर देता है। वह जलकर खाक हो जाता है। लेकिन दीपक उसकी पीड़ा को नहीं जानता है। मीराँ के प्रभु कृष्ण तुम्हारे बिना मेरी देह अदेह हो गयी। अर्थात् शारीरिक सत्ता होते हुए भी उसका एहसास मुझे नहीं है।

टिप्पणी—इस पद में मछली और दीपक के दृष्टान्त द्वारा एकपक्षीय प्रेम को निरूपित किया गया है। नागर नन्दकुमार कहकर मीराँ ने कृष्ण की चतुराई का संकेत किया है। देह अदेह का तात्पर्य है जीवन मृत हो जाना।

शब्दार्थ—नागर = चतुर, सत्य रसिक। णेह = नेह, प्रेम। जाणई = जानता, समझता। जल खेह = जलकर राख हो गया। देह अदेह = देह के रहते भी बिना देह की हो गयी हूँ।

॥ 105 ॥

राग प्रभावती

म्हाँरो जणम जणम रो साथी थाँणे णा बिसर्‌याँ दिन राती।
थाँ देख्याँ विण कल णा पड़ताँ जाणे म्हारो छाती।
ऊँचाँ चढ़चढ़ पंथ निहार्‌याँ कलप कलप अँखियाँ राती।
भो सागर जग बन्धण झूँठाँ कुलरा न्याती।
पल पल थारो रूप निहाराँ निरख निरख मदमाती।
मीराँ रे प्रभु गिरधर नागर, हरि चरणाँ चित्त राती।

व्याख्या—मीराँ कहती हैं कि हे कृष्ण! तुम मेरे जनम-जनम के साथी हो। तुम्हें मैं दिन-रात कभी नहीं भूलती हूँ। तुमको देखे बिना मुझे चैन नहीं पड़ता। यह मेरा मन ही जानता है। ऊँचे चढ़कर तुम्हारा रास्ता निहारती हूँ। रो-रोकर मेरी आँखें लाल हो गयी हैं। यह संसाररूपी सागर, संसार के बन्धन, कुल और सम्बन्ध सब मिथ्या है। क्षण-क्षण मैं तुम्हारा रूप निहारती रहती हूँ। तुम्हारे रूप सौन्दर्य को देखकर मदमस्त होती हूँ। मीराँ कहती हैं कि मेरे प्रभु कृष्ण हैं, मैंने उनके चरणों में मन को अनुरक्त कर रखा है।

टिप्पणी—मीराँ का कृष्ण के साथ अनेक जन्मों का सम्बन्ध है। भक्ति के मार्ग में चलनेवाले जन के लिए सांसारिक सम्बन्ध मिथ्या होते हैं। इसमें अद्वैतवाद की मान्यता के अनुसार ईश्वर की सत्ता ही सत्य है, शेष असत्य है। मीराँ इस पद में इस तथ्य की ओर इशारा करती हैं। कलप कलप में वीप्सा अलंकार है।

शब्दार्थ—थाँणे = आपको, तुझे। छाती = हृदय। राती = लाल-लाल। न्याती = नाता वा नातेदार। मदमाती = मस्त। राती = रत, लगा।

॥ 106 ॥

राग पूरिया कल्याण

सजण सुध ज्यूँ जाणे त्यूँ लीजै हो।
तुम विण म्हारे अवर न कोई क्रिपा रावरी कीजै हो।
दिन नहिं भूख रैण नहिं निंदरा यूँ तण पल पल छीजै हो।
मीराँ के प्रभु गिरधर नागर मिल बिछड़न मत कीजै हो।

पाठान्तर-

सजण सुध ज्यों जानो त्यों लीजे। वृ. प. प. 592, पृ. 297

व्याख्या—मीराँ कहती हैं कि हे प्रियतम! जैसे भी सम्भव हो, मेरा ख्याल करो, तुम्हारे अलावा मेरा कोई नहीं है। अत: तुम मेरे ऊपर कृपा करो, न दिन में भूख लगती है न रात में नींद आती है। इस तरह से मेरा शरीर क्षीण हो रहा है। मीराँ कहती हैं कि गिरधर नागर एक बार मिलकर मुझसे बिछुड़ना नहीं।

टिप्पणी—मीराँ के लिए कृष्ण एकमात्र सहारा हैं। तुलसीदास ने भी कहा है।

एक भरोसो एक बल, एक आस बिस्वास।
एक राम घनस्याम हित, चातक तुलसीदास।

शब्दार्थ—सजण = प्रियतम। ज्यूँ जाणे त्यूँ = जैसे समझे वैसे, जैसे हो वैसे, सभी प्रकार। रावरी = आपकी, अपनी। निंदरा = निद्रा, नींद। पल पल = बराबर। छीजै = क्षीण होता जाता है। बिछड़न = बिछोह, वियोग।

॥ 107 ॥

राग प्रभाती

स्याम मिलण री घणो उमावो णित उठ जोऊँ बाटड़ियाँ।
दरस बिना मोहि कछु ण सुहावै जक ण पड़त हैं आँखड़ियाँ।
तलफत तलफत बहु दिन बीता पड़ी बिरह की पासड़ियाँ।
अब तो वेगि दया करि साहिब, मैं तो थारी दासड़ियाँ।
णैण दुखी दरसण कूँ तरसै नाभि बैठे साँसड़ियाँ।
राति दिवस यह आरति म्हारे कब हरि राखै पासड़ियाँ।
लागी लगण छुटण की नाहीं अब क्यूँ कीजै आँटड़ियाँ।
मीराँ के प्रभु कबरे मिलोगे पूरौ मण की आसड़ियाँ।

व्याख्या—मीराँ कहती हैं कि प्रियतम से मिलने के लिए मेरे अन्दर बड़ा उत्साह है। इसलिए मैं नित्य उठकर उनकी राह देखती हूँ। दर्शन के बिना मुझे कुछ भी सुहावना नहीं लगता है और आँखों को चैन नहीं मिलता है। तुम्हारे वियोग में तड़पते-तड़पते बहुत दिन बीत गये। विरह के फन्दे में फँसी हूँ। हे साहब! शीघ्र दया करो, मैं तुम्हारी दासी हूँ। मेरे नेत्र तुम्हारे दर्शन के लिए तरस रहे हैं, साँसें नाभि में ही अटक गयी हैं। अर्थात् श्वास-प्रश्वास की स्वाभाविक गति नहीं है। रात-दिन मेरे अन्दर आतुरता रहती है कि कृष्ण कब मुझे अपने पास रखेंगे। हे कृष्ण! तुमसे मेरी लगन छूटने को नहीं है अत: तुम क्यों उपेक्षा करते हो। हे मीराँ के प्रभु! तुम कब मिलोगे, कब मेरे मन की आशाएँ पूर्ण होंगी।

टिप्पणी—इसमें मिलन की तीव्र उत्कण्ठा, प्रतीक्षा, दर्शन, मिलन की आकांक्षा आदि भावों की व्यंजना है। तलफत-तलफत में दु:ख की निरन्तरता अंकित है। साँस बैठना मरण दशा का संकेत है।

शब्दार्थ—मिलण री = मिलने का। घणो = घना, गहरा। उमावो = उमंग, लालसा। बाटड़ियाँ = बाट, मार्ग। जक = चैन। आँखड़ियाँ = आँखों में। बीता = बीते। पासड़ियाँ = फाँसी। साहिब = स्वामी, प्रियतम। आरति = उत्कट अभिलाषा। आँटणियाँ = आँट, वैर या उपेक्षा।

॥ 108 ॥

राग सिंध भैरवी

म्हाँने घर होता जाज्यो महाराज।
णेण बिछास्यूँ हिवडो डास्यूँ, सर पर राख्याँ विराज।
पाँवड़ाँ म्हारो भाग सँवारण जगत उधारण काज।
संकट मेट्यो भगत जणाराँ थाप्या पुण रा पाज।
मीराँ रे प्रभु गिरधर नागर बाँह गह्या री लाज।

व्याख्या—मीराँ कृष्ण से निवेदन करती हैं कि मेरे घर होते हुए चले जाना। मैं आपके स्वागत में नैन बिछा दूँगी। हृदय की शय्या पर सुलाऊँगी और अपने माथे पर विराजित रखूँगी। अर्थात् आदर-सत्कार करूँगी। हे मेरे अतिथि! तुम संसार का उद्धार करनेवाले हो। तुम भक्तों का संकट मिटानेवाले हो और पुण्य की मर्यादा स्थापित करते हो। मीराँ के प्रभु गिरधर नागर बाँह पकड़ने की लाज रखो।

टिप्पणी—मीराँ कृष्ण को उनके गुणों एवं संकल्प का स्मरण दिलाती हैं और उनके आदर-सत्कार का आश्वासन देते हुए उनको अपने घर आमन्त्रित करती हैं। इस पद में नयन बिछाना, हृदय में रखना, सिर पर विराजित करना, बाँह गहे की लाज निभाना आदि के लाक्षणिक प्रयोग हुए हैं। ये लोक प्रचलित मुहावरे भी हैं। कृष्ण ने स्वप्न में मीराँ का परिणय किया था। मीराँ उसी पाणिग्रहण की याद दिलाती है। मीराँ अपने को कृष्ण की जन्म-जन्म की प्रेयसी मानती हैं। इसमें स्वकीया भाव की प्रधानता है।

शब्दार्थ—होता जाज्यो = होता जाना या होते जाइयेगा। राख्याँ विराज = आदर के साथ बिठा रखूँगी। पाँवड़ाँ = पाहुन, अतिथि। म्हाँने = हमारे। पाज = राशि वा मर्यादा। गह्या = गहने या पकड़ने की।

॥ 109 ॥

राग भीमपलासी

सजणी कब मिलस्याँ पिव म्हाराँ।

चरण कँवल गिरधर सुख देख्याँ राख्या नैणाँ नेराँ।
णिरखाँ म्हारो चाव घणेरी मुखड़ा देख्याँ थाराँ।
व्याकुल प्राण धर्‌याँ णा धीरज वेग हर्‌याँ म्हा पीराँ।
मीराँ रे प्रभु गिरधर नागर, थें विण तपण घणेराँ।

पाठान्तर-

सजणी कब मिड़श्या पिव म्हाराँ। मी. प्र. 97, पृ. 31

व्याख्या—मीराँ कहती हैं कि हे सखि! मेरा प्रिय मुझसे कब मिलेगा। उसके चरण-कमलों को देखने में ही सुख है। मैं उन्हें अपने नेत्रों के पास रखना चाहती हूँ। हे प्रियतम! तुम्हारा मुख देखने और तुम्हें निरखने की गहरी चाह मेरे मन में है। मेरे प्राण व्याकुल हैं, वे धैर्य नहीं धारण करते। तुम शीघ्र मेरी पीड़ा का हरण करो। मीराँ के प्रभु गिरधर नागर तुम्हारे बिना घनी तपन का अनुभव करती हूँ।

टिप्पणी—प्रस्तुत पद में मिलन की उत्कट अभिलाषा, वियोगजनित तपन तथा प्रियतम के सामीप्य की चाह अंकित है।

शब्दार्थ—नैणाँ = नेत्रों के। नेराँ = निकट। णिरखाँ = देखने की। चाव = चाह। घणेरी = उत्कट, बड़ी। थाराँ = तुम्हारा। पीराँ = व्यथा की। तपण = अन्तर्ज्वाला।

॥ 110 ॥

राग कोसी

म्हाँरी सुध ज्यूँ जाणों त्यूँ लीजो जी।
पल पल भीतर पंथ निहारूँ दरसण म्हाँने दीजो जी।
म्हे तो हूँ बहु औगुणहारी औगुण चित्त मत दीजो जी।
म्हे तो दासी थारे चरण कमल की, मिल बिछुरन मन कीजो जी।
मीराँ तो सदगुर जी सरणे हरि चरणाँ चित्त दीजो जी।

पाठान्तर-

म्हारी सुध ज्यूँ जानो ज्यूँ लीजो जी। वृ. प. प. 407, पृ. 193

व्याख्या—मीराँ कहती हैं कि हे प्रियतम! तुम जैसे समझो वैसे ही मेरी खबर लो। क्षण-क्षण मैं तुम्हारी राह देखती हूँ। तुम शीघ्र दर्शन दो। मैं अनेक अवगुणों से युक्त हूँ। लेकिन मेरे अवगुणों पर ध्यान मत दो। मैं तुम्हारे चरणों की दासी हूँ। अत: मिलकर वियोग की पीड़ा मत दीजिये। मीराँ तो सतगुरु की शरण में है उसका ध्यान हरि के चरणों में ही लगा है।

टिप्पणी—सूरदास ने एक पद में लिखा है, 'प्रभु मोरे अवगुण चित न धरो।' मीराँ ने कृष्ण से कृपा याचना की है। ईश्वर जब भक्तों पर अनुग्रह करता है तो उसके गुणों और अवगुणों का ख्याल नहीं करता है।

शब्दार्थ—ज्यूँ.....त्यूँ = जैसे हो वैसे, सभी प्रकार से। पल पल भीतर = प्रत्येक क्षण। औगुणहारी = अवगुण से भरी। औगुण....जी = मेरे अवगुणों का ख्याल न करना।

॥ 111 ॥

राग कोसी

म्हाँरे घर आज्यो प्रीतम प्यारा, तुम बिन सब जग खारा।
तण मण धण सब भेंट करूँ ओ भजण करूँ मैं थारा।
तुम गुणवन्त बड़ो गुणसागर मैं हूँ जी औगुणहारा।
मैं निगुणी गुण एकौ नाहीं थे तो बगसणहारा।
मीराँ कहे प्रभु कबहिं मिलौगे, थाँ विण नैण दुष्यारा।

पाठान्तर–

म्हारै घर आजो प्रीतम प्यारा। वृ. प. प. 412, पृ. 195

व्याख्या—मीराँ अपने प्रियतम से कहती हैं कि हे प्यारे कृष्ण! तुम मेरे घर आ जाओ, तुम्हारे बिना यह संसार नीरस लगता है। मैं तन, मन, धन सब-कुछ अर्पित करके तुम्हारा ही भजन करूँगी। तुम गुणवान् हो, गुण के बड़े सागर हो, मैं गुणहीन हूँ। मुझ गुणहीन को जिसके पास एक भी गुण नहीं है, तुम्हीं उसे क्षमा कर सकते हो। मीराँ कहती हैं कि प्रभु तुम कब मिलोगे, तुम्हारे बिना मेरे नेत्र दुःखी हैं।

टिप्पणी—इसमें भक्ति-भावना के प्रति पूर्ण समर्पित मीराँ के लिए संसार नीरस लगता है। कृष्ण की गुण सम्पन्नता का बयान करके मीराँ क्षमा-याचना करती हैं। सूरदास ने भी कहा है—

'प्रभु हौं सब पतितन को टीको'

शब्दार्थ—खारा = कड़वा, नीरस। थारा = आपका। बगसणहारा = क्षमा करनेवाला। दुष्यारा = दुःखी।

॥ 112 ॥

वारी वारी हो राम कहूँ वारी, तुम आज्या गली हमारी।
तुम देख्याँ बिन कल न पड़त हैं, जोऊँ बाट तुम्हारी।
कूण सखी सूँ तुम रँगराते, हम सूँ अधिक पियारी।
किरपा कर मोहि दरसण दीज्यो, सब तकसीर बिसारी।
थारे सरणागत परम दयाला, भव जल तार मुरारी।
मीराँ दासी तुम चरणन की, बार बार बलिहारी

व्याख्या—मीराँ कहती हैं कि हे राम (कृष्ण)! मैं तुम्हारे प्रति बलिहारी जाती हूँ। तुम हमारी गली अवश्य आ जाना। तुमको देखे बिना चैन नहीं मिलता है। मैं तुम्हारा मार्ग निरन्तर देखती रहती हूँ। किस सखी से तुम अधिक प्रेम करने लगे, कौन मुझसे अधिक प्यारी हो गयी। सभी अपराधों को क्षमा करके, कृपा करके मुझे दर्शन दीजिये। हे परमदयालु! मैं तुम्हारी शरण में आयी हूँ। हे मुरारी! मुझे संसार-सागर से पार कर दीजिये। मीराँ तुम्हारे चरणों की दासी है, वह बार-बार तुम पर न्यौछावर जाती है।

टिप्पणी—इस पद में प्रतीक्षा, समर्पण और कृपा-याचना का वर्णन है। मध्यकालीन सामन्ती परिवेश में जिस समय बहु विवाह की प्रथा मौजूद थी, उस समय मीराँ के मन में इस तरह की शंका का उपजना स्वाभाविक है कि कृष्ण किसी अन्य नायिका में लिप्त हो गये। भव-जल में रूपक अलंकार है।

शब्दार्थ—वारी वारी = बलिहारी जाती हूँ। आज्या = आ जाओ। रँगराते = प्रेम में फँस गये हो। तकसीर = अपराध, भूल-चूक।

॥ 113 ॥

म्हारे आज्यो जी रामाँ, थारे आवत आस्याँ सामा।
तुम मिलियाँ मैं बोहो सुख पाऊँ, सरै मनोरथ कामा।
तुम बिच हम बिच अन्तर नाहीं, जैसे सूरज घामा।
मीराँ के मन अवर न माने चाहे सुन्दर स्यामा।

व्याख्या—मीराँ अपने आराध्य से कहती हैं कि हे प्रियतम राम (कृष्ण)! आ जाओ, तुम्हारे आने से शान्ति मिलेगी। तुमसे मिलने पर मुझे अत्यधिक सुख मिलेगा। मेरी मनोकामना पूर्ण हो जायगी। तुम्हारे और मेरे बीच कोई अन्तर नहीं है, जैसे सूरज और धूप में कोई अन्तर नहीं है। मीराँ मन से किसी और को नहीं मानतीं, वह श्यामसुन्दर को ही चाहती हैं।

टिप्पणी—प्रेम की पराकाष्ठा में प्रेमी और प्रेमिका का द्वैत समाप्त हो जाता है। तीसरी पंक्ति में मीराँ ने भावाद्वैत की अवस्था का चित्रण किया है।

शब्दार्थ—आवत = आने पर। आस्याँ = आयेंगे, आयेंगी। सामा = मीठी-मीठी बातचीत वा शान्ति। मिलियाँ = मिलने से। बोहो = बहुत। सरै = पूर्ण होते हैं।

॥ 114 ॥

राग देस

पिया मोहिं दरसण दीजै हो।
बेर बेर मैं टेरहूँ, अहे क्रिपा कीजै हो।

जेठ महीने जल विणा पंछी दुःख होई हो।
मोर आसाढ़ाँ कुरलहे, घन चात्रग सोई हो।
सावण माँ झड़ लागियो, सखि तीजाँ खेलै हो।
भादवै नदिया बहै, दूरी जिन मेलै हो।
सीप स्वाति ही झेलती, आसोजाँ सोई हो।
देव काती में पूजहे, मेरे तुम होई हो।
मगसर ठंड बहोती पड़ै, मोहिं वेगि सम्हालो हो।
पोस मही पाला घणा, अबही तुम म्हालो हो।
महा मही बसन्त पंचमी, फागा सब गावै हो।
फागुण फागा खेलहै, बणराइ जरावै हो।
चैत चित्त माँ ऊपजी, दरसण तुम दीजै हो।
वैसाख बणराइ फूलवै, कोइल कुरलीजै हो।
काग उड़ावत दिन गया, बूझूँ पंडित, जोसी हो।
मीराँ विरहिणि व्याकुली, दरसण कब होसी हो।

व्याख्या—मीराँ कहती हैं, हे प्रियतम! मुझे दर्शन दीजिये। बार-बार मैं तुम्हें पुकारती हूँ। मुझ पर कृपा करो। जेठ के महीने में पानी के बिना पक्षी दुःखी हो रहे हैं। आषाढ़ में मोर करुण पुकार करता है और चातक बादल की चाह करके करुण स्वर में बोलता है। सावन में वर्षा की झड़ी लग जाती है। सखियाँ तीजा का त्योहार मनाती हैं। भादौं के महीने में नदियों में जल भर जाता है। ऐसे वातावरण में हे प्रियतम! तुम मुझसे दूरी मत रखो। क्वार मास में सीप स्वाति की बूँदों को धारण करती है। स्त्रियाँ देवपूजा की तैयारी करती हैं। तुम मेरे लिये एकमात्र पूज्य हो। माघ मास में बहुत ठण्ड पड़ती है। तुम शीघ्र आकर मुझे सहारा दो। पूस के महीने में प्रचण्ड शीत पड़ती है। चारों ओर घना पाला पड़ जाता है। आकर तुम स्वयं मौसम और मेरी दशा देखो। माघ मास में वसन्त पंचमी आती है। सब लोग फाग गीत गाते हैं। फागुन में लोग फाग खेलते हैं। वनों का समूह पुष्पित, पल्लवित होकर मेरे मन में जलन पैदा करता है। चैत के महीने में मेरे मन में तुमसे मिलने की उत्कण्ठा बढ़ गयी। निवेदन है कि तुम दर्शन दे दो। बैशाख के महीने में वनराजी फूलने लगती है। कोयल कूकने लगती है। मैं तुम्हारी प्रतीक्षा में काग उड़ाती रहती हूँ और ज्योतिषियों और पण्डितों से तुम्हारे आने की तिथि पूछती रहती हूँ। विरहिणी मीराँ अत्यन्त व्याकुल है। हे कृष्ण! तुम कब दर्शन दोगे।

टिप्पणी—इस पद में बारहमासा पद्धति का प्रयोग करते हुए विरह वर्णन किया गया है। प्रकृति का उद्दीपन रूप में चित्रण है। काग उड़ाना एक प्रकार का शकुन

है। विरहिणी कौआ से कहती है कि यदि मेरे प्रियतम आ रहे हैं तो तुम उड़ जाओ यदि कौआ उड़ जाता है तो प्रियतम के आने की सम्भावना बन जाती है अन्यथा नहीं।

शब्दार्थ—कुरलहे = करुण शब्द करते हैं। घन....सोई हो = (और) चातक भी मेघों के प्रति वही करुण शब्द करते हैं। झड़ = वर्षा की झड़ी। लागियो = लगती है। तीजाँ = राजस्थान में प्रचलित श्रावण शुक्ल तीज का त्योहार। भादवै = भादों मास में। दूरी.....हो = दूर मत रखो। ही = हृदय में। झेलती = हजम करती वा धारण करती है। आसोजाँ = आश्विन वा क्वार मास में भी। सोई हो = वही होता है। देव = विष्णु भगवान्। काती = कार्तिक मास में। पूजहे = पूजते हैं। मेरे.....हो = मेरे देव तुम्हीं हो। मगसर = मार्गशीर्ष वा अगहन मास में। सम्हालो = याद करना, सुधि लो।

॥ 115 ॥

जोगिया जी आज्यो जी इण देस।
णैणज देखूँ नाथनै धाई करूँ आदेस।
आया सावण भादवा भरीया जल थल ताल।
रावल कुण बिलमाइ राखो, विरहणि है बेहाल।
बिछर्‌या बौहो दिन भया बिसर्‌यो पलक न जाइ।
एक बेरी देह फेरी, नगर हमारे आइ।
वा मूरति म्हारे मण बसे छिन भरि रह्यौइ ण जाइ।
मीराँ रे कोई नाहीं दूजौ, दरसण दीजै आइ।

पाठान्तर-

जोगियाजी आवो ने या देस। वृ. प. प. 167, पृ. 80

व्याख्या—मीराँ प्रियतम को सम्बोधित करते हुए कहती है कि हे जोगी! इस देश में आ जाओ। हे नाथ! मैं तुम्हें नेत्रों से देखूँ और दौड़कर तुम्हारी आज्ञा का पालन करूँगी। सावन-भादौं का महीना आ गया है। चारों ओर धरती और तालाब जल से भर गये हैं। तुमको किसी ने अपने प्रेम में लुभा लिया है और विरहिणी तुम्हारे लिये व्याकुल है। बिछड़े हुए बहुत दिन हो गये अब एक पल भी बिताना सम्भव नहीं हो रहा। एक बार मेरे नगर में चक्कर लगा दो, जिससे मैं तुम्हारा दर्शन कर सकूँ। तुम्हारी श्याम सलोनी सूरत मेरे मन में बसी हुई है। तुम्हें देखे बिना क्षण भर भी रहा नहीं जाता। मीराँ के कोई दूसरा नहीं है। मेरे तुम्हीं एकमात्र प्रियतम हो अत: शीघ्र आकर दर्शन दो।

टिप्पणी—आदेश का अर्थ कुछ टीकाकारों ने 'प्रणाम' किया। इसमें कृष्ण को योगी रूप में पाने की चाह है। नाथ सम्प्रदाय के योगियों की मान्यता थी कि नाथ

अलखनिरंजन आदिनाथ शिव माने जाते हैं। सम्भव है कि मीराँ ने अन्य नामों और साधना-पद्धतियों के एकीकरण के फलस्वरूप नाथ के रूप में कृष्ण की परिकल्पना की हो। पद्मावती शबनम ने तो इन पदों के आधार पर यह अनुमान लगाया है कि मीराँ किसी योगी से प्रेम करती थीं।

शब्दार्थ—इण = इस। णैणज = जिससे नेत्रों द्वारा। नाथनै = नाथ को। धाई = दौड़ करके। आदेस = प्रणाम। रावल = मेरे राजा व प्रीतम को। कुण = किसने। बौहो = बहुत।

॥ 116 ॥

जोगिया ने कहज्यो जी आदेस।
जोगिया चतुर सुजाण सजणी, ध्यावै संकर सेस।
आऊँगी मैं नाह रहूँगी (रे म्हारा) पीव बिना परदेस।
करि किरपा प्रतिपाल मो परि, राखो ण आपण देस।
माला मुदरा मेखला रे बाला, खप्पर लूँगी हाथ।
जोगणि होइ जुग ढूँढसूँ रे, म्हारा रावलिया रो साथ।
सावण आवण कह गया बाला, कर गया कौल अनेक।
गिणता गिणता घँस गई रे म्हाँरा आँगलिया री रेख।
पीव कारण पीली पड़ी बाला, जोवन वाली बेस।
दास मीराँ स्याम भजि कै, तण मण कीन्हीं पेस।

व्याख्या—मीराँ अपनी सखी से कहती हैं कि तुम पहले उनसे मेरा प्रणाम कहना, वह अत्यन्त चतुर और गुणवान् है, शिवजी और शेष का ध्यान करता है। मैं तुम्हारे पास चली आऊँगी। प्रियतम के बिना मैं परदेश में नहीं रह सकती। कृपा करके तुम अपनी प्रतिज्ञा का पालन करो और मुझे अपने देश में रहने का अवसर दो। मैं भी माला, मुद्रा, करधनी धारण करके हाथ में खप्पर लेकर संसार में योगिनी बनकर तुम्हें ढूँढूँगी। उन्होंने सावन में आने के लिए वादा किया था। उन्होंने अनेक करार किये थे। गिनते-गिनते मेरी उँगलियों की रेखाएँ घिस गयीं। प्रियतम के कारण मैं युवावस्था में ही पीली पड़ गयी। मीराँ कहती हैं कि दासी मीराँ ने श्याम का भजन करके अपना सर्वस्व उनको समर्पित कर दिया।

टिप्पणी-इसमें लोकगीतों का प्रभाव है। अनेक काव्यरूढ़ियों का अनुपालन किया गया है। अनपढ़ स्त्रियाँ समय की गणना अँगुली के पोरों से करती हैं। लोकगीतों से होता हुआ यह प्रयोग गीतों में आया। यदि प्रियतम योगी है तो प्रियतमा का योगिनी बनकर तलाश करने का इरादा काव्यरचना के कौशल का परिचायक है। अन्य कवियों

ने भी इस तरह के प्रयोग किये हैं। 'ढोला मारू रा दूहा' में मिलता है—'साँवरे के खातर जोगन होगी, घर घर दूँगी फेरी।'

शब्दार्थ— ने = को। कहज्यो = कह देना। आदेस = निवेदन, सन्देश। चतुर सुजाण = चतुर सुजान। ध्यावै = ध्यान रखते हैं। प्रतिपाल = अनुग्रह। मुदरा = योगियों का मुद्रा नामक कर्णाभूषण।

॥ 117 ॥

राग प्रभाती

थें तो पलक उघाड़ो दीनानाथ।
म्हे हाजिर नाजिर कद की खड़ी।
साजनियाँ दुसमण होय बैठ्या सबने लागूँ कड़ी।
तुम विण साजन कोइ नहीं है, डिगी नाव समँद अड़ी।
दिन नहिं चैन रैण नहिं निदरा, सूखूँ खड़ी खड़ी।
बाण विरह का लाग्या हिये में, भूलूँ ण एक घड़ी।
पत्थर की तो अहिल्या तारी, बण के बीच पड़ी।
कहा बोझ मीराँ में कहिये सौ पर एक घड़ी।

व्याख्या—मीराँ कहती हैं कि हे दीनानाथ! तुम्हारी आँखों के सामने मैं कब से खड़ी हूँ, आँखें खोलकर मेरी ओर देखो। मेरे सभी सम्बन्धी मेरे शत्रु बन गये हैं, मैं सबको कठोर (बुरी) लगती हूँ। हे प्रियतम! तुम्हारे सिवाय मेरा अन्य कोई सम्बन्धी नहीं है। संसाररूपी सागर में मेरी नौका अटक गयी है। मुझे दिन में चैन नहीं मिलता, और रात में नींद नहीं आती। खड़ी-खड़ी मैं विरह की आँच में सूखती रहती हूँ, विरह का बाण मेरे हृदय में लग गया है। मैं एक क्षण भी तुम्हें नहीं भूल पाती हूँ। वन के बीच पड़ी हुई, पत्थर बनी अहल्या को तुमने तार दिया। उसकी तुलना में मुझे तारने का दायित्व अधिक नहीं है। मैं सौ के मुकाबले एक पसेरी बराबर भी नहीं हूँ, अर्थात् मुझे तारना अहल्या की तुलना में बहुत आसान है।

टिप्पणी—इस पद में प्रियतम के सामीप्य बोध का चित्रण है। ईश्वर को एकमात्र सहारा मानना प्रपत्ति भाव की भक्ति की प्रमुख शर्त है। डिगी नाव समँद अड़ी में रूपकातिशयोक्ति अलंकार है। बाण विरह में रूपक अलंकार है। सौ पर एक घड़ी लोकोक्ति है।

शब्दार्थ—पलक उघाड़ो = आँखें खोलो, मेरी ओर देखो। हाजिर नाजिर = आँखों के सामने। कद की = कभी से, देर से। साजनियाँ = स्वजन, सगे। दुसमण =

दुश्मन, वैरी। सबने = सभी को। लागूँ कड़ी = अप्रिय जान पड़ती हूँ। डिगी = चलकर। अड़ी = रुक गयी। सौ...घड़ी = सौ के सामने अथवा मुकाबले एक पसेरी।

॥ 118 ॥

म्हारो ओलगिया घर आज्यो जी।
तणरी ताप मिट्या सुख पास्याँ, हिलमल मंगल गाज्यो जी।
घणरी धुण सुण मोर मगण भयाँ, म्हारे आँगण आज्यो जी।
चन्दा देख कमोदण फूलाँ, हरख भयाँ म्हारे छाज्यो जी।
रूम रूम म्हारो सीतल सजणी, मोहण आँगण आज्यो जी।
सब भगताँरा कारज साधाँ, म्हारा परण निभाज्यो जी।
मीराँ विरहण गिरधर नागर, मिल दुःख दंदा छाज्यो जी।

पाठान्तर-

म्हारो ओड़गियाँ घर आज्यो जी। मी. प्र. 56, पृ. 21
म्हारा ओलगिया घर आया जी। वृ. प. प. 400, पृ. 190

व्याख्या—हे मेरे सेव्य प्रिय! मेरे घर आ जाओ। तुम्हारे आने से मेरे देह की ज्वाला शान्त हो जायगी। हिल-मिलकर हम मंगल गान करेंगे। बादलों की ध्वनि सुनकर मोर मग्न हो गये हैं, तुम भी मेरे आँगन में आकर मुझे आनन्दित करो। जैसे चन्द्रमा को देखकर कुमुदिनी प्रसन्न हो उठती है, उसी तरह मैं तुम्हारा मुख देखकर हर्षित हो जाऊँगी। यदि तुम मेरे आँगन में आ जाओ तो तुम्हें देखकर मेरा रोम-रोम शीतल हो जायगा। सभी भक्तों के कार्य को तुमने सिद्ध किया है। तुम मेरे भी प्रण का निर्वाह करो। अर्थात् मीराँ ने केवल कृष्ण से मिलने का प्रण किया है। कृष्ण की कृपा से ही मीराँ का प्रण पूरा हो सकता है। मीराँ कहती हैं कि मेरे गिरधर नागर! विरहिणी मीराँ के दुःख-द्वन्द्व को तुम्हीं समाप्त कर सकते हो।

टिप्पणी—तीसरी और चौथी पंक्ति में दृष्टान्त अलंकारों का प्रयोग है। मीराँ ने प्रियतम के आगमन के लिए अत्यन्त विनम्र भाव से निवेदन किया है।

शब्दार्थ—ओलगिया = सेवनीय। घणरी = बादलों की। कमोदण = कुमुदिनी। परण = प्रण। छाज्यो = काट दो।

॥ 119 ॥

म्हारे घर आवो स्याम, गोठडी कराइयै।
आनन्द उछाव करूँ, तण मण भेंट धरूँ।
मैं तो हूँ तुम्हारी दासी, ताकूँ तो चितारियै।

गिगन गरजि आयौ, बदरा बरसि भयो।
सारंग सबद सुनि, ब्रिहनी पुकारियै।
घर आवो स्याम मेरे, मैं तो लागूँ पाय तेरै।
मीराँ कूँ सरणि लीजै, बलि बलिहारियै।

व्याख्या—मीराँ अपने प्रियतम से निवेदन करते हुए कहती हैं कि मेरे घर आकर बैठक कीजिये (गोष्ठी कीजिये) जिसमें हम लोग आपस में अपने-अपने मन के भावों का आदान-प्रदान करें। मैं अपने तन-मन को न्यौछावर करके आनन्द का उत्सव मनाऊँगी। मीराँ तुम्हारी दासी है, उसको तो अपने ध्यान में लाइये। आकाश में गरजते हुए बादल आ गये हैं, और वर्षा कर चुके हैं, पपीहे की पुकार सुनकर विरहिणी अपने प्रियतम को पुकारने लगी है। हे श्याम! मेरे घर आ जाओ। मैं तुम्हारे चरणों से लगकर निवेदन करती हूँ। मैं बार-बार तुम पर बलिहारी जाती हूँ। मुझे अपनी शरण में ले लीजिये।

टिप्पणी—आगमन के निवेदन के साथ, आगमन के पश्चात् आनन्दोत्सव की कल्पना का चित्रण किया गया है। पावस ऋतु के उद्दीपक वातावरण में विरहिणी की व्यथा बढ़ जाती है। इसमें शरणागति भक्ति का चित्रण है। चौथी-पाँचवी पंक्तियों में अनुप्रास अलंकार है।

शब्दार्थ—गोठडी = गोष्ठी, बातचीत। उछाव = उत्साह, उमंग। चितारियै = सुध लीजिये। गिगन = आकाश। सारंग = पपीहा। ब्रिहनी पुकारियै = विरहिणी चिल्ला उठती है। बलि बलिहारिये = बार-बार बलिहारी जाती हूँ।

॥ 120 ॥

राग कोसी

आजु शुण्या हरि आवाँ री, आवाँ री मण भावाँ री।
हरि णा आवाँ गेउ लखावाँ, बाँण पड्या ललचावाँ री।
णेणा म्हाँरा कह्या णा माणा, णीर झर्‌या निश जावाँ री।
काई कर्‌या कछु णा बस म्हारा, णा म्हारे पंख उड़ावाँ री।
मीराँ रे प्रभु गिरधर नागर, बाट जोहाँ थें आवाँ री।

व्याख्या—मीराँ कहती हैं कि आज श्रीकृष्ण आनेवाले हैं, उनका आना मन को कितना अच्छा लगेगा। कितने समय से प्रतीक्षा कर रही हूँ, उनके आगमन का मार्ग निहार रही हूँ लेकिन वे आये नहीं। उनकी ललचाने की आदत बन गयी है। मेरे नेत्रों ने कहा नहीं माना। इसीलिए उनका बुरा हाल है। वे रात-रात भर आँसू बहाते रहते हैं, मैं क्या करूँ मेरे वश में कुछ नहीं है। मेरे पंख भी नहीं है कि मैं उड़कर प्रिय के पास चली जाऊँ। हे प्रभु गिरधर नागर! मीराँ तुम्हारे आने की प्रतीक्षा कर रही है।

टिप्पणी—कृष्ण के आने की खबर का उल्लास और न आने की पीड़ा। प्रतीक्षारत मन की व्यथा को मीराँ ने बड़ी मार्मिकता से व्यंजित किया है। प्रियतम के पास अपने प्रयत्न से न पहुँच पाने की पीड़ा का भी चित्रण किया गया है।

शब्दार्थ—गेउ = गेल, मार्ग। बाँण = बानि, अभ्यास। ललचावाँ री = ललचाने वा लुभाने की। उड़ावाँ री = उड़ जाने, शीघ्र पहुँच जाने की। थें आवाँ री = तुम्हारे आने की।

॥ 121 ॥

भीजे म्हाँरो दाँवन चीर, सावणियो लूम रह्यो रे।
आप तो जाय बिदेसाँ छाये, जिवड़ो धरत ण धीर।
लिख लिख पतियाँ सन्देसा भेजूँ घर आवै म्हाँरो पीव।
मीराँ के प्रभु गिरधर नागर, दरसन दोने बलवीर।

व्याख्या—मीराँ कहती हैं कि मेरे शरीर की साड़ी भींग रही है। बादल आकाश में छा गये हैं। हे प्रिय कृष्ण! तुम विदेश में छाये हो अर्थात् रम गये हो। मेरा मन धैर्य नहीं धारण कर पाता है। मैं बार-बार पत्र लिखकर सन्देश भेजती हूँ कि हे मेरे प्रियतम! घर आ जाओ। मीराँ के प्रभु गिरधर नागर बलदेव के भाई कृष्ण शीघ्र दर्शन दो।

टिप्पणी—इसमें प्रकृति का उद्दीपन रूप में चित्रण किया गया है।

शब्दार्थ—दाँवन चीर = पल्ले का कपड़ा अथवा चीर का पल्ला। सावणियो = सावन के मेघ या मेघमाला। लूम रह्यो = छा रही है। सावणियो लूम रह्यो रे = सावन के बादल झुककर बरस रहे हैं। दोने = दो। बलवीर = बलदेव के भाई अर्थात् श्रीकृष्ण।

॥ 122 ॥

म्हाँरे प्रीतम प्यारे स्याम कूँ लिख भेजूँ री पाती।
स्याम सन्देसो कबहूँ ण दीन्हो, जानि बूझि गुझबाती।
डगर बुहारूँ पन्थ निहारूँ जोइ जोइ अँखियाँ राती।
राति दिवस मोहि कल ण पड़त है, हीयो फटत मेरी छाती।
मीराँ के प्रभु कबरे मिलोगे, पूरब जणम का साथी।

पाठान्तर-

मेरे प्रीतम प्यारे राम ने लिख भेजूँ री पाती।

वृ. प. प. 448, पृ. 216

व्याख्या—मीराँ कहती हैं कि मैं अपने प्रिय श्याम को बार-बार पत्र लिखकर भेजती हूँ लेकिन श्याम की ओर से कोई सन्देश नहीं आता है। लगता है कि वे प्रेम

को जान-बूझकर गुप्त रखना चाहते हैं। मैं उनके आगमन के मार्ग को साफ करती हूँ, रास्ता निहारती हूँ। मेरी आँखों का रंग लाल हो गया है। रात-दिन मुझे चैन नहीं पड़ता है। मेरी छाती फटी जा रही है। हे पूर्वजन्म के साथी प्रभु! तुम कब मिलोगे।

टिप्पणी—मीराँ ने कई पदों में कृष्ण के लिए राम सम्बोधन किया। सन्तों के प्रभाव के कारण वह ईश्वर के अनेक नामों का प्रयोग करती हैं। उनकी दृष्टि में नामों के भेद से ईश्वर का कोई भेद नहीं होता। हीयो फटत मेरी छाती में मुहावरे का प्रयोग है।

शब्दार्थ—कूँ = को, के नाम। जानि बूझि = समझ-बूझकर। गुझबाती = गुह्य या गुप्त बात। स्याम... गुझबाती = श्रीकृष्ण ने कुछ समझ-बूझकर ही मौन धारण कर रखा है। जोइ जोइ = देखते-देखते। हीयो = हृदय। छाती = छाती के भीतर। पूरब....साथी = पूर्व जन्म के सम्बन्ध की ओर निर्देश।

॥ 123 ॥

म्हारे घर आवौ सुन्दर स्याम।
तुम आया बिन सुष नहीं मेरो, पीरी परी जैसे पाण।
म्हाँरे आसा और ण स्वामी, येक तिहारो ध्याण।
मीराँ के प्रभु वेग मिलो अब, राषो जी मेरी माण।

व्याख्या—मीराँ कहती हैं कि हे कृष्ण! मेरे घर आओ, तुम्हारे बिना मुझे सुख नहीं है। तुम्हारे वियोग में मैं पत्ते के समान पीली पड़ गयी हूँ। तुम्हारे बिना मुझे किसी से कोई आशा नहीं है, मेरा ध्यान सिर्फ तुम्हीं में लगा रहता है। हे प्रभु! शीघ्र मिलो और मेरे सम्मान की रक्षा करो।

टिप्पणी—इस पद में रुग्णावस्था का संकेत है। दूसरी पंक्ति में उपमा अलंकार है।

शब्दार्थ—तुम...बिन = तुम्हारे आये बिना। पीरी = पीली। येक = एकमात्र।

॥ 124 ॥

गोविन्द गाढ़ा छौजी, दौलरा मित।
बाट निहारूँ पन्थ बुहारूँ, ज्यूँ सुख पावै चिन्त।
मेरे मण की तुमही जानौ, मेरे हो जीव नीचिन्त।
मीराँ के प्रभु हरि अविनासी, पूरब जणम को कन्त।

व्याख्या—मीराँ कहती हैं कि हे गोविन्द! तुम मेरे संकट के समय काम आनेवाले सहायक मित्र हो। मैं तुम्हारा मार्ग देखती हूँ। तुम्हारे आनेवाले मार्ग की सफाई करती हूँ। ऐसा करने से मुझे सुख मिलता है। मेरे मन की बात तुम्हीं जान सकते

हो, क्योंकि तुम अन्तर्यामी हो, मेरी बात अवश्य जानते हो, इसलिए मेरे प्राण निश्चिन्त हैं। हे अविनाशी प्रभु! तुम मेरे पूर्व जनम के स्वामी हो।

टिप्पणी—इस पद में मीराँ ने अपनी आस्था और विश्वास को व्यक्त किया है। अन्य पदों में भी इस भाव की अभिव्यक्ति हुई है।

शब्दार्थ—गाढ़ा....मित = संकट के समय काम आनेवाले अपने सहायक मित्र हो। बाट = द्वार पर खड़ी होकर। चिन्त = चित्त। नीचिन्त = निश्चिन्त।

॥ 125 ॥

आव सजनिया बाट मैं जोऊँ, तेरे कारण रैण न सोऊँ।
जक ण परत मण बहुत उदासी, सुन्दर स्याम मिलो अविनासी।
थारे कारण सब हम त्यागे, षाण पाण पै मण नहीं लागे।
मीराँ के प्रभु दरसण दीज्यौ, म्हारी अरज काण सुँण लीज्यौ।

व्याख्या—मीराँ अपने प्रियतम से कहती हैं कि हे मेरे साजन! आ जाओ। मैं तुम्हारा रास्ता देख रही हूँ। तेरी प्रतीक्षा में मैं रात में सोती नहीं हूँ। तेरे बिना मुझे चैन नहीं पड़ता, उदासी छायी रहती है। अत: हे अविनाशी स्याम सुन्दर! मुझे शीघ्र ही दर्शन दो। तुम्हारे लिये मैंने सब-कुछ त्याग दिया। खाने-पीने में मन नहीं लगता। हे मीराँ के स्वामी! तुम मेरी विनती कान से सुन लो और शीघ्र दर्शन दो।

टिप्पणी—इस पद में प्रतीक्षा भाव, अनरति और मिलन की उत्कण्ठा की व्यंजना है।

शब्दार्थ—सजनिया = प्रियतम । जक = चैन। रैण = रात भर।

॥ 126 ॥

म्हे तो चरण लगी गोपाल।
जब लागी तब कोऊ न जाँने, अब जानी संसार।
किरपा कीजौ दरसण दीजौ, सुध लीजौ ततकाल।
मीराँ कहै प्रभु गिरधर नागर, चरण कमल बलिहार।

व्याख्या—हे गोपाल! मैं तुम्हारे पाँव पकड़ती हूँ। जब मेरे मन में तुम्हारे प्रति प्रेम जगा था, तो कोई नहीं जान सका लेकिन अब सारा संसार जान गया है। कृपा करके मुझे दर्शन दीजिये, और मेरी खबर लीजिये। मीराँ कहती हैं कि हे गिरधर नागर! मैं तुम्हारे चरण-कमलों पर बलिहारी हूँ।

टिप्पणी—प्रेम की पीड़ा के कारण आन्तरिक भाव को गोपनीय रखना कठिन होता है। अत: प्रेम का भेद खुल जाता है। इस पद में अनुग्रह दर्शन और समर्पण के भावों की व्यंजना है।

शब्दार्थ—जब लागी = जिस समय प्रेम-भाव जागृत हुआ।

॥ 127 ॥

म्हारा लगाँ लगण सिरि चरणा री।
दरस विणा म्हाँणे कछु णा भावाँ जग माया या सुपणा री।
भो सागर भय जग कुछ बंधण, डार दयाँ हरि चरणा री।
मीराँ रे प्रभु गिरधर नागर, आँस गह्याँ थें सरणा री।

व्याख्या—मीराँ कहती हैं कि मेरी लगन श्रीकृष्ण के चरणों में लग गयी। उनके दर्शन के बिना मुझे कुछ भी प्रीतिकर नहीं लगता है। यह संसार माया अथवा स्वप्न के समान मिथ्या लगता है। यह संसार-सागर अत्यन्त भयानक है। मैंने संसार के बन्धनों को त्यागकर अपने को कृष्ण के चरणों में समर्पित कर दिया। मीराँ के प्रभु गिरधर नागर हैं। संसार से मुक्त होने की इच्छा से मैंने उनकी शरण ग्रहण की है।

टिप्पणी—अन्य भक्तों की तरह मीराँ ने भी संसार को मिथ्या माना है। संसार से तरने के लिए शरणागति को प्रमुखता दी है।

शब्दार्थ—लगण = प्रीति, आसक्ति। कछु णा = कुछ भी नहीं। सुपणा = स्वप्नों-जैसा। सरणा = शरणों में।

॥ 128 ॥

साँवरो म्हारो प्रीत णिभाज्यो जी।
थें छो म्हारो गुण रो सागर, औगुण म्हाँ बिसराज्यो जी।
लोक णा सीझ्याँ मण पतीज्याँ मुखड़ा-सबद सुणाज्यो जी।
दासी थाँरी जणम जणम री म्हाँरो आँगण आज्यो जी।
मीराँ रे प्रभु गिरधर नागर, बेड़ा पार लगाज्यो जी।

पाठान्तर-

साँवरो म्हारी प्रीत णिभाज्यो जी। मी. प्रा. 28, पृ. 15

व्याख्या—मीराँ कहती हैं कि हे प्रियतम! तुम मेरी इस प्रीति का निर्वाह अवश्य करना। तुम गुणों के सागर हो, और मेरे हो अत: मेरे अवगुणों को भुला दो। लोक के समझाने से मेरे मन ने विश्वास नहीं किया। तुम मुझे अपने मुख से मीठे शब्द सुनाओ। मैं जन्म-जन्म से तुम्हारी दासी हूँ। मेरे घर आने की कृपा करो। हे मेरे गिरधर नागर! इस संसार-सागर से मेरा बेड़ा पार कर दो।

टिप्पणी—तीसरी पंक्ति में मीराँ ने लोक के इस सुझाव का खण्डन किया है कि ईश्वर का दर्शन सम्भव नहीं है। अत: उनके लिए तड़पना व्यर्थ है। मीराँ के मन

ने इस पर विश्वास नहीं किया। इसमें प्रीति के निर्वाह और उद्धार के लिए निवेदन किया गया है।

शब्दार्थ—णिभाज्यो = निभा दीजियेगा। थें = आप। छो = हो। गुण रो = गुणों के। औगुण = अवगुणों पर, दोषों की ओर। लोक = लोग। लगाज्यो = लगा दीजियेगा।

॥ 129 ॥

मिलता जाज्यो हो जी गुमानी, थाँरी सूरत देख लुभाणी।
म्हाँरो नाम बूझि तुम लीज्यो, म्हे हूँ बिरह दिवाणी।
रात दिवस कल नाहिं परत है, जैसे मीन बिन पाणी।
दरस विणा मोहिं कछु न सुहावे, तलफ तलफ मर जाणी।
मीराँ तो चरणन की चेरी, सुण लीजै सुखदाणी।

पाठान्तर-

मिलता जाज्यो हो गुर ज्ञानी। वृ. प. प. 427, पृ. 203

व्याख्या—हे गर्वीले प्रियतम! मुझसे मिलकर ही जाना। तुम्हारा रूप देखकर मैं मोहित हो गयी हूँ। मेरा नाम जानने में तुम्हें कठिनाई नहीं होगी। क्योंकि और से भिन्न मैं विरह में दिवानी हूँ। मुझे रात-दिन चैन नहीं मिलता, जैसे पानी के बिना मछली बेचैन रहती है। दर्शन के बिना मुझे कुछ भी सुहावना नहीं लगता है। लगता है मैं तड़प-तड़पकर मर जाऊँगी। हे सुख दान करनेवाले कृष्ण! मीराँ तुम्हारे चरणों की दासी है, अत: उसकी विनती को सुन लीजिये।

टिप्पणी—अतिशय आत्मीयता के कारण मीराँ अपने प्रियतम को गुमानी कहती हैं, अन्य व्यक्तियों से दीवानी मीराँ की पहचान अलग है। तीसरी पंक्ति में उपमा अलंकार है। दास्य भाव की भक्ति की व्यंजना है।

शब्दार्थ—मिलता जाज्यो = मिलते जाइयेगा। गुमानी = गरूरी, घमण्डी। तलफ.... मर जाणी = तड़प-तड़पकर मरती जा रही हूँ। सुखदाणी = सुख पहुँचानेवाले।

॥ 130 ॥

थें विण म्हारे कोण खबर ले, गोबरधन गिरधारी।
मोर मुगट पीताम्बर शोभाँ, कुंडल री छब न्यारी।
भरी सभा माँ द्रुपद सुताँ री, राख्या लाज मुरारी।
मीराँ रे प्रभु गिरधर नागर, चरण कँवल बलिहारा।

व्याख्या—मीराँ कहती हैं कि गोवर्द्धन पर्वत को धारण करनेवाले कृष्ण! तुम्हारे बिना मेरी खबर कौन ले। तुम्हारे मस्तक पर मोर मुकुट सुशोभित होता है, कटि में पीला वस्त्र है। कान में कुण्डल की छवि अनोखी है। तुमने भरी सभा में द्रौपदी की लाज बचायी है। मीराँ के प्रभु गिरधर नागर! मैं तुम्हारे चरण-कमलों में न्यौछावर जाती हूँ।

टिप्पणी—इस पद में प्रेम की एक निष्ठा, प्रेमास्पद के सौन्दर्य तथा कर्म का स्मरण दिलाते हुए समर्पण भाव को अंकित किया गया है।

शब्दार्थ—छब = छवि, सौन्दर्य, शोभा। द्रुपद सुताँ री = द्रौपदी की।

॥ 131 ॥

हरि म्हाँरो सुणज्यो, अरज महाराज।
म्हे अबला बल नाहिं गोसाई, राखो अबकै लाज।
रावरी होइ कणी रे जाऊँ है हरि हिवणारो साज।
हय को प्रभु धरि दैत संघार्‌यो सार्‌यो देवन को काज।
मीराँ के प्रभु और न कोई, रे म्हाँरो सिरताज।

व्याख्या—मीराँ कहती हैं कि हे कृष्ण! हमारी प्रार्थना सुन लीजिये। मैं अबला हूँ। मुझमें ताकत नहीं है। तू गोस्वामी हो, मेरी लज्जा रखो। तुम्हारी होकर मैं किसके पास जाऊँ। तुम मेरे हृदय में उपस्थित हो। तुमने घोड़े का रूप धारण करके देवताओं की रक्षा की थी। मीराँ के प्रभु कृष्ण तुम मेरे स्वामी हो। तुम्हारे अलावा मेरी रक्षा करनेवाला कोई नहीं है।

टिप्पणी—इस पद में स्त्री का पर्याय अबला का सार्थक प्रयोग हुआ है। उसके विपरीत महाराज गोसाईं आदि शब्दशक्ति-सम्पन्नता के सूचक हैं। पुराणों में उल्लेख है कि एक राक्षस ने वेदों को चुरा लिया था। देवताओं के निवेदन पर विष्णु ने हयग्रीव का अवतार धारण करके राक्षसों का नाश किया।

शब्दार्थ—कणी = कहाँ। साज = घनिष्ठता का सम्बन्ध। हय..संघार्‌यो = हयग्रीव का अवतार धारण करके तुमने राक्षसों का नाश किया था। सार्‌यो = पूरा किया था।

॥ 132 ॥

राग सारंग

म्हे तो थारी सरण परी रे रामा, ज्यूँ जाणे त्यूँ तार।
अड़सठ तीरथ भ्रमि भ्रमि आयो, मन नाहीं मानी हार।

या जग माँ कोई नहिं अपणा, सुणियो श्रवण मुरार।
मीराँ दासी राम भरोसे, जम का फंदा निवार।

पाठान्तर-

मैं तो तेरी सरण परी रे रामाँ। वृ. प. प. 464, पृ. 224

व्याख्या—मीराँ कहती हैं कि हे भगवान्! मैं तुम्हारे शरण में आ गयी हूँ। इसलिए जैसे सम्भव हो मेरा उद्धार करो, मैंने अड़सठ तीर्थों का भ्रमण कर लिया, फिर भी मन ने हार नहीं मानी। इस संसार में कोई अपना नहीं है। इसलिए हे मुरारी! मेरी पुकार को सुन लीजिये। मीराँ पूरी तरह ईश्वर पर आश्रित है। अत: यमराज के बन्धन से मुझे मुक्त करो।

टिप्पणी—मीराँ को तीर्थों में पूर्ण विश्वास है, लेकिन उनका मानना है कि ईश्वर के प्रति पूर्ण विश्वास एवं समर्पण के बिना उद्धार नहीं होता।

शब्दार्थ—सरण = शरण में। परी = आ गयी हूँ। ज्यूँ...त्यूँ = जिस प्रकार उचित समझें। अड़सठ तीरथ = अनेक या सारे प्रमुख तीर्थ। सुणियो श्रवण = कानों से सुनिये। जम....निवार = आवागमन से मुक्त कर।

॥ 133 ॥

राग भैरवी

गिरधारी शरणाँ थारी आया, राख्याँ किरपा निधान।
अजामील अपराधी तार्‌याँ तार्‌याँ नीच सदाण।
डूबताँ गजराज राख्याँ गणका चढ्‌या विमाण।
अवर अधम बहुता थें तार्‌याँ, भाख्या सणत सुजाण।
भीलण कुबजा तार्‌याँ गिरधर, जाण्याँ सकल जहाण।
विरद बखाणाँ गणताँ णा जाणा, थाकाँ वेद पुराण।
मीराँ प्रभु री शरण रावली, विणताँ दीस्यो काण।

व्याख्या—मीराँ कहती हैं कि हे गिरधारी! मैं तुम्हारी शरण आयी हूँ, कृपानिधान मेरी रक्षा करो। तुमने अजामिल-जैसे पापी को और निम्न वंशोत्पन्न सदना कसाई को तार दिया। डूबते हुए हाथी की रक्षा की और गणिका को विमान पर चढ़ा दिया। इसके अतिरिक्त बहुत-से अधम लोगों का उद्धार किया। इस तथ्य का विवेचन अनेक ज्ञानी सन्तों ने किया है। भीलनी, कुब्जा को तुमने तार दिया जिसे सारा संसार जानता है। तुम्हारे गुणों का बखान करते-करते वेद-पुराण थक गये। हे प्रभु! मीराँ तुम्हारी शरण में आयी है। उसकी विनती पर ध्यान दीजिये।

टिप्पणी—कृपानिधान में रूपक अलंकार है। पौराणिक आख्यानों का उल्लेख करते हुए मीराँ ने कृष्ण के गुणों का बखान किया है। वेद-पुराण का मानवीकरण है क्योंकि थकना मनुष्य का गुण है पुस्तकों का नहीं। कान देना मुहावरा है।

शब्दार्थ—अजामील = एक प्रसिद्ध भक्त। सदाण = भक्त सदन कसाई। गजराज = भक्त गजेन्द्र। गणका = भक्त वेश्या। सणत = सन्त।

॥ 134 ॥

राग पहाड़ी

म्हारो बेड़ो लगाज्यो पार, प्रभुजी अरज करूँ छूँ।
या भव में म्हे बहु दुःख पायो, संसा सोग निवार।
अष्ट करम की तलब लगी है, दूर करो दुःख भार।
यो संसार सब बह्यो जात है, लख चौरासी री धार।
मीराँ के प्रभु गिरधर नागर, आवागमन निवार।

व्याख्या—मीराँ कृष्ण से निवेदन करती हैं कि भवसागर से मेरा बेड़ा पार कर दो। इस संसार में मुझे बहुत दुःख मिला। कृपा करके संशय और शोक का निवारण कीजिये। घृणा, लज्जा, भय, शंका, जुगुप्सा, कुल, शील, जाति आदि सांसारिक पाश हैं जिसमें मनुष्य उलझा रहता है। मीराँ भी इसी अष्ट कर्म में लगी हुई हैं। हे ईश्वर! मुझे इनसे उत्पन्न दुःखों के भार से मुक्त करो। चौरासी लाख योनियों की धारा में पूरा संसार बह रहा है। हे मीराँ के प्रभु गिरधर नागर! मुझे इस आवागमन से निवृत्त कर दो।

टिप्पणी—चौथी पंक्ति में नदी के प्रवाह का बिम्ब प्रस्तुत करके विभिन्न योनियों में जीवों के आवागमन का सुन्दर वर्णन किया गया है। जीवन की नौका के रूप में परिकल्पना एवं संसार को सागर मानना मध्यकालीन भक्ति काव्य का व्यापक प्रयोग है।

शब्दार्थ—बेड़ो = नाव, जीवन। करूँ छूँ = करती हूँ। संसा सोग = संशय एवं शोक, दुःख। निवार = दूरकर। अष्ट करम की तलब लगी है = सांसारिक व्यवहारों में नित्यश: फँसना पड़ रहा है। लख.... धार = चौरासी लाख प्रकार की योनियों में।

॥ 135 ॥

मेरी कानाँ सुणज्यो जी करुणा निधान।
रावलो विड़द म्हाणे रूढो लागाँ, पीड़त म्हारो प्राण।
सगाँ सनेहाँ म्हारे णाँ क्याँइ, वस्याँ सकल जहाण।

ग्राह गह्याँ गजराज उबार्‌याँ, अछत कर्‌याँ बरदाण।
मीराँ दासी अरजाँ करता म्हारी सहारो णा आण।

व्याख्या—हे करुणानिधान! मेरी बिनती सुनो। तुम्हारा विरद यश मुझे बहुत अच्छा लगता है, लेकिन तुम्हारे विरह में मेरे प्राण व्यथित हो रहे हैं। इस संसार में यद्यपि बहुत लोग हैं, लेकिन कोई मेरा सगा-सम्बन्धी नहीं है। ग्राह के द्वारा पकड़े गये गजराज की तुमने रक्षा की थी। दासी मीराँ निवेदन कर रही है कि तुम्ही मेरे आश्रय हो। अत: मेरा उद्‌धार करो।

शब्दार्थ—रावलो = आपका। विड़द = विरद, बड़ा यश। रूढो = रूरा, उत्तम। पीड़त...प्राण = मेरे प्राणों को कष्ट पहुँचा रहा है। सगाँ सनेहाँ = प्रिय सम्बन्धी। वस्याँ = दुश्मन हो गया है। ग्राह...ऊबार्‌याँ = ग्राह द्वारा ग्रस्त गजेन्द्र को मुक्त कर दिया। आण = अन्य दूसरा।

॥ 136 ॥

म्हाँ सुण्याँ हरि अधम उधारण।
अधम उधारण भव तारण।
गज बूडताँ अरज सुण धावाँ, भगताँ कष्ट निवारण।
द्रुपद सुता णो चीर बढ़ायाँ, दुसासण मद मारण।
प्रह्लाद परतग्या राख्याँ, हरणाकुस नख उद्र विदारण।
थें रिख पतनी किरपा पायाँ, विप्र सुदामाँ विपत विडारण।
मीराँ रे प्रभु अरजी म्हारी, अब अबेर कुण कारण।

व्याख्या—मीराँ कहती हैं कि मैने सुना है कि भगवान् पापियों का उद्‌धार करनेवाले हैं, और संसार-सागर से पार लगाते हैं। भक्तों के कष्ट निवारण के लिए भगवान् स्वयं दौड़कर जाते हैं जैसे डूबते हुए हाथी की विनती सुनकर दौड़कर गये, द्रौपदी की चीर बढ़ाकर दु:शासन के अहंकार को नष्ट कर दिया। हिरण्यकश्यप के उदर को चीरकर प्रह्लाद की प्रतीज्ञा पूरी की, ऋषि की पत्नी अहल्या ने तुम्हारी कृपा प्राप्त की, गरीब ब्राह्मण सुदामा के दु:खों का तुमने निवारण किया। मीराँ कहती हैं हे प्रभु! मेरी भी प्रार्थना सुन लीजिये। मेरा उद्‌धार करने में इतनी देर क्यों लगा रहे हैं।

टिप्पणी—इस पद में पौराणिक दृष्टान्तों के आधार पर ईश्वर के पतित उद्‌धारण रूप की चर्चा करते हुए मीराँ अपने उद्‌धार की कामना व्यक्त करती हैं।

शब्दार्थ—सुण्याँ = सुना है। उधारण = उद्धार करनेवाले हैं। तारण = तारनेवाले। अरज = अर्जी या प्रार्थना पर। धावाँ = दौड़ पड़े। निवारण = दूर कर

देनेवाले। द्रुपद सुता = द्रौपदी। दुसासण....मारण = दु:शासन का अभिमान चूर्ण कर देनेवाले। परतग्या = प्रतिज्ञा।

॥ 137 ॥

राग विहाग

स्याम म्हाँ बाँहणियाँ जी गह्याँ।
भो सागर मझधाराँ बूड्याँ, थारी सरण लह्याँ।
म्हारे अवगुण पार अपारा थें विण कूण सह्याँ।
मीराँ रे प्रभु हरि अविनासी, लाज विरद री बह्याँ।

व्याख्या—मीराँ अपने स्वामी से कहती हैं कि श्याम मेरी बाँहें पकड़ लीजिये। मैं भवसागर की मध्य धारा में डूब रही हूँ, मैं तुम्हारी शरण में आयी हूँ। मेरे अनेक अवगुण हैं, तुम्हारे बिना उन्हें कौन सहेगा। हे मीराँ के प्रभु अविनाशी कृष्ण! मेरी रक्षा करके अपने यश की लाज रखो।

टिप्पणी—इस पद में ईश्वर के उद्धारक रूप का चित्र खींचा गया है। दूसरी पंक्ति में संसार में व्यथित प्राणी के लिए सागर में डूबते हुए व्यक्ति का बिम्ब प्रस्तुत किया गया है। अधिक अवगुणों के लिए पार-अपारा शब्द अधिक व्यंजक है। इतने अवगुण जिनका पार ही नहीं कोई पा सकता है, ईश्वर के लिए चुनौती भी है कि भगवान् पहले भक्त के अवगुणों को पार करे फिर उसका उद्धार करे।

शब्दार्थ—बाँहणियाँ = बाँह, हाथ। म्हाँ बाँहणियाँ जी गह्याँ = मुझे अपना लो। मझधाराँ = बीच की धारा वा प्रवाह में। विरद = नाम, यश। बह्याँ = रखो, सँभालो।

॥ 138 ॥

म्हारे नेणाँ आगे रहाजो जी, स्याम गोविन्द।
दास कबीर घर बालद जो लायाँ नामदेव की छान छवन्द।
दास धना को खेत निपजायो, गज की टेर सुनन्द।
भीलणी को बेर सुदामा का तन्दुल, भर मुठड़ी बुकन्द।
करमाबाई को खाँच आरोग्यो, होइ परसण पाबन्द।
सहस गोप बिच स्याम बिराजे, ज्यों तारा बिच चन्द।
सब सन्तन का काज सुधारा, मीराँ सूँ दूर रहन्द।

व्याख्या—मीराँ कहती हैं कि हे श्याम गोविन्द! तुम सदा मेरे नेत्रों के सामने रहा करो। आपने भक्तों की अनेक प्रकार से सहायता की है। कबीर के घर तुमने बैल के ऊपर लादकर अन्न भेजा। नामदेव के घर का छप्पर छा दिया, धना का खेत बो

दिया। हाथी की पुकार सुनकर उसकी रक्षा की, शबरी भीलनी का बेर खाया और सुदामा के चावल मुट्ठी भर-भरकर खाये। करमाबाई की बाजरे की बनी खिचड़ी प्रसन्नतापूर्वक ग्रहण की। सहस्त्रों गोपों के बीच कृष्ण ऐसे सुशोभित होते हैं, जिस प्रकार तारों के बीच चन्द्रमा। मीराँ उलाहना देते हुए कहती हैं सब भक्तों का तुमने कार्य सिद्ध किया लेकिन मुझसे दूर रहते हो।

टिप्पाणी—भक्तों की सहायता सम्बन्धी अनेक किंवदन्तियाँ प्रचलित थीं जिनका दृष्टान्त रूप में यहाँ जिक्र किया गया। भक्तों के साथ कुछ अचरज भरी घटनाएँ घटित होती रहती हैं जो तर्क से परे होती हैं।

शब्दार्थ—बालद = लदे बैलों की पंक्ति। कबीर = भक्त कबीर। नामदेव = भक्त नामदेव। छान छवन्द = छप्पर छा दिया। दास धना = धना भगत। निपजायो = बो दिया। गज = भक्त गजेन्द्र। भीलणी = भक्त शबरी। खाँच = बाजरे की खिचड़ी।

॥ 139 ॥

पिया थारे नाम लुभाणी जी।
नाम लेताँ तिरताँ सुण्याँ, जग पाहण पाणी जी।
कीरत काँई णा किया, घणा करम कुमाणी जी।
गणका कीर पढ़ावताँ, बैकुण्ठ बसाणी जी।
अरध नाम कुंजर लयाँ, दुख अवध घटाणी जी।
गरुड़ छाँड़ पग धाइयाँ पसुजूण पटाणी जी।
अजामल अध ऊधरे जम त्रास णसानी जी।
पूतनाम जस गाइयाँ, जग सारा जाणी जी।
सरणागत थें वर दिया, परतीत पिछाणी जी।
मीराँ दासी रावली, अपणी कर जाणी जी।

व्याख्या—मीराँ कहती हैं कि हे प्रियतम! मैं तुम्हारे नाम पर मोहित हो गयी। तुम्हारा नाम लेने से संसार में पत्थर भी पानी में तैरने लगता है ऐसा मैंने सुना है। गणिका ने कोई यश का काम नहीं किया बल्कि बुरे कर्म ही किये लेकिन अपने तोते को नारायण-नारायण पढ़ाकर वैकुण्ठ चली गयी। गज पर जब संकट पड़ा तो उसने तुम्हारा आधा ही नाम लिया और तुमने उसके दु:खों को दूर कर दिया। तुमने गरुड़ को छोड़कर नंगे पाँव ही दौड़ पड़े, उसे पशु योनि से मुक्त कर दिया। अत्यन्त नीच प्रकृति के अजामिल को तुमने यमराज के भय से मुक्त कर दिया। उसने अपने पुत्र नारायण को सहायता के लिए पुकारा था, इस बात को सारा संसार जानता है। हे प्रभु!

अपने शरण में आये हुए व्यक्तियों को वरदान देते हो तथा उनके विश्वास को पहचान लेते हो। मीराँ तुम्हारी दासी है। उसे तुम अपनी समझकर रक्षा करो।

टिप्पणी—इस पद में पौराणिक दृष्टान्तों के माध्यम से अपनी रक्षा और उद्धार की चर्चा है।

शब्दार्थ—लुभाणी = लुभायी हुई हूँ। तिरताँ = तर जाना, पार पा जाना। कीरत = शुभकर्म, पुण्यकार्य। करम कुमाणी = अशुभ कर्म वा पाप किये। गणका = वेश्या भक्त। कीर पढ़ावताँ = तोता पढ़ाती-पढ़ाती।

॥ 140 ॥

मुज अबला ने मोटी नीराँत थई रे।
शामलो घरेणु मारे साचूँ रे।
बाली घड़ावूँ विट्ठल वर केरी, हार हरी नो मारे हैये रे।
चित्तमाला चतुरभुज चुड़लो, शिद सोनी घरे जाइये रे।
झाँझरियाँ जगजीवन केरा, कृष्णाजी कड़लाने काँवी रे।
बीछियाँ घूँघरा रामनारायण ना अणवट अन्तरजामी रे।
पेटी घड़ावुँ पुरुषोत्तम कैरी, त्रीकम नामनूँ तालूँ रे।
कूँची करावुँ करुणानन्द केरी, तेमाँ घरेणु मारूँ घालूँ रे।
सागर वासो सजीने बैठी, हवे नथी कँई काँचूँ रे।
मीराँ कहे प्रभु गिरधर नागर, हरि ने चरणे जाचूँ रे।

व्याख्या—मीराँ कहती हैं मुझ अबला को पूरा आश्वासन मिल गया है कि श्याम कृष्ण मेरे घर पधारे हैं। मैं अपने प्रियतम को रिझाने के लिए बिट्ठल की श्रेष्ठ बाली बनवाऊँगी। गले में कृष्णरूपी माला धारण करूँगी। चतुर्भुज कृष्ण मेरे लिये माला तथा चूड़ा सभी-कुछ हैं अत: मुझे आभूषण बनवाने के लिए सुनार के घर जाने की क्या जरूरत है। झाझरिया इत्यादि तो संसार के लिए है। मेरा कड़ा, बिछुआ, पैरों का आभूषण, घुंघरू सब-कुछ अन्तर्यामी कृष्ण ही हैं। पुरुषोत्तम की करधनी बनवाऊँगी। त्रिविक्रम नाम का ताला, करुणानन्द की कुंजी और उसमें अपने सारे आभूषण रख दूँगी। मैं ससुराल जाने के लिए तैयार बैठी हूँ लेकिन मेरे पास कोई चोली नहीं है। मीराँ कहती हैं कि हे प्रभु गिरधर नागर! मैं तुम्हारे चरणों में याचना करती हूँ।

टिप्पणी—मीराँ के लिए सांसारिक अलंकार व्यर्थ हैं। कृष्ण के विविध नामों से ही वह अपने देह को अलंकृत करके कृष्ण के पास पहुँचने की इच्छा करती हैं। इसमें नारी भाव की स्वाभाविक अभिव्यक्ति है।

शब्दार्थ—नीरांत = भरोसा। थई = हुई। शामलो = श्यामसुन्दर। घरेणुँ = गहना, आभूषण। साचूँ = पधारा, आया। बाली घड़ावूँ = कान की बालियाँ गढ़वाऊँ। विट्ठल वर = विट्ठलरूपी वर वा पति विष्णु, कृष्ण। हैये = है ही। चुड़लो = चूड़ा। शिद = किसलिए, क्यों। सोनी = सोनार। जाइये = जाकर। झाँझरियाँ = झाँझरि नामक पैर का गहना। कड़लाने काँवी = कड़ा और पैर का गहना। बीछियाँ = पैर का गहना। घूँघरा = घुँघरू, मंजीरा। अणवट = पैर के अँगूठे का छल्ला। पेटी = कमरबन्द। घड़ावुँ = गढ़वाऊँ। त्रीकम = त्रिविक्रम। नामनूँ = नाम का। तालूँ = ताला। कूँची = कुंजी। घरेणुँ....घालूँ रे = उसमें अपने गहने रखूँगी। सागर वासो = ससुराल में, प्रियतम के घर। सजीने = सज-धजकर। हवे = अब। नथी = नहीं है। काँचूँ = चोली, कंचुकी। कँई = कोई।

॥ 141 ॥

राग सारंग

नन्दनन्दन मण भायाँ बादलाँ णभ छायाँ।
इत घण गरजाँ उत घण लरजाँ चमकाँ बिज्जु डरायाँ।
उमड़ घुमड़ घण छायाँ पवण चल्याँ पुरवायाँ।
दादुर मोर पपीहा बोलाँ, कोयल सबद सुणायाँ।
मीराँ रे प्रभु गिरधर नागर, चरण कँवल चित्त लायाँ।

व्याख्या—हे नन्द के पुत्र! तुम मेरे मन को भा गये हो। इस समय आकाश में बादल छाये हैं। इधर बादल गरज रहे हैं उधर बादल बरस रहे हैं। बिजली चमककर मुझे डराती है। उमड़-घुमड़कर बादल छाये हैं। पुरवा पवन चल रहा है। मेंढक, मोर, पपीहा, कोयल बोल रहे हैं। मीराँ अपने गिरधर नागर के चरण-कमलों में चित्त लगाये बैठी है।

टिप्पणी—प्रकृति का उद्दीपक रूप में चित्रण दिया गया है।

शब्दार्थ—नन्दनन्दन = श्रीकृष्ण को। लरजाँ = उमड़-घुमड़ या झुक-झुककर बरसता है। बिज्जु = बिजली। पुरवायाँ = पुरवा। सुणायाँ = सुन रही है।

॥ 142 ॥

राग कलिंगड़ा

सुण्यारी म्हारे हरि आवाँगा आज।
म्हैलाँ चढ़ चढ़ जोवाँ सजणी कब आवाँ महराज।
दादुर मोर पपीआ बोल्याँ कोइल मधुराँ साज।

उमग्याँ इन्द्र चहूँ दिस बरसाँ दामण छोड्या लाज।
धरती रूप नवाँ नवाँ धर्‌या इन्द्र मिलण रे काज।
मीराँ रे प्रभु गिरधर नागर, वेग मिल्यो महराज।

पाठान्तर-

सुनी मैं हरि आवन की आवाज। वृ. प. प. 622, पृ. 314

व्याख्या—मीराँ अपनी सखी से कहती हैं कि सुना है आज मेरे कृष्ण पधारनेवाले हैं, मैं महल पर चढ़कर उनकी प्रतीक्षा कर रही हूँ, पता नहीं महाराज कब आयेंगे। मेंढक, मोर, पपीहा बोल रहे हैं, कोयल मधुर ध्वनि कर रही है। इन्द्र द्वारा प्रेरित बादल चारों दिशाओं में उमड़ पड़े हैं। बिजली बिना किसी संकोच के चमक रही है। ऐसा प्रतीत होता है कि धरती इन्द्र से मिलने के लिए नया-नया रूप धारण किये हुए है। मीराँ कहती हैं कि हे गिरधर नागर महाराज! शीघ्र मिलन का अवसर दो।

टिप्पणी—इस पद में प्रियतम के आगमन के सन्देश, आतुर प्रतीक्षा, पावस ऋतु के उद्दीपन रूप, धरती का इन्द्र से मिलन के लिए नव रूप धारण आदि का सुन्दर चित्रण हुआ है। दामण छोड्या लाज में शरीर के लज्जा त्याग की भी व्यंजना है।

शब्दार्थ—आवाँगा = आयेंगे। म्हैलाँ = महल पर। चढ़ चढ़ = चढ़-चढ़कर। जोवाँ = देखती है। महराज = प्रियतम। साज = साद वा शब्द से। मधुराँ = मीठे, सुहावने। उमग्याँ = इन्द्र का मेघ उमड़ आया। दामण = दामिनी बिजली। छोड़्या लाज = लज्जा छोड़कर सामने चमक रही है। नवाँ नवाँ = नये-नये, हरे। धर्‌या = धारण किया।

॥ 143 ॥

राग सोरठा

जोसीड़ा णे लाख बधाया रे आस्याँ म्हारो स्याम।
म्हारे आणँद उमंग भर्‌यारी जीव लह्याँ सुख धाम।
पाँच सख्याँ मिल पीव रिझाँवाँ, आणन्द ठामाँ ठाँम।
बिसरि जावाँ दुख निरख पियारी सुफल मनोरथ काम।
मीराँ रे सुखसागर स्वामी, भवण पधार्‌या स्याम।

पाठान्तर-

जोसीड़ा ने लाख बधाई रे। वृ. प. प. 178, पृ. 86

व्याख्या—प्रस्तुत पद में मीराँ ने मिलन अर्थात् संयोग का चित्रण किया है। वह ज्योतिषियों को लाख-लाख बधाइयाँ देती हैं। क्योंकि उन्होंने कृष्ण के आगमन की

भविष्यवाणी की थी। कृष्ण आ गये। मीराँ का मन आनन्द से भर गया। उनके प्राणों को जैसे सुख का धाम मिल गया। पाँचों ज्ञानेन्द्रियाँ ही पाँच सखियाँ हैं जो प्रियतम को रिझाने में लगी हुई हैं। स्थान-स्थान पर आनन्द बिखर गया है। मैं अपने प्रियतम को देखकर दुःख भूल गयी। मेरी मनोकामना पूर्ण हो गयी। मीराँ कहती हैं सुख के सागर स्वामी कृष्ण मेरे घर पधारे हैं।

टिप्पणी—प्रस्तुत पद में भक्त और भगवान् के मिलन की परिकल्पना है। मिलन के बाद कामनाओं की पूर्ति और व्यापक आनन्दानुभूति की व्यंजना है। यह संयोग भक्ति रस का पद है।

शब्दार्थ—जोसीड़ा = जोसी, ज्योतिषी, पुरोहित। लाख = अनेक। जीव...सुख धाम = प्राणों को अत्यन्त सुख की प्राप्ति हो गयी। पाँच सख्याँ = पाँच सखियाँ अथवा पाँच ज्ञानेन्द्रियाँ। ठामाँ-ठाँम = जगह-जगह पर (मनाया)। काम = कामना।

॥ 144 ॥

राग नट बिलावल

रे साँवलिया म्हारे आज रँगीली गणगौर, छै जी।
काली पीली बदली में बिजली चमके, मेघ घटा घनघोर, छै जी।
दादुर मोर पपीहा बोलै, कोयल कर रही सोर, छै जी।
मीराँ के प्रभु गिरधर नागर, चरणाँ में म्हारो जोर, छै जी।

व्याख्या—मीराँ अपने प्रियतम से कहती हैं कि आज हमारा गौरी व्रत का उत्सव है। काली-पीली बदली में बिजली चमक रही है। बादलों की घोर घटा छायी है। मेंढक, मोर, पपीहा बोल रहे हैं। कोयल कू-कू करके शोर मचा रही हैं। मीराँ कहती हैं कि मेरे प्रभु गिरधर नागर हैं, उन्हीं चरणों में मेरी आस्था है।

टिप्पणी—मीराँ के लिए कृष्ण का ध्यान ही उत्सव है। वह हर परिस्थिति में कृष्ण के चरणों में ध्यान लगाये रहती हैं। प्रकृति के उद्दीपन से वह डिगती नहीं हैं।

शब्दार्थ—रँगीली = रंगीली। गणगौर = चैत शुक्ल तृतीया को होनेवाला गौरी व्रत का त्योहार। छै = है। काली पीली = घनघोर। मेघ = मेह, वर्षा। सोर = शब्द, कूक। चरणाँ = चरणों। जोर = शक्ति, दृढ़ विश्वास।

॥ 145 ॥

राग मल्हार

बरसाँ री बदरिया सावन री, सावण री मणभावण री।
सावन माँ उमग्यो म्हारो मण री, भणक सुण्या हरि आवण री।

उमड़ घुमड़ घण मेघाँ आयाँ, दामण घण झर लावण री।
बीजाँ बूँदाँ मेहाँ आयाँ बरसाँ सीतल पवन सुहावण री।
मीराँ के प्रभु गिरधर नागर, बेला मंगल गावण री।

पाठान्तर-

बरसाँ री बदरियाँ शावण री शावण री मण भावणरी।

मी. प्र. 50, पृ. 20

बरसे बदरिया सावन की। बृ. प. प. 315, पृ. 150

व्याख्या—मीराँ कहती हैं कि सावन के बादल बरस रहे हैं। यह सावन मन को कितना सुहाना लगता है। सावन में मेरा मन उमड़ पड़ा क्योंकि मेरे कान में भनक पड़ गयी कि कृष्ण आ रहे हैं। उमड़-घुमड़कर आकाश में बादल आ गये और बिजली चमकने लगी। बादल बरसने लगे। सुहावनी शीतल हवा चल रही है। वर्षा की झड़ी लगी है। मीराँ कहती हैं हे प्रभु गिरधर नागर! यह मंगल गीत गाने की वेला है।

टिप्पणी—इस पद में शब्दों की पुनरावृत्ति से गीत को अधिक प्रभावशाली बनाया गया है। इसमें मीराँ की मिलन की कामना साकार हो गयी। इसीलिए वह सावन में मंगल गीत गाती हैं।

शब्दार्थ—उमग्यो = उमंगों से भर आया। भणक = उमड़ती हुई ध्वनि। दामण = दामिनी, बिजली। झर....री = झड़ी लगा देनेवाली। मेहाँ = वर्षा। गावण री = गवानेवाली।

॥ 146 ॥

सावण दे रह्या जोरा रे, घर आयो जी स्याम मोरा रे।
उमड़ घुमड़ चहूँदिस से आया, गरजत है घन घोरा रे।
दादुर मोर पपीहा बोलै कोयल कर रही सोरा रे।
मीराँ के प्रभु गिरधर नागर, ज्यों वारूँ सोही थोरा रे।

पाठान्तर-

सावण दे रह्यो जोरा रे। वृ. प. प. 602, पृ. 304

व्याख्या—मीराँ कहती हैं कि कृष्ण मेरे घर आये हैं। सावन मेरे मन को भावोत्तेजित कर रहा है। चारों ओर से उमड़-घुमड़कर आये बादल घोर गर्जना कर रहे हैं। मेंढक, मोर, पपीहा बोल रहे हैं, कोयल शोर मचा रही हैं। मीराँ कहती हैं कि प्रभु गिरधर नागर के प्रति जितना ही न्यौछावर जाऊँ उतना ही कम है।

टिप्पणी—इसमें संयोग का चित्रण हुआ है। कृष्ण के आगमन के हर्षोल्लास को अंकित किया है।

शब्दार्थ—सावण = सावन, वर्षा ऋतु का वातावरण। जोरा = उमंग। दे रह्या = पैदा कर रहा है, जागृत कर रहा है। ज्यों वारूँ = जो भी समर्पित कर दूँ।

॥ 147 ॥

रंग भरी राग भरी राग सूँ भरी री।
होली खेल्याँ स्याम सँग रँग सूँ भरी री।
उड़त गुलाल लाल बादला री रंग लाल,
पिचकाँ उड़ावाँ रंग-रंग री झरी री।
चोवा चन्दण अरगजा म्हा, केसर णो गागर भरी री।
मीराँ दासी गिरधर नागर, चेरी चरण धरी री।

पाठान्तर-

रंग भरी राग भरी। मी. प्र. 73, पृ. 26
रंग भरी रँग भरी रँग सूँ भरी री। वृ. प. प. 503

व्याख्या—प्रस्तुत पद में कृष्ण के साथ होली खेलने का वर्णन है। होली रंग और राग से भरी थी। श्याम के साथ मैंने रंग भरी होली खेलने का आनन्द लिया। लाल गुलाल के उड़ने से बादल लाल रंग के हो गये। पिचकारी से रंग-बिरंगी धारा निकल रही थी। मैंने चोवा, चन्दन, केसर से गागर भर ली और उसे मैंने अपने गिरधर नागर के चरणों में रख दिया।

टिप्पणी—मीराँ का हर उत्सव कृष्ण के साथ ही सम्पन्न होता है और कृष्ण के चरणों में वे निरन्तर समर्पित रहती हैं। गीत की लय और आरोह और अवरोह के उचित पालन से पद का प्रभाव अत्यधिक हो गया।

शब्दार्थ—झरी = झड़ी, छोटी-छोटी बूँदों की लगातार वर्षा। धरी = पड़ गयी।

॥ 148 ॥

राग परज

बादला रे थे जरल भर्‌या आज्यो।
झर झर बूँदाँ बरसाँ आली कोयल सबद सुनाज्यो।
गाज्याँ बाज्याँ पवन मधुरयो, अम्बर बदराँ छाज्यो।
सेझ सवाँर्‌या पिय घर आस्याँ सखियाँ मंगल गास्यो।
मीराँ रे प्रभु हरि अविणासी, भाग भल्याँ जिण पास्यो।

पाठान्तर-

बदला रे तू जल भरि ले आयो। वृ. प. प. 309, पृ. 148

व्याख्या—बादल तुम जल भरकर आ जाओ। झर-झर पानी बरसेगा और कोयल मधुर वाणी बोलेगी। आकाश में बादल छायेंगे। उनकी गर्जना का वाद्य होगा और मधुर पवन चलेगा। मैंने कृष्ण के लिए सेज सजा दी है, वे घर आयेंगे। सखियाँ मंगल गीत गायेंगी। मीराँ का बड़ा भाग्य होगा जब वह अविनाशी प्रियतम का दर्शन करेगी।

टिप्पणी—मीराँ ने पावस ऋतु के सुरम्य वातावरण में प्रियतम के मिलन की कामना को साकार किया है। भगवान् से भक्त का मिलन बड़े सौभाग्य से होता है।

शब्दार्थ—बादला रे = अरे बादल। बूँदाँ = बूँदें। मधुरयो = मन्द-मन्द। बदराँ = बादलों से। सेझ = सेज, शय्या। सवाँर्या = सजा दी। मंगल = मंगल गान, उत्सव के गाने। भाग भल्याँ... पास्यो = बड़े भाग्य से पायेगी।

॥ 149 ॥

साजण म्हारे घर आया हो।
जुगाँ जुगाँ री जोवताँ, विरहण पिव पाया हो।
रतण कराँ नेवछावराँ, ले आरत साजाँ हो।
प्रीतम दिया सनेसड़ा, म्हारो घणो णेवाजाँ हो।
पिय आया म्हारे साँवरा, अंग आणन्द साजाँ हो।
मीराँ रे सुख सागराँ, म्हारे सीस विराजाँ हो।

पाठान्तर-

साजण म्हारे घर आयाँ हो। मी. प्र. 79, पृ. 26

व्याख्या—मीराँ कहती हैं कि मेरा स्वामी मेरे घर आ गया है। विरहिणी मीराँ युग-युग से उनकी प्रतीक्षा कर रही है। उन्हें आज प्रियतम मिल गये। मीराँ ने अपने स्वामी को बहुमूल्य रत्न निछावर कर दिये। उनके स्वागत के लिए आरती सजा ली। प्रियतम ने सन्देश भेजा था। अब उन्होंने मेरे घर आने की कृपा की। मेरा साँवला प्रिय आ गया है। मेरे अंग-अंग आनन्द से उल्लसित हो गये हैं। मीराँ ने सुख-सागर कृष्ण के सामने अपना सिर झुका दिया है।

टिप्पणी—प्रस्तुत पद में संयोगजनित आनन्दानुभूति की व्यंजना है। सीस विराजाँ का तात्पर्य है कि मीराँ ने कृष्ण को शीर्षस्थ स्थान दिया है।

शब्दार्थ—साजण = प्रियतम। जोवताँ = राह देखती। नेवछावराँ = न्योछावर, समर्पण। सनेसड़ा = सन्देश।

॥ 150 ॥

म्हा डेरे आज्यो जी महाराज।
चुणि चुणि कलियाँ सेज बिछायो, नख सिख पहर्‌यो साज।
जणम जणम की दासी तेरी, तुम म्हारे सिरताज।
मीराँ के प्रभु हरि अविनासी, दरसण दीज्यौ आज।

व्याख्या—मीराँ कहती है कि हे कृष्ण महाराज! मेरे निवास पर आ जाइये। मैंने आपके स्वागत में कलियाँ चुन-चुनकर सेज बिछायी है। नख से शिख तक शृंगार किया है। जन्म-जन्म की मैं तुम्हारी दासी हूँ और तुम मेरे स्वामी हो। मीराँ के प्रभु अविनाशी कृष्ण आज ही दर्शन दीजिये।

टिप्पणी—प्रस्तुत पद में स्वामी को आगमन के लिए आमन्त्रित किया गया है और उनके स्वागत की तैयारी तथा दर्शन की अभिलाषा व्यक्त की गयी है।

शब्दार्थ—साज = आभूषण।

॥ 151 ॥

थारी छब प्यारी लागे राज, राधावर महाराज।
रतण जटित सिर पेंच कलँगी, केसरिया सब साज।
मोर मुगुट मकराकृत कुण्डल, रसिकाराँ सिरताज।
मीराँ के प्रभु गिरधर नागर, म्हारे मिल गया राज।

व्याख्या—मीराँ कृष्ण के सौन्दर्य का वर्णन करते हुए कहती हैं कि हे राधापति! तुम्हारी छवि मुझे अत्यन्त प्रिय लगी है। तुम्हारे सिर पर मोर पंख से सुशोभित रत्नजटित मुकुट है और तुम केसरिया बाना धारण किये हो। तुम्हारे कानों में मकर के आकृति का कुण्डल है। तुम रसिक शिरोमणि हो। हे गिरधर नागर! तुम्हारे इस रूप सौन्दर्य को देखकर मुझे जैसे राज्य मिल गया।

टिप्पणी—इस पद में कृष्ण की रूप छवि पर अभिभूत मीराँ के आनन्द की व्यंजना हुई है।

शब्दार्थ—पेंच = पिच्छ, मोर की पूँछ। कलँगी = कलँगी वा सिर का आभूषण। रसिकाराँ = रसिक जनों का।

॥ 152 ॥

राग देश

चालाँ वाही देस प्रीतम पावाँ चालाँ वाही देस।
कहो कसूमल साड़ी रँगावाँ, कहो तो भगवाँ भेस।

कहो तो मोतियन माँग भरावाँ, कहो छिटकावाँ केस।
मीराँ के प्रभु गिरधर नागर, सुणज्यो बिड़द नरेस।

पाठान्तर-

चलाँ वही देस प्रीतम पावाँ। वृ. प. प. 136, पृ. 67

व्याख्या—मीराँ कहती हैं कि हे मन! उस देश को चलो जहाँ प्रियतम का दर्शन प्राप्त हो। हे प्रियतम! यदि तुम कहो तो अपनी साड़ी केसरिया रंग से रँग लूँ अथवा भगवा वेश धारण कर लूँ, कहो तो मोतियों की माँग भरा दूँ। कहो तो बाल बिखरा दूँ। मीराँ कहती हैं, हे गिरधर नागर विरद के स्वामी! मेरी बात सुनो।

टिप्पणी—मीराँ कृष्ण को पाने के लिए कोई भी रूप धारण करने को तैयार हैं। इससे उनकी सम्प्रदायमुक्तता का बोध होता है।

शब्दार्थ—चालाँ = चल। वाही = उसी। पावाँ = पावें। कसूमल = कसूँबी पुष्प के रंग की, केसरिया। रँगावाँ = रँगा ले। भरावाँ = भरा ले, सजा ले। छिटकावाँ = बिखरा दें। सुणज्यो = सुन लीजिये। बिड़द = विरद, प्रशंसा, यश। नरेस = राजा, प्रियतम।

॥ 153 ॥

म्हाणे चाकर राखाँजी, गिरधारी लाला चाकर राखाँजी।
चाकर रहस्यूँ बाग लगास्यूँ नित उठ दरसण पास्यूँ।
बिन्द्रावन री कुंज गलिन माँ गोविन्द लीला गास्यूँ।
चाकरी में, दरसण पास्यूँ, सुमिरण पास्यूँ खरची।
भाव भगत जागीराँ पास्यूँ, जणम जणम री तरसी।
मोर मुगुट पीताम्बर सोहाँ, मज वैजन्ती मालो।
बिन्द्रावण माँ धेण चरावाँ, मोहन मुरली वालो।
हरे हरे णवाँ कुँज लगास्यूँ, बीचाँ बीचाँ बारी।
साँवरिया रो दरसण पास्यूँ, पहण कुसुम्बी सारी।
आधाँ रात प्रभु दरसण दीस्यो, जमणाजी रे तीराँ।
मीराँ रे प्रभु गिरधर नागर, हिवरो घणो अधीरा।

पाठान्तर-

म्हाने चाकर राखोजी। वृ. प. प. 398, पृ. 189

व्याख्या—मीराँ कृष्ण को सम्बोधित करते हुए कहती हैं कि मुझे अपने यहाँ नौकरानी रख लें। तुम्हारी नौकरी करते हुए बाग लगाऊँगी। नित्य उठते ही तुम्हारा दर्शन पाऊँगी। वृन्दावन की कुंज गलियों में तुम्हारी लीला गान करूँगी और इसके

बदले में तुम्हारे दर्शन और सुमिरन का वेतन प्राप्त करूँगी। जन्म-जन्म से जिसके लिए तड़प रही हूँ वह भक्तिरूपी जागीर मुझे मिल जायगी। श्रीकृष्ण के सिर पर मोर का मुकुट, देह में पीताम्बर, गले में वैजयन्ती माला सुशोभित होती है। मुरलीवाला मोहन कृष्ण वृन्दावन में गाय चराता है। ऐसी वेषभूषावाले श्रीकृष्ण के बाग में नित्य नये-नये पौधे लगाऊँगी और बीच-बीच में बाड़ी लगाऊँगी। केसरी साड़ी पहनकर मैं कृष्ण का दर्शन पाऊँगी। हे प्रभु! यमुना जी के किनारे आधी रात में दर्शन देना। मीराँ कहती हैं कि मेरा हृदय मिलन के लिए अत्यन्त बेचैन है।

टिप्पणी—प्रस्तुत पद में दास्य भाव की सम्यक् व्यंजना है। मीराँ का यह पद अत्यन्त प्रसिद्ध है। सेवा के बदले सांसारिक सुख, वैभव न चाहकर मीराँ भक्ति ही चाहती हैं।

शब्दार्थ—म्हाणे = मुझे। चाकर = दास, टहलुआ। रहस्यूँ = रहूँगी तो। बाग = वाटिका, फुलवारी। लगास्यूँ = लगाऊँगी। नित..पास्यूँ = नित्यश: फुलवारी से फूल चुनकर अर्पण करते समय प्रात:काल में ही दर्शन मिल जाया करे। बिन्द्रावन = वृन्दावन। गास्यूँ = गाऊँगी। चाकरी = वेतन। सुमिरण = नाम-स्मरण। खरची = प्रतिदिन के लिए निश्चित खर्चे के रूप में। जागीराँ = जागीर के रूप में। हरे हरे = हरियाले वा हरे-भरे। हिवरो घड़ो अधीरा = हृदय अत्यन्त बेचैन है। दीस्यो = देंगे।

॥ 154 ॥

राग धानी

साँवरे मार्‌या तीर।
री म्हारा पार निकल गयाँ, साँवरे मार्‌या तीर।
बिरहा अनल लागाँ उर अन्तरि, ब्याकुल म्हाराँ सरीर।
चञ्चल चित्त चल्या णा चाला, बाँध्या प्रेम जंजीर।
क्या जाणा म्हारो प्रीतम प्यारो, क्या जाणा म्हा पीर।
म्हारो काई णा बस सजणी, नैण झर्‌याँ रे नीर।
मीराँ री प्रभु थें मिलियाँ विणि, प्राण धरत णा धीर।

व्याख्या—श्रीकृष्ण ने ऐसा प्रेम बाण मारा कि वह मेरे हृदय के आर-पार निकल गया। बाण लगते ही विरह की आग जल गयी। मेरा शरीर व्याकुल हो गया मेरा चंचल चित्त प्रेम की जंजीर में बँधकर स्थिर हो गया। मेरी इस पीड़ा को मेरा प्रियतम ही जानता है और कोई नहीं जान सकता है। मेरे नेत्रों से निरन्तर अश्रुधारा बहती रहती है। मीराँ कहती हैं कि हे प्रभु! तुम्हारे मिले बिना मेरे प्राण धैर्य धारण नहीं करते।

टिप्पणी—कबीर ने भी लिखा है—

सद्गुरु लई कमाण, वाहण लागा तीर।
एक जू मार्‌या प्रीति सू भीतर रह्या सरीर।

कबीर के यहाँ प्रेम का बाण गुरु मारता है। मीराँ को स्वयं कृष्ण प्रेम का बाण मारते हैं। दूसरी-तीसरी पंक्तियों में रूपक अलंकार है। तीसरी पंक्ति में अनुप्रास अलंकार है।

शब्दार्थ—री = अरी। म्हारा पार = मेरे हृदय के आर-पार। निकल गयाँ = बेधकर उस पार निकल गया। मार्‌या तीर = अपने सौन्दर्य द्वारा प्रभावित कर दिया। उर अन्तरि = हृदय के भीतर। बाँध्या... जंजीर = उस पर प्रेम की जंजीर पड़ गयी अर्थात् वह एकदम बँध गया।

॥ 155 ॥

राग विहाग

स्याम बिन दुःख पावाँ सजणी, कुँण ह्याँ धीर बँधावा।
यौ संसार कुबुध रौ भाँडो, साध संगत णा भावाँ।
साधाँ जण री निंद्या ठाणाँ, करम रा कुगत कुमावाँ।
राम नाम बिनि मुगुति न पावाँ, फिर चौरासी जावाँ।
साध संगत माँ भूल णा जावा मूरखि जणम गुमावाँ।
मीराँ रे प्रभु थारी सरणा, जीव परमपद पावाँ।

पाठान्तर-

स्याम बिण दुःख पावा सजणी। मी. प्र. 55, पृ. 21

व्याख्या—मीराँ कहती हैं कि हे सखि! श्याम के बिना मैं दुःख पा रही हूँ। कौन ऐसा है जो मुझे धैर्य बँधाये। यह संसार दुर्बुद्धि का पात्र है। लोगों को साधु-सन्तों की संगति अच्छी नहीं लगती। वह तो साधु-सन्तों की निन्दा करके कुकर्म कमा रहे हैं, मैं जानती हूँ कि राम नाम के बिना मुक्ति नहीं प्राप्त होगी। चौरासी लाख योनियों में भटकना होगा। सांसारिक लोग इस तथ्य से अनजान होकर साधुओं की संगति नहीं करते बल्कि मूर्खता के कारण अपना जन्म गवाँ रहे हैं। हे प्रभु! तुम्हारी शरण में आने पर ही जीवन को परम गति की प्राप्ति हो सकती है।

टिप्पणी—इस पद में साधु-संगति की महिमा, जीवों के अज्ञान तथा नाम साधना से मुक्ति को महत्त्व दिया गया है। मीराँ को केवल अपनी मुक्ति की चिन्ता नहीं है बल्कि सभी प्राणियों की मुक्ति की चिन्ता है।

शब्दार्थ—यौ = यह। कुँण = कौन। कुबुध = कुबुद्धि, दुर्मति। भाँडो = बर्तन, खानि। निंद्या ठाणाँ = निन्दा करता है। कुमावाँ = कमाता वा इकट्ठा करता जाता है। फिर = फिरकर, लौटकर, बराबर। चौरासी = चौरासी लाख योनियों में।

॥ 156 ॥

राग बिलावल

लेताँ लेताँ राम नाम रे, लोकड़ियाँ तो लाजाँ मरे छे।
हरि मन्दिर जाताँ पाँवलिया रे दूखे, फर आवे सारो गाम रे।
झगड़ो थाय त्याँ दौड़ी जाय रे, मूकी ने घर ना काम रे।
भाँड़ भवैया गणिका न्रित करताँ, बेसी रहे चारों जाम रे।
मीराँ ना प्रभु गिरधर नागर, चरण कमल चित ठाम रे।

व्याख्या—मीराँ कहती हैं संसार के लोग कितने अज्ञानी हैं कि राम का नाम लेने में उन्हें लाज लगती है। भगवान् के मन्दिर में जाते हुए उनके पाँव दु:खते हैं लेकिन वे सारे गाँव का भ्रमण कर लेते हैं। कहीं कोई झगड़ा हो जाये तो घर के सारे कामकाज छोड़कर दौड़ पड़ते हैं। कहीं किसी भाँड़, गायक, वेश्या का नृत्य हो रहा है तो लोग चारों पहर बैठकर देखते रहते हैं। मीराँ अपने प्रभु गिरधर नागर के चरण-कमलों में चित्त को स्थित करती हैं।

टिप्पणी—मीराँ सामान्य जन को राम नाम लेने और मन्दिर जाने की सलाह देती हैं, उनके सांसारिक क्रियाकलापों की तल्लीनता की निन्दा करती हैं।

शब्दार्थ—लेताँ-लेताँ = लेते समय, लेने में। लोकड़ियाँ = संसारी लोग। लाजाँ = लाज से। लाजाँ...छे = लज्जा का अनुभव करते हैं। जाताँ = जाते समय। पाँवलिया = पैर। दूखे = दुखने लगते हैं। थाय = हो। त्याँ = वहाँ। दौड़ी = दौड़कर। मूकी ने = छोड़कर। घर ना = घर के। भाँड़ = मसखरे। भवैया = लोक नर्तक। गणिका = वेश्या, नर्तकी। न्रित = नृत्य। करताँ = करते समय। बेसी रहे = रह जाते हैं। चारों जाम = चारों याम वा प्रहर। ठाम = तीव्र अभिलाषा।

॥ 157 ॥

यहि विधि भक्ति कैसे होय।
मण की मैल हियतें न छूटी, दियो तिलक सिर धोय।
काम कूकुर लोभ डोरी, बाँधि मोहिं चण्डाल।
क्रोध कसाई रहत घट में, कैसे मिले गोपाल।
बिलार बिषया लालची रे, ताहि भोजन देत।
दीन दीन ह्वै सुधा रस रे, राम नाम ण लेत।
आपहि आप पुजाय के रे, फूले अंग ण समात।
अभिमान टीला किये बहु कहू, जल कहाँ ठ़हरात।
जे तेरे हिय अन्तर की जाणे, तासों कपट ण वणे।
हिरदे हरि को नाम ण आवै, मुख तें मनियाँ गणे।

हरि हितु से हेत कर, संसार आसा त्याग।
दास मीराँ लाल गिरधर, सहज कर वैराग।

व्याख्या—मीराँ ने इस पद में विषय-वासनाओं और आडम्बरों का विरोध किया है। वह कहती हैं कि इस प्रकार भक्ति कैसे हो सकती है। मन की कलुषता नहीं छूटी, सिर को धोकर तिलक लगा लिया है। मन में कामरूपी कुत्ते को लोभ की डोरी से मोहरूपी चाण्डाल ने बाँध रखा है। क्रोधरूपी कसाई देह में रहता है फिर गोपाल से कैसे मिलना सम्भव हो। विषयरूपी लालची बिल्ली को भोजन दिया जा रहा है, भूख से व्याकुल दीन-हीन बने रहते हैं, राम का नाम नहीं लेते हैं। अपनी आत्मप्रशंसा में रत मनुष्य अपनी ही पूजा करवाना चाहता है इसी से वह अतिशय प्रसन्नता का अनुभव करता है। चारों ओर अभिमान का टीला बना रखा है जहाँ भक्ति भाव का जल ठहरता ही नहीं। जो भगवान् हमारे हृदय के अन्दर की बात जानता है, उससे कपट आचरण कैसे किया जा सकता है। हृदय में भगवान् का नाम नहीं आता है। मुख से माला की मणियाँ (दाने) गिनता रहता है। हे मनुष्य भगवान् से प्रेम करो, संसार की आशा त्याग दो। मीराँ कहती हैं कि गिरधर लाल से मिलने के लिए सहज वैराग्य की आवश्यकता है।

टिप्पणी—अन्य सन्तों की तरह मीराँ बाह्याडम्बरों का विरोध करते हुए आन्तरिक पवित्रता पर बल देती हैं। आरोपित विरक्ति से कोई लाभ नहीं होता है भक्ति में सहज विरक्ति की आवश्यकता है। तीसरी, चौथी, पाँचवीं पंक्ति में रूपक अलंकार है। सूक्ष्म भाव के लिए चाक्षुष बिम्ब का प्रयोग किया गया है।

शब्दार्थ—मण की मैल = मनोविकार। दियो तिलक = तिलक लगा दिया। सिर धोय = सिर वा ललाट धोकर। काम = कामनाएँ। कूकुर = कुत्ते की तरह। चण्डाल = क्रूर। काम...चण्डाल = क्रूर कामनाएँ मुझे कुत्ते की तरह लोभ की जंजीर में बाँधे रहती हैं। घट = हृदय में। विषया = विषयोपभोगी इन्द्रियगण। बिलार....देत = सदा भोग-विलास के इच्छुक लोभी इन्द्रियरूपी बिल्ली को तृप्त करने का यत्न होता रहता है। किये बहु = अनेक बना दिये व खड़े कर दिये हैं। अभिमान...ठहरात = सदा मिथ्याभिमान के कारण गर्वीले बने रहने पर उपदेशादि का कोई प्रभाव नहीं पड़ने पाता। मनियाँ = माला के दाने। सहज... वैराग = वैराग्य को आसान कर दो।

॥ 158 ॥

प्रभु सो मिलण कैसे होय।
पाँच पहर धन्धे में बीते तीन पहर रहे सोय।
माणष जणम, अमोलक पायो, सोतै डार्‌यो खोय।
मीराँ के प्रभु गिरधर भजीये होगी होय सो होय।

व्याख्या—प्रस्तुत पद में चेतावनी देते हुए मीराँ कहती हैं कि प्रभु से मिलना किस प्रकार सम्भव हो सकता है। पाँच पहर अर्थात् पन्द्रह घण्टे सांसारिक कामों में बिता दिया, तीन पहर अर्थात् नौ घण्टे सोने में बिता दिया, मनुष्य जन्म अमूल्य है, इसे लोग सोकर ही व्यर्थ कर रहे हैं। मीराँ कहती हैं कि हे मनुष्य! तुझे ईश्वर का भजन करना चाहिए। जो होना है उसे होने दो अर्थात् संसार की गति में तुम कोई हस्तक्षेप नहीं कर सकते हो।

टिप्पणी—मीराँ ने इस पद में मानव के कल्याण के लिए भजन के महत्त्व को निरूपति किया है। अन्य भक्तों की तरह वह भी मानव-जीवन की महत्ता मुक्ति के लिए भक्ति-साधना करने में मानती हैं।

शब्दार्थ—अमोलक = बहुमूल्य, अत्यन्त महत्त्वपूर्ण।

॥ 159 ॥

राग सारंग

आली म्हाँरे लागा वृन्दावण नीकाँ।
घर घर तुलसी ठाकुर पूजा, दरसण गोविन्दजी काँ।
निरमल नीर वह्याँ जमणा माँ, भोजन दूध दह्याँ काँ।
रतण सिंहासन आप विराज्याँ, मुगट धर्‌याँ तुलसी काँ।
कुंजन-कुंजन फिर्‌या साँवरा, सबद सुण्या मुरली काँ।
मीराँ रे प्रभु गिरधर नागर, भजण बिणा नर फीकाँ।

व्याख्या—मीराँ कहती हैं कि हे सखि! मुझे वृन्दावन रोचक लगता है। वहाँ घर-घर में तुलसी और ठाकुर जी की पूजा होती है और गोविन्द जी का दर्शन सुलभ रहता है। वहाँ यमुना में निर्मल पानी बहता है और दूध, दही-युक्त भोजन मिलता है। रत्न के सिंहासन पर तुलसी का मुकुट धारण करके कृष्ण स्वयं विराजित रहते हैं। वृन्दावन के कुंजों में कृष्ण की वंशी का मधुर स्वर सुनायी देता है। मीराँ कहती हैं कि मेरे प्रभु गिरधर नागर हैं उनके भजन के बिना मनुष्य जीवन नीरस हो जाता है।

टिप्पणी—कृष्णभक्त कवियों को कृष्ण की तरह उनकी लीलाभूमि वृन्दावन अत्यन्त प्रिय है। मीराँ भी वृन्दावन के प्रति आकृष्ट हैं। क्योंकि वहाँ का वातावरण कृष्णमय है। वंशी की मधुर ध्वनि की अनुगूँज वहाँ कण-कण में सुनायी देती है। भक्तिमय जीवन ही सरस जीवन है।

शब्दार्थ—म्हाँरे = मुझे। नीकाँ = भला, मनोहर। ठाकुर = भगवान् । जमणा माँ = यमुना में। दरसण = दर्शन। आप = स्वयं श्रीकृष्ण। मुगट = मुकुट। धर्‌याँ = धारण किये हुए। फीकाँ = नीरस। नर = मानव-जीवन।

॥ 160 ॥

राग सुहा

चालाँ मण वा जमणा काँ तीर।
वा जमणा का निरमल पाणी, सीतल होयाँ सरीर।
बंसी बजावाँ कान्हाँ, संग लियाँ बलवीर।
मोर मुगुट पीताम्बर सोहाँ, कुण्डल झलक्याँ हीर।
मीराँ रे प्रभु गिरधर नागर, कीड़्याँ संग बलबीर।

व्याख्या—मीराँ कहती हैं कि हे मन! उस यमुना के किनारे चलो जिसका जल अत्यन्त निर्मल है जिसमें अवगाहन से शरीर शीतल हो जायगा। यमुना के किनारे कृष्ण बलराम को लेकर वंशी बजाते हैं। कृष्ण मोर मुकुट और पीताम्बर से सुशोभित रहते हैं। उनके कान में कुण्डलों के हीरे चमकते रहते हैं। मीराँ के प्रभु गिरधर नागर बलदेव के साथ क्रीड़ा करते रहते हैं।

टिप्पणी—अवतारी कृष्ण की स्वर्गिक लीला वृन्दावन, गोकुल में सम्पन्न हुई है। मीराँ उसी नित्य लीला के प्रति आस्था व्यक्त करती हैं और उन्हीं स्मृतियों का आनन्द लेती हैं।

शब्दार्थ—चालाँ = चलो। कान्हाँ = श्रीकृष्ण। बलवीर = भाई बलराम। झलक्याँ = जगमगाते हैं। हीर = हीरे।

॥ 161 ॥

राग कनड़ी

हो कानाँ किन गूँथी जुल्फाँ कारियाँ।
सुघर कल प्रवीण हाथन सूँ जसुमति जू णे सवारियाँ।
जो तुम आओ म्हारी बखरियाँ, जरि राखूँ चन्दन किवारियाँ।
मीराँ के प्रभु गिरधर नागर, इन जुलफन पर वारियाँ।

व्याख्या—मीराँ बाल रूप कृष्ण को सम्बोधित करते हुए कहती हैं कि तुम्हारे काले बालों को किसने गूँथा है। लगता है यशोदा ने अपने सुन्दर और कुशल हाथों से तुम्हारे केश सँवारे हैं। हे कृष्ण! यदि तुम मेरे घर में आ जाओ तो मैं अपने चन्दन के किवाड़ बन्द कर दूँगी। मीराँ कहती हैं कि मैं तो अपने गिरधर नागर के लटों पर न्यौछावर हूँ।

टिप्पणी—इस पद में चन्दन का किवाड़ बन्द करने का तात्पर्य है नटखट कृष्ण को घर में देर तक रोककर उनके केश सौन्दर्य को निरखने का अवसर प्राप्त करना। जुलफाँ फारसी का शब्द है। बखरियाँ देशज शब्द है।

शब्दार्थ—हो = अजी। कानाँ = कान्हा, कृष्ण। जुल्फाँ कारियाँ = काली व घनी जुल्फें। सुघर = सुन्दर। सवारियाँ = सजायी वा अलंकृत की गयी हैं। बखरियाँ = छोटे मकानों पर, बखरियों पर। जरि राखूँ = जड़कर, भली-भाँति बन्द करके रखूँ। वारियाँ = बलिहारी जाती हूँ।

॥ 162 ॥

राग परज

गोकुला के वासी भले ही आये, गोकुला के वासी।
गोकुल की नारि देखत, आनन्द सुखरासी।
एक गावत एक नाचत, एक करत हाँसी।
पीताम्बर फेटा बाँधे, अरगजा सुबासी।
गिरधर से सुबरन ठाकुर, मीराँ सी दासी।

व्याख्या—मीराँ कहती हैं कि हे गोकुल के वासी कृष्ण! अच्छा हुआ तुम आ गये। हे आनन्द और सुख की राशि कृष्ण! गोकुल की स्त्रियाँ तुम्हें देखकर गाती हैं, नाचती हैं और हँसी-मजाक करती हैं। पीताम्बर कसे हुए सुगन्धित अरगजा के समान सुवासित सुन्दर वर्णवाले स्वामी मीराँ तुम्हारी दासी है।

टिप्पणी—मीराँ कृष्ण के आगमन से हर्षित गोपियों के भाव को अंकित करते हुए सुन्दर कृष्ण के प्रति दास्य भाव की भक्ति (जो दाम्पत्य भाव का ही प्रतिरूप हैं) की व्यंजना करती हैं।

शब्दार्थ—गोकुला के वासी = गोकुल-निवासी (श्रीकृष्ण)। भले ही = खूब अच्छा हुआ। देखत = देखती हैं। करत हाँसी = हँसी-मजाक करती है। अरगजा = एक प्रकार का सुगन्धित द्रव्य। सुबरन ठाकुर = सुन्दर युवक, मालिक।

॥ 163 ॥

राग छाया टोड़ी

सखी म्हारो कानूड़ो, कलेजे की कोर।
मोर मुगुट पीताम्बर सोहै, कुण्डल की झकझोर।
बिन्द्रावन की कुंज गलिन में, नाचत नन्दकिसोर।
मीराँ के प्रभु गिरधर नागर, चरण कँवल चितचोर।

व्याख्या—कृष्ण मेरे कलेजे के टुकड़े हैं अर्थात् मुझे अत्यन्त प्रिय हैं, उनके मस्तक में मोर मुकुट और देह में पीताम्बर सुशोभित होता है। कानों में कुण्डल लहराता रहता है। वृन्दावन की कुंज गलियों में नन्द के कुमार नृत्य करते हैं। मीराँ

के स्वामी गोवर्द्धन को धारण करनेवाले कृष्ण के चरण-कमल चित्त को चुरा लेते हैं।

टिप्पणी—मीराँ ने कृष्ण के रूप सौन्दर्य के प्रति अपने आकर्षण एवं समर्पण को व्यंजित किया है।

शब्दार्थ—म्हारो = हमारा, मेरा। कानूड़ो = कान्हा, श्रीकृष्ण। कलेजे की कोर = हृदय का टुकड़ा, अत्यन्त प्रिय। झकझोर = झकोरकर, हिलाकर। चितचोर = चित्त को वश में करनेवाले।

॥ 164 ॥

राग प्रभाती

जागो बंशीवारे ललना, जागो म्हारे प्यारे।
रजनी बीती भोर भयो है, घर घर खुले किवारे।
गोपी दही मथत सुनियत हैं, कँगणा के झणकारे।
उठो लालजी भोर भयो है, सुर नर ठाढ़े द्वारे।
ग्वाल बाल सब करत कुलाहल, जय जय सबद उचारे।
माखन रोटी हाथ में लीनी, गउवन के रखवारे।
मीराँ के प्रभु गिरधर नागर, सरण आयाँ कूँ तारे।

पाठान्तर-

जागो वंसी वारे प्रभुजी। वृ. प. प. 160, पृ. 74

व्याख्या—यह जागरण गीत है। मीराँ बालकृष्ण को सम्बोधित करके कहती हैं कि हे वंशीवाले प्रिय बालक! जागो, रात बीत गयी, सबेरा हो गया है। घर-घर के द्वार खुल गये हैं। गोपियाँ दही मथ रही हैं, उनके कंगन की झनकार सुनायी दे रही है। हे लाल! उठो, सबेरा हो गया है। देवता और मनुष्य द्वार पर दर्शन के लिए खड़े हैं, ग्वाल-बाल सभी कोलाहल कर रहे हैं और तुम्हारी जय-जयकार कर रहे हैं। गायों की रक्षा करनेवाले कृष्ण ने यह सुनकर माखन-रोटी हाथ में ले ली है। मीराँ के प्रभु गिरधर नागर! तुम्हारी शरण में जो आता है उसका तुम उद्धार कर देते हो।

टिप्पणी—इस पद में मीराँ ने यशोदा के मातृत्व भाव का चित्रण किया है। इसमें गोकुल के ग्राम्य जीवन का बिम्ब स्पष्ट रूप से उभरता है। ज्यादातर ध्वनि-बिम्बों का प्रयोग किया गया है।

शब्दार्थ—ललना =लाला। मथत = मथते समय। सुनियत हैं = सुनायी देते हैं। झणकारे = झनकारे, ध्वनि। उचारे = उच्चारण करते हुए। सरण आयाँ कूँ = तरने के लिए आये हुए, भक्तों को। तारे = तारते हैं।

॥ 165 ॥

मुरलिया बाजा जमणा तीर।
मुरली मनोहर मण हर लीन्हो, चित्त धराँ णा धीर।
स्याम कन्हैया स्याम कमरियाँ स्याम जमण रो नीर।
धुण मुरली सुण सुध बुध बिसराँ, जर जर म्हारो शरीर।
मीराँ रे प्रभु गिरधर नागर, वेग हर्‌या म्हा पीर।

पाठान्तर-

मुरढ़िया बाजाँ जमणा तीर। मी. प्र. 94, पृ. 31

व्याख्या—मीराँ कहती हैं यमुना के किनारे बाँसुरी बज रही है, बाँसुरी की आवाज ने मेरे मन को हर लिया है। मेरा मन धैर्य नहीं कर पा रहा है। कृष्ण का रंग साँवला है, श्याम वर्ण की उनकी कम्बली है और श्याम रंग का यमुना का पानी है। मुरली की ध्वनि सुनकर मेरी सुधि-बुधि खो गयी और शरीर जीर्ण हो गया। अर्थात् शिथिल हो गया है। मीराँ कहती हैं कि हे गिरधर नागर प्रभु! मेरी पीड़ा को दूर करो।

टिप्पणी—प्रस्तुत पद में मीराँ गोपी भाव का अपने ऊपर आरोपण करती हैं। यहाँ गोपियों की ही मानसिकता का चित्रण है। कृष्ण की वंशी की ध्वनि से जैसे गोपियों की सुध-बुध खो जाती थी वैसे ही वंशी की ध्वनि का ध्यान करते हुए मीराँ भाव-विभोर हो जाती हैं। उन्हें सब-कुछ श्याममय दिखायी देने लगता है। सूर ने भी लिखा है—

जब हरि मुरली अधर धरी।
गृह व्यौहार तजे आरजपथ, चलत न संक करी।
पद-रिपु पद अंटक्यौ न सम्हारति, उलट न पलट खरी।
मिलि हैं स्यामहिं हंस-सुता-तट, आनन्द उमंग भरी।
सूर स्याम कौ मिलि परस्पर, प्रेम प्रवाह भरी॥

॥ 166 ॥

राग कान्हरी

भई हो बावरी सुन के बाँसुरी, हरि बिनु कछु न सुहाये माई।
स्त्रवण सुनत म्हारी सुध बुध बिसरी लगी रहत तामें मन की गाँसु री।
नेम धरम कोण कीनी मुरलिया कोण तिहारे पासु री?
मीराँ के प्रभु बस कर लीने सप्त तानिन की फाँसु री।

व्याख्या—मीराँ कहती हैं हे सखि (माँ)! वंशी की आवाज सुनकर मैं बावली हो जाती हूँ, मुझे कुछ भी अच्छा नहीं लगता है। कानों में धुन पड़ते ही मेरी सुध-

बुध खो गयी और मेरा मन उसी में उलझ गया। मुरली ने न जाने कौन-से नियम और धर्म का पालन किया है जिसके कारण कृष्ण के पास हरदम विराजती है। सात तानों के बन्धन में कृष्ण को मुरली ने बाँध लिया है।

टिप्पणी—मीराँ मुरली के प्रति ईर्ष्या भाव को गोपियों की तरह ही व्यक्त करती हैं। यहाँ गोपी भाव के साथ मीराँ ने तादात्म्य स्थापित किया है।

शब्दार्थ—हो = हूँ। गाँसु री = गाँस, फँसाने के लिए फन्दा। कोण = कौन-सा। सप्तताननि = सातों स्वरों (सप्त स्वर = षड्ज, ऋषभ, गान्धार, मध्यम, पंचम, धैवत और निषाद, जिन्हें संक्षेप में सा, रे ग, म, प, ध नी भी कहते हैं।) ताननि की = लयों के भिन्न-भिन्न विस्तारों द्वारा उत्पन्न।

॥ 167 ॥

कमल दल लोचणा थें नाथ्याँ काल भुजंग।
कालिन्दी दह नाग नाथ्याँ काल फलफण निरत करन्त।
कूदाँ जल अन्तर णाँ डस्या, थें एक बाहु अणन्त।
मीराँ रे प्रभु गिरधर नागर, ब्रजवणिताँ रो कन्त।

व्याख्या—मीराँ कहती हैं कि कमल की पंखुड़ियों की तरह नेत्रवाले! तुमने कालिय नाग को नाथ लिया है। यमुना के दह में नाग को नाथकर तुमने उसके फणों पर नृत्य किया। तुम निडर होकर यमुना नदी में कूद पड़े, तुम्हें नाग ने डसा नहीं। तुम अनन्त बाहुओं की शक्ति रखनेवाले हो। मीराँ कहती हैं कि हे गिरधर नागर प्रभु! ब्रज की युवतियों के तुम्हीं स्वामी हो।

टिप्पणी—प्रस्तुत पद में कृष्ण की नागलीला का वर्णन है और उनकी अनन्त शक्ति की व्यंजना है।

शब्दार्थ—कमल... लोचणा = कमल-दलों के समान नेत्रोंवाले (कृष्ण)। भुजंग = सर्प, काला नाग। थें...अणन्त = तुम एक हो, किन्तु तुममें अनन्त भुजाओं की सामर्थ्य है। ब्रजवणिताँ रो = गोपियों के।

॥ 168 ॥

राग काफी

आज अनारी ले गयो सारी, बैठी कदम की डारी, हे माय।
म्हारे गेल पड़्यो गिरधारी, हे माय, आज अनारी०।
म्हे जल जमुना भरन गई थी, आ गये कृष्ण मुरारी, हे माय।
ले गयो सारी अनारी, म्हारी, जल में ऊभी उघारी, हे माय।

सखी साइनि म्हारी हँसत है, हँसि-हँसि दे मोहि गारी, हे माय।
सास बुरी अर नणद हठीली, लरि लरि दे मोहिं तारी, हे माय।
मीराँ के प्रभु गिरधर नागर, चरण कमल की बारी, हे माय।

व्याख्या—इस पद में मीराँ ने चीरहरण लीला का वर्णन किया है। गोपियाँ कहती हैं कि अनाड़ी (नादान) श्रीकृष्ण मेरी साड़ी उठाकर कदम्ब की डाल पर जाकर बैठ गया। कृष्ण मेरे मार्ग में बाधास्वरूप खड़ा हो जाता है। हे सखि! मैं यमुना में जल भरने गयी थी वहाँ कृष्ण मुरारी आ गया। वह मेरी साड़ी ले गया। मैं जल में नग्न खड़ी थी। मेरी सखी-सहेलियाँ मुझे इस अवस्था में देखकर ताली बजाकर हँसती हैं और मुझे भला-बुरा कहती हैं। मेरी सास बुरे स्वभाव की हैं, ननद भी जिद्दी हैं। वह इस घटना को सुनकर मुझसे लड़ेगी और ताड़ना देगी। मीराँ कहती हैं कि हे प्रभु गिरधर नागर! मैं तो तुम्हारे चरणों के प्रति न्यौछावर जाती हूँ।

टिप्पणी—प्रस्तुत पद में मीराँ ने रागानुगा भक्ति के अन्तर्गत प्रेमासक्ति और लोकमर्यादा के द्वन्द्व को दिखाया है।

शब्दार्थ—अनारी = अनाड़ी, नादान, नासमझ, कृष्ण। गेल पड़्यो = मार्ग में बाधास्वरूप आ खड़ा होता है। ऊभी = (पानी में) खड़ी। साइनि = सदा साथ या सहायता देनेवाली सखी-सहेली। लरि लरि = लड़ती-झगड़ती हैं।

॥ 169 ॥

झटक्यो मेरी चीर मुरारी।
गागर रँग सिरते झटकी, बेसर मुर गई सारी।
छुटी अलक कुण्डल तें उरझी, झड़ गई कोर किनारी।
मनमोहक रसिक नागर भये, तो अनोखे खिलारी।
मीराँ के प्रभु गिरधर नागर, चरण कमल गिरधारी।

व्याख्या—इस पद में मीराँ ने चीरहरण लीला का वर्णन किया है। गोपियाँ कहती हैं कि कृष्ण ने मेरी साड़ी झटक दी जिससे मेरे सिर पर रखी हुई मटकी खिसक गयी और मेरे नाक का आभूषण टूट गया। बाल खुलकर कानों के कुण्डलों में उलझ गये। कुण्डल के किनारे झड़ गये। हे कृष्ण! तुम मन को हरनेवाले चतुर रसिया हो और तुम प्रेम का अनोखा खेल खेलते हो। मीराँ कहती हैं कि ऐसे प्रभु गिरधर नागर के चरण-कमलों में मैं प्रणाम करती हूँ।

टिप्पणी—इस पद में गोपी भाव के साथ मीराँ ने अपने भावों का तादात्म्य किया। इसमें संयोग श्रृंगार के अन्तर्गत छेड़छाड़ का वर्णन है।

शब्दार्थ—बेसर....सारी = साड़ी में नजर उलझ गयी। झड़ गई = टूट गयी।

॥ 170 ॥

आवत मोरी गलियन में गिरधारी।
म्हाँ तो छुप गई लाज की मारी।
कुसुमल राग केसरिया जामा, ऊपर फूल हजारी।
मुगुट ऊपर छत्र बिराजे, कुण्डल की छबि न्यारी।
केसरी चीर दरियाई को लेंगो, ऊपर अँगिया भारी।
आवत देखी किसन मुरारी, छुप गई राधा प्यारी।
मोर मुगुट मनोहर सोहै, नथनी की छवि न्यारी।
गल मोतिन की माल बिराजै, चरण कमल बलिहारी।
ऊभी राधा प्यारी अरज करत है सुणजो किसन मुरारी।
मीराँ के प्रभु गिरधर नागर, चरण कमल पर वारी।

व्याख्या—इस पद में राधा-कृष्ण के मिलन का चित्रण है। राधा कहती हैं कि मैंने अपनी गली में कृष्ण को आते देखा तो लाज के मारे घर के अन्दर प्रविष्ट हो गयी। कृष्ण ने लाल रंग की पगड़ी पहनी थी तथा केसरिया वस्त्र धारण किया था जिसके ऊपर हजारों फूल सुशोभित हो रहे थे। मुकुट के ऊपर छत्र विराजित था। कुण्डल अत्यन्त सुन्दर प्रतीत हो रहे थे। कृष्ण को आते देखकर राधा प्यारी ओट में चली गयीं। राधा भी मोर का मनोहर मुकुट धारण किये हैं और सुन्दर नथनी पहने हुए हैं। गले में मोतियों की माला सुशोभित है। मीराँ उनके चरण-कमलों में न्यौछावर जाती हैं। राधा खड़ी-खड़ी प्रार्थना कर रही हैं कि हे कृष्ण मुरारी! उसकी प्रार्थना सुन लीजिये। मीराँ कहती हैं कि हे गिरधर नागर प्रभु! मैं तुम्हारे चरण-कमलों पर न्यौछावर जाती हूँ।

टिप्पणी—इस पद में संयोग शृंगार की व्यंजना है। इसमें मीराँ ने अपनी भावनाओं को राधा के साथ सम्बद्ध कर दिया है। इसमें युगल उपासना का भी संकेत है।

शब्दार्थ—आवत = आते रहे। लाज...मारी = लज्जित होकर। कुसुमल = कुसुम्भी रंग की, केसरिया। जामा = पहनावा। हजारी = सहस्र दलोंवाले। दरियाई = दरयाव अर्थात् रेशमी, पतला साटन। लेंगो = लहँगा। अँगिया = चोली। भारी = बड़ी, उत्तम। सुणजो = सुनिये।

॥ 171 ॥

माई मेरो मोहने मण हर्‌यो।
कहा करूँ कित जाऊँ सजणी, प्रान पुरुष सूँ बर्‌यो।

हूँ जल भरने जात थी सजणी, कलस माथे धर्‌यो।
साँवरी सी किसोर मूरत, कछुक टोनो कर्‌यो।
लोक लाज बिसारि डारी, तबहीं काज सर्‌यो।
दासि मीराँ लाल गिरधर, म्हाने थे बर बर्‌यो।

व्याख्या—मीराँ ने इस पद में पनघट लीला का वर्णन किया है। किसी गोपी या राधा के भावों का वर्णन करते हुए मीराँ कहती हैं कि हे सखि! श्रीकृष्ण ने मेरा मन हर लिया। मैं क्या करूँ, कहाँ जाऊँ, मेरे प्राणों ने कृष्ण का वरण कर लिया है। मटका लेकर पानी भरने जा रही थी। साँवले-सलोने श्रीकृष्ण ने जैसे मुझ पर जादू डाल दिया। मैं लोक-लाज, कुल-मर्यादा सब-कुछ भूल गयी। तभी मेरा कृष्ण के प्रति प्रेम सिद्ध हुआ। मीराँ कहती हैं कि मैं गिरधर लाल की दासी हूँ। मैंने चुपके से पति रूप में उन्हें स्वीकार कर लिया है।

टिप्पणी—प्रस्तुत पद में गोपी या राधा एवं मीराँ के भाव का एकीकरण हुआ। रागानुगा भक्ति में लोक-मर्यादा का त्याग करना मान्य है। उसी का निर्देश प्रस्तुत पद में हुआ है।

शब्दार्थ—मोहने = मोहन वा कृष्ण ने। कहा = क्या। प्रान...बर्‌यो = मेरे प्राण प्रियतम से मिल गये; अथवा प्रियतम द्वारा मेरे प्राण अंगीकृत हो गये, अपना लिये गये। हूँ = मैं। कलस = जल का घड़ा। कछुक.....कर्‌यो = कुछ अजीब ढंग का प्रभाव डाल दिया।

॥ 172 ॥

प्रेमनी प्रेमनी प्रेमनी रे, मने लागी कटारी प्रेमनी।
जल जमुना माँ भरवाँ गयाँ ताँ, हती गागर माथे हेमनी रे।
काचे तातणे हरि जीए बाँधी, जेम खेंचे तेम तेमनी रे।
मीराँ के प्रभु गिरधर नागर, शामल सूरत शुभ एमनी रे।

व्याख्या—प्रस्तुत पद में किसी गोपी के प्रेम भाव का चित्रण किया गया है। गोपी के मन में प्रेम की कटारी लग गयी है, वह व्यथा से पीड़ित होकर कहती हैं कि मैं अपने सिर पर सोने की मटकी लिये हुए यमुना के किनारे पानी भरने गयी थी, वहीं कृष्ण ने प्रेम के कच्चे धागे से बाँध दिया, अब वे जिधर खींचते हैं, मैं उधर चली जाती हूँ। मीराँ कहती हैं कि मेरे गिरधर नागर की साँवली सूरत ही ऐसी है कि उन पर मोहित हुए बिना रहा नहीं जाता।

टिप्पणी—प्रेम को कटारी कहकर उसके तीक्ष्ण प्रभाव को व्यंजित किया गया है। अन्तिम पंक्ति में मीराँ गोपी की दशा एवं विवशता का समर्थन करती हैं। वे कृष्ण के साथ अपना भी सम्बन्ध जोड़ती हैं। कृष्ण के रूपाकर्षण के अद्‌भुत प्रभाव को व्यंजित किया गया है।

शब्दार्थ—प्रेमनी = प्रेम की। मने = मुझे, मेरे हृदय में। भरवाँ गयाँ ताँ = भरने गयी थी। हती = थी। हेमनी = सोने की। काचे तातणे = कच्चे धागे से अर्थात् प्रेम-बन्धन द्वारा। जेम = जैसे, जिस ओर। तेम तेमनी = वैसे ही, ठीक उसी ओर (जाती हूँ)। शामल = साँवरी। शुभ = भली, मनोहर। एमनी = ऐसी ही है।

॥ 173 ॥

राग हंस नारायण

आली साँवरो की दृष्टि, म्हानूँ प्रेम री कटारी हे।
लगन बेहाल भई तन की सुधि बुधि गई।
तनह माँ व्यापी पीर, मण मतवार हे।
सखियाँ मिलि दोय च्यारी, बावरी भई हें सारी।
हौं तो वाको नीको जाणो, कुंज को बिहारी हे।
चन्द को चकोर चाहै, दीपक पतंग दाहे।
जल बिना मारै मीन, ऐसी प्रीत प्यारी हे।
बिना देष्याँ कैसे जीवें कल ण करत हीये।
जाय वाकूँ ऐसे कहियौ, मीराँ तो तिहारी हे।

व्याख्या—गोपी अपनी सखी को सम्बोधित करती हुई कहती हैं कि हे सखि! कृष्ण की दृष्टि प्रेम की कटार (तलवार) है। उनके देखते ही मैं बेचैन हो गयी और मेरी सुध-बुध खो गयी, तन में पीड़ा व्याप्त हो गयी, मन मतवाला हो गया। दो-चार सखियाँ ही नहीं बल्कि सभी सखियाँ कृष्ण प्रेम में बावली हो गयीं। मैं तो मानती हूँ कि कृष्ण कुंजों में विहार करते रहते हैं अच्छा ही करते हैं अन्यथा उनके सौन्दर्य को देखकर सभी स्त्रियाँ पागल हो जायँ। जिस प्रकार चकोर पक्षी चन्द्रमा की चाह रखता है। दीपक में पतंगा जल जाता है। जल के बिना मछली मर जाती है। उसी तरह से कृष्ण मुझे प्रिय हैं। कृष्ण को देखे बिना हृदय में चैन नहीं पड़ता है। हे सखि! जाकर प्रियतम से कहना कि मीराँ तो केवल तुम्हारी ही हैं।

टिप्पणी—प्रथम पंक्ति में उत्प्रेक्षा अलंकार है। कृष्ण के सौन्दर्य के मार्मिक प्रभावों का वर्णन किया गया है। दृष्टान्त के द्वारा गोपियों के प्रेम को व्यंजित किया गया है। अन्त में गोपियों के साथ मीराँ अपने भावों का समीकरण कर देती हैं।

शब्दार्थ—बेहाल = बेसुध। हीये = हृदय में।

॥ 174 ॥

राग झंझोटी

होरी खेलत हैं गिरधारी।
मुरली चंग बजत डफ न्यारो, संग जुवति ब्रजनारी।
चन्दन केसर छिरकत मोहन अपने हाथ बिहारी।
भरि भरि मूठि गुलाल लाल चहुँ देत सबन पै डारी।
छैल छबीले नवल कान्ह संग स्यामा प्राण पियारी।
गावत चार धमार राग तँह, दै दै कर करतारी।
फागु जु खेलत रसिक साँवरो, बाढ़्यो रस ब्रज भारी।
मीराँ के प्रभु गिरधर नागर, मोहन लाल बिहारी।

व्याख्या—प्रस्तुत पद में मीराँ ने कृष्ण और गोपियों के होली खेलने का वर्णन किया है। श्रीकृष्ण ब्रजयुवतियों के साथ होली खेल रहे हैं, मुरली और डफ इत्यादि बाजे बज रहे हैं। कृष्ण अपने हाथों से केसर और चन्दन छिड़कते हैं। मुट्ठी भर-भरकर सबके गुलाल लगाते हैं, राधा भी छैल-छबीले कृष्ण के साथ होली खेल रही हैं, लोग तालियाँ बजाकर धमार राग बजाकर होली का उत्सव मना रहे हैं। मीराँ कहती हैं कि मेरे मन को मोहित करनेवाले कृष्ण जब होली खेलते हैं तो ब्रज में आनन्द रस की बाढ़ आ जाती है।

टिप्पणी—ब्रज की होली बहुत प्रसिद्ध है। कृष्णलीला में लोक त्योहारों का समावेश करके कृष्ण के चरित्र को जनमन के धरातल पर प्रतिष्ठित किया गया है। जिस होली में कृष्ण स्वयं शरीक हैं उसके आनन्द का उत्कर्ष वर्णनातीत है।

शब्दार्थ—चंग = छोटे आकार का डफ बाजा, जिसे साधारणत: लावनीवाले बजाया करते हैं। न्यारो = अनोखा। बिहारी = कृष्ण का एक नाम। चार = चाल। धमार राग = होली के समय गाया जानेवाला एक प्रकार का गीत। जु = जो। रस = प्रेमानन्द।

॥ 175 ॥

कहाँ कहाँ जाऊँ थारे साथ कन्हैया।
बिन्द्रावन की कुंज गलिन में, गहे लीणो म्हारो हाथ।
दधि मेरो खायो, मटकिया फोरी, लीणो भुज भर साथ।
लपट झपट मोरी गागर पटकी, साँवरे सलोने लोने गात।
कबहूँ न दांन लियो मनमोहन, सदा गोकुल आत जात।
मीराँ के प्रभु गिरधर नागर, जणम जणम के नाथ।

व्याख्या—गोपी कहती हैं कि हे कृष्ण! तुम्हारे साथ कहाँ-कहाँ जाऊँ। वृन्दावन की कुञ्ज गलियों में तुमने मेरा हाथ पकड़ लिया। मेरा दही खा लिया। मटकी पटककर फोड़ दी और मुझे भुजाओं में भर लिया। अर्थात् आलिंगन कर लिया। लपट-झपटकर मेरी गागर फोड़ दी। साँवले-सलोने और सुन्दर देहवाले कृष्ण तुम्हारी यह लीला कितनी नटखटपन से भरी है। हे मनमोहन! तुम सदा गोकुल आते-जाते हो। लेकिन तुमने दही का दान या कोई दान नहीं लिया। मीराँ गोपी की भावना में अपनी भावना का समावेश करती हुई कहती हैं कि हे गिरधर नागर! तुम मेरे जन्म-जन्मान्तरों के स्वामी हो।

टिप्पणी—इस पद में कृष्ण की दानलीला का वर्णन है और उनके नटखट स्वभाव की व्यंजना है।

शब्दार्थ—लीणो....साथ = हाथ-में-हाथ मिलाकर एक साथ हो लिये। लोने = सुन्दर।

॥ 176 ॥

राग सारंग

या ब्रज में कछू देखो री टोना।
ले मटुकी सिर चली गुजरिया, आगे मिले बाबा नन्दजी के छोना।
दधि को नाम बिसरि गयी प्यारी, 'ले लेहु री कोई स्याम सलोना'।
बिन्द्रावन की कुंज गलिन में, आँख लगाइ गयो मनमोहना।
मीराँ के प्रभु गिरधर नागर, सुन्दर स्याम सुघर सलोना।

व्याख्या—एक गोपी दूसरी गोपी से कहती है कि ब्रज में कुछ जादू अवश्य है। एक ग्वालिन सिर पर मटकी रखकर जा रही थी। उसे नन्द के पुत्र कृष्ण मिल गये। कृष्ण को देखते ही वह भावविभोर हो गयी और दही का नाम भूल गयी। 'दही ले लो' के स्थान पर वह 'श्याम ले लो' कहने लगी। वृन्दावन की कुंज गलियों में मनमोहन ने ऐसी नजर लगा दी है कि उसके प्रभाव से कोई मुक्त नहीं हो पाता। वही सुन्दर सलोने रूपवान् कृष्ण मेरे स्वामी हैं। सूरदास ने भी इस भाव की अभिव्यक्ति निम्न पंक्तियों में की है—

ग्वालिन प्रकट्यो पूरन नेहु,
दधि भाजन सिर पर धर्‍यो, कहत गोप लेह लेहु।

टिप्पणी—इस पद में कृष्ण के सौन्दर्य के अद्भुत प्रभाव को अंकित किया गया है। कृष्ण को देखकर गोपियाँ अपनी सुध-बुध खो देती हैं।

शब्दार्थ—टोना = जादू। देखो = देखा। मटुकी = मटकी, मिट्टी का छोटा घड़ा। गुजरिया = गूजर जाति की स्त्री, अहीरनी, ग्वालिन। छोना = कुमार। 'ले लेहु

री....सलोना' = 'दही लो' की जगह प्रेमावेश में आकर 'सुन्दर श्याम' वा 'कृष्ण लो' कहती हुई फिरने लगी। सलोना = लावण्य या सौन्दर्ययुक्त, सुन्दर। बिन्द्रावन = वृन्दावन। आँख लगाइ = आँख लगाकर, प्रेमभाव उत्पन्न करके। सुघर सलोना = लोने या लावण्यरसवाला।

॥ 177 ॥

राग मारू

कोई स्याम मनोहर ल्योरी सिर धरे मटकिया डोलै।
दधि को नाँव बिसर गई ग्वालन, 'हरिल्यो हरिल्यो' बोलै।
मीराँ के प्रभु गिरधर नागर, चेरी भई विण मोलै।
कृष्ण रूप छकी है ग्वालिन, औरहि औरे बोलै।

व्याख्या—इस पद में गोपी की मनोदशा का चित्रण किया गया है। मीराँ कहती हैं कि गोपी सिर पर दही की मटकी रखे हुए घूम-घूमकर कहती है कि कोई श्याम सुन्दर लेगा। गोपी दही का नाम भूल गयी और 'हरि ले लो, हरि ले लो' कहने लगी। मीराँ गोपियों के स्वर-में-स्वर मिलाकर कहती हैं कि हे गिरधर नागर प्रभु! हम तुम्हारी बिना मूल्य की दासियाँ बन गयी हैं। कृष्ण के रूप से मदमस्त हुई ग्वालिन कुछ-का-कुछ बोल रही हैं।

टिप्पणी—सूरदास ने भी लिखा है—

कोई भाई लेहै री गोपालै।
दधि को नाम श्याम सुन्दर वसि, बिसर गयौ बृज बालै।

शब्दार्थ—कोई = कोई ग्राहक। मटकिया = मटकी, मिट्‌टी का छोटा घड़ा। बिसर गई = भूल गयी। विण मोलै = बिना मूल्य, बदले में बिना कोई कीमत लिये ही। छकी = तृप्त होकर उन्मत्त-सी बनी हुई। औरहि औरे = कुछ-का-कुछ।

॥ 178 ॥

राग सोरठ

होजी हरि कित गये णेह लगाय।
णेह लगाय म्हारो हर लीयो, रस भरी टेर सुनाय।
म्हारे मण में ऐसी आवै, मरूँ जहर बिस खाय।
छाड़ि गये बिसवासघात करि, णेह केरी नाव चढ़ाय।
मीराँ के प्रभु कब रे मिलोगे, रहे मधुपुरी छाय।

व्याख्या—गोपी कहती है कि हे कृष्ण! नेह लगाकर तुम कहाँ चले

गये। तुमने नेह लगाकर मीठी-मीठी रसभरी बातें सुनाकर मेरा हृदय चुरा लिया। लेकिन अब मुझे छोड़कर चले गये, मेरे मन में ऐसा आता है कि मैं जहर खाकर मर जाऊँ। तुम नेह की नौका पर चढ़ाकर विश्वासघात करके मुझे छोड़कर चले गये। मीराँ का कथन है कि गोपी प्रार्थना करते हुए कहती है कि तुम मथुरा में जाकर बस गये हो, आकर मुझसे कब मिलोगे।

टिप्पणी—इस पद में गोपी के द्वारा कृष्ण को उपालम्भ दिया गया है। प्रेमी के विश्वासघात से व्यथित गोपी आत्महत्या का विचार करती है। जहर और विष दो पर्यायों का प्रयोग गोपी की अतिशय व्यथा का द्योतक है।

शब्दार्थ—रस भरी = मधुर एवं सुरीली। णेह....चढ़ाय = प्रेम के मार्ग में अधबीच छोड़कर। मधुपुरी = मथुरा। छाय रहे = बैठे रहे।

॥ 179 ॥

राग दुर्गा

हो गये स्याम दुइज के चन्दा।
मधुबन आइ भये मधुबनिया, हम पर डारो प्रेम को फन्दा।
मीराँ के प्रभु गिरधर नागर, अब तो णेह परो कछु मन्दा।

व्याख्या—गोपियाँ कहती हैं कि कृष्ण दूज के चाँद की तरह दिखायी नहीं दे रहे हैं। मथुरा जाकर मथुरावासी हो गये हैं 'मधुबन आकर मधुबनियाँ बन गये हैं।' उन्होंने मुझ पर प्रेम-पाश डाल दिया है। मीराँ प्रभु गिरधर नागर को सम्बोधित करती हुई कहती हैं कि लगता है कि तुम्हारा प्रेम हमारे प्रति फीका पड़ गया है।

टिप्पणी—दूज का चाँद होना मुहावरा है जिसका तात्पर्य है कि कम समय के लिए दिखायी देना। प्रेम का फन्दा सूक्ष्म भाव को स्थूल बिम्ब द्वारा प्रदर्शित करने की कला का सूचक है।

शब्दार्थ—दुइज = द्वितीया। चन्दा = चाँद। दुइज...हो गये = थोड़े ही दिन या समय तक दिखलायी देकर अदृश्य हो गये। मधुबन = मथुरा। मधुबनिया = मथुरावासी। परो = पड़ रहा है।

॥ 180 ॥

राग धमार

स्याम म्हाँसूँ ऐंडो डोले हो, औरन सूँ खेलै धमार।
म्हाँसूँ मुखहि ण बोलै हो, स्याम म्हाँसूँ।
म्हाँरी गलियाँ णाँ फिरे, वाँके आँगण डोले हो।

म्हाँरी अँगुली णा छुवे, वाँकी बहियाँ मोरे हो।
म्हाँरो अँचरा णा छुवै, वाँकी घूँघट खोले हो।
मीराँ के प्रभु साँवरो, रँग रसिया डोले हो।

व्याख्या—गोपी कहती है कि कृष्ण मुझसे तो किनारा कस लेता है लेकिन दूसरों के साथ खेलता-कूदता है। वह मुझसे बोलता तक नहीं। मेरी गली में नहीं आता है और अन्य स्त्रियों के आँगन में घूमता है। मेरी उँगली नहीं छूता, दूसरो की बाँहे मरोड़ता है। मेरे आँचल तक का स्पर्श नहीं करता। दूसरी स्त्री का घूँघट खोल देता है। मीराँ के प्रभु साँवले कृष्ण प्रेम के रसिया बन के घूमते हैं।

टिप्पणी—इस पद में उपालम्भ भाव की व्यंजना है। सूरदास ने भी लिखा है—

धन जोबन मद ऐंड़ौ ऐंड़ौ, ताकत नारि पराई।

इस पद में नारी के मनोविज्ञान पर प्रकाश पड़ता है। उसकी इच्छा होती है कि उसका प्रेमी केवल उसी से प्रेम करे।

शब्दार्थ—म्हाँसूँ = हमसे, मुझसे। ऐंडो = ऐंठता या इतराता हुआ। डोले हो = चलता है। औरन सूँ = अन्य स्त्रियों के साथ। खेलै धमार = आनन्द उठता है, कीड़ा करता है। मुखहिं ण बोलै = बातचीत तक नहीं करता। गलियाँ णाँ फिरे = घूमता-फिरता भी नहीं आ जाता। वाँके = उनके। आँगण डोले = घर के भीतर पहुँचा करता है। अँगुली णा छुवे = मुझे स्पर्श तक नहीं करता, मुझसे तो दूर ही रहना पसन्द करता है। वाँकी = उनकी। बहियाँ मोरे हो = छेड़-छाड़ किया करता है, लड़-झगड़ तक जाता है।

॥ 181 ॥

राग जौनपुरी

सखी री लाज वैरण भई।
श्रीलाल गोपाल के सँग, काहे नाहीं गई।
कठिन क्रूर अक्रूर आयो, साजि रथ कहँ नई।
रथ चढ़ाय गोपाल लैगो, हाथ मींजत रई।
कठिन छाती स्याम बिछुरत, बिरह तें तण तई।
दासि मीराँ लाल गिरधर, बिखर क्यूँ णा गई।

व्याख्या—प्रस्तुत पद में श्रीकृष्ण अक्रूर के साथ मथुरा चले गये उसी का वर्णन है। राधा अपनी सखी से कहती हैं कि मेरी लज्जा ही मेरी शत्रु बन गयी है। मैं गोपाल कृष्ण के साथ क्यों नहीं चली गयी। निर्दयी अक्रूर रथ सजाकर ले आया और गोपाल कृष्ण को सजाकर लेकर चला गया। मैं हाथ मलती रह गयी। श्याम से बिछुड़ते हुए

मेरा ह्रदय इतना कठोर हो गया कि वह टुकड़े-टुकड़े नहीं हुआ। दासी मीराँ के गिरधर लाल की विरह व्यथा में मैं स्वाभाविक स्थिति में क्यों रह गयी।

टिप्पणी—इस पद में गोपी की विरह व्यथा और श्रीकृष्ण के साथ न जाने की पीड़ा को मीराँ ने बड़े मार्मिक ढंग से अंकित किया है। पद के अन्त में मीराँ उस भाव के साथ अपने भाव को मिला देती हैं। छाती फटना, हाथ मलना प्रचलित मुहावरे हैं।

शब्दार्थ—वैरण = शत्रु, बाधक। काहे = क्यों। लैगो = ले गया। हाथ...रई = पछताती रह गयी। कठिन = कठिन ह्रदय का। अक्रूर = कंस का दूत, जो कृष्ण का चाचा लगता था और जो उन्हें वृन्दावन से रथ पर चढ़ाकर मथुरा ले गया था। तें = से। तईं = सन्तप्त रही। बिखर क्यूँ णा गई = टुकड़े क्यों न हो गयी।

॥ 182 ॥

अपणे करम को छै दोस, काकूँ दीजै रे ऊधो, अपणे करम।
सुणियो मेरी बगड़ पड़ोसण, गेले चलत लागी चोट।
पहली ज्ञान मानहि कीन्हौ, मैं ममता की बाँधी पोट।
मैं जाण्यूँ हरि नाहि तजेंगे, करम लिख्यो भलि पोच।
मीराँ के प्रभु हरि अविनासी, परो निवारो नी सोच।

व्याख्या—गोपियाँ उद्धव को सम्बोधित करती हुई कहती हैं कि यह तो अपने भाग्य का दोष है। इसमें किसी अन्य को क्या दोष दिया जाय। तुम्हारे उपदेश को सुनकर राह चलते मेरी पड़ोसन को भी चोट लगी। तात्पर्य यह है कि जिसका कृष्ण के साथ लगाव नहीं था उसे भी उद्धव के सन्देश से व्यथा का अनुभव हुआ। पहले मैं समझ-बूझ न सकी और ममता की पोटली बाँध ली। मैने तो समझा था कि श्रीकृष्ण कभी मेरा परित्याग नहीं करेंगे। लेकिन मेरे कर्म में जो कुछ भला-बुरा लिखा है वही होगा। मीराँ के प्रभु कृष्ण अविनाशी हैं वही राधा (तथा मीराँ) की चिन्ता का निवारण करेंगे।

टिप्पणी—इस पद में राधा के पश्चात्ताप का चित्रण है। अन्त में समर्पण भाव और कृष्ण के ब्रह्मत्व का निरूपण है।

शब्दार्थ—करम को = भाग्य को। छै = है। काकूँ = किसको, किससे। ऊधो = कृष्ण के प्रसिद्ध मित्र उद्धव, जो उनका सन्देश लेकर गोपियों के यहाँ गये थे। दीजै = दिया जाय। सुणियो = सुनकर जान लो। बगड़ = आस-पास का। गेले = रास्ते में। गेले....चोट = राह चलते चोट लगी। पहली...कीन्हौ = पहले वा आरम्भ में समझ-बूझ न सकी। ममता....पोट = आत्मीयता की गाँठ जोड़ ली। पोट = गाँठ, पोटली। जाण्यूँ = जाना, समझा था। भलि पोच = भला-बुरा। परो = परे, दूर। निवारो नी = निवारण करो न। सोच = चिन्ता।

॥ 183 ॥

राग परज

गोहने गुपाल फिरूँ, ऐसी आवत मण में।
अवलोकत वारिज बदन, बिबस भई तण में।
मुरली कर लकुट लेऊँ, पीत बसन धारूँ।
काछा गोप भेष मुगुट, गोधन सँग चारूँ।
हम भई गुलफाम लता, वृन्दावन रैनाँ।
पशु पंछी मरकट मुना स्त्रवण सुणत बैनाँ।
गुरुजन कठिन कानि कासों री कहिए।
मीराँ प्रभु गिरधर मिलि ऐसे ही रहिए।

व्याख्या—मीराँ कहती हैं कि गोपी के मन में आता है कि वह सदैव गोपाल के साथ घूमती रहे। गोपी स्वयं कहती हैं कि जब से मैंने उनके कमल-मुख को देखा है तब से मैं विवश हो गयी हूँ। मेरा हृदय व्याकुल हो गया है। मैं चाहती हूँ कि कृष्ण के समान हाथ में मुरली धारण करूँ तथा पीताम्बर पहनकर गाय चराने जाऊँ। लेकिन मैं तो वृन्दावन के धूल में उपजी एक सुन्दर लता के समान हूँ। वही पशुओं-पक्षियों, बन्दरों और मुनियों की आवाजें सुनती रहती हूँ। हे सखि! गुरुजनों की मर्यादाएँ बहुत कठिन हैं। उनका पालन करना आसान नहीं है। उनके विषय में किसी की शिकायत भी नहीं की जा सकती। अत: मीराँ के प्रभु गिरधर नागर से मिलने के लिए ऐसे ही रहना उचित है।

टिप्पणी—प्रस्तुत पद में भक्ति की तद्‌रूप कामना की अभिव्यक्ति है। सुन्दर लता कहकर मीराँ ने वृन्दावन में व्याप्त कृष्ण के आनन्द के अनुभव को अंकित किया है। सम्पूर्ण प्रकृति कृष्णमय है। उसके सान्निध्य में रहकर ही भक्ति रस का अनुभव किया जा सकता है।

शब्दार्थ—गोहने = संग में, साथ-साथ। ऐसी आवत = ऐसा आता है। वारिज बदन = कृष्ण का मुख-कमल। काछा = बनाकर, धारणकर। चारूँ = चलूँ, घूमूँ, फिरूँ। गुलफाम = सुन्दर, खूबसूरत। कानि = मर्यादा। ऐसे....रहिए = इसी प्रकार जीवन बिताना श्रेयस्कर है।

॥ 184 ॥

कुण बाँचै पाती, विणा प्रभु कुण बाँचै पाती।
कागद ले ऊधौजी आयो कहाँ रह्या साथी।
आवत जावत पाँव घिस्यारो (बाला) अँखियाँ भईं राती।

कागद ले राधा बाँचण बैठी, भर आई छाती।
नैण नीरज में अम्ब बहे रे (बाला), गंगा बहि जाती।
पाना ज्यूँ पीली पड़ी री (बाला), अन्न नहिं खाती।
हरि बिन जिवड़ी यूँ जलै रे (बाला), ज्यूँ दीपक सँग बाती।
म्हेने भरोसे राम को रे (बाला), डूबि तर्‌यो हाथी।
दास मीराँ लाल गिरधर, साँकड़ारो साथी।

व्याख्या—कृष्ण का सन्देश लेकर उद्धव आये हैं। मीराँ राधा की मानसिकता का चित्रण करती हुई कहती हैं कि श्रीकृष्ण के बिना इस पत्र को कौन पढ़ेगा। उद्धव जी पत्र लेकर आये हैं। लेकिन उनके मित्र कहाँ रह गये। इधर-उधर दौड़कर हम उनके आने का रास्ता देखते हैं जिससे मेरे पाँव घिस गये हैं। रास्ता निहारते-निहारते आँखें लाल हो गयी हैं। राधा पत्र लेकर पढ़ने बैठीं तो उनका दिल भर आया, आँखों से पानी बहने लगा जैसे गंगा की धारा बह रही हो। प्रियतम के वियोग में वह पत्ते के समान पीली पड़ गयी हैं। अन्न खाना बन्द कर दिया है। श्रीकृष्ण के वियोग में उनका हृदय ऐसे जल रहा है जैसे दीपक के साथ बत्ती जलती है। राधा कहती हैं कि मुझे उसी राम का भरोसा है जिसने डूबते हुए हाथी का उद्धार किया था। मीराँ के प्रभु गिरधर लाल संकट हरनेवाले हैं। यदि उन्हीं से मित्रता है तो वह जरूर संकट दूर करेंगे।

टिप्पणी—इस पद में कृष्ण का पत्र पाने के बाद राधा के मन में जो पीड़ा उभरती है उसका मार्मिक चित्रण किया गया है। अश्रु प्रवाह के लिए अतिशयोक्ति अलंकार का प्रयोग किया गया है। ज्यूँ दीपक संग बाती में दृष्टान्त अलंकार है। राधा की रुग्णावस्था का चित्रण है। राम का प्रयोग कृष्ण के लिए है क्योंकि ये दोनों ही विष्णु के अवतार हैं।

शब्दार्थ—बाँचै = पढ़े, पढ़ सुनावै। साथी = मित्र (श्रीकृष्ण)। कागद = पत्रिका। रह्या = रह गया। आवत जावत = आते-जाते। घिस्या = घिस गये। राती = लाल। बाँचण = पढ़ने। भर....छाती = हृदय उमड़ आया। नैण नीरज = कमल-नेत्रों। अम्ब = पानी। गंगा = नदी। साँकड़ारो = संकट में भक्तों का साथी, रक्षक।

॥ 185 ॥

अच्छे मीठे चाख चाख बेर लाई भीलणी।
ऐसी कहा आचारणी, रूप नहीं एक रती।
नीचो कुल ओछी ज़ात, अति ही कुचीलणी।
झूठे फल लीन्हें राम, प्रेम की प्रतीत जाण।
ऊँच नीच जाने नहीं, रस की रसीलणी।

ऐसी कहा वेद पढ़ी, छिण में विमाण चढ़ी।
हरि जी सूँ बाँध्यो हैत बैकुण्ठ में झूलणी।
दास मीराँ तरै सोइ ऐसी प्रीति करै जोइ।
पतित पावन प्रभु गोकुल अहीरणी।

व्याख्या—प्रस्तुत पद में भीलनी के प्रेम और राम की कृपा का चित्रण किया गया है। भीलनी (शबरी) ने चख-चखकर मीठे बेर भगवान् राम को खाने के लिए लायी। उसे आचार-विचार का ज्ञान नहीं था। वह तनिक भी रूपवती नहीं थी। नीचे कुल तथा छोटी जाति में उसका जन्म हुआ था और मलिन वेष में रहती थी फिर भी राम ने उसकी सच्ची प्रीति को पहचानकर जूठे बेर को ग्रहण किया। रसमग्न प्रेमिका ऊँच-नीच के भेदभाव को नहीं जानती। उसने किसी वेद का पाठ नहीं किया था लेकिन विमान पर चढ़कर वैकुण्ठ प्राप्त किया। मीराँ कहती है कि ऐसी प्रीति जो करता है उसी का उद्धार हो जाता है। श्रीकृष्ण ने गोकुल की अहीरनियों का भी उद्धार किया क्योंकि वे पतितों को पवित्र करनेवाली हैं।

टिप्पणी—मीराँ ने इस पद में कुल-जाति से ऊपर प्रेमनिष्ठा को प्रतिपादित किया है। भक्ति के क्षेत्र में वर्ण-व्यवस्था महत्त्वहीन हो जाती है। वेद पाठ की तुलना में भक्ति कम महत्त्व की नहीं है।

शब्दार्थ—चाख चाख = चख-चखकर। भीलणी = भील जाति की स्त्री, शबरी। आचारणी = आचारवती, आचार-विचार से रहनेवाली। एक रती = कुछ भी। कुचीलणी = मैले-कुचैले वस्त्रवाली। झूठे = जूठे। प्रतीत जाण = विश्वास मानकर। जाने = माना, विचार किया। रस की रसीलणी = भक्ति या प्रेमरस का आनन्द लेनेवाली थी।

॥ 186 ॥

राग पीलू

देखत स्याम हँसे सुदामा कूँ, देखत स्याम हँसे।
फाटी तो फूलड़ियाँ पाव उभाणे, चलते चरण घसे।
बालपणे का मिंत सुदामा, अब क्यूँ दूर बसे।
कहा भावज ने भेंट पठाई, तन्दुल तीन पसे।
कित गई प्रभु मोरी टूटी टपरिया, हीरा, मोती, लाल कसे।
कित गई प्रभु मोरी गउवन बछिया, द्वार बिच हसती फँसे?
मीराँ के प्रभु हरि अविनासी, सरणे तोरे बसे।

व्याख्या—कृष्ण सुदामा को देखकर हँस पड़े। सुदामा के जूते फट गये थे। उनके पाँव नंगे थे और चलते-चलते पाँव घिस गये थे। कृष्ण कहते हैं कि ऐ सुदामा,

तुम मेरे बचपन के मित्र हो, अब दूर क्यों रहते हो? मेरी भाभी ने मेरे लिये क्या भेंट भेजवायी है। कृष्ण ने चावल छीन लिया। क्षण भर में सुदामा की दशा बदल गयी। सुदामा अपने घर पहुँचकर कहते हैं कि मेरी टूटी हुई झोंपड़ी क्या हो गयी? यह हीरे, मोतियों तथा लालों से युक्त प्रासाद किसका है? मेरी गायें और बछिया कहाँ गयीं। द्वार पर हाथी किसका है? मीराँ के प्रभु कृष्ण अविनाशी हैं। उनकी शरण में जो भी जाता है उसका उद्धार होता है

टिप्पणी—इस पद में संक्षेप में कृष्ण और सुदामा की मित्रता का वर्णन किया गया है।

शब्दार्थ—स्याम = श्रीकृष्ण। सुदामा कूँ = अपने बाल्यकाल के मित्र सुदामा को। फाटी = फटी-पुरानी। फूलड़ियाँ = जूतियाँ। उभाणे = उबेना, नंगे। चलते = चलते समय। घसे = घिसे जाते हैं। बालपणे = बाल्यकाल। मिंत = मित्र, साथी। तन्दुल = चावल। पसे = पसर, आधी अँजुली। टपरिया = कुटिया। लाल = एक प्रकार का रत्न। कसे = जुड़े हुए हैं। द्वार बिच = द्वार पर। फँसे = खड़े किये गये हैं। सरणे = शरण में।

॥ 187 ॥

तेरो मरम नहिं पायो रे जोगी।
आसण माँड़ि गुफा में बैठो, ध्यान हरी को लगायो।
गल बिच सेली हाथ हाजरियो, अंग भभूति रमायो।
मीराँ के प्रभु हरि अविनासी, भाग लिख्यो सो ही पायो।

व्याख्या—मीराँ अपने प्रियतम को सम्बोधित करते हुए कहती हैं कि हे योगी! मैं तुम्हारा रहस्य नहीं समझ पायी। मैंने आसन लगाकर गुफा में बैठकर, कृष्ण का ध्यान लगाया। गले में सेली (रस्सी) डाली, हाथ में योगियों-जैसी रूमाल पकड़ी, शरीर में राख लगायी लेकिन फिर भी तुझे समझ नहीं पायी। मीराँ के प्रभु अविनाशी हैं, होता वही है जो भाग्य में लिखा होता है।

टिप्पणी—योग मार्ग से हरि के रहस्य को जानना कठिन है। जिसका सौभाग्य होता है वही ईश्वर को जान पाता है और उसकी कृपा का अधिकारी होता है।

शब्दार्थ—मरम = मर्म, रहस्य, भेद। जोगी = प्रियतम, परमात्मा। आसन माँड़ि = आसन मारकर। सेली = योगियों की माला। हाजरियो = हाथ में रखने का रूमाल। भाग....सो ही = पूर्व निश्चित।

॥ 188 ॥

राग विहाग

करम गत टाराँ णा री टराँ।
सतवादी हरिचन्दा राजा, डोम घराँ णीराँ भराँ।

पाँचु पाँडु री राणी द्रुपती, हाड़ हिमालाँ गराँ।
जाग कियाँ बलि लेण इन्द्रासण, जाँयाँ पाताल पराँ।
मीराँ रे प्रभु गिरधर नागर, बिखरू अम्रित कराँ।

व्याख्या—मीराँ कहती हैं कि भाग्य का लेख मिटाया नहीं जा सकता। सत्यवादी राजा हरिश्चन्द्र को कर्मों के कारण (भाग्य) नीच डोम के घर पानी भरना पड़ा। द्रौपदी पाँच पाण्डवों की रानी थी लेकिन उसकी हड्डियाँ हिमालय के बर्फ में गल गयीं। कोई भी उसकी रक्षा कर न सका। राजा बलि ने इन्द्रासन प्राप्त करने के लिए यज्ञ किया था लेकिन उसे पाताल में जाना पड़ा। मीराँ कहती है कि मेरे प्रियतम गिरधर नागर! विष को अमृत में बदल देते हैं।

टिप्पणी—कर्मों का फल भोगना पड़ता है। यहाँ कर्म का प्रयोग भाग्य के लिए किया गया है। ईश्वर के अन्दर वह शक्ति है जो विष को अमृत बना सकता है। तात्पर्य यह है कि वह भाग्य लेख को रूपान्तरित कर सकता है। इस भाव के पद कबीर और सूरदास में भी मिलते हैं। कबीर कहते हैं—

करम गति टारे नाहिं टरे

सूरदास कहते हैं—

भावी कहौ सो न टरे

शब्दार्थ—करम गत = प्रारब्ध की दशा। टाराँ....टराँ = रोके नहीं रुकती या बदलती। सतवादी = सत्यवादी, सत्य के नियम पालन करनेवाले। डोम.. भराँ = टहलुए का काम करते रहे। द्रुपती = द्रौपदी। हाड़ = हड्डियाँ वा शरीर। हिमालाँ = हिमालय पर्वत पर। गराँ = गले। जाग = यज्ञ। लेण = लेने को। इन्द्रासण = इन्द्र की पदवी। पराँ = भेज दिये गये।

॥ 189 ॥

बिध बिधणा री प्याराँ।
दीरघ नेण मिरघ कूँ देखाँ वणवण फिरता माराँ।
उजलो वरण बागलाँ पावाँ, कोयल वरणाँ काराँ।
नदयाँ नदयाँ निरमल धाराँ, समुन्द कर्याँ जल खाराँ।
मूरख जण सिंघासण राजा, पण्डित फिरताँ द्वाराँ।
मीराँ रे प्रभु गिरधर नागर, राणाँ भगत सँघाराँ।

व्याख्या—मीराँ कहती हैं कि विधि का विधान अद्भुत है। मृग को दीर्घ नेत्र प्राप्त हुए हैं लेकिन वह वन-वन भटकता रहता है। बगला श्वेत वर्ण का है लेकिन उसे मछलियाँ खानी पड़ती हैं। उसका कर्म वर्ण के अनुकूल नहीं है। कोयल मधुर

स्वर सुनाती है लेकिल ईश्वर ने उसे काला बनाया है। सभी नदियों का जल निर्मल और मधुर है लेकिन समुद्र जो इतना विशाल है उसका जल खारा है। मूर्ख लोग सिंहासन पर विराजते हैं और पण्डित द्वार-द्वार फिरते हैं। मीराँ कहती हैं कि हे गिरधर नागर! तुम भी अपने भक्तों को कष्ट देकर उनकी परीक्षा लेते हो।

टिप्पणी—मीराँ ने इस पद में विधि के विचित्र विधान का उल्लेख किया है। लोक में रूप, रंग, कर्म एवं फल का सामंजस्य नहीं दिखायी देता है। मीराँ ने बड़ी सूक्ष्मता से सामाजिक विषमता पर व्यंग्य किया है।

शब्दार्थ—बिध बिधड़ा = कार्य-प्रणाली। मिरघ = मृग। वरणाँ = रंग की। काराँ = काली। बागलाँ = बगुलों का। समुन्द = समुद्र में जाकर। सँघाराँ = कष्ट दिया करते हैं।

॥ 190 ॥

लगण को नाँव न लीजै री भोलो।
लगण लगी कौ पैंड़ो हो न्यारो, पाँव धरत तन छीजै।
जै तूँ लगण लगाई चावै, तौ सीस को आसन कीजै।
लगण लगी जैसे पतंग दीप से, वारि फेर तन दीजै।
लगण लगाइ जैसे मिरघे नाद से, सनमुख होय सिर दीजै।
लगण लगाई जैसे चकोर चन्दा से, अगनी भक्षण कीजै।
लगण लगी जैसे जल मछीयन से, बिछड़त तनहीं दीजै।
लगण लगी जैसे पुहुप भँवर से, फूलन बीच रहीजै।
मीराँ कहँ प्रभु गिरधर नागर, चरण कँवल चित दीजै।

व्याख्या—मीराँ अपने सखी से कहती हैं कि हे मुग्धा! प्रेम का नाम मत लो। प्रेम का मार्ग न्यारा है, उस पर पाँव रखते ही देह क्षीण होने लगती है। फिर भी यदि तू प्रेम की सम्बद्धता चाहती है तो सिर कटाकर उसी को आसन बनाना पड़ेगा। जिस प्रकार पतंगा दीपक से प्रेम करता है और फिर उसी के इर्द-गिर्द घूमकर देह न्यौछावर कर देता है। जैसे मृग शब्द संगीत से प्रेम करता है और सम्मुख होकर अपने प्राण त्याग देता है। जैसे चकोर चन्द्रमा से प्रेम करता है और आग को चाँद समझकर अपने प्राण गँवा देता है। जैसे जल से मछली प्रेम करती है और उससे बिछुड़ते ही देह त्याग देती है। जैसे पुष्प से भौंरे की लगन है और वह फूलों के बीच ही कैद हो जाता है। मीराँ कहती हैं कि गिरधर नागर के चरणों में चित्त को पूरी तरह समर्पित कर देने से ही प्रेम मार्ग का अनुसरण किया जा सकता है।

टिप्पणी—इस पद में दृष्टान्तों के द्वारा प्रेम मार्ग की कठिनाई एवं महासमर्पण की व्यंजना की गयी है। प्रेम मार्ग में जीवन की परवाह छोड़ देनी पड़ती है। जो प्राणों

का उत्सर्ग करने को तैयार हो वही इस मार्ग में प्रवर्तित हो सकता है। कबीर ने भी लिखा है कि—

'यह तो घर है प्रेम का, खाला का घर नाहिं।
शीश उतारे भुइँ धरे तब पैठे घर माँहिं।'

शब्दार्थ—पैंड़ो = मार्ग। चावै = चाहती हो तो। सीस...कीजै = अपने सिर को काटकर उस पर अपना आसन जमाओ। वारि फेर = चारों ओर चक्कर लगा-लगाकर। अगनी....कीजै = अंगारे खाया करता है।

॥ 191 ॥

लागी सोही जाणै, कठण लगण दी पीर।
विपत पड्याँ कोई निकटि ण आवै, सुख में सब को सीर।
बाहरि घाव कछु नहिं दीसै, रोम रोम दी पीर।
जन मीराँ गिरधर के ऊपर, सदकै करूँ सरीर।

व्याख्या—मीराँ प्रेम की पीड़ा का वर्णन करते हुए कहती हैं कि जिसे प्रेम की लगन लगती है वही उसकी पीड़ा का अनुभव करता है। विपत्ति पड़ने पर कोई पास नहीं आता। सुख में सभी साझीदार बन जाते हैं। बाहर कोई घाव नहीं दिखायी देता लेकिन रोम-रोम से पीड़ा उठती है। भक्त मीराँ गिरधर के ऊपर अपने शरीर का न्योछावर करती है।

टिप्पणी—इस पद में पंजाबी भाषा का प्रभाव है। विरह की अनुभूति केवल भक्त ही कर सकता है कोई दूसरा नहीं। लोक स्वभाव है सुख में साथ देने का दुःख में कोई साथी नहीं मिलता।

शब्दार्थ—लागी = प्रेम का प्रभाव जिस पर पड़े, जिसे लगन लग गयी। कठण = कठिन, असह्य। दी = की। पड्याँ = पड़ने पर। सीर = हिस्सा। सुख में...सीर = सुख में सभी साझेदार बनने लगते हैं। दी = में। सदकै = न्योछावर, समर्पण (देखो-'सतगुर का सदकै करूँ दिल अपणी का साछ'—कबीर)।

॥ 192 ॥

राग शुद्ध सारंग

चालाँ अगम बा देस, काल देख्याँ डराँ।
भराँ प्रेम रा हौज, हंस केल्याँ कराँ।
साधा सन्त रो संग, ग्याण जुगताँ कराँ।

धराँ साँवरो ध्यान, चित्त उजलो कराँ।
सील घूँघरा बाँध, तोस निरताँ कराँ।
साजाँ सोल सिंगार, सोणारो राखड़ाँ।
साँवलिया सू प्रीत, औराँ सूँ आखड़ाँ।

व्याख्या—मीराँ काल्पनिक देश का वर्णन करते हुए कहती हैं कि हे मन! उस अगम देश को चलो, जहाँ मृत्यु का कोई भय नहीं है। जहाँ भक्त को देखकर काल डर जाता है। प्रेम का कुण्ड भरा हुआ है। जहाँ हंसरूपी आत्माएँ केलि करती हैं। जहाँ साधु-सन्तों की संगति से ज्ञान की वृद्धि होती है। जहाँ साँवले कृष्ण का ध्यान करके चित्त को उज्ज्वल किया जा सकता है। जहाँ शील का घुँघरू बाँधकर सन्तोष का नृत्य करेंगे। सोलह श्रृंगार करके सोने का चूड़ामणि धारण करेंगे। मैं केवल साँवरिया कृष्ण से प्रेम करूँगी और अन्य से उदासीन रहूँगी।

टिप्पणी—मीराँ ने इस पद में गोलोक की काल्पनिक छवि प्रस्तुत की है। सूरदास ने भी मनरूपी चकई को चरण सरोवर में उड़कर जाने का आदेश दिया था।

शब्दार्थ—चालाँ = चलो। अगम = अगम्य, परमात्मा। काल = मृत्यु। हौज = कुण्ड। हंस = हंस नामक पक्षी, (यहाँ पर) आत्मा। केल्याँ = भिन्न-भिन्न प्रकार की क्रीड़ाएँ। घूँघरा = घूँघरूदार गहना। तोस = सन्तोष। औराँ सूँ = दूसरों से। आखड़ाँ = उदासीन। राखड़ाँ = चूड़ामणि।

॥ 193 ॥

म्हारो साँवरो ब्रजवासी।
जग सुहाग मिथ्या री सजणी, होवाँ हो मिट ज्यासी।
वरन कर्‌याँ अविनासी म्हारी, काल व्याल णा खासी।
म्हारो प्रीतम हिरदाँ बसताँ, दरस लह्याँ सुखरासी।
मीराँ रे प्रभु हरि अविनासी, सरण गह्याँ थें दासी।

व्याख्या—मीराँ कहती हैं कि हे सखि! हमारा साँवला श्रीकृष्ण ब्रज का रहनेवाला है। सांसारिक सुहाग मिथ्या है, होते ही मिट जाता है। मैंने तो अविनाशी श्रीकृष्ण का वरण किया है जिसे मृत्युरूपी सर्प नहीं खा सकता। मेरा प्रियतम मेरे हृदय में बसता है। अन्तर में उसका दर्शन करके मैं सुख की राशि प्राप्त करती हूँ। मीराँ कहती हैं कि हे अविनाशी प्रियतम! तुम्हारी दासी तुम्हारी शरण में आयी है।

टिप्पणी—काल व्याल में रूपक अलंकार है। इसमें सांसारिक सुहाग की नश्वरता और कृष्ण वरण की अमरता को दिखाया गया है। दास्य भाव की भक्ति प्रदर्शित की गयी है।

शब्दार्थ—होवाँ हो = होकर भी। वरन कर्याँ = वरण कर लिया, पति रूप में स्वीकार कर लिया।

॥ 194 ॥

राग छाया

भज मण चरण कँवल अविणासी।
जेताई दीसाँ धरण गगन माँ, तेताई उठि जासी।
तीरथ बरताँ ग्याँण कथन्ता, कहा लयाँ करवत कासी।
यो देही रो गरब णा करणा, माटी माँ मिल जासी।
यो संसार चहर राँ बाजी, साँझ पड्याँ उठ जासी।
कहा भयाँ था भगवा पहर्याँ, घर तज लयाँ संन्यासी।
जोगी होयाँ जुगत णाँ जाणाँ, उलट जणम राँ फाँसी।
अरज कराँ अबला कर जोर्याँ, स्याम तुम्हारी दासी।
मीराँ रे प्रभु गिरधर नागर, काट्याँ म्हारो गाँसी।

व्याख्या—मीराँ कहती हैं कि हे मन! अविनाशी श्रीकृष्ण के चरण-कमलों का भजन करो। धरती और आकाश में जो कुछ भी दिखायी दे रहा है, सब नष्ट हो जायेगा। तीर्थ, व्रत, ज्ञान और काशी में करवत व्रत लेने से कोई लाभ नहीं है। इस शरीर पर गर्व नहीं कीजिये क्योंकि इसे एक दिन मिट्टी में मिल जाना है। यह संसार चौसर की बाजी के समान है जो सन्ध्या होते ही सिमट जायेगी अर्थात् जीवन का जो फैलाव है वह खेल खत्म होते ही सिमट जाता है। भगवा वेश धारण करने तथा घर छोड़कर संन्यासी होने से कोई लाभ नहीं है। योगी होकर भी मुक्ति की युक्ति नहीं जान सके। उलटकर जन्म के फन्दे में पड़ गये। अबला दासी मीराँ कृष्ण से निवेदन करती है कि हे गिरधर नागर! मेरा सांसारिक बन्धन काट दो अर्थात् मुझे संसार से मुक्त कर दो।

टिप्पणी—मीराँ ने इस पद में संसार की नश्वरता और मुक्ति के दूसरे साधनों का निषेध किया है और भक्ति-भाव की श्रेष्ठता प्रतिपादित की है। पाँचवीं पंक्ति में दृष्टान्त अलंकार है।

शब्दार्थ—अविणासी = अविनाशी, परमात्मा। जेताई = जितने, जो कुछ भी। दीसाँ = दीख पड़ता है। धरण = धरणी, पृथ्वी। तेताई = वह सभी, उतना। उठि जासी = उठ जायगा, विनश्वर है। यो = इस। देही = शरीर। यो = यह। चहर राँ बाजी = चौसर का खेल है। पड्याँ = पड़ने या न होने पर। कहा = क्या। भयाँ = हुआ। भगवा पहर्याँ = गेरुआ पहनने के।

॥ 195 ॥

राग हमीर

काँई म्हारो जणम बारम्बार।
पूरबला कोई पुन्न खुट्याँ माणसा अवतार।
बढ्या छिण छिण घट्या पल पल, जात णा कुछ बार।
बिरछराँ जो पात टूट्या, लाया णा फिर डार।
भो समुन्द अपार देखाँ, अगम ओखी धार।
लाल गिरधर तरण तारण, वेग करस्यो पार।
दासी मीराँ लाल गिरधर, जीवणा दिन च्यार।

व्याख्या—मीराँ कहती हैं कि मानव जन्म बार-बार नहीं मिलता है। पूर्वजन्म के पुण्यों के फल से ही मनुष्य अवतार मिला है। यह जीवन जैसे-जैसे बढ़ता है वैसे-वैसे घटता जाता है। जैसे पेड़ से गिरा हुआ पत्ता दुबारा पेड़ पर नहीं लगता। यह संसाररूपी सागर की तीखी धाराएँ हैं, यह अपार और अगम्य है। मीराँ कहती हैं कि हे गिरधर लाल! मुझे इस संसार से शीघ्र पार करा दीजिये। यह जीवन दो-चार दिनों के लिए है।

टिप्पणी—इस पद में दृष्टान्त और रूपकातिशयोक्ति अलंकार है। उनके द्वारा सांसारिक नश्वरता का उल्लेख है। मनुष्य जीवन पूर्वजन्म के पुण्यों का परिणाम है। उसकी सार्थकता ईश्वर भक्ति के द्वारा मुक्ति में ही है। चार दिन का जीवन मुहावरा है। सूरदास ने भी लिखा है—

नहिं अस जन्म बारम्बार।
परबलौ धौं पुण्य प्रगट्यो, लह्यौ नर अवतार।

शब्दार्थ—पुन्न खुट्याँ = पुण्य खुटा तथा खुला अर्थात् नष्ट या उदय हुआ। अवतार = जन्म, योनि। जात = बीतते एवं नष्ट होते। बार = विलम्ब।

॥ 196 ॥

जगमाँ जीवणा थोड़ा, कुण लयाँ भवभार।
माता पिता जग जन्म दियाँ री, करम दियाँ करतार।
खायाँ खरचाँ जीवण जावाँ, काँई कर्‌या उपकार।
साधो संगत हरिगुण गास्याँ, और णा म्हारी लार।
मीराँ रे प्रभु गिरधर नागर, थें बल उतर्‌या पार।

व्याख्या—मीराँ चेतावनी देते हुए कहती हैं कि यह जीवन थोड़े समय के लिए मिला है। संसार का भार क्यों धारण करके चलते हैं। माता-पिता ने तुझे जन्म दिया

है लेकिन तेरे भाग्य का निर्माता ईश्वर ही है। खाकर, खर्च करके जीवन बिता रहे हो। क्या किसी का कोई उपकार किया है। मीराँ कहती हैं कि साधु-सन्तों की संगत में मैं हरि गुण गाऊँगी। मेरा इस संसार के साथ कोई लगाव नहीं है। मीराँ के प्रभु गिरधर नागर हैं, मैं उन्हीं के बल पर इस संसाररूपी सागर के पार चली जाऊँगी।

टिप्पणी—प्रस्तुत पद में संसार से विरक्त होकर भगवद्‌भक्ति करने की प्रेरणा दी गयी है।

शब्दार्थ—जीवणा = जीवनकाल। थोड़ा = बहुत अल्प है। कुण = क्यों। लार = पीछे, साथ। थें बल = तुम्हारे ही भरोसे।

॥ 197 ॥

राग कनड़ी

बन्दे बन्दगी मति भूल।
चार दिना की करले खूबी, ज्यूँ दाड़िमदा फूल।
आया था ए लोभ के कारण, मूल गमाया भूल।
मीराँ के प्रभु गिरधर नागर, रहना है न हजूर।

व्याख्या—मीराँ उपदेश देते हुए कहती हैं कि हे मनुष्य! तू कभी भी ईश्वर की प्रार्थना करना मत भूलो, तुम्हारी दशा अनार के फूल-जैसी होगी। चार दिन तक सुशोभित रहोगे उसके बाद तुम्हारा प्रभाव खत्म हो जायेगा। लोभ के कारण तुम अधिक पाना चाहते हो लेकिन अपनी भूल से तुम मूल ही गवाँ दोगे। मीराँ कहती हैं कि प्रभु गिरधर नागर की सेवा में लगे रहना चाहिए।

टिप्पणी—दूसरी पंक्ति में उपमा अलंकार है। कर्म फल से ही पुनर्जन्म होता है। ईश्वर को समर्पित करने से मनुष्य की मुक्ति होती है, मीराँ उसी का उल्लेख करती हैं।

शब्दार्थ—बन्दे = सेवक या भक्त। बन्दगी = ईश्वराराधन। चार...खूबी = चन्द रोज के लिए अपने गुण दूसरों पर प्रकट कर ले। दाड़िमदा = अनार का। ए = अय, अरे। मूल = मुख्य बात। भूल = धोखे में आकर। हजूर = सामने, दरबार में।

॥ 198 ॥

राग रागश्री

राम नाम रस पीजै मनुआँ, राम नाम रस पीजै।
तज कुसंग सतसंग बैठ णित, हरि चरचा सुण लीजै।

काम क्रोध मद लोभ मोह कूँ, बहा चित्त सूँ दीजै।
मीराँ के प्रभु गिरधर नागर, ताहि के रंग में भीजै।

व्याख्या—मीराँ कहती हैं कि हे मनुष्य! तुम राम नाम का रसपान करो। कुसंगत छोड़कर सत्संग में बैठकर नित्य भगवान् के गुणों की चर्चा सुन लीजिये। काम, क्रोध, मद, लोभ, मोह को चित्त से बाहर कर दीजिये तथा अपने हृदय को निर्मल कर दीजिये। मीराँ कहती हैं प्रभु गिरधर नागर के रंग में भीगते रहिये।

टिप्पणी—मीराँ ने यहाँ राम नाम को रस की तरह आस्वाद्य बताया है। राम रस को भक्ति रस का ही पर्याय माना जाता है। इस रस की प्राप्ति के लिए चित्त की निर्मलता जरूरी है। नाम स्मरण, श्रवण, नवधा भक्ति के दो रूपों की यहाँ पर चर्चा की गयी है।

शब्दार्थ—मनुआँ = मनुष्य। बहा...दीजै = दूर कर दीजिये। रंग...भीजै = प्रेम में आसक्त होना।

॥ 199 ॥

राग धनाश्री

म्हारो मण साँवरो णाम रट्याँ री।
साँवरो णाम जपाँ जग प्राणी, कोट्याँ पाप कट्या री।
जणम जणम री खताँ पुराणी, णाम स्याम भर्या री।
कणक कटोराँ इम्रत भर्याँ, पीवताँ कूण नट्या री।
मीराँ रे प्रभु हरि अविनासी, तण मण स्याम पट्या री।

व्याख्या—मीराँ कहती हैं कि मेरा मन सदैव श्याम के नाम की रट लगाये रहता है। श्याम का नाम जपने से संसार के प्राणियों के करोड़ों पाप कट जाते हैं। जन्म-जन्म के पाप श्याम के नाम जपने से मिट जाते हैं। सोने के कटोरे में अमृत भरा हुआ है। उसको पीने से कौन मना कर सकता है। मीराँ के प्रभु कृष्ण अविनाशी हैं, मेरा तन मन सब श्याममय है।

टिप्पणी—इस पद में नाम साधना की महिमा का प्रतिपादन किया गया है। भक्ति रस की तुलना सोने के कटोरे में भरे हुए अमृत से की गयी है।

शब्दार्थ—रट्याँ = रटता या बार-बार स्मरण किया करता है। खताँ = ऋण के कागज-पत्र, कुकर्म सम्बन्धी लेख। भर्याँ = भरा पड़ा है। नट्या = इनकार करता है। पट्या = एक भाव हो जाने के कारण मिल जाते हैं।

॥ 200 ॥

राग नीलाम्बरी

लगण म्हारी स्याम सूँ लागी, णेणा णिरख सुख पाय।
साजाँ सिंगार सुहागाँ सजणी, प्रीतम मिल्याँ धाय।
वरणाँ बर्‌याँ बापुरी, जणम्या जणम णसाय।
बर्‌याँ साजण साँवरो री, म्हारो चुड़ली अमर हो जाय।
जणम जणम रो काण्हड़ो, म्हारी प्रीत बुझाय।
मीराँ रे प्रभु हरि अविनासी, कब रे मिलस्यो आय।

व्याख्या—मीराँ अपनी सखी से कहती हैं कि मेरी लगन तो श्रीकृष्ण से लगी है। नेत्रों से उन्हीं को देखकर मुझे सुख मिलता है। मैंने सुहावना साज-शृंगार किया, प्रियतम दौड़कर आया और मुझसे मिल गया। मीराँ कहती हैं ऐसे वर को अपनाने से क्या लाभ है जो बेचारा जन्म लेते ही नष्ट हो जाय। मैंने साँवले कृष्ण का वरण किया है। मेरी चूड़ी अमर है। अर्थात् मेरा सौभाग्य (सुहाग) अमर है। कृष्ण से मेरा प्रेम जन्म-जन्मान्तरों का है जिसे तुम जानती हो। मीराँ कहती हैं कि हे अविनाशी कृष्ण! तुम कब आकर मिलोगे।

टिप्पणी—मीराँ ने सांसारिक पति की तुलना में अविनाशी कृष्ण के वरण को श्रेष्ठ सिद्ध किया है। मीराँ कृष्ण के साथ अपनी प्रीति जन्म-जन्म की मानती हैं।

शब्दार्थ—लगण = प्रेम। सुहागाँ = सौभाग्य का। साजाँ = पहनकर। वरणाँ... णसाय = ऐसे किसी बेचारे वर को स्वीकार करना ठीक नहीं, जो जन्म ले और नष्ट होता रहे। साजण साँवरो = प्रियतम कृष्ण की। चुड़ली = सुहाग की चूड़ी।

॥ 201 ॥

म्हारो मण हर लीण्या रणछोर।
मोर मुगुट सिर छत्र बिराजाँ, कुण्डल री छब ओर।
चरण पखार्‌याँ रतणाकर री, धारा गोमत जोर।
धजा पताका तट तट राजाँ, झालर री झकझोर।
भगत जणारो काज सँवार्‌या, म्हारा प्रभु रणछोर।
मीराँ रे प्रभु गिरधर नागर, कर गह्यो णन्दकिशोर।

पाठान्तर-

मेरो मन हर लीनो राजा रणछोड़। वृ. प. प. 455, पृ. 219

व्याख्या—मीराँ कहती हैं कि द्वारकावासी श्रीकृष्ण ने मेरा मन हर लिया है। उनके सिर पर मोर मुकुट सुशोभित है, कुण्डलों की शोभा अद्‌भुत है। उनके चरण समुद्र

धोता रहता है और चरणों में पवित्र नदी की प्रबल धारा बहती रहती है। जिस नदी के तट पर ध्वजा पताकाएँ और झालरें फहराती रहती हैं ऐसे मेरे प्रभु कृष्ण भक्तों का कार्य सिद्ध करते हैं। मीराँ के स्वामी गिरधर नागर मीराँ को भी हाथ पकड़कर अपने चरणों में स्थान दीजिये।

टिप्पणी—मीराँ ने कृष्ण के सौन्दर्य और सम्पूर्ण प्रकृति द्वारा उनकी की जानेवाली सेवा का वर्णन किया है और उनके भक्त हितकारी स्वरूप का स्मरण कराते हुए अपने उद्धार की प्रार्थना की है।

शब्दार्थ—रणछोर = द्वारकावासी कृष्ण। कुण्डल..ओर = कुण्डल की तो शोभा ही न्यारी है। रतणाकर = समुद्र।

॥ 202 ॥

अच्छा लेहु ब्रजवासी कन्हैया, अच्छा लेहु रे।
बरसाने से चली गुजरिया, आगे मिले महाराज रे।
कोरी कोरी मटुकी में दही जमाया, चाख लेहु महाराज रे।
दधि मोरो खायो मटुकिया फोरी, इँडुरिया कहाँ डारी लाल रे।
हार सिंगार सभी मेरो तोर्‌यो, दुलरी कहाँ डारी लाल रे।
जाय पुकारूँगी कंस के आगे, न्याय करो महाराज रे।
मीराँ के प्रभु गिरधर नागर, चरण कमल बलिहार रे।

व्याख्या—ब्रज से निकल ग्वालिन आगे जाती है जहाँ उसे महाराज कृष्ण मिल जाते हैं, वह कहती है, हे ब्रजवासी कृष्ण! मेरी अच्छी दही लो। कोरी मटकी में मैंने दही जमाया, हे महाराज! इसे चख लो। कृष्ण ने उनकी विनती तो सुन ली लेकिन उनकी दही खाकर उनकी मटकी फोड़ डाली। जिसके ऊपर मटकी लेकर जा रही थी (गुड़ुरी) उसको भी फेंक दिया। ग्वालिन का सारा शृंगार नष्ट-भ्रष्ट कर दिया। दुलरी आभूषण कहीं फेंक दिया। ग्वालिन कहती है कि मैं कंस के आगे जाकर शिकायत करूँगी कि हे महाराज! मेरे साथ न्याय करो। मीराँ अपने प्रभु गिरधर नागर के चरण-कमलों पर बलिहारी जाती है।

टिप्पणी—इसमें कृष्णलीला का वर्णन है और नटखट कृष्ण के क्रिया-कलापों का चित्रण किया गया है।

शब्दार्थ— गुजरिया = ग्वालिन। मटुकी = छोटी गागर। इँडुरिया = मटकी सिर पर रखने की गोलाकार वस्तु (गुड़ुरी) जिस पर मटकी रखी जाती है। दुलरी = आभूषण।

॥ 203 ॥

अपणा गिरधर कै कारणै, (वा) मीराँ बैरागण हो गई (रे)
जबतै सिर पर जटा रखाई, नैणाँ नींद गई (रे)
दंड कमंडल और गुदड़ी, सिर पर धार लई (रे)
छापा तिलक बनाये छबि सों, माला हात रही। (रे)
दोउ कुल छाँड़ भई वैरागण, हरि सों टेर दई। (रे)
मीराँ के प्रभु गिरधर नागर, गोविन्द सरण भई (रे)

व्याख्या—मीराँ कहती हैं कि मैं अपने गिरधर के कारण वैरागिनी हो गयीं। जब से मैंने सिर पर जटा धारण कर ली है तब से आँखों से नींद गायब हो गयी है। मैंने दण्ड कमण्डल और गुदड़ी धारण कर लिया है, बहुत अच्छी तरह से तिलक और छापा बनाकर हाथ में माला ले लिया है। ससुराल और मायका दोनों छोड़कर वैरागिनी हो गयी हूँ। कृष्ण के नाम की पुकार लगाये रहती हूँ। मीराँ कहती हैं मैं अपने प्रभु गिरधर नागर गोविन्द की शरण में चली गयी हूँ।

टिप्पणी—मीराँ के ऊपर नाथ योगियों का काफी प्रभाव था। वह भी योगिनी बनकर कृष्ण की आराधना में लीन हो गयी थीं। मीराँ उदार थीं, वह किसी भी पद्धति से कृष्ण को पाने की आकांक्षा रखती थीं।

शब्दार्थ—गुदड़ी = योगियों की कन्था। हात = हाथ।

॥ 204 ॥

अब कोऊ कछु कहो दिल लागा रे। (टेर)
जाकी प्रीत लगी लालन से कंचन मिला सुहागा रे।
हंसा की प्रकृत हंसा जाणे, का जाणौ नर कागा रे।
तन भी लागा मन भी लागा, ज्यों बामण गल धागा रे।
मीराँ के प्रभु गिरधरनागर, भाग हमारा जागा रे।

व्याख्या—मीराँ ने प्रस्तुत पद में प्रीति की दृढ़ता को प्रतिपादित किया है। मीराँ कहती हैं कि मेरे विषय में चाहे जो कुछ कहा जाय मेरा दिल कृष्ण में लग गया है। जिसकी प्रीति कृष्णरूपी लाल से लगती है तो कंचन (सोना) में सुहागा मिलने-जैसी उसकी मूल्यवत्ता और सौन्दर्य बढ़ जाता है। भक्ति भाव की प्रकृति को सब लोग नहीं पहचान पाते हैं जैसे हंस की प्रकृति को हंस ही जानता है। काक स्वभाव के मनुष्य उसे नहीं जान पाते हैं। मेरा तन और मन दोनों कृष्ण से लगा हुआ है जैसे ब्राह्मण के गले में जनेऊ का धागा उसकी प्रतिज्ञा और पवित्रता को सूचित करते हैं। मीराँ के प्रभु गिरधर नागर हैं। उनसे जुड़कर मीराँ का भाग्य खुल गया है।

टिप्पणी—सोने में सुहागा मिलना मुहावरा है। तीसरी पंक्ति में दृष्टान्त अलंकार है, चौथी पंक्ति में उपमा अलंकार है।

शब्दार्थ—नर कागा = नर कौआ, दूषित प्रवृत्ति के लोग। गल धागा = गले में पड़ी जनेऊ। भाग = भाग्य।

॥ 205 ॥

अब (तो) हरि नाम लो लागी।
सब जग को यह माखन चोर्‌यो, नाम धर्‌यो वैरागी। (टेर)
कित छोड़ी वह मोहन मुरली, कित छोड़ी सब गोपी।
मूँड़ मुँड़ाइ डोरी कटि बाँधी, माथे मोहन टोपी।
मात जसोमति माखन कारण, बाँधे जाके पाँव।
स्याम किसोर भयो नव गोरा, चैतन्य जाको नाँव।
पीताम्बर को भाव दिखावै, कटि कोपीन कसै।
गौर कृष्ण की दासी मीराँ रसना कृष्ण बसै।

व्याख्या—इस पद में चैतन्य महाप्रभु का स्मरण किया गया है। कुछ लोग महाप्रभु चैतन्य को कृष्ण का स्वरूप मानते हैं। मीराँ कहती हैं कि कृष्ण के नाम में मेरी भावना संलग्न है। सारे संसार के लिए जो माखन चोर है, वह अपना नाम वैरागी रखे हुए है। उस मोहन ने अपनी मुरली कहाँ छोड़ दी और गोपियों को कहाँ छोड़ दिया। सिर मुँड़ाकर कमर में डोरी बाँध ली और सिर पर मोहन टोपी धारण कर लिया है। माता यशोदा ने मक्खन के कारण इनका पाँव बाँध रखा था वही श्याम कृष्ण गोरा रूप धारण करके चैतन्य के नाम से प्रसिद्ध हैं। कमर में कोपीन (लँगोटी) कसकर पीताम्बर का भाव प्रदर्शित करते हैं। गौर कृष्ण महाप्रभु चैतन्य की मीराँ दासी है। उनकी वाणी में चैतन्य कृष्ण बसते हैं।

टिप्पणी—इसमें महाप्रभु चैतन्य को कृष्ण का नया अवतार बताया गया है और मीराँ ने भक्ति भावना से उनका स्मरण किया है।

शब्दार्थ—लो = लगन। कटि = कमर। कोपीन = लँगोटी। रसना = वाणी।

॥ 206 ॥

अब नहिं मानाँला म्हे थारी, म्हाँने बर मिलिया गिरधारी (टेर)
मन कपूर की एकहि गति है, कहा कहूँ बार हजारी।
कँकर कँचन एक गिणत है, गुँज मिरच इकसारी।
अनन्त धणी के सरणे आई, हाथ सुमरिणी धारी।

जोग लियो जब बाद तजीरी, गुर पाया निज भारी।
साध संगत मेरो मन राजी, भई कुटंब सूँ न्यारी।
कोड़ बेर समझावो मोकूँ, चालूँ (जूँ) बुद्धि हमारी।
म्हे राँणाँ के वरत न रहस्याँ, केई बेर कह-कह हारी।
सौ बातन की एक बात है, अब तो समझ गँवारी।
रतन जडित की टोपी सिर पर, हार कंठ को भारी।
चरण घूघरा धमस पडत है, (म्हे) करी स्याम सूँ मारी।
लाज सरम तो सभी गुमाई, यो तन शरणाँ धारी।
मीराँ के प्रभु गिरधरनागर, चरण कमल बलिहारी।

व्याख्या—प्रस्तुत पद में मीराँ ने कृष्ण के साथ अपने दृढ़ प्रेम का इजहार किया है। मीराँ को अपना मार्ग छोड़ने के लिए राणा समझाते हैं। मीराँ उसी के उत्तर में कहती हैं कि मैं तुम्हारी बात नहीं मानूँगी, मुझे श्रेष्ठ वर के रूप में कृष्ण मिल गये। मन और कपूर की एक ही गति है क्या मैं इसे हजारों बार कहूँ, मेरे लिये कंकण और कंचन एक समान है, गुंजा और मिर्च भी एक समान है। तात्पर्य यह है कि कृष्ण प्रेम के कारण मेरे अन्दर समरसता का भाव आ गया है। मैं आनन्द पति की शरण में आयी हूँ, हाथ में सुमिरनी (माला) लेकर उसी का नाम जपती हूँ। सभी वाद-विवाद तजकर मैंने योग धारण कर लिया और मुझे बहुत बड़ा गुरु मिल गया। साधुओं की संगत मेरे मन ने स्वीकार किया है, मैं परिवार से अलग हो गयी हूँ। तुम मुझे चाहे जितनी बार समझाओ लेकिन मैं अपनी बुद्धि के अनुसार चलूँगी, मुझे राणा के अनुसार नहीं रहना है। कितनी बार कह-कहकर मैं हार गयी। सौ बातों की एक बात है। गँवार (मूर्ख) को अब तो समझ जाना चाहिए। रत्नजटित सिर पर टोपी धारण करके गले में बड़ा हार पहनकर चरणों में घूँघर डालकर मैंने कृष्ण से दोस्ती कर ली। मैंने लाज-शर्म सब खो दिया। मेरी देह कृष्ण की शरण में चली गयी। मीराँ कहती हैं कि प्रभु गिरधर नागर के चरण-कमलों पर न्यौछावर जाती हूँ।

शब्दार्थ—मानाँला = मानूँगी। गिणत = गिनना। इकसारी = एक समान। सुमरिणी = माला। वरत = अनुकूल। गुमाई = खो दिया।

॥ 207 ॥

अब मीराँ मान लीज्यो म्हारी,
हाँजी थानै सइयाँ बरजै सारी। (टेर)
राजा बरजै राणी बरजै, बरजै सब परिवारी।
कुँवर पाटवी सो भी बरजै, और सहेल्याँ सारी।

सीसफूल सिर ऊपर सोहै, बिंदली सोभा न्यारी।
गले गूजरी कर में कँकण, नेवर पहिरे भारी।
साधुन के सँग बैठ बैठ के, लाज गमाई सारी।
नित प्रति उठि नींच घर जावो, कुलकूँ लगावो गारी।
बड़ा घराँकी छोरी कहावो, नाँचो देदे तारी।
बर पायो हिदवाणो सूरज, अब दिल में कहा धारी।
तार्‌यो पीहर सांसरो तार्‌यो, माय मोसाली तारी।
मीराँ ने सतगुरुजी मिलिया, चरण कमल बलिहारी।

व्याख्या—प्रस्तुत पद में मीराँ का भाभी लीला के साथ पारस्परिक संवाद हुआ है। लीला कहती है कि हे मीराँ! मेरी बात मान लो। मीराँ उत्तर देती हैं कि तुम्हारे पति ने भी सब-कुछ त्यागने को कहा है। राजा, रानी और सब परिवार मुझे भक्ति मार्ग पर जाने से वर्जित करते हैं। पाटवी कुँवर ने भी रोका और सभी सहेलियों ने भी रोका, मेरे सिर पर सीसफूल (बेंदी) शोभित होती है। बिंदिया की भी न्यारी शोभा है। गले में गुजरी (एक प्रकार का आभूषण) हाथ में कंगन और पैर में नूपुर पहनकर साधुओं के साथ बैठ-बैठकर मैंने अपनी सारी लाज खो दी। लीला कहती है, तुम नित प्रति उठकर नीच के घर जाती हो और इससे कुल को कलंकित करती हो। बड़े घर की बेटी कहलाती हो लेकिन ताली दे-देकर नाचती हो, तुम्हें श्रेष्ठ वर मिला है लेकिन उसके बाद भी तुमने दिल में क्या धारण कर रखा है। तुमने अपने कर्म से ससुराल मायका, माता-पिता सबको तार दिया, यह पंक्ति लीला के द्वारा व्यंग्य में कही गयी है। मीराँ के द्वारा अभिधा में कही गयी है। मीराँ कहती हैं कि मुझे तो सतगुरु मिल गया है मैं उसी के चरण-कमलों में बलिहारी जाती हूँ।

शब्दार्थ—हाँजी = हाँ। सइयाँ = स्वामी। सीसफूल = बेंदी, शीर्षफूल। नेवर = नूपुर।

॥ 208 ॥

अरे रे मैं तो ठाडी जपूँ राम माला रे।
मैं जपती नाँव मेरे सायब का, आँण मिलो नँदलाल रे।
हाथ सुमरणी काँख कूबड़ी, ओढ़ रही मृगछाला रे।
मोर मुकट पीताम्बर सोहै, ओढ़े लाल दुसाला रे।
मीराँ के प्रभु गिरधरनागर, भगतन के प्रतिपाला रे।

व्याख्या—मीराँ कहती हैं कि मैं राम की माला का जप करती हूँ। मैं अपने साहब का नाम जपती रहती हूँ। हे नन्दलाल! आकर मुझे दर्शन दो। हाथ में माला,

बगल में कुबड़ी और मृगछाला ओढ़कर साधनालीन हूँ। जिसके ऊपर मोर मुकुट और पीताम्बर सुशोभित है, लाल रंग की दुशाला ओढ़े हुए मीराँ के प्रभु गिरधर नागर भक्तों का प्रतिपालन करनेवाले हैं।

शब्दार्थ—सायब = साहब। काँख = हाथ के बगल। कूबड़ी = टेढ़ी लकड़ी। प्रतिपाला = रक्षा करनेवाला।

॥ 209 ॥

अहो काँई जाणें गुवालियो बेदरदी पीड़ पराई। (टेर)
(जो) जनमत ही कुल त्यागन कीनों, बन बन धेनु चराई।
चोर चोर दधि माखन खायो, अबला नार सताई।
सोला सैंस गोपी तज दीनी, कुबजा संग लगाई।
मीराँ के प्रभु गिरधरनागर, कुँणा करै थारी (रे) बड़ाई।

व्यख्या—मीराँ कृष्ण को उलाहना देते हुए कहती हैं कि ग्वाला बेदर्दी दूसरे की पीड़ा क्या समझे। जिसने जन्म लेते ही अपना कुल त्याग दिया, वन-वन घूम-घूमकर गायें चराता रहा, चुरा-चुराकर मक्खन और दही खाता रहा और अबला नारियों को सताता रहा। गोपियों से प्रेम करके उसे त्याग दिया और कुब्जा से प्रेम करने लगा। मीराँ कहती हैं कि ऐसे प्रभु गिरधर नागर की बड़ाई कौन कर सकता है।

शब्दार्थ—धेनु = गाय। सताई = दुःख दिया।

॥ 210 ॥

आई देखन मनमोहन को, मोरे मन में छबि छाय रही। (टेर)
मुख पर का आँचल दूर किया, तन ज्योति में ज्योति समाय रही।
सोच करे अब होत कहा है, प्रेम के दुन्द में आय रही।
मीराँ के प्रभु गिरधर नागर, बूँद में बूँद समाय रही।

व्याख्या—मीराँ कहती हैं कि मैं मोहन की छवि देखने आयी थी। मेरे मन पर यह छवि छा गयी। मुख पर का आँचल जैसे हटाया वैसे ही ज्योति में ज्योति समा गयी, अब सोच-विचार करने से क्या होगा, जब प्रेम के द्वन्द्व में आ गयी। मीराँ कहती हैं कि मैं प्रभु गिरधर नागर में वैसे ही समाहित हो गयी हूँ जैसे बूँद में बूँद समाहित हो जाती है।

टिप्पणी—इस पद में निर्गुण सन्तों का प्रभाव है। ज्योति में ज्योति समाना। बूँद में बूँद समाना अद्वैत में परिणत होने की व्यंजना है।

शब्दार्थ—ज्योति = आत्मप्रकाश। दुन्द = द्वन्द्व। बूँद = अंश, आत्मा। बूँद = परमात्मा।

॥ 211 ॥

आज्यो आज्यो गोविन्दा म्हारे म्हैल।
निहाराँ थारी बाटड़ली खड़ी जी, म्हारे आज्यो (टेर)
तनका त्यागूँ कापड़ा जी, ऊँगते परभात।
खड़ी जोवती राह में जी, सतगुरु पोंछे आय।
पियालो लियाँ हाजिर खड़ी, जी।
साधु हमारी आतमा जी, हम साधुन की देह।
रोम रोम में रम रही जी, ज्यूँ बादल में मेह।
सूरत हरि नाम से लगी, जी।
मीराँ हरि की लाडिली जी, तुम मीराँ के स्याम।
मीराँ के प्रभु गिरधर नागर, दरसण द्यो म्हारे राम।
सूरत निज नाम से लगी, जी।

व्याख्या—इस पद में मिलन की लालसा का चित्र है। मीराँ कहती हैं कि हे गोविन्द! मेरे महल में आ जाओ, मैं तुम्हारा मार्ग निहार रही हूँ। सुबह उठते ही शरीर का कपड़ा त्यागकर, वस्त्र की साज-सज्जा का ध्यान न देखकर तुम्हारी राह देखने लगती हूँ। सतगुरु से तुम्हारे विषय में पूछती हूँ, प्रेम-भाव का प्याला लिये हुए तुम्हारा रास्ता देखती हूँ। मेरी आत्मा साधु-रूप है और मैं स्वयं साधुरूपी देह को धारण किये हुए हूँ। मेरे रोम-रोम में कृष्ण रमे हुए हैं, जैसे बादल में जल भरा रहता है। हरि के नाम में मेरी स्मृति लगी रहती है। मीराँ कृष्ण की प्रेमिका है और कृष्ण मीराँ के प्रिय हैं। मीराँ के प्रभु गिरधर नागर मुझे दर्शन दो, हरदम मैं राम-राम की रट लगाये रहती हूँ। नाम में मेरी परम आसक्ति है।

टिप्पणी—इस पद में प्रतीक्षा भाव की व्यंजना है। मीराँ ने आत्मा और देह दोनों से साधु-भाव धारण किया है। सन्तों में प्रचलित नाम साधना का इस पर प्रभाव है। मीराँ विष्णु के दोनों अवतारों में भेद मिटाकर चलती हैं। राम के नाम की रट लगाने से कृष्ण रूप में उनका दर्शन होगा, ऐसा मीराँ का विश्वास है।

शब्दार्थ—आज्यो = आ जाओ। म्हारे = हमारे। म्हैल = महल। थारी = तुम्हारी। बाटड़ली = रास्ता। तनका = देह का। ऊगते = उगते, होते। सूरत = स्मृति, ध्यान।

॥ 212 ॥

अपनी गरज हो मेटी, साँवरे हम देखी तुमरी प्रीत।
आपन जाय द्वारका छाये, ऐसे बेहद भये हो नचित।

ठोर ठोर अलवे फिरत हो, फूल भँवर की सी रीत।
बिन दरसन कल न परत है, सपने कै सी प्रीत।
मीराँ के प्रभु गिरधर नागर, प्रभु चरणन पर चीत।

व्याख्या—इस पद में मीराँ गोपी भाव को ग्रहण करते हुए कहती हैं कि हे कृष्ण! हमने तुम्हारी प्रीति की रीति देख ली। अपना कार्य सिद्ध करके तुमने प्रेम को मिटा दिया। स्वयं जाकर द्वारका में रहने लगे और हम लोगों की ओर से बिलकुल निश्चिन्त हो गये जैसे भौंरा एक फूल से दूसरे फूल के पास जाता रहता है वैसे तुम भी इधर-उधर अकेले घूम रहे हो। हम तुम्हारे दर्शन के बिना व्यथित हैं, हमें कभी सुख नहीं मिल रहा है, लगता है यह प्रेम स्वप्न में किया गया था जिसका कोई यथार्थ रूप नहीं है। मीराँ कहती हैं कि गोपियों का चित्त गिरधर नागर कृष्ण के चरण-कमलों में लगा रहता है।

टिप्पणी—इसमें कृष्ण की निष्ठुरता और गोपियों के समर्पण की व्यंजना की गयी है।

शब्दार्थ—मेटी = मिटा दी। छाये = सुशोभित होना। बेहद = सीमा पार। ठोर = स्थान। अलवे = अकेले। कल = चैन। चीत = चित्त, मन।

॥ 213 ॥

आये आये जी महाराज आये, निज भक्तन के काज बनाये।
तज बैकुण्ठ तज्यो गरुड़ासन, पवन बेग उठ धाये।
जब ही दृष्टि परे नँदनन्दन, प्रेम भक्ति रस प्याये।
मीराँ के प्रभु गिरधर नागर, चरण-कमल चित लाये।

व्याख्या—महाराज कृष्ण जब-जब भक्तों पर संकट आया उनका कार्य सिद्ध करने के लिए आते रहे। वैकुण्ठ छोड़कर गरुड़ासन त्यागकर हवा की तरह बड़ी तेजी से उठकर दौड़े हैं, जब ही कृष्ण की दृष्टि भक्तों पर पड़ती है तो वे उन्हें प्रेम भक्ति-रस का पान करा देते हैं। मीराँ अपने प्रभु गिरधर नागर के चरण-कमलों में मन लगाये हुए है।

शब्दार्थ—काज = कार्य। पवन बेग = हवा की तरह से, तेजी से। प्याये = पिलाया। चित = मन।

॥ 214 ॥

आवो आवो जी रँगभीना म्हारे म्हैल,
प्यालो तो लियाँ हाजर खड़ी। (टेर)

सतजुग में सूती रही, त्रेता लई जगाय।
द्वापर में समझी नहीं, कलयुग पोंहच्चो आय।
सतगुरु शब्द उचारिया जी, बिनती करों सुनाय।
मीराँ ने गिरधर मिल्या जी, निरभै मंगल गाय।

व्याख्या—इस पद में मीराँ ने मिलन की उत्कण्ठा व्यक्त की है। रसीले कृष्ण मेरे महल में आ जाओ। प्रेम का प्याला लेकर उपस्थित हूँ। सत्ययुग में तो मैं सोती ही रही, त्रेता युग में जागृत हुई। द्वापर युग में समझ नहीं हुई। धीरे-धीरे कलियुग आ पहुँचा। सतगुरु ने शब्द का उच्चारण किया। मैं बिनती करके सुनाना चाहती हूँ कि उसी की कृपा से मीराँ को गिरधर मिल गया है। मैं निर्भय होकर मंगलगान कर रही हूँ।

टिप्पणी—इस पद में मीराँ ने प्रत्येक युग में कृष्ण के प्रति अपने प्रेम भाव को प्रदर्शित किया है।

शब्दार्थ—रँगभीना = रसयुक्त। सूती = सोती। पोंहच्चो = पहुँच गया। उचारिया = उच्चारित किया। निरभै = बिना भय के। गाय = गाया।

॥ 215॥

इन काना की बंसी म्हाँने, लागे प्यारी माय। (टेर)
आज बिरज पर इन्दर कोप्यो, बरसे मूसल धारा।
बाँवाँ नख पर गिरवर धार्‌यो, डूबत बिरज उबारा।
गऊ बछड़ा भीजे री माय।
पाँव पयादे सब चल आये, सुन मुरली का बाजा।
मृत्यु लोक में टटियाँ छाई, जहाँ देवन का बासा।
ब्रह्मा विष्णु खड़े री माय।
कूद पड़े कालीदह माँही, नाग ज्यों नाथ्यो काली।
जमुनाँ के नीराँ तीराँ धेनु चरावे, ओढ़े कम्मल काली।
तट जमुना कढेरी माय।
मोर मुकुट पीताम्बर सोहे, गले बैजन्ती माला।
मीराँ के प्रभु गिरधर नागर, ठाकुर बंसीवाला।
यांकी सूरत पर बलिहारी माय।

व्याख्या—इस पद में कृष्ण के गोवर्द्धन लीला का वर्णन किया गया है। यह कथन ब्रजवासी गोपियों का है। गोपियाँ कहती हैं कि हे माँ! कृष्ण की वंशी हमें बहुत

अच्छी लगती है। आज ब्रज पर इन्द्र का कोप हुआ, उसमें मूसलधार वर्षा की, कृष्ण ने अपने बायीं उँगली के नाखून पर पर्वत को धारण कर लिया और डूबते हुए ब्रज का उद्धार कर दिया लेकिन गायें बछड़े भींगते रहे। मुरली की ध्वनि सुनकर सब पैदल ही चले आये, मृत्यु लोक में टटिया (झोंपड़ी) छा दी गयी जहाँ देवता भी आकर निवास करने लगे। ब्रह्मा, विष्णु सभी आकर खड़े हो गये। काली नाग को मारने के लिए कृष्ण कालीदह में कूद पड़े। यमुना के किनारे काली कमली ओढ़कर गाय चराते हैं। वे जमुना तट पर खड़े हुए दिखायी देते हैं। उनके सिर पर मोर मुकुट सुशोभित होता है। देह पर पीताम्बर धारण किये हुए और गले में बैजन्ती माला धारण किये हुए हैं। मीराँ के कृष्ण वंशीवाले हैं उनकी सूरत पर गोपियाँ समर्पित हैं।

शब्दार्थ—काना = कृष्ण। टटियाँ = झोंपड़ी, आड़।

॥ 216 ॥

ऊधो भली निभाई रे, त्यागे गोपी गोकुल म्हाँने क्यूँ तरसाई रे।
चन्दन घिस लाई वासैं प्रीतडी लगाई, वानै लाज न आई।
देख जी ऊधोजी आखिर चेरी की जाई रे।
बहोत दिन बीत्या म्हारी सुध ना लई, नैणाँ से नींद गई।
चाँदणी सी रात म्हारै बैरण भई रे।
रास तो कीयो म्हाँसे प्रीतड़ली जोड़ी, अब तुम काहेकूँ तोड़ी।
तिरबंकी प्यारी म्हाँसे हुई छै नेड़ी रे।
मीराँ जी तो बिना कल ना पड़ै, पल छिन नाही सरे।
छतियाँ तपै नेणाँ नीर झरै रे।

व्याख्या—इस पद में ऊधो-गोपी संवाद का वर्णन किया गया है। हे ऊधो! कृष्ण ने प्रेम का भली-भाँति निर्वाह किया है। गोपी एवं गोकुल को त्यागकर हमें क्यों तरसाया। चन्दन घिसकर जिसने लगाया उसी से उन्होंने प्रीति जोड़ ली, उन्हें लाज भी नहीं आयी, ऊधो जी, देखिये अन्त में उन्होंने चेरी को ही पत्नी बना लिया। बहुत दिन हो गये, हमारा स्मरण नहीं किया। हमारे नेत्रों से नींद चली गयी है। चाँदनी रात हमारे लिये दुश्मन बन गयी है। रास तो मेरे साथ किया, हमसे प्रेम का नाता जोड़ा, अब तुम उसे क्यों तोड़ना चाहते हो। टेढ़ी मुद्रा में रास करनेवाले कृष्ण मुझसे अलग हो गये हैं। मीराँ कहती हैं कि गोपियों को कृष्ण के बिना शान्ति नहीं मिलती है। पल क्षण नहीं बीतता है। उनकी छाती में तपन होती है और नेत्रों से आँसू झरते हैं।

शब्दार्थ—वानै = उसको। नेड़ी = नजदीक। तिरबंकी = तीन जगह से मुड़ा हुआ।

॥ 217 ॥

एरी माँ बंसीवारो कान।
चंद्र बदन मृगलोचन राधे, पायो स्याम सुजान (टेर)।
गोकुल से आई गूजरी, मथुरा से आयो कान।
अधबिच झगड़ो छेड़ दियो, उन माँग्यो मही को दान।
कबके तुम दानी भये जी, कब हम दीनो दान।
बाबा नन्द की गऊ चराकर, भये अनोखे कान।
जमुना के तीरे तीरे धेनु चरावे, सब ही में सुर ज्ञान।
बंसी बजा मेरो मन हर लीन्हो, मार बिरह का बान।
मोर मुकुट पीताम्बर सोहे, कुण्डल झिलकै कान।
साँवरी सूरत पर तिलक बिराजे, बाही से लाग्यो मेरो ध्यान।
सुरनर मुनिजन ध्यान धरत हैं, गावत वेद पुरान।
मीराँ ने प्रभु दरसण दीज्यो, बृज तज अन्त न जान।

व्याख्या—इस पद में राधा और कृष्ण के प्रेम का चित्रण किया गया है। वंशीवाले कृष्ण ने चन्द्रमा के समान मुखवाली मृग के समान आँखोंवाली राधा को पा लिया। गोकुल से गूजरी आयी और मथुरा से कृष्ण आये, बीच रास्ते में दोनों ने झगड़ा छेड़ दिया। उन्होंने दही का दान माँगा। राधा कहती हैं कि तुम कब से दान लेने के अधिकारी हुए हो या कब से तुम दानी बने हो या कभी हमको कुछ दान दिया है। नन्दबाबा की गाय चराकर विलक्षण कृष्ण बन गये हो, यमुना के किनारे-किनारे गायें चराते हो और अपने को स्वरों का ज्ञानी समझते हो। तुमने वंशी बजाकर मेरा मन हर लिया, मेरे हृदय में जैसे विरह का बाण लग गया। सिर पर मोर मुकुट, देह पर पीताम्बर और कान में कुण्डल सुशोभित होता है। साँवली सूरत पर तिलक विराजित है, उसी पर मेरा ध्यान लग गया। देवता, मनुष्य और मुनि जन जिसका ध्यान धारण करते हैं और वेद-पुराणों में जिनका यश गाया जाता है। मीराँ राधा के भाव में अपने भाव को मिलाते हुए कहती हैं कि हे प्रभु! दर्शन दीजिये। ब्रज को छोड़कर दूसरी जगह मत जाइये।

टिप्पणी—इस पद में राधा और कृष्ण के प्रथम मिलन, नोक-झोंक राधा के आकर्षण और समर्पण का चित्रण किया गया है।

शब्दार्थ—कान = कान्हा, कृष्ण। मही = दही।

॥ 218 ॥

एरी मैं खड़ी निहारूँ बाट।

चितवन चोट कलेजे बिंध गई, सुन्दर स्याम सु घाट।
मथुरा में कुबज्या कर राखी, म्हाजन की सी हाट।
केसर चन्दन लेपन कीन्हों, मोहन तिलक लिलाट।
हमरा पिलँग जड़ाऊ छोड्या, बणिया (रेसम) पीली पाट।
क्याँ पर राजी भयो साँवरो, चेरी के नहिं खाट।
अजहुँ न आयो कँवर नन्द को, क्याँरी लागी चाट।
छाँड गयो मझधार साँवरो, बिना अकल को जाट।
आप बिना गोपिन सब ब्रज की, व्याकुल भई निराट।
मीराँ के प्रभु दरसण दीज्यो, करज्यो आनँद ठाट।

व्याख्याँ—गोपियाँ कहती हैं कि मैं कृष्ण का रास्ता देखती रहती हूँ। कृष्ण की चितवन की चोट कलेजे में बिंध गयी और हम सुन्दर कृष्ण की ओर उन्मुख हो गयीं। उन्होंने जो धोखा किया है उसकी व्यथा मन में है। मथुरा में उन्होंने कुब्जा को रख लिया जैसे महाजन बाजार से कुछ भी खरीद लेता है वैसे कृष्ण ने स्त्री के साथ व्यवहार किया। केसर और चन्दन का लेप करके, तिलक को ललाट पर लगाकर कृष्ण ने हमारी जड़ाऊ पलँग छोड़ दिया, उस पर पीले रंग का रेशमी बिछौना था लेकिन उन्हें प्रिय नहीं लगा। कृष्ण चेरी की किस चीज पर राजी हो गये। दासी के पास तो एक साधारण खाट भी नहीं। नन्द के कुमार आज भी नहीं आये उन्हें कैसा आकर्षण हो गया है। उन्होंने मँझधार में छोड़ दिया। जैसे बिना बुद्धि का जाट व्यवहार करता है वैसे ही कृष्ण ने व्यवहार किया है। कृष्ण के बिना ब्रज की सभी गोपियाँ निराश और व्याकुल हैं। मीराँ कहती हैं कि हे प्रभु! मीराँ तथा गोपियों को दर्शन दीजिये। चारों ओर आनन्द की समाँ बँध जाये।

शब्दार्थ—बाट = रास्ता। लिलाट = मस्तक।

॥ 219 ॥

कछु दोष नहीं कुबज्या ने, बीरी अपना श्याम खोटा। (टेर)
आप न आवे पतियाँ न भेजे, कागज का कोई टोटा।
नौलख धेनु नन्दघर दूधे, माखन का नाँई टोटा।
आपहि जाय द्वारिका छाये, ले समन्दर की ओटा।
कुबज्या दासी कंसराय की, वे नन्दजी के ढोटा।
मीराँ के प्रभु गिरधर नागर, कुबज्या बड़ी हरि छोटा।

व्याख्या—इसमें गोपियाँ कृष्ण को उलाहना दे रही हैं। एक गोपी दूसरी से कहती है कि हे बहन! इसमें कुब्जा का कोई दोष नहीं है। अपना श्याम ही खोटा है।

(कपटी) स्वयं आता नहीं है और पत्र भी नहीं भेजता है। लगता है वहाँ काग़ज की कमी हो गयी। नौ लाख गायें नन्द के यहाँ हैं। उनके मक्खन और दूध की कोई कमी नहीं है। कृष्ण स्वयं द्वारका में समुद्र की आड़ में विराजित है। कंस राजा की दासी कुब्जा है और वे नन्द के पुत्र हैं। मीराँ के प्रभु गिरधर नागर के प्रति गोपियाँ उलाहना देते हुए कहती हैं कुब्जा श्रेष्ठ है और कृष्ण छोटे हैं।

शब्दार्थ—बीरी = बहन। टोटा = कमी। ओटा = आड़। ढोटा = लड़का।

॥ 220 ॥

कनैय्यो तेरो जमुना में कूद पर्‌यो रे।
कालिन्दी को कालो पानी रे, पेठत कछु ना डर्‌यो रे।
नन्द जसोदा गोप गोपी सब, निरखत नीर झर्‌यो रे।
पैठ पैयारी काली नाग नाथ्यो रे, फण पर नृत्य कर्‌यो रे।
ब्रज के काज गोवर्धन धार्‌यो रे, इन्द्र को मान हर्‌यो रे।
मथुरा में प्रभु जन्म लियो है, सुन के कंस डर्‌यो रे।
मीराँ के प्रभु गिरधर नागर, सुर को काज सर्‌यो रे।

व्याख्या—इस पद में कालिय नाग को नाथने की लीला का वर्णन किया गया है। गोप-गोपियाँ यशोदा से बताते हैं कि तेरा कन्हैया यमुना में कूद पड़ा है। यमुना के काले पानी में प्रवेश करते हुए उसे डर नहीं लगा। नन्द-यशोदा, गोप-गोपी सब कृष्ण को ऐसा करते देख दुःखी होकर आँखों से आँसू गिराने लगे। पानी में प्रवेश करके कालिय नाग को नाथकर कृष्ण उसके फण पर नाच कर रहे हैं। कृष्ण ने ब्रज के बचाव कार्य के लिए गोवर्द्धन धारण किया और इन्द्र का अहंकार हर लिया। मथुरा में कृष्ण का जन्म हुआ है। उसे सुनकर कंस डर गया है। मीराँ के प्रभु कृष्ण के द्वारा देवताओं का कार्य पूर्ण हुआ है।

टिप्पणी—इसमें दूसरी पंक्ति में अनुप्रास अलंकार है।

शब्दार्थ—सुर = देवता। सर्‌यो = पूर्ण किया।

॥ 221 ॥

करनाँ फकीरी क्या दिलगीरी, सदा मगन मन रहना रे।
कोई दिन बाड़ी तो कोई दिन बँगला, कोई दिन जंगल रहना रे।
कोई दिन हाथी कोई दिन घोड़ा, कोई दिन पावों से चलना रे।
कोई दिन गादी कोई दिन तकिया, कोई दिन भोंय में पड़ना रे।

कोई दिन खाना तो कोई दिन पीना, कोई दिन भूखे ही मरना रे।
कोई दिन पहनाँ तो कोई दिन ओढ़ा, कोई दिन चिथरा पथरना रे।
मीराँ कहै प्रभु गिरधर नागर, ऐसा कूँता करना रे।

व्याख्या—कृष्ण की भक्ति में फकीर बनकर रहना सरल नहीं है अथवा मजाक नहीं है। भक्त को चिन्तारहित होकर मन को भक्ति भाव में डुबोकर रखना चाहिए। संसार के सुख-दु:ख की परवाह नहीं करनी चाहिए, उसे किसी दिन घर मिलता है, किसी दिन बँगला मिलता है और किसी दिन जंगल में रहना पड़ता है। किसी दिन हाथी और घोड़े पर चढ़ना पड़ता है और किसी दिन पैदल चलना पड़ता है। किसी दिन गद्‌दा और किसी दिन जमीन में पड़े रहना पड़ता है। किसी दिन खाना और किसी दिन जलपान होता है और किसी दिन भूखे ही मरना पड़ता है। किसी दिन पहनने और ओढ़ने को मिलता है और किसी दिन फटे-पुराने कपड़े से काम चलाना पड़ता है। मीराँ कहती हैं प्रभु गिरधरनागर को पाने के लिए ऐसा कार्य करना पड़ता है।

टिप्पणी—भक्ति साधना वही कर सकता है जो सुख-दु:ख, सुविधा-असुविधा, भोग-त्याग सब तरह का आचरण कर सके।

शब्दार्थ—भोंय = भूमि। दिलगीरी = मजाक। कूँता = कार्य।

॥ 222 ॥

कहीं देखे री घनश्याम। (टेर)
मोर मुकुट पीताम्बर सोहै, कुण्डल झलकै कानाँ।
साँवरी सूरत पर तिलक बिराजै, तिससों लगे मोरे प्राना।
बरसाने सों चली गुजरिया, नन्दगाम को जाना।
आगे केशो धेनु चरावै, लगे प्रेम के बाना।
सागर सूख कमल मुरझाना, हंसा कियो पयाना।
भोरां रह गये प्रीत के धोके, फेर मिलन को जाना।
वृन्दावन की कुञ्जगलिन में, नूपुर रुनझुन लाना।
मीराँबाई को दरशन दीजो, ब्रज तज अनत न जाना।

व्याख्या—एक गोपी दूसरी से पूछती है क्या तुमने कहीं घनश्याम को देखा है। उनके सिर पर मोर मुकुट और देह पर पीताम्बर सुशोभित है। कानों में कुण्डल झलकता है, साँवली सूरत पर तिलक की शोभा दिखायी देती है। इस तरह के वेषवाले कृष्ण में मेरे प्राण लगे हुए हैं। बरसाने से ग्वालिन ने प्रस्थान किया है और नन्दगाँव को जाने के लिए कटिबद्ध है। आगे कृष्ण गाय चरा रहे थे। उनको देखकर उसे प्रेम

का बाण लग गया। शरीररूपी सागर सूख गया, हृदय-कमल मुरझा गया, प्राणरूपी हंस ने उड़ने की तैयारी कर ली। भँवरा प्रेम के धोखे में रुका रहा और सोचता रहा फिर मिलने का अवसर मिलेगा। वृन्दावन की कुंज गलियों में नूपुर की रुनझुन सुनायी देगी। मीराँबाई कहती हैं कि हे कृष्ण! गोपी को दर्शन दीजिये, ब्रज को तजकर अन्यत्र न जाइयेगा।

टिप्पणी—इस पद में प्रेम से अभिभूत हुई गोपी मूर्च्छा अवस्था को प्राप्त हो गयी है जिसको मरणावस्था के प्रतीक द्वारा व्यक्त किया गया है।

शब्दार्थ—हंसा = प्राण। अनत = अन्यत्र।

॥ 223 ॥

कानो भयो (रे) दूर का दुवारकाबासी।
निरमल जल जमुना को छाँड्यो, जन्मभूमि मथुरा सी।
गुवाल बाल सब बिलखत छोड्या, गउयें छोड़ दई प्यासी।
ये ठाकुर हैं तीन लोक के, कुबज्या कंस की दासी।
स्याम तुम्हारे कारण राधा, सूक गई तिणका सी।
सोलह सहस्त्र गोपिका त्यागी, रंग महल से झाँसी।
कुबज्या के संग बिलम रह्यो है, मात छोड़ी जसोदा सी,
झूटी थाली को पांणी पीयो, राणी करी कुबज्या सी।
मीराँ के प्रभु गिरधरनागर, सुण सुण आवे हाँसी।

व्याख्या—इस पद में गोपियों ने कृष्ण को उलाहना दी है। गोपियाँ कहती हैं कि कृष्ण हमसे दूर द्वारका के वासी हो गये हैं। यमुना का निर्मल जल और मथुरा-जैसा जन्मभूमि छोड़ दिया, ग्वालबालों को रोते-बिलखते छोड़ दिया और प्यासी गायों को छोड़ दिया। स्वयं तीन लोक के स्वामी हैं लेकिन कंस की दासी कुब्जा से प्रेम किया। दोनों की परस्पर कोई तुलना नहीं है। कृष्ण के कारण राधा सूखकर तिनके के समान हो गयी हैं। कृष्ण ने सोलह हजार गोपियों को त्याग दिया और रंगमहल पर आसक्त हो गये। यशोदा-जैसी माँ को छोड़ दिया और कुब्जा के साथ लगाव कर लिया। उन्होंने कुब्जा को रानी बनाकर जूठी थाली में पानी पीने-जैसा आचरण किया। मीराँ कहती हैं कि प्रभु गिरधर नागर के इस आचरण को सुन-सुनकर गोपियों को हँसी आ रही है।

टिप्पणी—चौथी पंक्ति में व्यंग्य विधान है। सम्पूर्ण पद में कृष्ण के क्रिया-कलापों के प्रति उपालम्भ की व्यंजना है।

शब्दार्थ—बिलखत = रोते हुए। तिणका = घास-फूस। झाँसी = आसक्त।

॥ 224 ॥

कारे कारे सब से बुरे ओधव प्यारे।
कारे को विश्वास न कीजे, अति से भूल परे।
काली जात कुजात कहीजे, ताके संग उजरे।
साम रूप किये भँवरो, फूल की बास भरे।
मीराँ के प्रभु गिरधर नागर, कारे संग बिगरे।

व्याख्या—प्रस्तुत पद में गोपियों की उलाहना का वर्णन किया गया है। गोपियाँ ऊधो को सम्बोधित करती हुई कहती हैं कि हे प्रिय ऊधो! काले-काले लोग सभी बुरे होते हैं, भूलकर भी काले लोगों पर विश्वास नहीं करना चाहिए। काली जाति के लोग कुजात कहे जाते हैं और उनके साथ उजले अर्थात् गोरे लोगों का रहना शोभा नहीं देता है। भँवरा काले रंग का है लेकिन उसके मन में फूल की सुगन्ध बसी रहती है। मीराँ के प्रभु गिरधर नागर कृष्ण के साथ रहकर सब बुरे स्वभाव के हो गये।

शब्दार्थ—उजरे = उज्ज्वल, गोरा। साम = श्याम।

॥ 225 ॥

किरपा भई सतगुर अपने की, बेर बेर हरि नाँव लियो री।
हिरणाकुस प्रह्लाद सतायो, जार अगन बिच डाल दियो री।
राज छाँड दियो नाँव न छाँड्यो, खंभ फाड़ प्रभु दरस दियो री।
माता का उपदेश भयो जब, राज छाँड़ धूजी बन में गयो री।
मारग में मिल गयो नारद मुनि, तब से धूजी अटल भयो री।
सागर ऊपर सिला तिराई, दुष्ट रावण कूँ मार लियो री।
सीता सहित अवधपुर आये, भगत बिभीषण राज दियो री।
सब भगतन की सहाय करी प्रभु, मेरी बेर कहाँ सोय गयो री।
मीराँ के प्रभु गिरधरनागर, बंसी बजा के मन मोहि लियो री।

व्याख्या—सतगुरु की कृपा हुई तो मैं बार-बार हरि का नाम लेने लगी। हिरणाकश्यप ने प्रह्लाद को सताया। उन्हें जलती आग के बीच डाल दिया। प्रह्लाद ने राज छोड़ दिया। लेकिन नाम नहीं छोड़ा। प्रभु ने खम्भा फाड़कर प्रह्लाद को दर्शन दिया। माता के उपदेश से ध्रुव जी राज्य छोड़कर जंगल को चले गये। रास्ते में नारद मुनि से भेंट हुई उनके निर्देश से ध्रुव ने अटल तप किया। सागर के ऊपर पत्थर तिराया और दुष्ट रावण को मार दिया। भक्त विभीषण को,राज देकर सीता सहित अवधपुर चले आये। सभी भक्तों की सहायता की लेकिन मेरी बारी आने पर कहाँ सो गये। मीराँ के प्रभु गिरधर नागर ने वंशी बजाकर मीराँ का मन मोह लिया।

टिप्पणी—मीराँ अनेक पदों में राम और कृष्ण का एकीकरण करती हैं। सन्तों के प्रभाव से मीराँ का मन राम में रम जाता था।

शब्दार्थ—नाँव = नाम। अगन = आग। छाँड्या = छोड़ा। धूजी = ध्रुव। सिला = पत्थर।

॥ 226 ॥

कैसे आवौ हो लाल तेरी ब्रज नगरी, गोकुल नगरी।
इत मथुरा उत गोकुल नगरी, बीच बहे यमुना गहरी।
पाँव धर्‌याँ मेरी पायल भीजै, कूदि परौं बहि जाऊँ सगरी।
मैं दधि बेचन जात बृन्दावन, मारग में मोहन झगरी।
बरज यशोदा अपने लाल कौं, छीन लई मेरी गगरी।
रहु रहु ग्वालिनि झूँठ न बोलो, कान्ह अकेलो तुम सगरी।
मेरो कन्हैयो पाँच बरस को, तुम ग्वालिन अलमस्त तगरी।
जाय पुकारौं कंस राजा के, न्याय नहीं गोकुल नगरी।
वृन्दाबन की कुंजगलिन में, बाँह पकर राधे झगरी।
मीराँ के प्रभु गिरधरनागर, साधु संग करि हम सुधरी।

व्याख्या—प्रस्तुत पद में प्रेम लीला का चित्रण किया गया है। इसमें गोपियों के प्रेमाकर्षण, कृष्ण और गोपियों के प्रेम कलह, उलाहना आदि भावों का सम्मिलित रूप से वर्णन किया गया है। गोपियाँ कहती हैं कि हे कृष्ण! ब्रज और गोकुल नगरी हम कैसे आयें, इधर मथुरा है उधर गोकुल नगरी, बीच में गहरी यमुना बह रही है। पानी में पैर रखने से मेरी पायल भींग जाती है, अगर यमुना में कूद जाऊँ तो पूरी तरह बह जाऊँ। मैं दही बेचने के लिए वृन्दावन जा रही थी मार्ग में मोहन से झगड़ा हो गया। यशोदा अपने लाल को रोको, उसने मेरी गागर छीन ली। यशोदा कहती हैं, हे ग्वालिन! झूठ मत बोलो, कृष्ण अकेला था और तुम बहुत-सी थी। मेरा कृष्ण पाँच बरस का है और तुम लोग पूरी तरह से जवान और मजबूत हो। जाकर कंस राजा से कहो कि गोकुल नगरी में न्याय नहीं है। वृन्दावन की कुंज गलियों में कृष्ण ने बाँह पकड़कर राधा से झगड़ा किया। मीराँ कहती हैं कि मेरे प्रभु गिरधर नागर हैं, साधुओं की संगति करके मेरा सुधार हो गया है। यह भाव राधा की ओर से भी है कि मैं साधु संगति से सुधर गयी हूँ। लड़ाई झगड़ा नहीं करूँगी। मेरे प्रति प्रेम भाव बनाये रखिये।

टिप्पणी—इस पद में प्रेम क्रीड़ा के अनेक प्रसंगों को समाहित कर लिया गया है। कई पंक्तियों में भावगत संगति का अभाव दिखायी देता है।

शब्दार्थ—इत उत = यहाँ-वहाँ। सगरी = पूरी तरह से। बरज = रोको। तगरी = बलयुक्त।

॥ 227 ॥

कोई कहियौ रे प्रभु आवन की, आवन की मन भावन की।
आप न आवै लिख नहिं भेजै, बाँण पड़ी ललचावन की।
ए दोई नैण कह्यो नहिं मानैं, नदियाँ बहै जैसे सावन की।
कहा करूँ कछु नहिं बस मेरो, पाँख नहीं उड़ जावन की।
मीराँ कहै प्रभु कब रैं मिलोगे, चेरी भई हूँ तेरे दावन की।

व्याख्या—इस पद में गोपियों की विरह व्यथा का वर्णन किया गया है। गोपियाँ कहती हैं कि कोई प्रभु के आने की खबर दे तो मेरा मन प्रमुदित हो जाय। कृष्ण स्वयं नहीं आते हैं और न लिखकर कोई सन्देश भेजते हैं। उनकी ललचाने की आदत पड़ी हुई है। ये दोनों नेत्र हमारा कहना नहीं मानते। ये सावन की नदी की तरह जल प्रवाह करते रहते हैं। क्या करूँ मेरा कोई बस नहीं है। पंखे भी नहीं हैं कि वहाँ उड़कर चली जाऊँ। गोपी भाव का आरोपण करते हुए मीराँ कहती हैं कि कब मिलोगे कि मैं तुम्हारे देह की दासी हो गयी हूँ।

टिप्पणी—प्रस्तुत पद में गोपी या राधा के भाव के साथ मीराँ ने अपना तादात्म्य स्थापित किया है। तीसरी पंक्ति में उपमा अलंकार है।

शब्दार्थ—बाँण = आदत। पाँख = पंखा। चेरी = दासी।

॥ 228 ॥

क्या करूँ मैं बन में गयी, घर होती तो श्याम को मनायी लेती।
गोरी गोरी बँहियाँ हरि हरि चुड़ियाँ, झाला देके बुला लेती।
अपने श्याम सँग चोपड़ रमती, पासा डालके झिला लेती।
बड़ी-बड़ी अखियाँ झीणा झीणा सुरमा, ज्योति सी ज्योति मिला लेती।
बाई मीराँ के प्रभु गिरधरनागर, चरण कमल लपटा लेती।

व्याख्या—मीराँ कहती हैं कि मैं क्या करूँ। मैं वन में चली गयी थी, यदि घर में होती तो कृष्ण को मना लेती। गोरी-गोरी बाँहों पर हरे रंग की चूड़ियाँ पहनकर कान में झाला पहनकर कृष्ण को अपने पास बुला लेती। मैं अपने कृष्ण के साथ चौपड़ खेलने में रम जाती, पासा फेंककर मैं उनको परेशान कर लेती. बड़ी-बड़ी आँखों में सूक्ष्म सुरमा लगाकर महा ज्योति के साथ अपनी ज्योति का मिलन कर लेती। मीराँबाई प्रभु गिरधरनागर के चरण-कमलों को पकड़ लेती।

टिप्पणी—ज्योति से ज्योति मिलने का तात्पर्य है आत्मा का परमात्मा में विलय हो जाना। इसमें लोकानुभूति को प्रमुखता दी गयी है। नायिका जैसे साज-सज्जा से अपने प्रेमी को मनाती है वैसे ही मीराँ भी अपने कृष्ण को मना लेती हैं।

शब्दार्थ—चोपड़ = एक तरह का खेल।

॥ 229 ॥

क्यूँकर म्हे दिन काटाँ।
थेतो म्हाँसूँ अन्तर राखौ, राखौ कपटी आटाँ।
कुबज्या दासी कंसराई की, फिरती कपड़ा फाटाँ।
वाकूँ तो पटराणी कीन्ही, पहरै रेसम पाटाँ।
बाजूबन्द मूँदड़ी अँगुली, नखसिख गहणौं साटाँ।
पहर कूबड़ी न्हावण चाली, जल जमुना कै घाटाँ।
धाँन न भावै नीद न आवै, चिन्ता लगी निराटाँ।
मीराँ के प्रभु गिरधरनागर, देख देख हियो फाटाँ।

व्याख्या—राधा कहती हैं कि मेरा दिन किस तरह कटे, तुमने तो मुझसे दूरी बना ली और कपट का आचरण कर रहे हो। कंस राजा की दासी कुब्जा अच्छे कपड़े पहनकर घूमती है, उसे तो पटरानी बना दिया। वह रेशमी वस्त्र धारण करने लगी है। बाजूबन्द मुद्रिका धारण करके ऊपर से लेकर नीचे तक सजी रहती है। कपड़े आभूषण पहनकर वह यमुना के घाट पर जल में नहाने के लिए जाती है। हमारी दशा इसके विपरीत है। मुझे नींद नहीं आती है, अन्न अच्छा नहीं लगता, केवल चिन्ता सताये रहती है। मीराँ राधा की उक्ति में अपने भाव को मिलाते हुए कहती हैं कि कुबरी की दशा देखकर और तुम्हारी निर्दयता से मेरा हृदय फटा जा रहा है।

टिप्पणी—इसमें सौतियाडाह का चित्रण है। कुब्जा के ऊपर कृष्ण की कृपा राधा के लिए असह्य है। मीराँ पद के अन्त में अपना नाम जोड़कर राधा भाव से जुड़ जाती है।

शब्दार्थ—थेतो = तुम। कपटी = छलपूर्ण। पाटाँ = वस्त्र। धाँन = अन्न।

॥ 230 ॥

गली तो चारो बन्द हुई, मैं हरि से मिलूँ कैसे जाय।
ऊँची नीची राह रपटणी, पाँव नहीं ठहराय।
सोच सोच पग धरूँ जतन से, बार बार डिग जाय।
ऊँचा नींचा महल पिया का, हमसे चढ़्या न जाय।
पिया दूर पंथ म्हाँराँ झीणाँ, सुरत झकोला खाय।
कोस कोस पर पहरा बैठ्या, पैंड पैंड बटमार।
हे विधना वैसी रच दीन्ही, दूर बस्यो घरबार।
जुगन जुगन से बिछड़ी मीराँ, घर लीन्हाँ मैं पाय।
मीराँ के प्रभु गिरधरनागर, सतगुर दिया बताय।

व्याख्या—प्रस्तुत पद में प्रेम के मार्ग की जटिलता और गुरु के द्वारा उस रहस्य को उद्‌घाटित करने का चित्रण किया गया है। मीराँ कहती हैं कि चारों ओर की गलियाँ बन्द हैं अर्थात् एक नारी के लिए साधना के सारे पन्थ रूँधे हुए हैं। मैं कृष्ण से मिलने कैसे जाऊँ। साधना का मार्ग ऊँचा-नीचा है उस पर पाँव ठहरते नहीं और रास्ता भी पथरीला है। सोच-सोचकर यत्न से पैर रखती हूँ लेकिन फिर भी पाँव डिग जाते हैं। प्रियतम का महल ऊँचा-नीचा है हमसे उस पर चढ़ा नहीं जाता है। तात्पर्य है कि संसार में अनेक तरह के उच्च और निम्न कर्म हैं जिनका निपटारा करना आसान नहीं है। प्रियतम बहुत दूर है लेकिन मार्ग बड़ा झीना है और सुरति का झोंका खाते हुए आगे बढ़ना है। प्रत्येक कोश पर पहरेदार बैठा है और गली-गली में डकैत हैं। हे ब्रह्मा! तुमने ये कैसी रचना कर डाली, मनुष्य का घर-बार इतनी दूर क्यों बना दिया। युग-युग से बिछड़ी हुई मीराँ को अपना घर मिल गया। सत्‌गुरु ने रास्ता बताया। मीराँ के प्रभु गिरधर नागर से परिचय करा दिया।

टिप्पणी—इस पद में सन्तों की योग-साधना का हलका प्रभाव है। योग-साधना में सहस्रार चक्र में शिव का निवास माना जाता है। सुषुम्ना का मार्ग बहुत क्षीण है। सांसारिक वस्तु के प्रति आकर्षण ही सुरति है। काम, क्रोध, मोह, लोभ आदि ही रास्ते के बटमार हैं। सांसारिक विघ्न-बाधाएँ ही पहरेदार हैं जो उधर जाने से रोकती हैं, सत्‌गुरु की कृपा तथा ज्ञानदृष्टि में निक्षेप से ही परम पदरूपी घर मिलता है।

शब्दार्थ—रपटणी = फिसलनेवाला। झीणाँ = पतला। सुरत = सांसारिक राग। झकोला = धक्का। पैंड पैंड = रास्ते-रास्ते पर। बटमार = डाकू। घर = वास्तविक निवास।

॥ 231 ॥

गागर न भरन देत तेरो कान्ह माई।
हँस हँस मुख मोर मोर, गागर छिटकाई।
घूँघट पट खोल खोल, साँवरो कन्हाई।
यशुमति तै भली बात, लाल को सिखाई।
अगर बगर झगर करत, रार तो मचाई।
हौं तो बीर यमुना तीर, नीर भरन धाई।
गिरिधर के चरणन पर, मीराँ बलि जाई।

व्याख्या—गोपी यशोदा से कृष्ण की शिकायतें करती हुई कहती है कि तुम्हारा कृष्ण मुझे घड़ा भरने नहीं देता। हँस-हँसकर मुख मोड़कर मेरी गागर छिटका देता है और घूँघट का पट खोल देता है। हे यशोदा! तुमने अपने लाल को अच्छी सीख दी है। अगल-बगल झगड़ा करता है और रार मचाये रहता है अर्थात् दुश्मनी ठाने

रहता है। मैं तो यमुना के किनारे जल भरने दौड़ी गयी थी। मीराँ कहती हैं कि ऐसे कृष्ण के चरणों पर बलिहारी जाती हूँ।

टिप्पणी—इस पद में कृष्ण की नटखट लीला का चित्रण है। मीराँ ऐसी लीला के प्रति समर्पित हैं।

शब्दार्थ—पट = वस्त्र। छिटकाई = फोड़ दिया।

॥ 232 ॥

गिरधर आवणाँ हे, ऊदाँ बाई सेजड़ली सँवार।
आवण री बिरियाँ भई जी, अब महलाँ ढोल्यो ढार।
अतर सुगन्ध मिलायके जी, घी भर दिवला बार।
जाई जूही केतकी जी, चम्पाकली सुधार।
पलकाँ सूँ कराँ पाँवड़ा जी, अँचला सू मग झार।
गिरधर म्हारो परम सनेही, मीराँ उनकी नार।

व्याख्या—मीराँ ऊदाँबाई से कहती हैं कि शय्या सुसज्जित करो, कृष्ण आनेवाले हैं। कृष्ण के आने का समय हो गया है। अब महल को सजा दो, इत्र सुगन्ध मिलाकर घी भरकर दीपक जला दो, जूही केतकी व चम्पा की कलियाँ ले आओ, पलकों के पाँवड़े बिछा दो और आँचल से रास्ते की झाड़-पोंछ करो। कृष्ण मेरे परम स्नेही हैं। मीराँ उनकी प्रिय नारी है।

टिप्पणी—प्रिय आगमन की सम्भावना तथा उससे उत्पन्न आनन्द की अनुभूति की व्यंजना है।

शब्दार्थ—सेजड़ली = शय्या। दिवला = दीपक। पाँवड़ा = जमीन।

॥ 233 ॥

गोविन्द सूँ प्रीत करी, तब ही क्यों न हटकी।
अब तो बात फैल गई, जैसे बीज बट की।
बीच को बिचार छाँड़ि, पारि प्रीति अटकी।
अब चूकै ठौर नाहि, जैसे कला नट की।
साँवरे को सीस धरे, सूरत प्रेम भटकी।
घर घर में घणी होत, बाणी घट-घट की।
हरि जी सों प्रीति राखि, लोक लाज पटकी।
वाणी घुलि-गाँठ परी, रसना गुण रटकी।
अब छुटायै छूटे नहीं, भोत बार झटकी।

मदमाँते हसती सम, फिरत प्रेम लटकी।
मीराँ के प्रभु गिरधर बिन, कौन जाने घट की।

व्याख्या—इस पद में प्रेम की दृढ़ता का वर्णन किया गया है। गोपी भाव से अपने भाव को मिलाते हुए मीराँ कहती हैं कि गोविन्द से प्रेम करते हुए जब प्रेम बीज रूप में था तब तो मैं उससे हटी नहीं, अब तो वह वट वृक्ष की तरह बड़ा होकर फैल गया है। मँझधार में छोड़ने का विचार हमने त्याग दिया है, प्रेम के पार पहुँचने की कामना है। प्रेम मार्ग से चूकने के लिए अब कोई स्थान नहीं है। जैसे नट जब कला प्रदर्शन करता है तो पूरा ध्यान उसी पर केन्द्रित करता है। अगर उससे चूक जाय तो उसकी हानि हो जाय। कृष्ण के प्रति शीश झुकाकर मैं पूरी तरह से अनुरक्त प्रेम में भटक रही हूँ। क्षण-क्षण प्रेम घना हो रहा है। प्रत्येक घर से और प्रत्येक वाणी से मेरे प्रेम की निन्दा की जा रही है। लेकिन कृष्ण के प्रति प्रेम की रक्षा करते हुए लोकलाज को एक किनारे पटक दिया। कृष्ण के नाम की रट लगी रहती है और वाणी में घुलकर गाँठ-सी बन गयी है। अब वह छुड़ाये से छूटती नहीं, यद्यपि हमने बहुत बार झटककर छुड़ाना चाहा। मदमस्त हाथी के समान प्रेम में संलग्न मैं घूमती रहती हूँ। मीराँ कहती हैं कि प्रभु गिरधर के बिना मेरी देह की दशा कौन जाने।

टिप्पणी—दूसरी पंक्ति में उपमा अलंकार है, चौथी पंक्ति में भी उपमा दी गयी है। पद के अन्त में परुष वर्णों की योजना से दृढ़ता का ओज लक्षित होता है।

शब्दार्थ—हटकी = अलग होना। बट = बरगद। ठौर = स्थान। पटकी = फेंक देना। हसती = हाथी।

॥ 234 ॥

घर आँगन न सुहावे, पिया बिन मोहिं न भावै। (टेर)
दीपक जोय कहा करूँ सजनी, हरि परदेस रहावे।
सूनी सेज जहर ज्यूँ लागे, सिसक सिसक जिय जावे।
नयन निद्रा नहिं आवे।
कबकी ऊभी मैं मग जोऊँ, निस दिन विरह सतावे।
कहा कहूँ कछु कहत न आवे, हिवड़ो अति अकुलावे।
हरि कब दरस दिखावे।
ऐसो है कोई परम सनेही, तुरत सँदेसो लावे।
वा बिरियाँ कब होगी मुझको, हरि हँस कण्ठ लगावे।
मीराँ मिलि होरी गावे॥

व्याख्या—इसमें विरह का वर्णन किया गया है। मीराँ कहती हैं कि घर और आँगन मुझे सुहावना नहीं लगता है। प्रिय के बिना मुझे कुछ भी अच्छा नहीं लगता।

कृष्ण परदेश में रह रहे हैं। हे सखि! दीपक जलाकर क्या करूँ? सूनी शय्या जहर की तरह लगती है। रो-रोकर प्राण निकल रहे हैं। नेत्रों में निद्रा नहीं आती है। कब से खड़ी होकर मैं रास्ता देखती हूँ। रात-दिन मुझे विरह पीड़ित कर रहा है। क्या कहूँ कुछ कहते नहीं बनता है। हृदय अत्यन्त आकुल है, पता नहीं कृष्ण कब दर्शन देंगे। ऐसा कोई परम स्नेही है जो कृष्ण का सन्देश तुरन्त ले आये। वह समय कब होगा जब कृष्ण हँसकर मुझे गले लगायेंगे। राधा की भावना में अपनी भावना को मिलाते हुए मीराँ कहती हैं कि उस समय कृष्ण से मिलकर मैं होली गाऊँगी।

शब्दार्थ—हिवड़ो = हृदय। सिसक-सिसक = रो-रोकर।

॥ 235 ॥

चंचल चवैया री आली, यशोदा को लाल देखो। (टेर)
हों दधि बेचन जात रही ब्रज, नाहक रार मचाई।
मेरी चेरी मेरे चेरे की चेरी, ऐसे नाँच नँचाई।
हमरे संग की दूर निकस गई, मोहन बइयाँ मरोरी।
सास ननदिया रिसावैगी मोसों, मुख मल दीनी रोरी।
मैं तो हूँ बरसाने की ग्वालिन, तुम हलधर के बीर।
मीराँ के प्रभु फगुवा लीन्हों, मोहन श्याम शरीर।

व्याख्या—हे सखि! यशोदा का पुत्र चंचल और दुष्ट है। मैं ब्रज में दही बेचने जा रही थी, कृष्ण ने व्यर्थ में द्वन्द्व मचा दिया। उसने ऐसी नाच नचायी जैसे मैं उनकी दासी हूँ या उनके दास की दासी हूँ। मेरे साथ की सहेलियाँ दूर निकल गयीं। मोहन ने मेरी बाँहें पकड़कर मरोड़ दी और मेरे मुख पर रोली मल दी। सास और ननद मेरे ऊपर नाराज होंगी, मैं तो बरसाने की ग्वालिन हूँ और तुम बलराम के भाई। मीराँ कहती हैं कि कृष्ण ने गोपी के साथ फाग खेला।

टिप्पणी—अन्तिम पंक्तियों में मीराँ जैसे अपने को ही बरसाने की ग्वालिन कह रही हों और उस लीला भाव में गोपी भाव से शरीक हो रही हैं।

शब्दार्थ—चेरी = दासी। मरोरी = ऐंठ दी। फगुवा = होली।

॥ 236 ॥

चरण रज महिमा मैं जानी। (टेर)
यही चरण से गंगा प्रगटी, भागीरथ कुल तारी।
येही चरण से विप्र सुदामा, हरि कंचन धाम दीन्ही।
येही चरण से अहल्या उधारी, गौतम की पटरानी।
मीराँ के प्रभु गिरधर नागर येही चरणकमल लिपटानी।

व्याख्या—मीराँ कहती हैं चरणों की धूल की महिमा मैं जानती हूँ, इन्हीं चरणों से गंगा प्रकट हुई हैं और भगीरथ के कुल का उद्धार हुआ है। इन्ही चरणों ने ब्राह्मण सुदामा को सोने का महल दिया, इन्हीं चरणों ने गौतम की स्त्री अहल्या का उद्धार किया। मीराँ प्रभु गिरधर के चरण-कमलों में लिपट गयीं।

टिप्पणी—पौराणिक दृष्टान्तों के माध्यम से कृष्ण के चरणरज की महिमा बखानी गयी है। मीराँ को इसीलिए पूरा विश्वास है कि कृष्ण के चरणों की कृपा से उनका भी उद्धार होगा।

शब्दार्थ—विप्र = ब्राह्मण। पटरानी = स्त्री। लिपटानी = लिपट गयीं।

॥ 237 ॥

जब तें मोहि नन्दनँदन दृष्टि पर्यो माई।
तब तैं परलोक लोक, कछु नाँ सुहाई।
मोरन की चंद्रकला, सीस मुकुट सोहै।
केसर को तिलक भाल, तीन लोक मोहै।
कुंडल की अलक झलक, कपोलन पर छाई।
मानो मीन सरवर तजि, मकर मिलन आई।
भृकुटि कुटिल चपल नयन, चितवन से टौना।
खंजन अरु मधुप मीन, मोहै मृग छौना।
अधर बिम्ब अरुणनयन, मधुर मन्द हाँसी।
दसन दमक दाडिम द्युति, दमकै चपला सी।
कम्बुकण्ठ भुज विसाल, ग्रीव तीन रेखा।
नटवर को भेष मानु, सकल गुण विसेखा।
छुद्रघंट किंकिनी अनूप धुन सुहाई।
गिरधर के अंग अंग, मीराँ बलि जाई।

व्याख्या—गोपी कहती है कि जब से नन्द के पुत्र कृष्ण के ऊपर मेरी दृष्टि पड़ी है तब से मुझे लोक-परलोक कुछ भी अच्छा नहीं लगता है। मोर पंख के चन्द्रकला से निर्मित मुकुट कृष्ण के सिर पर सुशोभित होता है और मस्तक पर केसर का तिलक देकर वे तीनो लोकों को मोहित कर लेते हैं। कुण्डलों की झलक और बाल मुख पर छाये रहते हैं। ऐसा लगता है कि मछली सरोवर को त्यागकर मगर से मिलने आयी है। टेड़ी भृकुटी और चंचल नेत्रों से देखकर कृष्ण जादू कर देते हैं। खंजन, भँवरा, मछली और मृगशावक सभी मोहित हो जाते हैं। लाल-लाल ओंठ और आँखें मधुर और मन्द हँसी दाँतों की चमक जैसे विद्युत् चमक गयी हो, ऐसे प्रतीत होता है। शंख की तरह गला और भुजाएँ विशाल हैं। ग्रीवा पर तीन रेखाएँ हैं। नटवर के भेष में कृष्ण

में समस्त गुण विशेष रूप से दिखायी देते हैं। छोटी-छोटी घण्टियोंवाली किंकिणी से अनुपम ध्वनि सुनायी देती है। मीराँ गिरधर के अंग-अंग पर न्यौछावर है।

टिप्पणी—इस पद में कृष्ण के रूप सौन्दर्य तथा वेश-भूषा के सौन्दर्य का चित्रण किया गया है। छठीं पंक्ति में उत्प्रेक्षा अलंकार है। दसवीं पंक्ति में उपमा अलंकार है।

शब्दार्थ—अलक = नाल। कपोलन = गालों। टौना = जादू। चपल = चंचल। अरुण = लाल। द्युति = प्रकाश। अनूप = अनुपम, अपूर्व।

॥ 238 ॥

जसोदा मैया नित सतावे कनैया।
वाकी हरकत क्या कहूँ मैया।
बैल लावे भीतर बाँधे, छोर देवत सब गैयाँ।
सोते बालक आन जगावे, ऐसो ढीठ तेरो कनैया।
मीराँ के प्रभु गिरधरनागर, हरि लागूँ तोरे पैयाँ।

व्याख्या—गोपी उलाहना देती हुई कहती है कि तुम्हारा कृष्ण मुझे बहुत पीड़ित करता है। उसके क्रिया-कलापों के विषय में हे मइया! मैं क्या कहूँ, बैल लाकर घर के भीतर बाँध देता है और गायें छोड़ देता है। सोते हुए बच्चों को जगा देता है, तुम्हारा कन्हैया बहुत दुष्ट है। मीराँ कहती हैं कि इस तरह की लीला करनेवाले कृष्ण मैं तुम्हारे पाँव लगती हूँ।

शब्दार्थ—सतावे = कष्ट देता है। हरकत = दुष्टतापूर्ण क्रिया-कलाप। छोर = छोड़। ढीठ = दुष्ट। पैयाँ = पाँव, चरण।

॥ 239 ॥

जसोदा मैया तेरो लड़को नीको। (टेर)
बछवा छुड़ाय मोरी गउवाँ चुखाय दीनी ओर उतार्‌यो महीको।
दूध दही की कमोरी फोरी (मथनिया फोरी) माँट फोरो गह छींको।
मीराँ के प्रभु गिरधरनागर हरि बिन सब जग फीको।

व्याख्या—हे यशोदा माँ! तेरा लड़का बहुत अच्छा है, बछड़ा छोड़कर गायों का दूध पिलवा देता है और दही निकाल लेता है। दूध दही की कमोरी (मिट्टी का पात्र) फोड़ देता है और मटकी को छींके पर से उतारकर फोड़ देता है। मीराँ कहती हैं गिरधर नागर प्रभु की लीला के बिना सारा संसार फीका है।

टिप्पणी—पहली पंक्ति में व्यंग्य है, नीको का तात्पर्य दुष्ट है।

॥ 240 ॥

जागो म्हारा जगपति राइ, हँसि बोले क्यूँ नहीं।
हरि थे छो जी हिरदा माँहि, पट खोलो क्यूँ नहीं। (टेर)
तन मन सुरति सँजोइ, सीस चरणाँ धरूँ।
जहाँ जहाँ देखूँ म्हारो राम, जहाँ सेवा करूँ।
सदकै करूँजी सरीर, जुगै जुग बारणै।
छोड़ी छोड़ी कुल की लाज, साहिब तेरे कारणै।
थोड़ी-थोड़ी लिखूँ सिलाम, बहोत करि जाणज्यौ।
बन्दी हूँ खानाजाद, महरि करि मानज्यौ।
हाँ हो म्हारा नाथ सुनाथ, विलम नहिं कीजियै।
मीराँ चरणां की दासी, दरस अब दीजियै।

व्याख्या—मीराँ कहती हैं कि हे जगपति के स्वामी! जागकर हँसकर बोलते क्यों नहीं? तुम तो मेरे हृदय में विराजित हो, माया के परदे को खोलकर दर्शन क्यों नहीं देते हो। शरीर और मन से प्रेम को सँजोकर मैं अपना सिर तुम्हारे चरणों में रखती हूँ और जहाँ-जहाँ अपने राम को देखूँगी सेवा रत हो जाऊँगी। मैं प्रतिज्ञा करती हूँ कि इस शरीर का त्याग करूँगी और युग-युग सांसारिकता का निवारण करूँगी। हे साहब! मैंने तेरे कारण कुल की लाज छोड़ दी। मैं थोड़ा-थोड़ा तुम्हें सलाम लिख रही हूँ। इसे बहुत करके समझियेगा। मैं तुम्हारी दासी हूँ, मुझे अपनी सेविका के रूप में मान्यता दीजिये। हे नाथ! तुम अच्छे स्वामी हो, दर्शन देने में विलम्ब मत कीजिये। मीराँ चरण-कमलों की दासी है उसे शीघ्र दर्शन दीजिये।

शब्दार्थ—पट = वस्त्र, परदा। बारणै = त्यागना, निवारण। खानाजाद = स्वामी।

॥ 241 ॥

जो तुम तोड़ो पिया मैं नहिं तोड़ूँ,
तेरी प्रीत तोड़ि प्रभु कौन सँग जोड़ूँ। (टेर)
तुम भये तरुवर मैं भई पँखियाँ,
तुम भये सरवर मैं तेरी मछियाँ।
तुम भये गिरवर मैं भई मोरा,
तुम भये चन्दा भई मैं चकोरा।
तुम भये मोती, (तो) मैं भई धागा।
तुम भये सोना, भई मैं सुहागा।

बाई मीराँ के प्रभु ब्रज के बासी,
तुम मेरे ठाकुर मैं तेरी दासी।

व्याख्या—मीराँ कहती हैं कि तुम भले ही प्रीति की डोर तोड़ दो लेकिन मैं नहीं तोड़ सकती। मैं प्रीति को तोड़कर किसके संग अपना नाता जोड़ूँ। तुम वृक्ष हो, मैं उस पर बिराजनेवाली चिड़िया हूँ। तुम सरोवर हो, मैं उसकी मछली हूँ। तुम पर्वत हो, मैं उस पर बैठनेवाला मोर हूँ। तुम चन्द्रमा हो, मैं चकोर हूँ। तुम मोती हो, मैं उसका धागा (सूत्र)। तुम सोना हो और मैं सुहागा हूँ। ब्रज के वासी कृष्ण तुम मेरे मालिक हो मैं तुम्हारी दासी।

टिप्पणी—प्रकृति के ऐसे दृष्टान्त जो काव्य रूढ़ि के रूप में मान्य हैं उन्हीं दृष्टान्तों के आधार पर मीराँ ने कृष्ण के साथ अपने सम्बन्धों को निरूपित किया है। कुल मिलाकर व्यंजना यह है कि ईश्वर के बिना मीराँ का अस्तित्व नहीं है।

शब्दार्थ—तरुवर = वृक्ष। पँखियाँ = चिड़िया। ठाकुर = स्वामी।

॥ 242 ॥

ज्याँरा चित चरणाँ से लागा, वे ही सवेरे जागा। (टेर)
पहले भूप भरतरी जागा, शहर उजीणी ज्यागा।
सुँण सुँण बचन साहब सतगुरु का, गोपीचन्द उठ भागा।
साहबसैन बलख रा राजा, बांण बिरह रा लागा।
आठूँ पहर कबीरा जागा, मरण जीवण भय भागा।
राणाँ रूस्याँ भय मोरे नाहीं, चित साहब से लागा।
मीराँ बाई तो शरणे आया, लोक लाज भय त्यागा।

व्याख्या—मीराँ कहती हैं कि जिनका चित्त भगवान् से लगा रहता है, वे सबेरे अर्थात् समयानुसार जाग जाते हैं। सबसे पहले राजा भर्तृहरि जागृत हुए और उन्होंने उज्जैनी शहर त्याग दिया। साहब का वचन सुन-सुनकर गोपी चन्द भाग गया। बलख के राजा साहब सैन को विरह का बाण लगा, कबीर आठों पहर जागते थे उनको जीवन मरण का भय नहीं रह गया था। मेरा चित्त साहब से लगा हुआ है। इसलिए राणा के रूठने का भय मुझे नहीं है। मीराँबाई लोकलाज का भय छोड़कर भगवान् की शरण में आयी हैं।

टिप्पणी—मीराँ नाथों और सन्तों की निष्ठा और त्याग से प्रेरणा लेते हुए निर्भय होकर भगवान् की शरण में आयी थीं।

शब्दार्थ—उजीणी = उज्जयिनी, रा = का।

॥ 243 ॥

झकोलो लाग्यो जी रंग गिरधर को आन।
गिरधर गिरधर काई करो, कोई गिरधर स्याम सुजाण।
मीराँ तो चन्दा भई कोई, गिरधर ऊग्यो भान।
ऊदाँ थे तो बावली कोई, नहचै करल्यौ ध्यान।
आपाँ दोन्यूँ मिल भजाँ कोई, ज्यों गोप्याँ बिच कान।
मीराँ नै गिरधर, मिल्या जी, भगताँ रो राख्यो मान।

व्याख्या—गिरधर का रंग जिसको लग जाता है वह आन्दोलित हो उठता है। गिरधर-गिरधर क्यों करते हो, वह साधारण नहीं हैं, वह गिरधर सुजान श्री कृष्ण है। मीराँ चन्द्रमा के समान है, कृष्ण सूर्य के समान उदित हैं। हे ऊदाँ! तू भी पागल क्यों बनी है, तू भी निश्चित ध्यान कर जो अहंकार को छोड़कर भगवान् का भजन करता है उसे वे मिल जाते हैं। जैसे गोपियों के बीच कान्हाँ विराजित हुए, गोपियों को दर्शन दिया वैसे ही मीराँ के प्रभु गिरधर ने मिलकर भक्तों के सम्मान की रक्षा किया है।

शब्दार्थ—झकोलो = स्पन्दन। भान = सूर्य। गोप्याँ = गोपियाँ।

॥ 244 ॥

तुम आवो हो कृपानिधान नाथ बेग ही। (टेर)
मेरे मिंदर आये प्रभु निकसे कही।
महल हूँ न आये मैं दीदार देख ही।
मेरे मिंदर आये प्रभु निकसी क्यूँ गये।
दीन के दयालजी कठोर क्यूँ भये।
दीपक मेरै हाथ लियाँ बाट जोवती।
रामहू न आये सारी रैंणि रोवति।
पीया के दरस बिनाँ फिरूँ डोलती।
मीराँ तो तुम्हारी दासी रांम बोलती।

व्याख्या—मीराँ कहती हैं कि हे कृपानिधान! तुम शीघ्र आ जाओ। मेरे घर आकर प्रभु कहीं चले गये। महल में तुम नहीं आये, दर्शन के लिए मैं प्रतीक्षा कर रही थी। मेरे घर आकर हे प्रभु! तुम निकल क्यों गये। हे दीनदयाल! तुम कठोर क्यों हो गये। मैं हाथ में दीपक लेकर तुम्हारा रास्ता निहार रही हूँ। सारी रात रोते बीत गयी लेकिन राम नहीं आये। पिया के दर्शन बिना मैं इधर-उधर घूम रही हूँ। मीराँ कहती हैं कि तुम्हारी दासी राम-राम की पुकार लगाये हुए है।

टिप्पणी—इस पद में प्रतीक्षा भाव की व्यंजना है।

शब्दार्थ—निकसे = निकले। दीदार = दर्शन। मिंदर = मन्दिर। बाट = रास्ता। जोवती = देखती। रैंणि = रात।

॥ 245 ॥

(तूतो) साँवलडी गोरी नार, मारग बिच क्यों खड़ी। (टेर)
(मीराँ) काँई थारी दूखै छै आँख, कै घर सास लड़ी।
(मीराँ) काँई थारो पीयो परदेस, सँदेसै यों खड़ी।
(तू तो) चल्यो जारे असल गँवार, तुझे तो मेरी क्या रे पड़ी।
(तू तो) उड़ रे हरिया बन का सूवटा, उड़ रे द्वारिका में जाय।
साँवरिया ने कहियो ओलमा।
(मीराँ) क्याँ पर लिखोला सलाम, क्याँ पर तो करड़ा ओलमा।
सूआ, चूँचाँ पै लिखूँली सलाम, पंखां पै करड़ा ओलमा।
मीराँ, ग्यारस ने करो जी निरार, बारस ने खोलो पारनो।
मीराँ, तेरस ने चालै दीनानाथ, चौदस ने हरि आ मिलै।
राणा, थे छो म्हारा झूँठा भरतार, साँचा छै श्रीहरि साँवरा।

व्याख्या—कथोपकथन शैली में प्रस्तुत पद गोपी तथा मीराँ की व्यथा को एक साथ निरूपित करता है। हे साँवले की गोरी नारी! तुम मार्ग के बीच क्यों खड़ी है? क्या तुम्हारी आँखें दुख रही हैं या सास से लड़ाई हुई है अथवा तुम्हारे पति परदेश गये हैं? किसी के माध्यम से सन्देश देने के लिए खड़ी हो। मीराँ उत्तर देती हैं कि हे असली मूर्ख! तुम जाओ तुमको मेरे सम्बन्ध में क्या चिन्ता पड़ी है। हे व्रन के हरे तोते! उड़कर द्वारिका जाओ और साँवलिया कृष्ण से समाचार कह देना। कहाँ सलाम लिखोगी और कहाँ समाचार लिखोगी। तोते के चोंच पर सलाम लिखूँगी और पंखों पर समाचार, ग्यारह दिन निराहार रहूँगी और बारहवें दिन पारण करूँगी। तेरहवें दिन दीनानाथ चल पड़ेंगे और चौदहवें दिन हरि आकर मिल जायँगे। हे राणा! तू तो मेरा झूठा पति है। सच्चा श्रीहरि है जो मेरा पति है।

टिप्पणी—इस पद में भावों का व्यतिक्रम है। कई स्थितियों को एक साथ समेटने की चेष्टा की गयी है।

शब्दार्थ—नार = नारी। ओलमा = समाचार, सन्देश। निरार = निराहार। पारनो = पारण, व्रत तोड़कर आहार लेना।

॥ 246 ॥

मेरो कोई नहिं रोकणहार, मगन होय मीराँ चली।

लाज सरम कुल की मरजादा, सिर से दूर करी।
मान अपमान दोऊ धर पटके, निकली हूँ ज्ञान गली।
ऊँचा अटरिया लाल किंवड़िया, निरगुण सेज बिछी।
पचरंगी झालर सुभ सोहैं, फूलन फूल कली।
बाजूबन्द कड़ूला सोहे, माँग सिन्दूर भरी।
सुमिरन थाल हाथ में लीन्हा, सोभा अधिक भली।
सेज सुखमणा मीराँ सोवै, धन सुभ आज घरी।
तुम जावो राणा घर अपने, मेरी तेरी नाहिं सरी।

व्याख्या—मीराँ मग्न होकर भगवान् से मिलने चल पड़ी हैं, उसको रोकनेवाला कोई नहीं है। लाज-शर्म, कुल की मर्यादा सब-कुछ सिर से दूर कर दिया। मान-अपमान दोनों को धरती पर पटककर ज्ञान की गली में निकल पड़ी, ऊँची अटारी पर लाल रंग के फाटक लगे हुए हैं। निर्गुण की शय्या बिछी हुई है। पाँच रंगों की शुभ झालर सुशोभित हो रही है। फूल खिले हुए हैं और कुछ फूल अविकसित हैं। हाथ में बाजूबन्द और कड़ा सुशोभित है। माँग में सिन्दूर भरा हुआ है। सुमिरन की थाल हाथ में लेने से और अधिक शोभायमान हो रही है। सुषुम्ना की सेज पर मीराँ सो रही है। आज की घड़ी शुभ और धन्य है। मीराँ कहती हैं कि हे राणा! तुम अपने घर जाओ। मेरी तुम्हारी कोई बराबरी नहीं है।

टिप्पणी—इस पद में निर्गुण भक्ति का स्पष्ट प्रभाव है। निर्गुण ब्रह्म सहस्त्रार चक्र में देह के अन्दर ही स्थित है। सुषुम्ना से होते हुए प्राणों को उसमें लीन कर दिया जाता है। इसमें कबीर-जैसी प्रतीकात्मकता नहीं है। ज्यादातर पंक्तियाँ पूजा के लिए उद्यत नारी के श्रृंगार को ही अंकित करती हैं।

शब्दार्थ—सुखमणा = सुषुम्ना।

॥ 247 ॥

तेरा मेरा जियड़ा यक कैसे होय, राम। (टेर)
हमने कहा सुरझावन राणाँ, तुम जाते उरझाय, राम।
हमने कहा निरमोहित रहना, तुम तो जात मोहाय, राम।
तेल जले तो जलती है बाती, दिवरा झलमल सोय, राम।
जल गया तेलरू बुझ गई बाती, लच्चर लच्चर होय, राम।
हमने कहा आँखिन का देखा, तुम कानों सुनि सोय, राम।
मीराँ के प्रभु गिरधरनागर, होनहार सो होय, राम।

व्याख्या—तेरा-मेरा प्राण एक कैसे हो सकता है। मैंने तुमसे समस्या सुलझाने के लिए कहा लेकिन तुमने और उलझा दिया। हमने कहा, मोहरहित रहना, तुम मोहग्रस्त हो गये। तेल जलता है तो बाती भी जलती है और दीपक प्रकाश से झलमलाता है। तेल जल जाने के बाद बाती बुझ जाती है। बुझने के पहले वह मद्धिम होने लगती है, हमने जो कुछ कहा है आँखों का देखा है और तुम कानों की सुनी हुई बात पर विश्वास करते हो। मीराँ के प्रभु गिरधर नागर ही हैं जो कुछ होनेवाला हो उसकी मुझको चिन्ता नहीं है।

शब्दार्थ—जियड़ा = प्राण। सुरझावन = सुलझाना। बाती = वर्तिका। दिवरा = दीपक।

॥ 248 ॥

तेरो कान्ह कालो भाई, मेरी राधा गोरी, (टेर)
ऐसे राधे रूप बनी, कंचन सी देह ठनी,
ऐसे काले कान्ह पर, कोटी राधे वारी।
गोकुल उजाड़ दीनी, मथुरा बसाय लीनी,
कुबजा कूँ राज दीनों राधे कूँ बिसारी।
बिनती सुनो ब्रजराय, लागूँगी तुम्हारे पाय,
मीराँ प्रभु सूँ कहियो जाय, सेवक तुम्हारी।

व्याख्या—इसमें यशोदा के आगे कृष्ण को उलाहना दी गयी है। गोपी कहती हैं कि हे माँ! तुम्हारा कृष्ण तो काला है मेरी राधा गोरी है। राधा ऐसे सजी-धजी है जैसे उसकी देह सोने की बनी हुई है। ऐसे काले कान्ह पर हजारों राधा न्यौछावर जाती हैं। (यह रहस्य की बात है कि काले कृष्ण पर राधा क्यों समर्पित हुई है) कृष्ण ने गोकुल को उजाड़ दिया, मथुरा को बसा दिया। कुब्जा को राज दे दिया और राधे को भुला दिया। हे ब्रजनाथ! मीराँ की विनती सुनो, मैं तुम्हारे पाँव लगती हूँ प्रभु से जाकर यह सन्देश कहना कि हम सब तुम्हारी सेविकाएँ हैं।

टिप्पणी—इस पद में भाव की असंगति है। पद में कृष्ण के प्रति उलाहना से शुरुआत होती है लेकिन पद की परिणति कृष्ण की सराहना में होती है।

शब्दार्थ—कंचन = सोना। कोटी = करोड़ों। बिसारी = भुला दिया।

॥ 249 ॥

(ऊदाँ) थाँने बरज बरज मैं हारी, भाभी मानो बात हमारी। (टेर)
राणे रोस कियो थाँ ऊपर, साधाँ में मत जारी।

कुलकै दाग लगै छै भाभी, निन्दा हो रहि भारी।
साधाँ रे संग बन बन भटको, लाज गुमाई सारी।
बड़ाँ घराँ थे जनम लियो छै, नाँचो दे दे तारी।
बर पायो हिंदवाणों सूरज, थे काँई मन में धारी।
मीराँ गिरध्धर साध संग तज, चलो हमारे लारी।
(मीराँ) मेरी बात नहीं जग छानी, ऊदाँबाई समझो सुघर सयानी।
साधू मात पिता कुल मेरे, सजन सनेही ज्ञानी।
सन्त चरन की सरन रैन दिन, सन्त कहत हूँ बानी।
राणा नैं समझावो जावो, मैं तो बात न मानी।
मीराँ के प्रभु गिरधरनागर सन्ताँ हाथ बिकानी।
(ऊदाँ) भाभी बोलो बचन बिचारी।
साधाँ की संगत दुःख भारी, मानो बात हमारी।
छापा तिलक गलहार उतारो, पहरो हार हजारी।
रतन जड़ित पहरो आभूषण, भोगो भोग अपारी।
मीराँ जी थे चलो महल में, थानैं, सोगन म्हारी।
(मीराँ) भावभगत भूषण सजे, सील सन्तोष सिंगार।
ओढी चूनर प्रेम की, गिरधरजी भरतार।
ऊदाँबाई मन समझ, जावो अपने धाम।
राजपाट भोगो तुम्हीं, हमें न तासूँ काम।

व्याख्या—ऊँदा कहती हैं कि हे भाभी! मेरी बात मानो। तुमको मैं रोक-रोककर हार गयी, राणा तुम्हारे ऊपर नाराज हैं, उनका कहना है कि साधुओं के बीच मत जाओ। हे भाभी! तुम्हारे इन कार्यों से कुल कलंकित हो रहा है। बड़ी निन्दा हो रही है। साधुओं के साथ वन-वन घूमती हो और तुमने सारी लज्जा गँवा दी। बड़े घर में तुम्हारा जन्म हुआ लेकिन तुम ताली दे-देकर नाचती हो। तुम्हें हिन्द के सूर्य-जैसा वर मिला लेकिन तुमने मन में न जाने क्या धारण कर लिया। हे मीराँ! गिरधर का साथ छोड़कर मेरे विचार के अनुसार चलो। मीराँ उत्तर देते हुए कहती हैं कि हे ऊदाँ! तुम सुन्दर और चतुर हो, मेरी बात संसार में छिपी नहीं है। साधु मेरे माता-पिता और कुल के सदस्य हैं, सज्जन स्नेही और ज्ञानी हैं। मैं सन्तों के चरण में दिन-रात रहती हूँ यह बात सत्य है। राणा को जाकर समझाओ मैं तो तुम्हारी बात नहीं मान सकती। मीराँ के प्रभु गिरधरनागर हैं और वह सन्तों के हाथ बिक गयी है।

ऊदाँ कहती हैं, हे भाभी! मेरे वचन पर विचार करो। साधुओं की संगति में बहुत बड़ा दुःख है। छापा तिलक मिटाकर गले की कण्ठी उतारो और हजारों रुपये मूल्य

का हार पहनों। रत्नजड़ित आभूषण पहनो और अपार भोग का आनन्द लो। हे मीराँ! महल में चलो तुम्हें मेरी सौगन्ध है।

मीराँ उत्तर देती हैं कि मैं भाव भगत के आभूषण से सजी हूँ, शील और सन्तोष ही मेरा शृंगार है। मैंने प्रेम की चुनरी ओढ़ ली है और गिरधर ही मेरे पति हैं। हे ऊदाँबाई! मन से समझो और अपने घर जाओ। राज-पाट तुम्हीं भोगो, वह मेरे किसी काम का नहीं है।

शब्दार्थ—गुमाई = खो दिया। हिंदवाणों = हिन्दुस्तान का। सोगन = सौगन्ध, कसम। भरतार = पति। तासूँ = उसका।

॥ 250 ॥

थारे कुबजा ही मन मानी म्हाँसूँ अनबोलना हो राज। (टेर)
हमसे कहै सुहाग उतारो, दृग अज्जन सब ही धो डारो।
माँथे तिलक चढ़ावो, पहरो चोलना हो राज।
हमरी कही बिषै सम लागैं, घर घर जाय भँवर रस पागे।
उनही के सँग रहना, हँसना बोलना हो राज।
वृन्दाबन में धेनु चरावैं, बंसी में कछु अचरज गावैं।
बाँकी तान सुनावें, छतियाँ छोलना हो राज।
हमरी प्रीत तुम्ही सँग लागी, लोक लाज सब कुल की त्यागी।
मीराँ के प्रभु गिरधर, बन बन डोलना हो राज।

व्याख्या—कृष्ण को उलाहना देते हुए गोपी कहती है कि तुम्हारे मन को कुब्जा अच्छी लग गयी है। हे राजा कृष्ण! तुम मुझसे बोलना भी नहीं चाहते हो। तुम उद्यौ के द्वारा जो सन्देश भेजा है उससे यही ध्वनि निकलती है कि तुम्हारा कहना है कि मैं सुहाग के सारे शृंगार उतार दूँ, आँख का अंजन धो डालूँ, मस्तक पर तिलक लगाकर योगियोंवाला वस्त्र धारण कर लो। हमारी बात विष के समान लगती है तुम स्वयं घर-घर जा करके भँवरों के समान रस में आसक्त रहते हो अब तो कुब्जा के ही साथ रहना, हँसना, बोलना तुम्हें रुचिकर लग रहा है। जब वृन्दावन में गाय चराते थे वंशी से कुछ आश्चर्य भरा गीत गाते थे। सुन्दर तान सुनाकर मेरे दिल को प्रभावित कर देते थे। आज वही स्मृतियाँ हमारे हृदय को छील रही हैं। हमारी प्रीति तुम्हारे साथ ही लगी है। हमने लोक-लाज और कुल सब त्याग दिया। मीराँ गोपी भाव के साथ अपनी भावना को मिलाते हुए कहती हैं कि मीराँ के पति गिरधर नागर हैं उनके लिए ही वन-वन में घूम रही हूँ।

टिप्पणी—इसमें सपत्नी भाव और उपालम्भ की तीव्र व्यंजना होती है।

शब्दार्थ—चोलना = योगी वस्त्र। छोलना = मर्मभेदी।

॥ 251 ॥

थोड़ी थोड़ी पावो गिरधारी जी भोली म्हाँने आवै। (टेर)
नन्दन बन सूँ बूँटी आई, जोग ध्यान दरसावैं।
या बूँटी दुरलभ देवन कों, सेस सहसमुख गावै।
शिव विरंचि जाको ध्यान धरत हैं, वेद पुराण सुनावै।
मीराँ तो गिरधर रँग राची, भक्ति पदारथ पावै।

व्याख्या—इस पद में पराभक्ति के रहस्य को उद्‌घाटित किया गया है। भक्ति की बूटी थोड़ी-थोड़ी मात्रा में मुझे मिल रही है। नन्दनवन से वह बूटी आयी है और वह योग और ध्यान दर्शानेवाली है। यह बूटी देवताओं को दुर्लभ है। शेषनाग सहस्त्र मुख से इसका गुणगान करते हैं। शिव और ब्रह्मा जिसका ध्यान धारण करते हैं, वेद और पुराण में जिसका वर्णन किया गया है। यह वेद-पुराण जिसकी कथा को सुनाते हैं मीराँ ऐसे गिरधर के रंग में रँगी हुई हैं और उसे भक्ति का अद्‌भुत पदार्थ मिला है।

टिप्पणी—इस पद में पहली पंक्ति में भोली शब्द के द्वारा यह संकेत किया गया है कि ईश्वर प्राप्ति के दूसरे साधन मीराँ-जैसी भोली स्त्री के लिए सम्भव नहीं है अत: भक्ति मार्ग में ही उनकी प्रवृत्ति सहज है।

शब्दार्थ—भोली = सीधी, सरल। विरंचि = ब्रह्मा।

॥ 252 ॥

दासी म्हारा म्हारुड़ा मारुजी से कहना।
मोय नींद न आवे नैना।
जे मेरा गोविन्द दूर बसत है, मोय सँदेशो देना।
जे मेरा गोविन्द गाली देवे, सनक सनक सुन लेना।
जे मेरा गोविन्द बैन बजावै, प्रेम मगन होय कहना।
मीराँ के प्रभु गिरधरनागर, चरन कमल चित देना।

व्याख्या—मेरे कृष्ण से दासी का यह सन्देश कह देना। मेरे नेत्रों में नींद नहीं आती है, मेरा गोविन्द दूर बसता है, मेरा सन्देशा दे देना मेरा गोविन्द यदि गाली दे तो हे दासी! तुम उसे चुपचाप सुन लेना, यदि मेरा गोविन्द वंशी बजाने लगे तो प्रेम मगन होकर मेरी बात कहना। मीराँ के प्रभु गिरधर नागर हैं उनके ही चरण-कमलों में चित्त लगाये रखना है।

शब्दार्थ—म्हारुड़ा = मेरा। सनक = चुपचाप।

॥ 253 ॥

दूरों रह रे कँवर नन्दना रे, परो रह रे कँवर नन्दना रे।
कारी कामरी वारा तुमैं कानजी ओ।
थे तो रीज्या रीज्या सालूड़ारी कोर (जी) पे ओ।
गज मोत्याँ वारी राणी राधिकाजी रे।
श्री राधा गोरी जी ज्याँको नाम छै रे।
बाला हात जोड़ी ने कराँ बीनती रे।
म्हारो अबला को खयोड़ो जादू मान जो रे।
मीराँ मेड़तणी रा म्हैलाँ उमाइया रे।
वै तो रीज्या रीज्य साधूड़ाँ रा साथ में रे।

व्याख्या—इसमें राधा के मान का वर्णन किया गया है। राधा कहती हैं कि हे नन्दकुमार! मुझसे दूर रहो, मुझसे परे रहो। हे कृष्ण! काली कमली तुम्हारे लिये न्यौछावर है, तुम तो दूसरी गोपी पर रीझे हुए हो, रानी राधा ने गज मोती छोड़ दिया। श्रीराधा गोरी जिसका नाम है दोनों हाथों को जोड़कर विनती करती हैं, मुझ अबला का ख्याल करके तू मेरी बात मान ले। कृष्ण के प्रति मान त्याग दे। मीराँ मेड़तड़ा के महल को छोड़ आयी है, वह साधुओं की संगति में रहती है। व्यंजना यह है कि मीराँ के अन्दर किसी तरह का मान का भाव नहीं आता है। कृष्ण अपना प्रेम चाहे जितनी नारियों को दें। मीराँ को कोई एतराज नहीं है।

शब्दार्थ—परो = परे, अलग। कारी=काली। कानजी = कान्हा। थे = तुम। रीज्या = रीझ गये हो। उमाइया = छोड़ दिया।

॥ 254 ॥

देख्या कोई नन्द के लाला, बता द्यौ बंसरी बाला। (टेर)
मेरो मन ले गयो हेली, लगी तन में ताला बेली।
लगी कोई कान में दूती, तजी मोहि सेज में सूती।
बिरह का बाण भर मार्‌या, कलेजा छेद कर डार्‌या।
देख्याँ बिन जीव अति तरसै, नैनो में नीर अति बरसै।
जहाँ ऊ कान्ह कारो री, मुझे ले जाय डारो री।
तज्या सब षांन पानी री, नहीं मेरी पीड़ जानी री।
मोहन मोहन पुकारूँ री, सो वन सिर केस सँवारूँ री।
ढूँढ्या बन बाग सारा री, मिल्या नहीं प्राण प्यारा री।
हेलो हरिजन मिलावौ री, मीराँ के प्राण बचावौ री।

व्याख्या—विरह व्यथा को व्यक्त करते हुए मीराँ कृष्ण की खोज कर रही हैं। वह लोगों से पूछती हैं कि क्या किसी ने नन्द के लाल को देखा है। वंशीवाले का कोई पता बता दे। वह मेरा मन लेकर चला गया है, शरीर तड़प रहा है। मैं शय्या पर सो रही थी। लगता है कि कोई दूती कृष्ण को बहलाकर ले गयी। मेरी देह में विरह का ऐसा बाण लगा है कि कलेजे में छेद कर दिया है। कृष्ण को बिना देखे मेरे प्राण तरस रहे हैं, नेत्रों से आँसुओं की बरसा हो रही है। काले कृष्ण जहाँ हों मुझे ले चलकर वहीं छोड़ दो। मैंने खाना-पीना छोड़ दिया है। मेरे प्रिय ने मेरी पीड़ा को नहीं समझा। मैं मोहन-मोहन ही पुकार रही हूँ, उसको पाने की अभिलाषा से बालों को सँवारती हूँ। लेकिन वन-बाग ढूँढ़ने पर भी वह प्राण प्यारा नहीं मिला। भक्त को भगवान् से मिला दो और उसके प्राणों की रक्षा करो।

॥ 255 ॥

धत्ताँ लग्यो हे माय, राम रंग धत्ताँ लग्यो। (टेर)
किण विध कहूँ कहण नहिं आवै, रह्यो घुमाय घुमाय।
गुरु प्रताप साधाँ री संगत, हरिजन मिलिया आय।
किरपा करो तो प्रभु ऐसी कीज्यो, दूजी नाँहि सुहाय।
राणाँजी विष रो प्यालो भेज्यो, म्हे सिर लियो चढाय।
चरणामृत को नाम ज लीन्हों, पी गी प्रेम अघाय।
पीवत ही अति चढ़ी खुमारी, रह गई कहत लुभाय।
जिन मीराँ मतवारी कीन्ही, पूरब जनम के भाय।

व्याख्या—हे माँ! मुझे राम के रंग की लत लग गयी है या राम के नाम का नशा लग गया है। उससे मेरा सिर घूम-घूम जाता है। उसका किस प्रकार से मैं वर्णन करूँ मुझसे कहा नहीं जाता है। गुरु के प्रताप से साधुओं की संगति से भगवान् भक्त से आकर मिल गया। हे प्रभु! ऐसी कृपा करो कि मुझे कोई दूसरी चीज सुहावनी न लगे। राणा जी ने विष का प्याला भेजा, मैंने उसे शिरोधार्य कर लिया। चरणामृत का नाम लेकर मैं उसे पीकर तृप्त हो गयी। पीते ही नशा चढ़ गया और मैं कहने में असमर्थ हो गयी। जिस भक्ति भाव में मीराँ मतवाली हो गयी है वह पूर्व जन्म से प्राप्त ईश्वर कृपा का भाव है।

टिप्पणी—इस पद्र में मीराँ ने भक्ति की दृढ़ता और उसके अवर्णनीय प्रभाव को अंकित किया है।

शब्दार्थ—धत्ताँ = नशा। अघाय = तृप्त। भाय = भाव।

॥ 256 ॥

धन आज की घरी, सतसंग में परी। (टेर)
श्रीमद्भागोत श्रवण सुनी, रसना रटत हरी।
मन डूबत लीलासागर में, देही प्रीति धरी।
गुरु सन्तन की सोहनि सूरति, उर बिचि आइ अरी।
मीराँ के प्रभु हरि अबिनासी, सरणै राखि हरि।

व्याख्या—मीराँ कहती हैं आज का क्षण धन्य है। जिस क्षण मुझे सत्संग प्राप्त हुआ उसी समय से मैं धन्य हो गयी। श्रीमद्भागवत को कानों से सुना और अपनी वाणी से भगवान् राम का नाम रटती रहती हूँ, मेरा मन लीलासागर में डूब जाता है और जीवात्मा प्रेम को धारण करती है। गुरु और सन्तों की सुहावनी सूरत मेरे हृदय में बस गयी है। मीराँ के प्रभु कृष्ण अविनाशी हैं हे कृष्ण! तुम मुझे अपनी शरण में रख लो।

शब्दार्थ—घरी = घड़ी, समय। रसना = वाणी। देही = जीवात्मा, सोहनि = सुहावनी। सूरति = रूप, आकार। उर = हृदय। बिचि = मध्य। अरी = अड़ गयी।

॥ 257 ॥

नन्दनन्दन सूँ मन मान्यौ मेरो, कहा करैगौ कोय री।(टेर)
अब तो चरणकमल रुचि बाढ़ी, जो भावै सोई होय री।
पिता रिसाय माय घर मारै, हँसै बटाऊ लोग री।
अब तो जिय ऐसी बनि आई, बिधना रची सोइ होय री।
अरी जै मेरौ यह लोक जात है, वह परलोक जिन जाव री।
पिय अपने कूँ तऊ न छाँडूँ, मिलूँ निसान बजाय री।
बहुरि कहाँ यह तन धर पैहौं, बालम भये मुरार री।
मीराँ प्रभु गिरधर के ऊपर, सरबस डारूँ वार री।

व्याख्या—मीराँ कहती हैं कि कृष्ण के प्रति मेरा मन आकर्षित हो गया है, उन्हें मन से मैंने अपना मान लिया है। अब मेरा कोई क्या कर सकता है। अब चरण-कमलों में मेरी रुचि बढ़ गयी है जो होना हो, हो जाय। पिता नाराज हों या माँ घर पर मारे, रास्ता चलनेवाले लोग हँसी करें, अब तो मेरे मन में ऐसी भावना बन गयी है। ब्रह्मा जो रचता है वही होता है। मेरा यह लोक हाथ से छूट रहा है और लोगे मुझे परलोक जाने से भी रोक रहे हैं। लेकिन मैं अपने प्रिय से नगाड़ा बजाकर मिलूँगी, उन्हें मैं छोड़ नहीं सकती। इस शरीर को धारण करने मात्र से मुझे क्या मिलेगा, मुरारी

कृष्ण मुझे प्रियतम के रूप में मिले हैं, मुझे पति के रूप में मिले हैं। मीराँ कहती है कि मैं अपने गिरधर नागर के ऊपर सर्वस्व न्यौछावर कर दूँगी।

टिप्पणी—इस पद में मीराँ ने भक्ति भाव को अपने भाग्यलेख का परिणाम माना है। यह विधि का विधान ही था कि कृष्ण-जैसा पति मिला है।

शब्दार्थ—भावै = होनी हो। बिधना = ब्रह्मा। निसान = नगाड़ा। वार री = न्यौछावर।

॥ 258 ॥

नमो नमो तुलसी महारानी, नमो नमो हरि की पटरानी। (टेर)
जाके दरस परस अघ नासे, महिमा वेद पुराण बखानी।
साखा पत्र मंजरी कोमल, श्रीपति चरण कमल लपटानी।
धन तुलसी पूरब तप कीन्हाँ, सालिगराम भई मनमानी।
छप्पन भोग धरे हरि आगे, बिन तुलसी प्रभु एक न मानी।
धूप दीप नैवेद्य आरती, पुष्पन की बरषा बरषानी।
प्रेम प्रीति करि हरि बस कीन्हें, साँवरी सूरत हृदै समानी।
शिव सनकादिक अरु ब्रह्मादिक, खोजत फिरे महाज्ञानी।
मीराँ के प्रभु गिरधरनागर, भक्ति दान दीजे महारानी।

व्याख्या—इसमें तुलसी की महिमा का गान किया गया है। हे तुलसी महारानी! तुम्हें नमस्कार है। हे भगवान् की पटरानी! तुम्हें नमस्कार है। जिसके दर्शन और स्पर्श से पाप नष्ट हो जाते हैं, जिसकी महिमा का बखान वेदों और पुराणों में किया गया है, शाखा-पत्ती कोमल मंजरी भगवान् के चरण-कमलों से लिपट जाती है। हे तुलसी! तुम धन्य हो। तुमने पूर्व जन्म में तप किया था। इसीलिए शालग्राम के साथ तुम्हें मनमानी करने का अवसर मिला है। भगवान् के आगे छप्पन भोग रखे गये लेकिन बिना तुलसी के प्रभु ने एक न मानी। धूप, दीप, नैवेद्य, आरती और पुष्पों की वर्षा हुई प्रेम प्रीति से हरि को वश में कर लिया, साँवली सूरत तुम्हारे हृदय में समा गयी। जिस कृष्ण को शिव, सनक आदि और ब्रह्मा आदि तथा महामुनि ज्ञानी खोजते फिरते हैं, उन्हीं गिरधरनागर को मीराँ प्रभु के रूप में पाना चाहती है। हे महारानी तुलसी! तुम उसे भक्ति का दान दो।

॥ 259 ॥

नहीं जाऊँ सासरै माई, म्हाँने मिलिया छै सिरजणहार (टेर)
सासू हरी सुमरना रे सुसरो परम सन्तोष।

जेठ जुगाँरो राजवी रे पीव रह्यो निरदोष।
देवर कै दोइ डीकरी रे दोन्यौं ही राजकुमारि।
एकैं सब जग मोहियौ रे एक रही ब्रह्मचारि।
लख चौरासी चूड़तो रे बाला पहर्‌यो पियाजी रे काज।
बाँह पकड़ि हरि लैचल्या मोहि दीनों छै अविचल राज।
साधाँ मैं म्हारो सासरो रे पीया को बैकुंठाँ मैं बास।
फेरि न कल मैं आवस्याँजी यूँ गावैछै मीराँ दास।

व्याख्या—मीराँ कहती हैं कि हे माँ! मैं ससुराल नहीं जाऊँगी, मुझे परमात्मा मिल गया है। हरि सुमरिनी (माला) मेरी सास हैं। परम सन्तोष मेरा ससुर है। युगों का राजस जेठ है और निर्दोष भाव ही प्रियतम है। देवर के दो लड़कियाँ हैं और दोनों राजकुमारी हैं। एक पर सब जग मोहित है (जो माया-ग्रस्त हैं) और एक ब्रह्मचर्य धारण किये है (जो भक्ति है)। एक ने पिया के कारण चौरासी लाख योनियों का चूड़ा धारण कर लिया है अर्थात् जो संसार के प्रति मोहग्रस्त हो गयी थी उसे चौरासी लाख योनियों में भटकना पड़ा। मेरी बाँह पकड़कर ईश्वर लेकर चला और उसने मुझे अविचल राज दे दिया। साधुओं के बीच ही मेरी ससुराल और मेरा प्रिय वैकुण्ठ में निवास करता है। दासी मीराँ गाते हुए कहती हैं कि मुझे कल फिर नहीं आना होगा अर्थात् मेरा पुनर्जन्म नहीं होगा।

टिप्पणी—सांसारिक सम्बन्धों के बदले आध्यात्मिक सम्बन्धों की व्यंजना है। दो लड़कियाँ जीवों की दो कोटियाँ हैं।

शब्दार्थ—सिरजणहार = निर्माता। जुगाँरो = युग का। डीकरी = लड़की। चूड़तो = चूड़ा।

॥ 260 ॥

निजर भर न्हालो, नाथजी, हूं तो थारै चरणाँरी दासी।
मैं अबला तुम सबला स्वामी, नहीं मिलण कौ टालौ रे।
फूँक फूँक पग धरूँ धरणि पर, मति लगाज्यौ कोई कालौ रे।
आप तो जाइ द्वारिका छाये, हमसूँ दे गया टालौ रे।
बालपणे की बाल सनेही, प्रीति बचन प्रतिपालौ रे।
च्यारि महीनाँ आयौ सीयालो, च्यार महीनाँ ऊन्हालौ रे।
कृपा कर म्हाँनैं दरसण दीज्यौ, अब ऋतु आयौ बरसालौ रे।
सब जग म्हारी निन्दा करत है, कीन्हूँ मूँढौ कालौ रे।
सरण तुम्हारी लई साँवरा, तुम भी दियो छै म्हाँसूँ टालौ रे।

म्हारा घट में भयो अँधारौ, आँण करौ उजियालौ रे।
मीराँ के प्रभु गिरधरनागर, विरह अगनि मति जालौ रे।

व्याख्या—इस पद में गोपी भाव का आरोपण करते हुए मीराँ कहती हैं कि हे नाथ! मुझे आँखें भरकर दर्शनरूपी जल में नहाने का अवसर दो। मैं तुम्हारे चरणों की दासी हूँ। मैं अबला हूँ, तुम सबल स्वामी हो। मिलन को टालों मत, मैं फूँक-फूँककर पैर धरती पर रखती हूँ मुझे कोई कलंक मत लगाओ। आप स्वयं द्वारिका जाकर विराजित हो और मुझे टाल दिया अर्थात् प्रेम दृष्टि से हटा दिया। बचपन के सनेही अपने प्रीति वचन का प्रतिपालन करो, चार महीने शीत आती है। चार महीने गर्मी आती है। अब वर्षा ऋतु आ गयी है, कृपा करके अब मुझे दर्शन दीजिये। सारा संसार मेरी निन्दा करता है। काल ने मुझे मूढ़ बना दिया है। हे साँवले कृष्ण! मैं तुम्हारे शरण आयी हूँ। तुम ही मुझे टाल दे रहे हो। मेरी देह के अन्दर अँधेरा छा गया है, आकर उजाला कर दो। मीराँ कहती हैं कि हे गिरधरनागर प्रभु! विरह की आग में मुझे मत जलाओ।

टिप्पणी—गोपी और मीराँ के विरह का एक साथ चित्रण हुआ है। पावस ऋतु में विरह अधिक उद्दीप्त होता है। उसकी गहरी व्यंजना इस पद में है।

शब्दार्थ—टालौ = हटा देना। सीयालो = शीत। ऊन्हाली = गर्मी। मूँढ़ौ = मूढ़, मुग्ध।

॥ 261 ॥

नित न्हाने से हरि मिलै तो, जल जन्तु होई। (टेर)
फल मूल खाके हरी मिलै तो, बाँदर-बाँदरा होई।
तिरन भखन से हरी मिलै तो, बहुत मृगी अजा।
स्नेह छोड़के हरी मिलै तो, बहुत हैं खोजा।
दूध पीके हरी मिलै तो, बहुत वत्स बाला।
मीराँ कहै बिन प्रेम के, नहीं मिलै नँदलाला।

व्याख्या—इस पद में आडम्बरों का विरोध किया गया है। नित्य नहाने से यदि भगवान् मिलता है तो जल-जन्तु को हरि मिल जाना चाहिए। फल-मूल खाने से यदि भगवान् मिलता है तो बन्दर-बँदरिया को भगवान् मिल जाते। तृण खाने से भगवान् मिल जाते तो बकरी और हिरनी को भगवान् मिल जाते। अगर तेल छोड़ने से भगवान् मिल जाते हैं तो बहुत-से ऐसे ख्वाज़ा हैं जो तेल नहीं प्रयोग करते हैं लेकिन उन्हें भगवान् नहीं मिलते हैं। दूध पीने से भगवान् मिलें तो बच्चों को या बछड़ों को भगवान् मिल जाय। मीराँ कहती हैं कि बिना प्रेम के नन्दलाल नहीं मिलता है।

टिप्पणी—सन्तों के प्रभाव से प्रेमरहित भक्ति का निषेध किया गया है।

शब्दार्थ—तिरन = तृण, घास-फूस। अजा = बकरी। स्नेह = तेल। खोजा = ख्वाज़ा। वत्स = बच्चा, बछड़ा।

॥ 262 ॥

निन्दा म्हारो भलाई करोनै सोनैं काट न लागै।
जोग लियो जगजातौ देख्यौ, हरि भजबाकै काजै।
जो कोई करणीं में चूक पड़े तो, सतगुरु म्हारा लाजै।
धन रे लोका थाँरी करणाँ, कीड़ीरौ कुंजर बणायौ।
अणदीठी अण साँमले रे, बद बद बाद उठायौ।
कुल कूँ छाँडि कडूँबो छाँड्यौ, छाँड़ी ममता माई।
और दुनियाँ कौ दावौ छोड्यौ, छोड़ी लोभ बड़ाई।
पर गल दोई में पलो बिछायौ, मन भावै ज्यूँ कहियौ।
यो जस मीराँबाई गावै, ज्यूँ कहियौ ज्यौं सहियौ।

व्याख्या—निन्दा करो या मेरी भलाई करो जैसे सोने पर काट नहीं लगती अर्थात् सोना काटने से उसका मूल्य नहीं घटता, अर्थात् मेरी निन्दा करने से मेरी भक्ति भावना नहीं घटती। हरि भजन के लिए मैंने योग धारण किया। जग की नश्वरता को समझा, अगर मेरी करनी में कहीं चूक हो जाती है तो सतगुरु मेरा लज्जित होगा। हे जग के लोग! तुम्हारी करनी धन्य है, तुम कीड़े से हाथी बना देते हो। बिना देखे, बिना समझे अनेक विवाद उठा देते हो। कुल को छोड़कर कुटुम्ब को छोड़ दिया। माँ का ममत्व छोड़ दिया, संसार से मुझे जो कुछ पाना था उसका दावा छोड़ दिया। लोभ और बड़प्पन की चाह छोड़ दी। मैंने कृष्ण के पद में हर क्षण संलग्न कर दिया है। तुम लोगों के मन में जो अच्छा हो, कहो। इस तरह से मीराँबाई भगवान् का यशगान करती हैं। लोक के लोग जो कुछ कहेंगे उसको सहती रहेंगी।

शब्दार्थ—करणीं = करनी, कर्म। चूक = भूल। लाजै = लज्जित होता है। कुंजर = हाथी। कडूँबो = कुटुम्ब, परिवार। सहियौ = सहती है।

॥ 263 ॥

नीदड़ली नहिं आवे सारी रात, किस विध होइ परभात।
चमक उठी सुपने सुख भूली, चन्द्रकला न सुहात।
तलफ तलफ जिव जाय हमारो, कब रे मिले दीनानाथ।
भई हूँ दिवानी तन सुध भूली, कोई न जानी म्हाँरी बात।
मीराँ कहे बीती सोइ जाणे, मरण जीवण उन हात।

व्याख्या—मीराँ गोपी के विरह का चित्रण करते हुए कहती हैं कि सारी रात मुझे नींद नहीं आती है, किस प्रकार सवेरा हो। सपने के सुख में भूली हुई मैं चौंककर जाग गयी। मुझे चन्द्रकला सुहावनी नहीं लगती। तड़प-तड़पकर मेरे प्राण जा रहे हैं। हे दीनानाथ! कब मिलोगे। मैं दीवानी हो गयी हूँ। मुझे देह की सुध भूल गयी है, मेरी बात कोई जानता-समझता नहीं। मीराँ कहती हैं कि गोपी के ऊपर जो कुछ बीत रही है उसे वही जान सकती है अथवा कृष्ण जान सकते हैं जिनके हाथ में जीवन और मरण दोनों हैं।

शब्दार्थ—नीदड़ली = निद्रा। विध = प्रकार। चमक = चौंकना। हात = हाथ।

॥ 264 ॥

नेहा समद बिच नाव लगी है, पाल न लगत बही जात अकेली।
लाज को लंगर छूट गयो है, बही जात बिन दाम की चेरी।
मलहन कर से छाँड़ दई है, आस बड़ी गोपाल ज्यो तेरी।
अब के पार लगायो नातर, लोग हँसेंगे बजा के हतेरी।
मीराँ के प्रभु गिरधरनागर, मेरी सुध लीज्यो प्रभु आँन सवेरी।

व्याख्या—मीराँ कहती हैं स्नेह समुद्र के बीच में नाव लगी है। पाल लगता नहीं है, अकेले बहती चली जा रही है। लाज का लंगर छूट गया है, मीराँ बिना दाम की दासी की तरह भगवत् भाव में बहती चली जा रही है। मल्लाहों ने साथ छोड़ दिया है अर्थात् संसार के लोगों का सहयोग नहीं मिला। हे गोपाल! तुम्हारी बड़ी आशा है। अब तुम मेरी नौका पार लगा दो, नहीं तो लोग ताली देकर हँसेंगे। हे प्रभु गिरधर नागर! सवेरे आकर मेरी खबर लीजिये।

टिप्पणी—पहली एवं दूसरी पंक्तियों में रूपक अलंकार है। तीसरी में रूपकातिशयोक्ति अलंकार है।

शब्दार्थ—लंगर = नाव का लंगर। बिन दाम = बिना मूल्य। छाँड़ = छोड़। सवेरी = जल्दी।

॥ 265 ॥

नैनन बनज बसाऊँ री, जो मैं साहिब पाऊँ री।
इन नैनन मेरी साहिब बसता, डरती पलक न नाँऊँ री।
त्रिकुटी महल में बना है झरोका, तहाँ से झाँकी लगाऊँ री।
सुन्न महल में सुरत जमाऊँ, सुख की सेज बिछाऊँ री।
मीराँ के प्रभु गिरधरनागर, बार-बार बलि जाऊँ री।

व्याख्या—मीराँ कहती हैं कि यदि मैं साहब कृष्ण को पा जाऊँ तो इन नेत्रों में बसा लूँ। इसके बाद अपने नेत्रों में कृष्ण की उपस्थिति का अनुभव करते हुए मीराँ कहती हैं कि इन नेत्रों में मेरा साहब बसता है इसी डर से मैं पलक नहीं झपा सकती हूँ, त्रिकुटी (इड़ा, पिंगला, सुषुम्ना का मिलन स्थल, दोनों भौंहों के बीच की जगह जहाँ तिलक लगाया जाता है।) महल में झरोखा बना हुआ है वही से कृष्ण को निहारने के लिए मैंने झाँकी बना ली। शून्य महल (सहस्त्रार) में मैं ध्यान लगा और सुख की सेज बिछा दूँ। मीराँ के प्रभु गिरधरनागर हैं। मैं उनके ऊपर बार-बार बलि जाती हूँ।

टिप्पणी—इसमें सन्तों की योग-साधना का स्पष्ट प्रयोग दिखायी पड़ता है। साहिब, त्रिकुटी, सुन्न, सुरत आदि शब्दावली सन्तों से ली गयी है।

शब्दार्थ—बनज = बलपूर्वक। त्रिकुटी= दोनों भौंहों के बीच का स्थान। सुन्न = सहस्त्रार चक्र। सुरत = ध्यान, स्मृति।

॥ 266 ॥

पाछो रथ फेरो द्वारका-हारा। (टेर)
सूरज तलफै चन्दा तलफै, तलफै नौलख तारा।
गऊ भी तलफै बच्छा भी तलफै, तलफै गुवाल बिचारा।
जोगी भी तलफै जंगम तलफै, तलफै तपसी सारा।
गंगा भी तलफै जमुना भी तलफै, तलफै समन्दर खारा।
मीराँ के प्रभु हरि अबिनासी, तुम जीते हम हारा।

व्याख्या—हे द्वारिका को ले जानेवाले सारथी रथ पीछे को वापस कर लो क्योंकि कृष्ण के वियोग में सूर्य, चन्द्रमा एवं नौ लाख तारे सभी तड़प रहे हैं। गाय-बछड़े, बिचारे ग्वाल भी तड़प रहे हैं, योगी तड़प रहा है। एक स्थान पर रहनेवाला जंगम तड़प रहा है और सभी तपस्वी तड़प रहे हैं, गंगा-यमुना एवं खारा समुद्र तड़प रहे हैं। मीराँ के प्रभु हरि अविनाशी तुम जीत गये हम सब हार गये।

टिप्पणी—इस पद में कृष्ण के मथुरा से द्वारिका जाने की प्रसंग की अपेक्षा उनकी अन्तिम यात्रा का प्रसंग अधिक समीचीन प्रतीत होता है। चारों तरफ उनके वियोग की अतिशय पीड़ा का चित्रण है, इससे शाश्वत वियोग की व्यंजना होती है।

शब्दार्थ—तलफै = तड़पता है।

॥ 267 ॥

पपीया रे पीवकी बानी न बोलि।
सुनि पावेगी बिरहनि रालैली पाँखाँ मरोड़ि। (टेर)
चोंच कटाऊँ पपीया रे, ऊपर कालो रे लोंण।

पीव हमारे मैं पीवकी रे, तू पीव कहै सो कोंण।
थारा सबद सुहावणां रे, जै पीव मिलावै आज।
चोंच मँढाऊँ थारी सोहनी, तू म्हारै सिरताज।
पीतमकूँ पतियाँ लिखूँ, कागा तू ले जाइ।
पीतमकूँ तू यौं जाइ कहियौ, थारी विरहनि अन्न न खाइ
तुम मति जानो पीतमा हो, तुम बिछड्याँ मोहि चैन।
मोहि चैंन जब होइगो, भरि भरि देखूँ नैन।
मीराँ दासी वारणै हो, पिव पिव करत बिहाइ।
बेगि मिलौ प्रभु अन्तरजामी, तुम बिन रह्यो न जाइ।

व्याख्या—मीराँ कहती हैं कि हे पपीहा! पिउ की वाणी मत बोल। सुनकर विरहिणी को दुःख होगा और गुस्से से वह तुम्हारा पंख मरोड़ देगी। तुम्हारी चोंच कटा दूँगी। ऊपर से काला नमक लगा दूँगी। पिय हमारे हैं, मैं पिय की। तू पिय-पिय कहनेवाला कौन है। तुम्हारा शब्द सुहावना हो सकता है, यदि तुम प्रीतम को आज मिला दे। मैं तुम्हारी चोंच सोने से मढ़ा दूँगी और तुम्हें अपना सिरताज बना लूँगी। प्रियतम के लिए पत्र लिखूँ, हे कौआ! तुम ले जाओ। जाकर प्रियतम से यों कहना, तुम्हारी विरहिणी अन्न नहीं खाती है। तुम ऐसा मत समझो कि तुमसे बिछुड़कर मुझे चैन मिल रहा है। मुझे सुख तब मिलेगा जब भर-भरकर नेत्रों से देखूँगी। दासी मीराँ तुम्हारे प्रति पूर्णतया समर्पित है। पिय-पिय करते हुए वह समय बिताती है। हे अन्तर्यामी! तुम शीघ्र आकर मिलो, तुम्हारे बिना रहा नहीं जाता है।

टिप्पणी—इसमें काव्यरूढ़ियों के सहारे भावाभिव्यक्ति की गयी है।

॥ 268 ॥

पायो जी मैं तो राम रतन धन पायो। (टेर)
वस्तु अमोलक ही मेरे सतगुर, किरपा कर अपनायो।
जनम जनम की पूँजी पाई, जग में सभी खोवायो।
खरचै नहि कोइ चोर न लेवे, दिन दिन बढ़त सवायो।
सतकी नाव खेवटिया सतगुर, भवसागर तर आयो।
मीराँ के प्रभु गिरधरनागर, हरष हरष जस गायो।

व्याख्या—मीराँ कहती हैं मैंने रामरूपी रत्न धन पा लिया। मेरे सतगुरु ने अमूल्य वस्तु मुझे दिया है और उनकी कृपा से मैंने उसे अपना लिया है। मुझे जन्म-जन्म की पूँजी मिल गयी है। सांसारिक वस्तुओं को मैंने खो दिया है, रामरूपी धन ऐसा है जो खर्च नहीं होता है जिसे चोर ले नहीं सकता है और दिन-दिन सवा गुना

बढ़ता जाता है। सत की नाव को सतगुरु खेनेवाला है। मैं भवसागर तर गयी। मीराँ के प्रभु गिरधर नागर हैं। हर्षित होकर मैं उनका यश-गान गाती हूँ।

टिप्पणी—इस पद पर सन्तसाधना का प्रभाव परिलक्षित होता है। राम रतन धन में रूपक अलंकार है।

शब्दार्थ—जग = संसार। सवायो = सवा गुना। खेवटिया = खेनेवाला। जस = यश।

॥ 269 ॥

पानी में मीन प्यासी, मोहे सुन सुन आवत हाँसी। (टेर)
आत्मज्ञान बिन नर भटकत है, कहाँ मथुरा कहाँ कासी।
भवसागर सब हार भरा है, ढूँढ़त फिरत्त उदासी।
मीराँ के प्रभु गिरधरनागर, सहज मिले अबिनासी।

व्याख्या—मीराँ कहती हैं जल में मछली प्यासी रहे, इस बात को सुनकर मुझे हँसी आती है। आत्मज्ञान के बिना मनुष्य भटक रहा है। कोई मथुरा जाता है, कोई काशी जाता है। भवसागर में वह पूरी तरह से भरा-पूरा है। उदासीन होकर उसे ढूँढ़ते-फिरते हैं। मीराँ के प्रभु गिरधरनागर हैं। वह अविनाशी सहज ही मिल जाता है। बहुत प्रयत्न करने से उसकी उपलब्धि नहीं होती है।

टिप्पणी—मीराँ का मन्तव्य है कि ईश्वर की जिसके ऊपर कृपा होती है उसे वह सहज ही मिल जाता है। उसके लिए उसे तीर्थाटन या अन्य तरह के प्रयत्न नहीं करने पड़ते हैं। इस पद पर सन्तों की साधना का प्रभाव दिखायी पड़ता है।

शब्दार्थ—उदासी = उदासीन होकर। हार = पूरी तरह से।

●●●